物価を考える

デフレの謎、インフレの謎

Understanding Inflation and Deflation

渡辺 努
Watanabe Tsutomu

日本経済新聞出版

物価を考える

デフレの謎、インフレの謎

まえがき

日本は、長く続いたデフレ（＝物価下落）がようやく終わり、物価と賃金が毎年２％程度の速度で緩やかに上昇するインフレ（＝物価上昇）に移行しつつあります。本書は、その移行の過程を眺めながら、「物価を考える」を実践したレポートです。

私の実践は、最初に描いたシナリオどおりに事態が進展するという予定調和とはほど遠いものでした。最新のデータを入手して仮説と照らし合わせる、明らかな矛盾が見つかる、仮説を修正したり取り替えたりする。この繰り返しだったように思います。このレポートにすっきりしない部分があるとすればその試行錯誤のせいですし、このレポートに面白さを感じていただけるとすればそれも試行錯誤のゆえだと思います。

試行錯誤の末に私がたどり着いた見方に賛成の方もご不満の方もいらっしゃるでしょう。しかしそこに拘泥するのではなく、たどり着くまでのプロセスを存分にご堪能いただければと思っています。

インフレはなぜ始まったのか

本書では二つの問いを立てています。第一問は「インフレはなぜ始まったか」です。話は4年前に遡ります。パンデミックの波が日本にひたひたと近づきつつあった2020年の春、物価がこれからどうなるかというエッセーの依頼を受けました。当時は、飲食店はどこも閑散としていて、閉店も少なくありません。客の入りが悪いのですから物価も下落します。エッセーの依頼主はこの先、物価がどこまで下がってしまうのかを書いてほしかったのだと思います。

ウイルスの正体がまったくわからず、日本経済にこれから何が起きるのかと、私自身も強い危機感をもっていました。そのときに私が出したメッセージは、パンデミックでインフレになるかもしれないというものでした。

感染が怖いので消費者は焼き肉店に行かなくなる。そうすると焼き肉店の売り上げは落ち、価格も下落する。だからこれからはデフレ（物価下落）だ。当時、多くの人が考えていたのはこれでした。需要と供給で言えば、コロナ下で需要がやられてデフレになるという見方です。

しかし焼き肉好きの消費者は、焼き肉店での食事の代わりに、スーパーマーケットでいつもより少し高級な牛肉を買って、自宅で調理することを考えるはずです。その牛肉はどうやって消費者の手元に届くかと考えを巡らすと、牛肉を生産する人たち、運送する人たち、加工する人たち、スーパーの店員さんなど、たくさんの働く人がかかわっていることに気づきます。

そして、その人たちも当然のことながら感染を恐れます。将来、感染状況が厳しくなれば、働く人たちが職場に行くのをためらい、牛肉の供給が滞るのではないか。供給がやられればインフレが起きるのではないか。これが私の見立てでした。

その見立てに強い自信があったわけではありません。それどころか、そんなことを言っている人は当時皆無だったので、恐る恐る書いたというのが正直なところです。ただ、感染が怖いのは人間であれば誰も同じなので、消費者（需要する人）だけでなく、労働者（供給する人）も行動を変えるはずという確信はありました。

その後、２０２１年春になると、米欧でインフレが始まりました。起きていることはどうやら私の見立てに近く、物資や労働の供給に問題が生じ、それが原因となっているようです。

それからさらに1年経った２０２２年春になると、日本でもインフレが始まりました。米欧ほど綺麗に私の見立てに沿っているわけではなさそうですが、それでもインフレの原因が需要ではなく供給にあるというところは、私の筋書きどおりでした。

4年経っても同じ説を唱えているというのは進歩がないようで少々気が引けますが、私としては、最初の見立てに大きな狂いはなかったということが、米欧、そして日本のインフレで確認されたと考えています。

あと10年もすると、中学や高校の教科書には、「新型ウイルスが世界を襲い、世界中の消費者・労働者たちが一斉に行動を変化させ、それが世界中の物価を引き上げた。日本もその渦中にあった」と記《しる》されるのではないかと思います。

デフレはなぜ終わったのか

本書の第二問は「デフレはなぜ終わったか」です。インフレが始まったのだからデフレが終わるのは当然と考える人が少なくないかもしれません。しかし、インフレの始まりとデフレの終わりはまったくの別物です。

現に私は、インフレが起こるかどうかにかかわらず、日本のデフレは早晩、終わる運命にあったと考えています。

日本のデフレのキーワードは「自粛」です。企業は値上げを自粛し、労働組合は賃上げ要求を自粛する。この二つの自粛が延々と続けられてきました。しかし、あくまで「自粛」であり、誰かに強いられたわけではありません。原理的には、自分たちがやめようと思えばやめることは可能です。

日本は30年間にわたって「自粛」をやってきて、そのアラが社会のいろいろなところに表れていました。また、自粛疲れもあったかもしれません。そうしたさまざまな要因が重なって、自粛をそろそろやめにしようという機運がじわじわと醸成されてきたというのが私の観察です。

仮にインフレが来なかったとしても、こうした社会の内在的な力でデフレは早晩、終わったに違いない。インフレは内在的な力が発現するきっかけではあったが、それ以上のものではなかった——これが第二問に対する私のとりあえずの回答です。ただし、こちらは現在進行中の現象ということもあって、第一問に対する回答と比べると、正直自信がありません。

米欧は日本より1年早くインフレが始まり、いまやインフレも終盤に差しかかっています。インフレが終われば米欧の物価上昇率は今回のインフレが始まる前の2％程度に戻っていくことでしょう。

1年遅れで米欧に続くとすれば、日本の物価上昇率も下がっていきます。問題はどこまで下がるかです。米欧のように2％程度の具合のいいところで落ち着いてくれるのか、それとも、今回のインフレが始まる前の水準、つまりデフレに戻るのかの二択です。前者であれば、めでたく、デフレの終わりです。しかし後者であれば、デフレの再来です。残念ながら後者の確率はゼロではないように思います。

＊＊＊

デフレからインフレへの移行は前例がないだけに先を見通すのが困難でしたし、そのむずかしさはこれからもしばらくのあいだ続くことでしょう。先が見えず不安に感じる方も少なくないと思います。ただ、この移行は、これまで異常な振る舞いを続けてきた物価と賃金と金利が真っ当になるプロセスであり、起きていることは私たちの社会の正常化です。

この移行の先に待っているのはいったいどんな社会でしょうか。皆さんはその社会でそれぞれどんな生活を送っているでしょうか。これが本書の第三問です。この問いに対する答案は私ではなく皆さんに作成していただければと思います。そのための材料やヒントをこれから平明なロジックと言葉でお届けしていきます。本書を読み終えたときには、これから私たちが迎える社会のイメージが鮮明になっていることと思います。どうか最後までお付き合いください！

目次　Contents

第4章　インフレやデフレはなぜ「悪」なのか

物価を考える

デフレの謎、インフレの謎

第1章

デフレとは何だったのか

Understanding Inflation and Deflation

第1節 異端の国、ニッポン

日本とアルゼンチンは異常値

経済学者サイモン・クズネッツがこんな言葉を残しています。

「世界には四種類の国がある。先進国と発展途上国、そして日本とアルゼンチンだ」

彼は国民所得統計の生みの親と言われ、ノーベル経済学賞を受賞した計量経済学・マクロ経済学の大家です。長年、世界のさまざまな国の経済成長とか経済発展を統計データにもとづいて実証的に分析してきた人でした。多くの国のデータを用いてその背後にある法則性を探ろうとすると、他の国とグルーピングできない国が頻繁に出てくる。それが日本とアルゼンチンだというわけです。この二つの国のデータは、先進国とか発展途上国といった普通の分類にはあてはまらない動きを示しています。クズネッツは、その特異性に注目したのです。

これは１９６０年代の発言ですから、日本が戦後復興を経て高度経済成長を成し遂げ、先進国の仲間入りをしたころです。当時の日本経済の発展ぶりは、確かに成長理論の常識とかけ離れていました。一方で、先進国の座から転落していったアルゼンチンの姿も常識からかけ離れていました。それで、クズネッツは二つの国を異常値とみなしたのです。

つまり、日本は当時、他国と比べて異常に成長率が高いという意味で、「異端の国」だったわけです。もちろん、もはや日本は高成長国ではありません。見たところ、普通の国になってしまいました。

ところがじつは、今なお日本は、大御所クズネッツが生きていれば注目するであろうような異常値なのです。

日本のインフレ率は200カ国中最下位レベル

どこが異常値なのか。まずは、実際のデータを見てみましょう。

図1−1は、世界の約200カ国をインフレ率（物価上昇率。物価が上がるスピード）を基準に順位付けしたものです。モノやサービスの値段の動き、つまり物価の動きを見る指標としては消費者物価指数（CPI）という統計が広く使われています。ここでもその統計を使ってランキングを作っています。対象国の中から日本、アメリカ、イギリス、アルゼンチンの4カ国を取り出して、それぞれの国の順位がどう推移してきたかを折れ線グラフで示しています。

これを見ると、日本のインフレ率は長いあいだ、ほぼ最下位に近いところにいたことがわかります。順位が低いこともさることながら、そこにずっととどまったことが驚きです。2000年の時点で168位、すでに最下位に近いところにいました。それ以降もずっと最下位近くにいて、2008年には実際に最下位になっています。

一方、アメリカやイギリスなど、異常値ではない普通の国の順位は、だいたい100位とか150位あたりで、その近くを行ったり来たりしています。これが普通の国のインフレ率のある

図1-1　CPIインフレ率のランキング

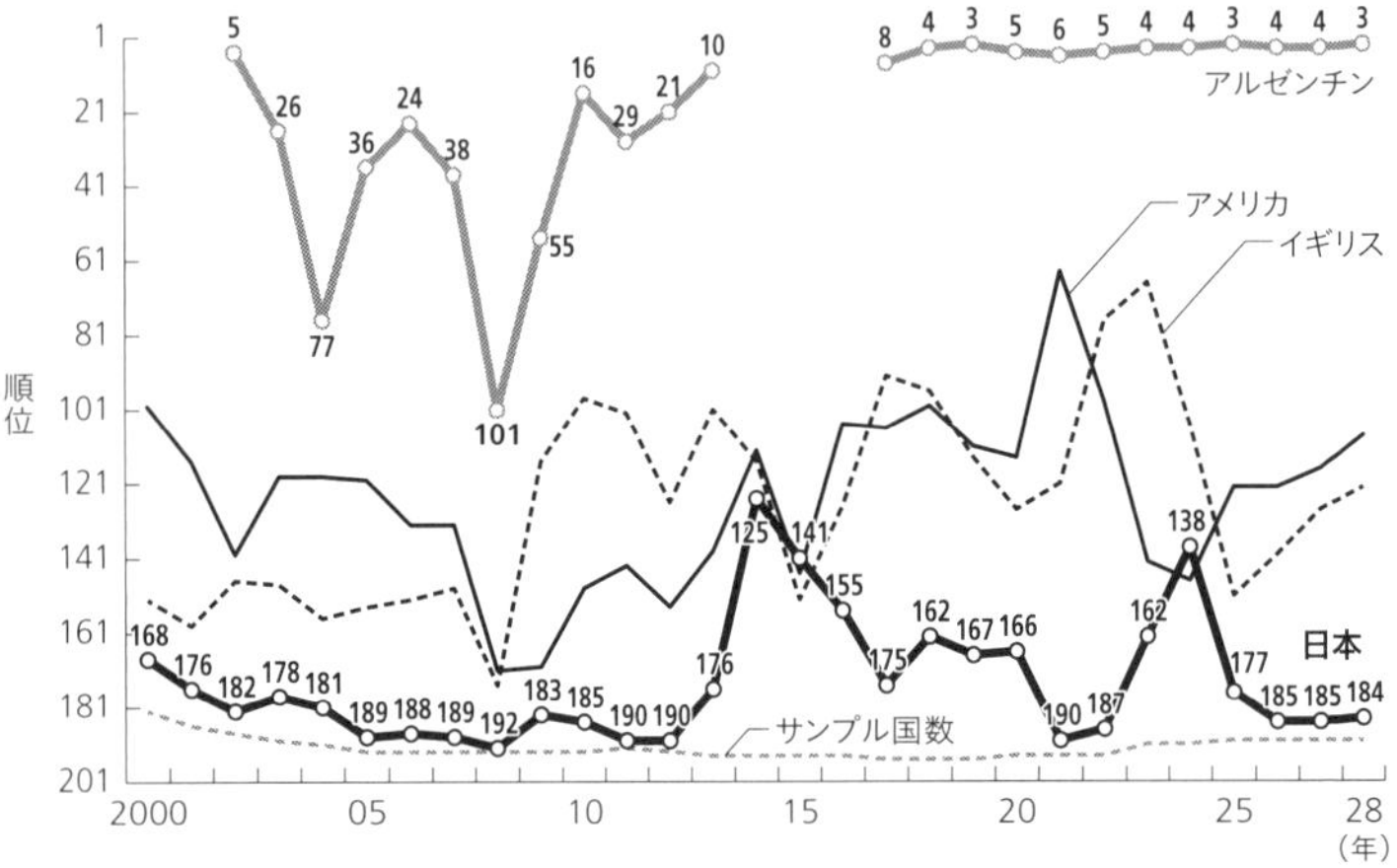

べき姿なのです。

日本の順位も、２０１３年から２０１５年あたりは、最下位から少し離れています。これはアベノミクスの影響です。アベノミクスの一環として日本銀行の「異次元緩和政策」が始まり、円安が進んで輸入物価が上昇し、それが国内の価格に転嫁されました。また、この時期は消費税率の引き上げもありました。それらを反映して物価が上がり、順位が上昇したのです。しかしそれも長くは続かず、円高が再燃したことなどでインフレ率が低下し、２０１６年、２０１７年と最下位に近いところまで再び落ちていきます。そして、新型コロナウイルスによるパンデミック（世界的大流行）が始まった２０２０年以降も最下位近辺という状況が続きます。

要するに、アベノミクスの一時期を除けば、日本はほとんどずっと最下位近辺であり、世界の動きから取り残された異様な状態が続いていたということです。クズネッツが注目したのは経済成長率でしたが、それとは異なるインフレ率という変数で見たときに、日本は今なお異常値なのです。

ところが、少し様子が変わってきたのが２０２２年以降です。突然、海外からインフレーション（物価が持続的に上昇する現象）の波が押し寄せて、その余波で物価が上昇したので、順位が上がりました。ただし今後も、インフレ率のランキングが上がり続けるかどうかは不透明です。ここで使っているインフレ率の数字はＩＭＦ（国際通貨基金）という組織が公表しているものですが、彼らは先々のインフレ率の予測も行っています。その予測によれば、２０２５年以降は、再び最下位近辺に戻ってしまいます。そう簡単には普通の国にはなれないと彼らはみているのです。

中央銀行の政策金利も最下位圏内

日本が異端の国であるのは、もうひとつ、経済の重要なモノサシである金利を見てもよくわかります。図1－2は、世界約40カ国の中央銀行の政策金利についてのランキングです。世の中に金利と名の付くものはたくさんあります。銀行におカネを預けたときの預金金利、住宅ローンを借りるときの金利、企業の発行する社債の金利、政府の発行する国債の金利、などなどです。それらの金利の親玉のような金利があり、それが中央銀行の決める政策金利です。これが変わればその他の金利も連動して変わります。中央銀行は、そのことを利用して、景気や物価の状況に応

図1-2　中央銀行の政策金利のランキング

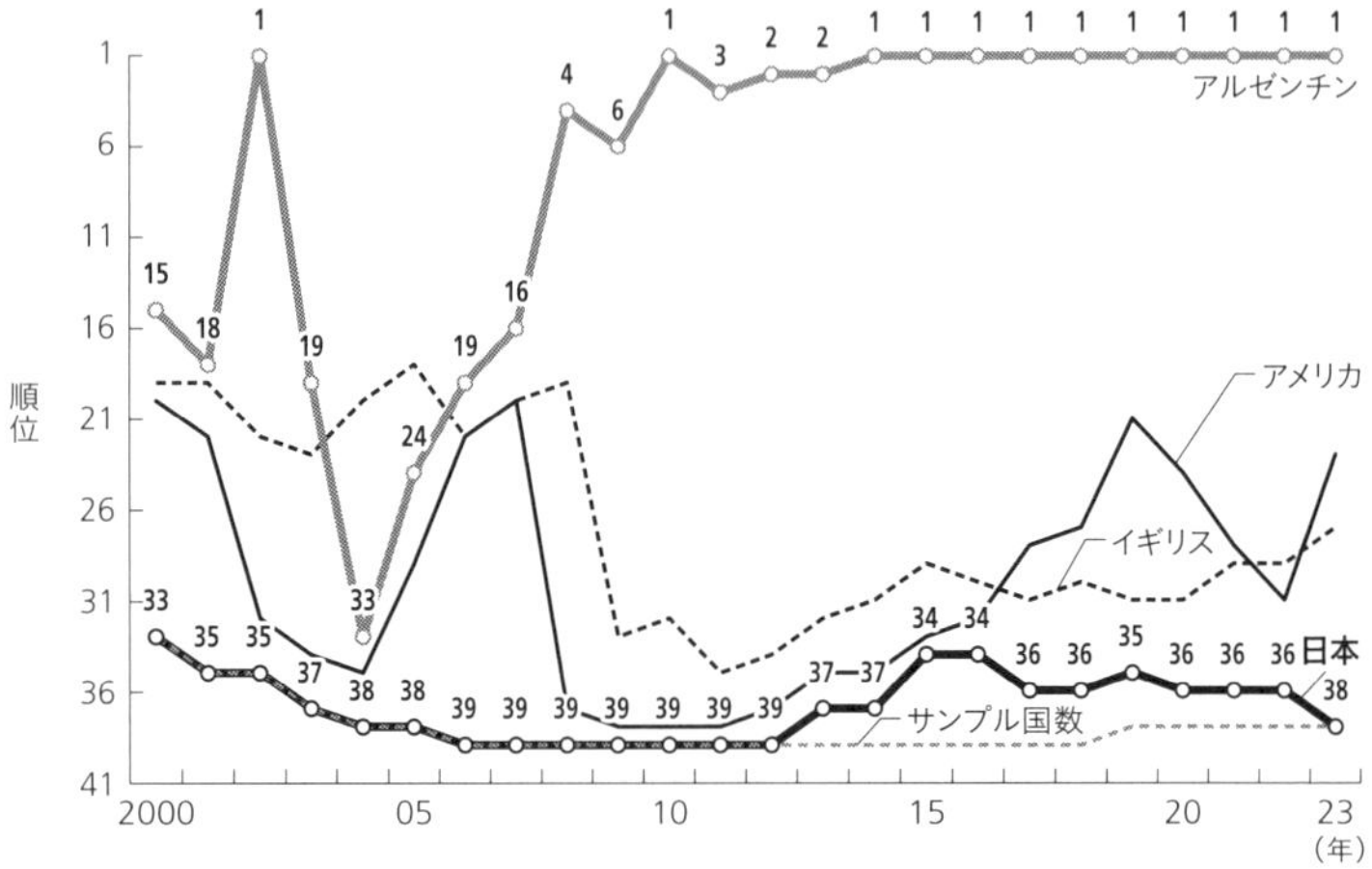

じて政策金利を上げ下げすることで経済を安定させようとします。

図に示しているのは、先ほどと同じ4カ国の順位です。アメリカやイギリスなど普通の国は、20位から30位台で推移しています。一方、アルゼンチンはずっと1位に位置し続けています。記録的な高インフレを抑えるために中央銀行が高金利政策をとっているからです。それと対照的に、日本は２０００年以降、最下位が続いています。最近は若干、最下位から離れていますが、それでも最下位圏内に違いはありません。つまり、インフレ率の低さだけでなく、金利も異常に低い状態が続いているということです。

再びクズネッツに戻れば、半世紀も前に、日本とアルゼンチンが異端だと見抜いた慧眼にはつくづく驚かされます。

賃金についても、インフレ率や金利のよう

なかたちで国際比較をするのはむずかしいのですが、いくつかの国と比較すると日本の賃金上昇率がきわめて低いと確認できます。賃金の上昇率についても、海外諸国と比べて異常値的に低い状態がずっと続いてきたとみていいでしょう。つまり、日本では物価、賃金、金利という経済にとって大事な三つの変数が、いずれも異常値を続けているのです。この三つが揃って不思議な動きをしているから、日本は今なお「異端の国」なのです。

では、いったい、いつから、そうなってしまったのでしょうか。

異端の国の正体は慢性デフレ

先ほどは、インフレ率などの変数で見た各国の順位という、ちょっと特殊な見方をしました。今度は順位ではなく変数の値そのものを見てみましょう。図1－3は、日本が為替レートの固定相場制から変動相場制に移行した1973年以降の期間について、モノの値段、サービスの値段、名目賃金がどう推移してきたかを示しています。物価や賃金の決まり方は固定相場制と変動相場制で違ってきます。だから、ここでは変動相場制の時期に絞っています。

1970年代から1990年代の前半くらいまでは、モノ、サービス、賃金の3本の線は、日本もアメリカと同じように右肩上がりになっていました。傾きも両国でほぼ同じです。ということは、モノの値段もサービスの値段も賃金もアメリカと同じような伸び率になっていて、しっかりと動いていた。異常値ではなかったのです。

ところが1990年代半ば、もう少し特定すれば1995年あたりから、日本の3本線は水平

図1-3　日米のモノ価格、サービス価格、賃金

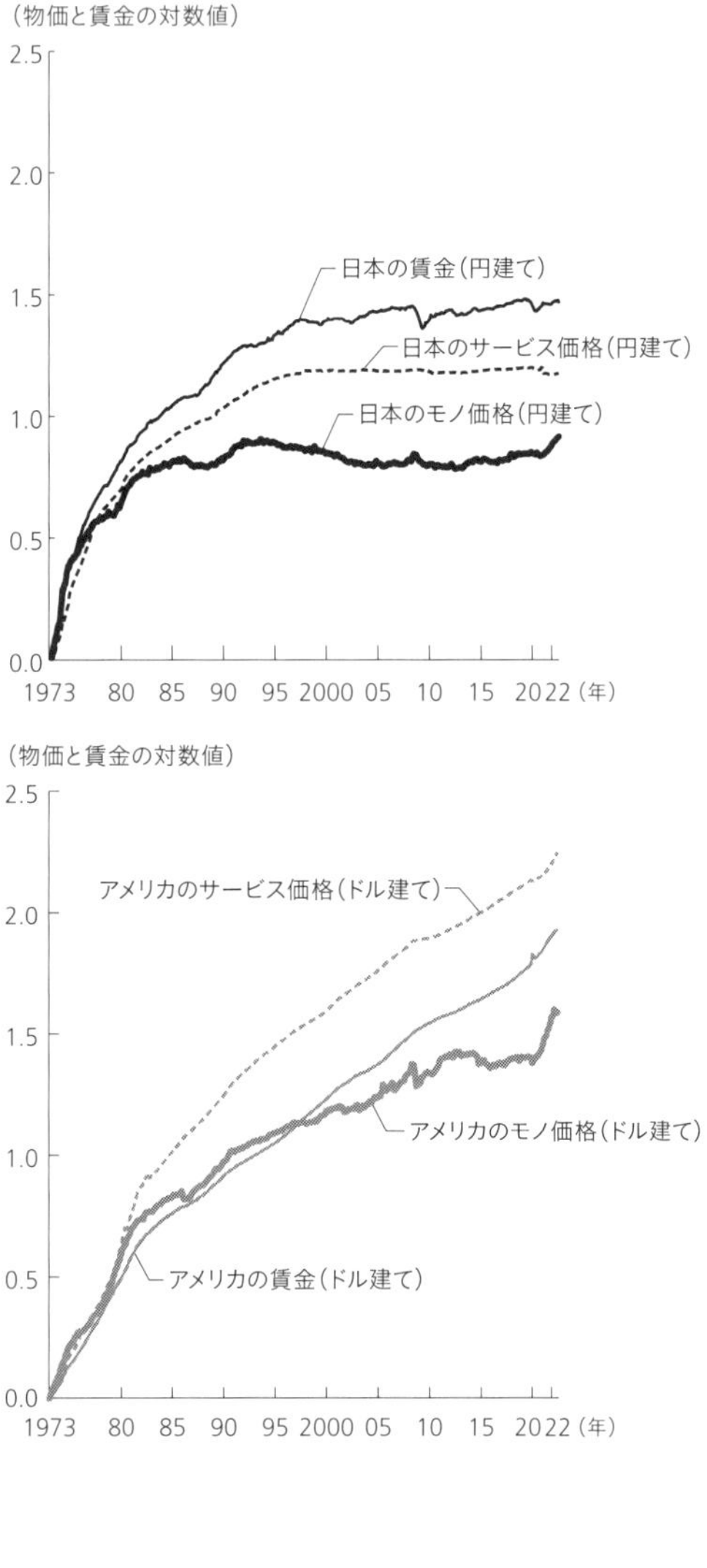

になっています。つまり、日本の物価と賃金は上昇をやめ、毎年据え置かれるようになったのです。同時期のアメリカは、据え置きなどにはならず、右肩上がりが続いています。ここには示してありませんが、ヨーロッパの主要国もアメリカと同様の右肩上がりを続けていました。つまり、日本だけがひとり、特異な動きを始めたということです。この動きを反映して、日本の順位は最下位へと沈んでいったのです。

物価と賃金が据え置かれる現象は、「慢性デフレ」と呼ばれています。デフレというのはインフレの反対なので、本来は、デフレ＝物価と賃金の「下落」、のはずです。「据え置き」をデフレと呼ぶのは言葉の使い方としては正しくありません。しかし日本ではどういうわけか、物価と賃金が据え置かれる現象を慢性デフレと呼んできました。本書でもその慣行に従うことにします。

１９９０年代後半から慢性デフレが始まり、物価と賃金が毎年据え置かれる、その結果、それらの伸び率がゼロになりました。物価や賃金の伸び率と金利は密接な関係にあります。物価の伸び率が低ければ金利も低く、逆ならば逆です。日本でもこの関係は保たれていて、同時期の金利はゼロ近辺まで低下しました。こうして、物価と賃金の伸び率ゼロ、そして金利もゼロという状況が生まれました。

私たち異端の国の住人は、物価と賃金が毎年据え置き、金利はゼロ、という日常にすっかり慣れ切っているので、異様さを感じることはありません。しかし最下位なのですから、外から見れば、かなりいびつな社会であることは間違いありません。

「デフレ」ではなく「慢性」が謎

物価が上がるにせよ（インフレ）、下がるにせよ（デフレ）、はたまた据え置きにせよ、そういう現象が数年続くというのはよくある話で、驚くことではありません。ですから、「慢性デフレ」のどこに大事な特徴があるのかと言えば、「デフレ」のほうではなく、「慢性」のほうです。

経済学の教科書に登場する変数は大きく分けて「価格」と「数量」です。数量のほうの代表格は、ＧＤＰや雇用者数です。景気が変化すればそれはまず数量に表れます。数量と比べると、価格（賃金は労働サービスの対価なので価格の一種）の反応は鈍いということが知られています。価格の反応は始まりが遅く、始まってからもゆっくりとしか進みません。価格の反応の鈍さを数字で表現すれば、反応の完了までに数年かかるというオーダーです。これに対して数量のほうは数四半期で反応が終わります。

このように、反応の遅さは価格の特徴ではありますが、それにしても「慢性デフレ」の30年というのは長すぎます。これは何か普通とは違うメカニズムが働いているのではないか。そう疑わせるものがあります。しかし、なぜこんなに長く続いているのかと改めて問われると答えに窮してしまう。その意味で大きな謎なのです。

やっかいな謎を解くヒントは、物価と賃金の三つの線の動き方にありそうです。１９９０年代前半まで右肩上がりだった物価と賃金が、１９９５年あたりから、ともに水平になっていきます。物価と賃金という二つの重要な指標が対になって異様な軌跡を描いている。ということは、この二つはなんらかの影響を互いに与え合っているのではないか。そう推測できます。その相互依存の関係を明らかにできれば異様な長さの仕組みの解明につながるかもしれません。

その手がかりになりそうなのは、経済学の理論というよりは現実の出来事です。じつは長年、物価を研究するなかで私が気づいた奇妙な出来事がいくつかあります。

第2節
物価と賃金をめぐる奇妙な現象

異端の国で起きた珍現象

日本では値上げをめぐる数々のドタバタ騒ぎがありました。これから紹介するのはそうした騒ぎのうちで私の関心をとくに引いた、選りすぐりの四つのドタバタです。日本で暮らしている多くの人たちにとって、この四つのドタバタは、なんの変哲もない普通のエピソードだったかもしれません。

私自身も日本社会の住人なので、ぼーっとしていると、当たり前のことと見過ごしてしまいます。しかし物価の研究者として、面白そうな研究材料はないかとつねにアンテナを張っているところがやや違います。海外の学術雑誌に投稿することを考えると、他の国には見られない、特別な現象が日本で起きている、そしてそれが他国の人たちにとっても潜在的に重要な意味をもつというのが、最もおいしいネタです。そのため、海外の研究者の目線で日本の出来事を眺めようとする、もう一人の自分がいます。

日本社会を見世物に仕立て、それを海外に売り飛ばしているような後ろめたさがあるのですが、それでも、そうやって日々の出来事を眺めることで問題の本質が少しずつ見えてきたように思います。

米紙も驚いた「ガリガリ君」値上げと社長の謝罪CM

最初の出来事はアイスキャンディー「ガリガリ君」の値上げです。２０１6年5月に赤城乳業の社長がテレビＣＭに出演して、値上げはたいへん申し訳ないと、消費者に謝罪しました。二十数年間、価格を据え置いてきたが、原材料費の上昇でやむをえないという説明でした。動画はインターネットでも公開され、２００万回超再生されるなど話題になりました。そのせいか、値上げは同社の売り上げにそれほど影響しなかったそうです。

日本人にとっては、その大げさなパフォーマンスが笑いを誘ってちょっと面白い話でしたが、外国人にとっては理解に苦しむ現象だったようです。この謝罪画像を米紙ニューヨーク・タイムズが1面に掲載して、原材料費の上昇を価格に転嫁するために社長が謝罪しなければならないとは、日本社会はなんと歪んでいることかと批判したのです（①）。

米欧などの普通の国では、正当な理由のある値上げを消費者が拒むということはめったにありません。ガリガリ君の値上げは、原材料費の上昇という明確な理由があり、怒られるような筋合いのものではない。それにもかかわらず社長が謝るなんて、日本はなんてへんてこな国だと笑っているのです。記事では「経済の強い他の国では企業はコストの上昇を価格に転嫁するのが普通だ。だが日本では、労働者の賃金が上がらないので、企業は価格を引き上げられない。コスト増で収益が悪化しても値上げで消費者にそっぽを向かれるよりマシと考える」と伝えています。

確かに、アメリカであれば価格転嫁は当然であり、むしろ値上げをしない経営者がいれば、経営の才がないと責められることでしょう。この記事を見たとき私が感じたのは、日本の常識と海外の常識はこんなに違うのかということです。日本にずっと住んでいる私たちは、そうした感覚をなかなかもてません。米紙の記事はそれを教えてくれたという意味で、非常に印象深かったのです。

「#くいもんみんな小さくなってませんか日本」

二つ目の不思議は、SNSで「#くいもんみんな小さくなってませんか日本」という話題が盛り上がったことです。2017年ごろのことですが、このハッシュタグをたどると、「牛乳パック

An image from a TV ad in which ice cream company executives humbly apologized for raising a price, which is a rarity in Japan.

Costlier Ice Cream Bar Comes With an Apology to Japanese

By JONATHAN SOBLE

TOKYO — One of the most talked-about television commercials in Japan this year advertises an unusual product: contrition.

The ad shows a group of workers and executives from an ice cream company lined up in neat rows in front of their suburban Tokyo factory. As gentle folk music plays, they bow in apology.

The company's transgression? Adding 10 yen, or about 9 cents, to the price of Garigari-kun, a hugely popular soda-flavor ice cream bar. About 500 million of the bright blue snacks are consumed every year, mostly by children.

Increasing prices are a big deal in Japan. The country's sluggish economy means that the cost of most things has not risen in 20 years, and almost any increase makes headlines.

Consumer prices are a painful economic headache for Japan. The country's officials have been trying to break this stubborn pattern of deflation by pumping

Continued on Page B2

「ガリガリ君」の値上げ謝罪CMについて報じたニューヨーク・タイムズ紙記事（①）

図1-4 商品の小型化

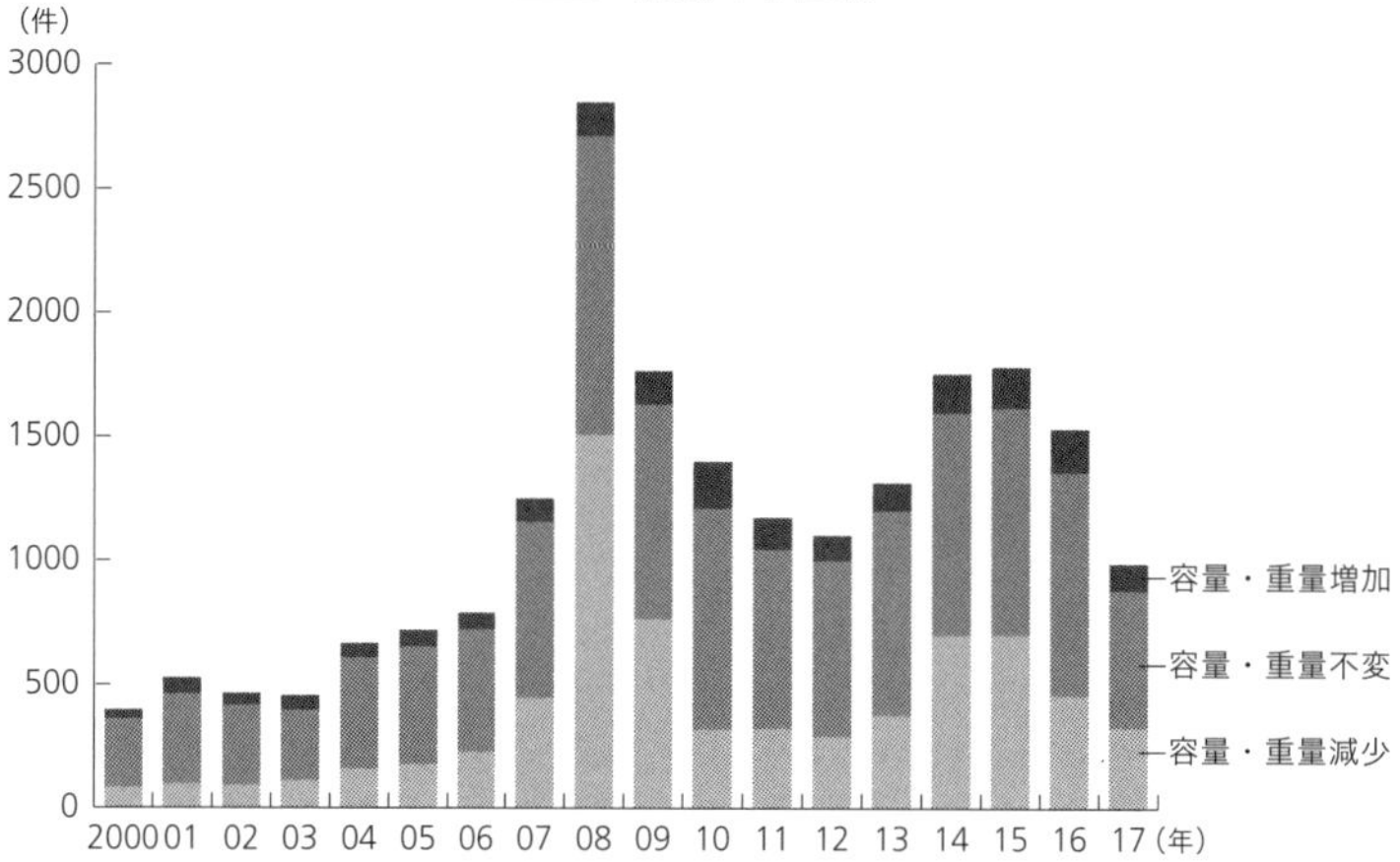

が小さくなった」とか、「チーズやサバの水煮缶が小さくなった」といったツイートで溢れていました。

商品が小型化・減量されているにもかかわらず値段は据え置きです。値段が変わらずにサイズが小さくなるのは実質的な値上げなので、こんなことをこっそりやるなんて、と消費者の怒りを買ったわけです。こっそりという意味で、「ステルス値上げ」とも呼ばれました。

この現象は、じつは2008年にも起きています。当時は、輸入原材料やエネルギーの価格が高騰し、とくに食品メーカーでは製造原価が大きく上昇しました。製品価格に転嫁するのが筋ですが、それができませんでした。そこで商品の小型化を選択したと考えられます。図1－4は商品の入れ替え時に容量や重量がどう変化したかを調べた結果を示しています。これを見ると、この年は容量や重さなどを減らした商品が激増したことがわかります。小型化は円安で輸入コストが上昇した2014〜2015年にも増えています。

私が不思議だったのは、なぜ企業はわざわざこんなことをするのかということです。価格を上げれば済むのに、と思ったからです。ちょうどそのころ、商品の小型化現象を取り上げたテレビ番組のお手伝いをする機会があり、企業が商品の減量に取り組む様子を取材したVTRを見せてもらいました。商品の小型化というのは、企業にとってみると、じつは時間もコストもかかる大変な作業です。工場の機械を入れ替えるなどして、新たに小さい製品を生み出す「商品開発」みたいなものだということを学びました。

しかし、それだけ苦労して送り出した商品なのに、SNSで買い手の怒りを呼んでしまう。企業の技術者は大変だし、買う人は怒り心頭で、結局、誰も喜ばない。つくづく何かが変だなと感じました。

わずかな値上げで顧客を失った「鳥貴族」

三つ目は、焼き鳥の居酒屋チェーンとして有名な「鳥貴族」の値上げです。2017年10月、人件費や原材料費の上昇を背景に、「全品280円均一」を298円へと約6%値上げしました。

大倉忠司社長は雑誌のインタビューで、「アベノミクスが出始めた頃から意識はしていました。結構早い段階です。政策として物価を上げていくというのですから、流れは変わると思いました」「後に東京オリンピックの開催も決まり、地価も家賃もじわじわ上がって、これはもう、上げざる

図1-5　「鳥貴族」の客数と客単価

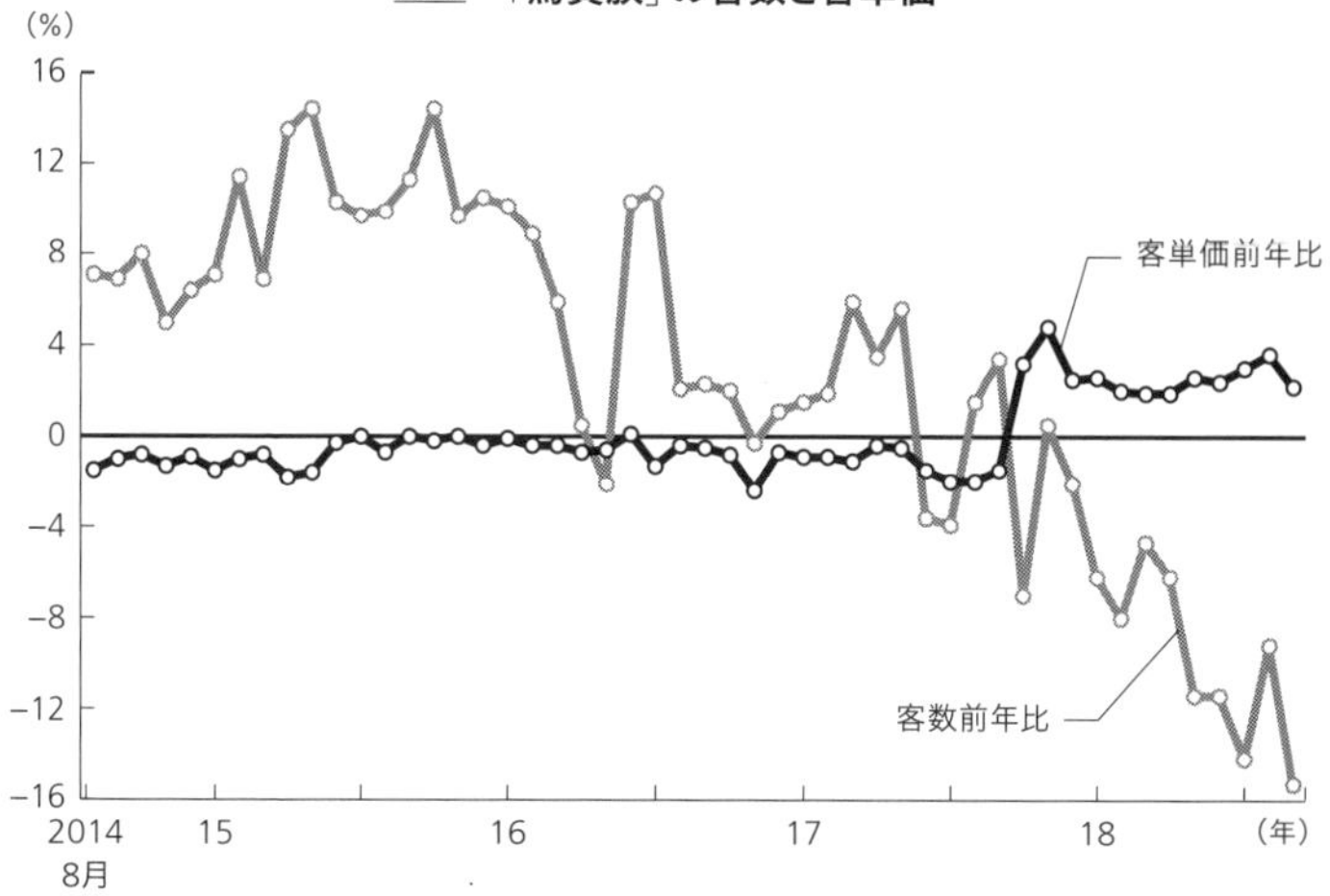

を得ないタイミングが来ると考えていました」と語っています（『週刊ダイヤモンド』２０１７年11月10日）。ようやくデフレから脱却できる、その流れに乗って、価格を上げようという企業が出てきた。そう心強く思って見ていたのですが、残念ながら失敗に終わってしまいました。

図１－５をご覧ください。値上げによって客単価は上がりましたが、そこから、客の数が目に見えて減っていきます。値上げをしなかったライバル店に流れたのです。これに対する世間の評価は、無謀な値上げはすべきじゃなかったというものでした。しかし私は、正当な理由のある値上げで客が逃げてしまう光景は変ではないか。日本はどこか歪んでいると感じました。

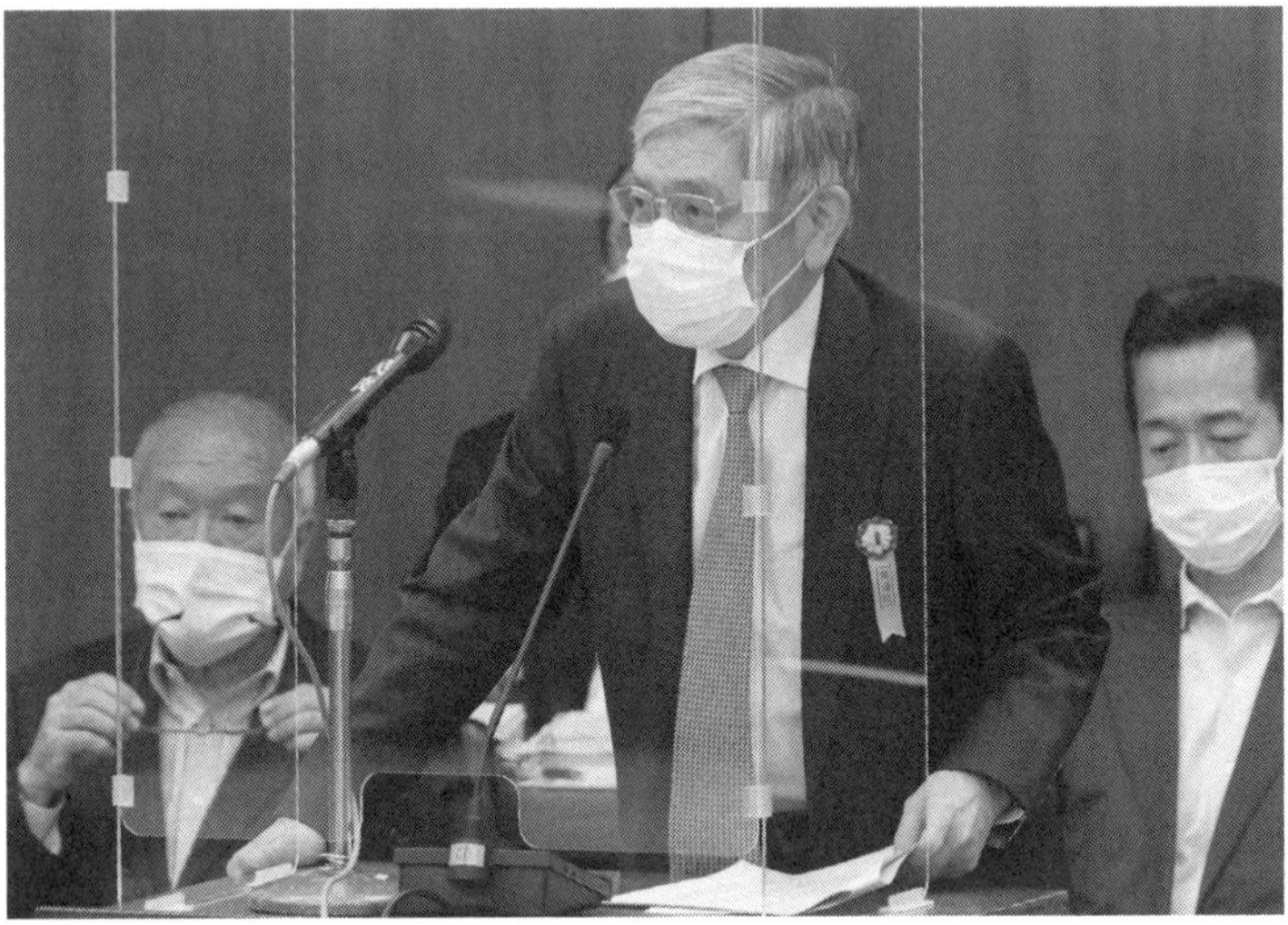

国会で「値上げ許容発言」を撤回する黒田日銀総裁（②）

黒田総裁の値上げ許容発言とその後のドタバタ

四つ目は、黒田東彦日本銀行総裁の「値上げ許容」発言をめぐる騒動です。2022年6月、黒田総裁は都内で講演し、家計が値上げを受け入れつつあるといった趣旨の発言をしたところ、SNSで大炎上となり、総裁は国会でこの発言を撤回・謝罪するという前代未聞の事態になりました。（②）

問題になった発言のもとになったのは、私たち東京大学のチームが実施したアンケート調査でした。家計が値上げをそれほど気にしなくなってきたという結果が2022年春に出たので、それをレポートとして公表したのです。

アンケートを行った私のところにもたくさんの取材申し込みがありました。多くのメディアは、私たちの結果を疑っているというよりも、黒田総裁が結果を曲解して、消費者が値上げを許容しているという事実を無理やりでっち上げようとしている、そういう筋書きで記事を書こうとしているようでした。しかし講演録を読むかぎり、総裁の発言は私たちのレポートに忠実に沿ったものであり、曲解やでっち上げではありません。

私は、ドタバタ騒ぎに巻き込まれるなかで、日本の消費者が値上げを許容するようになったという変化が、メディアにとって、そしてその背後にいる多くの日本人にとって、不都合な事実なのだろうと推理しました。「そんな変化は起こるはずがない」という単純な思い込みもあったかもしれませんが、それを超えて、「そんな変化が起きれば社会の秩序が保てなくなる」、「日銀がそうした秩序を壊そうとしている」という恐怖心があったように思います。裏を返せば、値上げのない、価格据え置きの社会こそが理想郷という信念が、日本社会の奥深いところに埋め込まれていたということです。

価格支配力の弱い企業、値上げを嫌う消費者

四つの珍現象には、大事な共通点があります。

まず、「ガリガリ君の値上げ」、「#くいもんみんな小さくなってませんか日本」をめぐるエピソードが教えてくれるのは、日本の企業の「価格支配力（pricing power）」の弱さです。価格支配力とは、生産にかかる費用などのコストが上がったときに、それを価格に転嫁する力のことです。独占企業はこの力が強すぎてそれはそれで問題です。しかし、普通の競争状態でも、企業が正当

な利益を得て活力ある状態を維持するには、適切なレベルの価格支配力が必要です。実際、先進各国の企業の大部分はそうです。ところが、日本の企業はこの力が弱すぎるのです。コストの上昇を価格に転嫁すると、ライバル企業に顧客が流れてしまうのではないか、それが怖くて転嫁ができないのです。

だから、ガリガリ君は値上げができない。どうしても上げたいときは、必死に謝らなければならない。また、値上げはなんとしても避けたいのでコスト上昇には商品の小型化・少量化で対応する。陰に隠れ、コストをかけてでも、小さくするという別の道を選んでいるのです。

一方、鳥貴族と黒田日銀総裁のエピソードが教えてくれるのは、値上げを極端に嫌う日本の消費者の姿です。それも、米欧の消費者とは比べものにならないほどの強い毛嫌いです。だから、鳥貴族が18円値上げしただけで、すぐに他店に行く。値上げが嫌で嫌でしょうがないから、日銀総裁が「これからは値上げです。皆さん、ようやくそれを許容したんですよ」などと言うのは許せない。

この四つの騒動が示しているのは、「消費者が値上げを認めない。企業は客離れが怖くて値上げができない」という構図です。

注目すべきは平均ではなく分布

この構図は何を意味しているのでしょうか。消費者が値上げを嫌がる、だから企業は値上げできないというのは、どの企業のどの商品にもあてはまるはずです。そうだとすれば、どの商品の価格も据え置かれることになるはずです。しかし、図1－3で見たモノの価格やサービスの価格は、さまざまなモノの価格の「平均値」、さまざまなサービスの価格の「平均値」です。どの商品の価格も据え置かれるというのと、平均値が据え置かれるというのは、同じではありません。売れ行き好調な商品の価格は上がる一方、そうでない商品の価格は下がり、両方を合わせると、平均値は据え置きということがありうるからです。そう考えたときに、確かめるべきは平均値だけでなく個々の価格が据え置かれているか否かだと気づきました。もしこれがデータから確認できれば、先ほどの構図の重要な証拠になるはずです。

どうすればこれが可能になるでしょうか。物価の動向、つまりモノやサービスの値段の動きを見るときは、一般に消費者物価が使われています。総務省統計局が毎月、「○%になった」というように公表している、あれです。この数字は世の中で毎日売り買いされているシャンプーやカップ麺など約600品目の値段を集めて作られているのですが、じつは、集計前の価格、つまりシャンプーやカップ麺など個々の品目の価格も公表されています。

600の品目の価格変動がわかるので、2%超上がった品目が何割、ゼロ近辺が何割といった計算ができます。このようにして作成したものが品目別の価格上昇率の「頻度分布」です。この方法で追跡すれば、価格据え置きの品目がある時点で何割ぐらいあるかはもちろん、それがいつから増え始めたのか、その後どのように変遷してきたか観察できます。

また、先ほどの構図が日本独特のものであることを確認するには、海外のデータとの比較が欠かせません。都合の良いことに、海外の消費者物価統計でもこうした個別品目の価格が公表され

図1-6　消費者物価の品目別インフレ率の分布

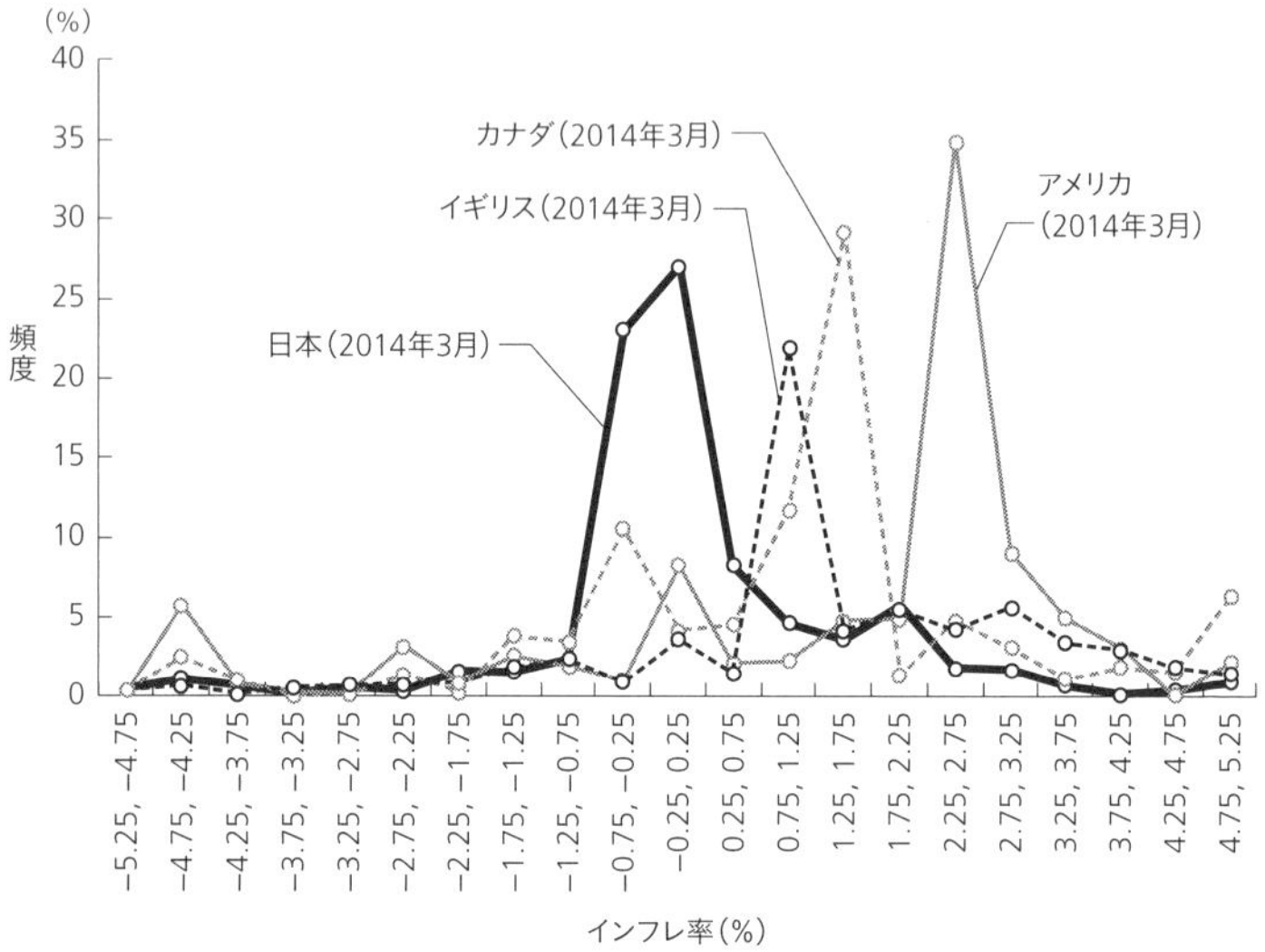

ているので、各国の頻度分布との比較も可能です。

米欧のピークは2％周辺、日本はゼロ％

その作業の結果をまとめたのが図1―6です。これは渡辺広太氏との共著論文に掲載したチャートで、2014年3月時点のデータを使っています。横軸にはインフレ率、縦軸には、横軸に表示した上昇率の品目がどのくらいあるかの頻度を示してあります。都合の良いことに共著者の名前も私と同じなので、「渡辺チャート」と呼ばれています。

　アメリカの分布を見ると、インフレ率が2・25％から2・75％の範囲にある品目の比率が最も高い。つまり、2・5％程度値上げされた品目が一番多いということです。アメリカにはたくさんの企業がありますが、その多くがこの程度の値上げを行ったということです。同じように、イギリス、カナダでは１・５％ぐらいのところにピークがあるので、イギリス、カナダの典型的な企業はそのくらいの値上げをしています。

これらの国々では、それぞれの中央銀行が２％のインフレを目指して政策を運営しています。それより低ければ金融緩和をする、高ければ金融引き締めをする。そうやってインフレ率を２％に誘導しようとしているのです。ここでの結果は、それぞれの中央銀行が目指している２％の近辺の率で値上げをする企業が多いということを示しています。中央銀行が２％を目指しているので企業経営者も同じところを目指すということかもしれません。もちろん、この図だけでそう断定できるわけではありませんが、少なくとも中央銀行と企業にとって都合の良い状況にあるのは間違いありません。

では、わが日本の頻度分布はどうなっているでしょうか。見てのとおり、日本のピークはゼロです。正確に言うと、インフレ率がマイナス０・25％から０・25％の範囲にある品目が最も多い。つまり、米欧の企業と異なり、日本の典型的な企業は価格を据え置いているということです。ちなみに、日銀も米欧の中央銀行と同じく、２％のインフレ率を目指すことを公言しています。それにもかかわらず企業は価格据え置きなので、インフレ率に関する目線が中央銀行と企業で異なっていることを意味します。

物価・賃金の据え置きの始まりは1990年代後半

一個一個の商品、個別のサービスの価格が動かなくなったのはいつからなのでしょうか。ある著名な経営者の方に渡辺チャートをお見せしたときに、コストが上がっても価格を据え置くのは日本の美徳であり、大昔からそうだったとお聞きしたことがあります。本当にそうかどうかデータを見てみましょう。

図1－7の上の図は、先ほどと同じく、消費者物価のもとになっている約600の品目のデータを使って、そのうち価格の上昇率がゼロ近辺のもの（つまり、価格据え置きの品目）がどのくらいあるかを毎月計算し、それを棒グラフで示したものです。これで見ると、据え置きの割合は、1970～1980年代にかけて高いときで約2割でした。1990年代の前半もまだ2割程度で、それほど多くはありません。ところが、1990年代末に5割近くまで増え、その後、高い水準がずっと続いています。つまり、価格据え置きは大昔からそうだったわけではなく、そのころ始まったことなのです。

図1－3で見たように、日本の物価が定規を当てたように水平線になったのは、1990年代半ばでした。あの図はさまざまな商品の価格の平均値を使って描いたものです。平均値が動かなくなったのとほぼ同じタイミングで、個々の品目の価格も動きを止めたということです。

ところで、図1－3では、物価だけでなく賃金も水平線になったことを確認しました。あの図に示したのはさまざまな企業が払う賃金の「平均値」でした。それでは個々の企業の賃金はどうなっていたのでしょうか。

図1-7 個別価格と個別賃金の据え置き

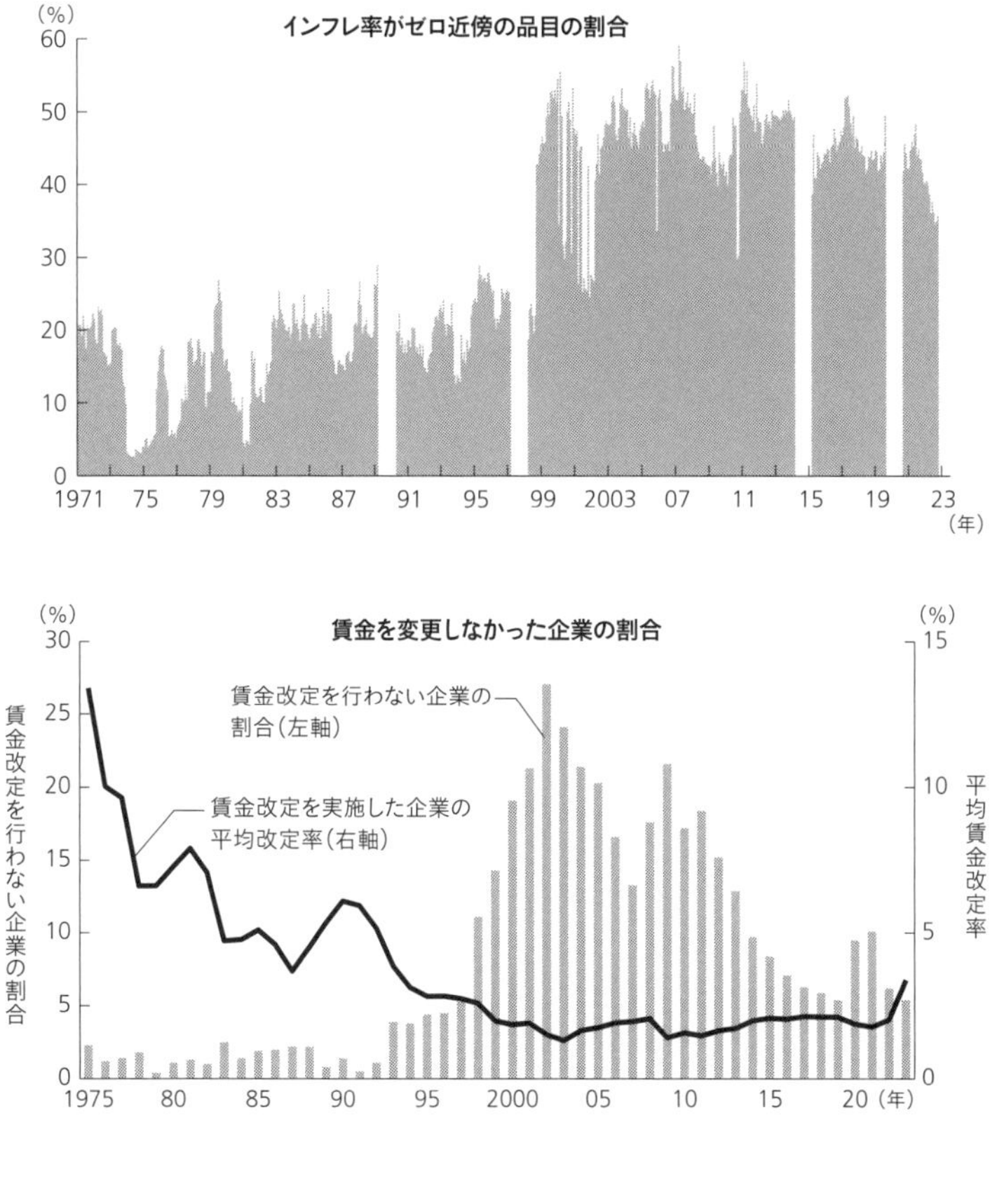

価格を上げずに据え置く企業はその企業で働く労働者の賃金を上げる余裕がありません。また、多くの企業が価格を据え置く状況では、生計費（生活に必要な費用）が上がらないので、労働組合も賃上げを要求する根拠が乏しくなります。どちらの角度から見ても、賃上げは起こりにくくなるはずです。

図1－7の下の図は、賃上げをしなかった企業の割合を示しています。1970年代も1980年代もそんな企業はわずかで、せいぜい数パーセントでした。ところが、1990年代後半になると、賃上げしない企業が1割を超えます。2000年代初めには3割近くにまで増え、その傾向が最近まで続きました。つまり賃金についても、平均値が水平線になっただけでなく、個々の企業のレベルで賃上げが行われず、据え置きとなっていたのです。そしてそれが始まったのは1990年代後半で、価格据え置きの開始とほぼ同じタイミングでした。

健康な蚊と死んだ蚊

個々の商品の価格、個々の企業の賃金がずっと据え置かれている——これが慢性デフレの基本構図です。これがどんな状態なのか、皆さんにイメージをもっていただくために比喩で説明してみましょう。

少し突飛ですが、物価とは蚊柱なのです。これは私が前著『物価とは何か』で示した見方です。蚊柱とは、柱状に見える蚊の大群がひとつの物体のように上下左右に動いていく、夏の水辺で見られる現象です。しかし、蚊柱に近寄ってよく見ると、蚊柱の中では無数の蚊がばらばらに飛び交っています。この一匹一匹を世の中に何十万とある個別の商品の価格と見立てます。

個々の蚊（ミクロの価格）が生き生きと自由に動いていても、全体として見たときに蚊柱（マクロの物価）が落ち着いていれば、物価は安定しているとなります。人気の出てきた商品や人気に陰りの出てきた商品など、商品それぞれの事情を反映して個々の価格がダイナミックに動く一方で、全体としては安定している。これが健全で理想的な物価安定の姿です。

日本の蚊柱（物価）は30年にわたって動いていません。ではこれを物価安定とみてよいのでしょうか。残念ながらそうではありません。なぜなら、動きを止めていたのは蚊柱だけでなく、個々の蚊（価格）もそうだからです。蚊がみんな死んでいるから蚊柱も動かない――日本経済はそういういびつな状況なのです。

では、なぜ蚊は動きを止めてしまったのでしょうか。次節では、これを経済学の理論の助けを借りて考えることにします。

第3節

企業はなぜ価格を据え置き続けたのか

――「屈折需要曲線」の理論

わずかな値上げで需要が激減

この謎を解くために、まずは消費者の行動の分析から始めましょう。値段が上がったときに消費者はどうするかというと、買う量を減らします。価格の変化と消費者の購買行動の変化を見ていくのに便利な道具があります。それが「需要曲線」です。需要曲線は、縦軸に価格を、横軸に需要量をとって、各価格の水準でどれだけの需要があるかを示したものです。

需要曲線には、通常の右下がりの直線以外にも、商品の性質、市場環境などによって、さまざまな形状があります。じつは、その中に値上げを極端に嫌がる日本の消費者の行動にうまくあてはまる形状があるのです。それが「屈折需要曲線」です。少しでも価格を上げると需要が極端に減ってしまい、商品が売れなくなる。反対に、価格を下げても需要はそれほど増えず、売り上げ増につながらない。そうした様子を描くと、この曲線が現れます。線が途中で折れ曲がっているので、「屈折」需要曲線と呼ばれています。

図1－8が屈折需要曲線です。たとえば、近所の洋菓子店で1個100円でクッキーを売って

図1-8　屈折需要曲線

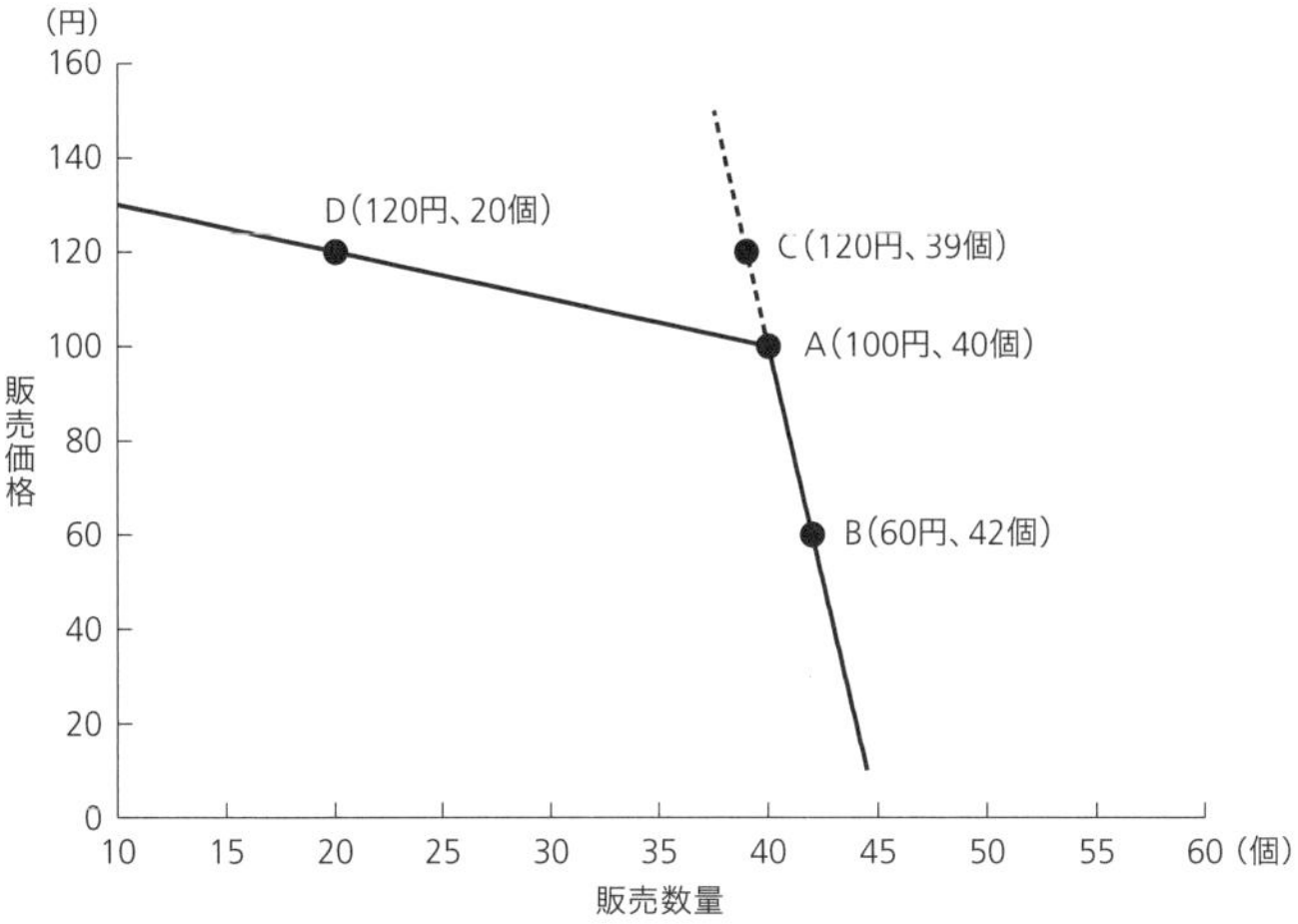

いるとしましょう。このお店の現状はA点です。１００円のクッキーに対する需要は40個で、これだけの個数が売れています。しかし、原材料費や人件費が上がってきたので、20円値上げしました。真っすぐな普通の需要曲線であれば、需要は点線上のC点の39個に移って1個減るだけです。しかし実際は、需要はD点の20個に移ります。つまり、ちょっと値上げすると売れる量が激減してしまいます。それで、直線が折れ曲がるのです。反対に、価格を下げても需要はそれほど増えません。B点の60円まで下げても販売量は42個で、2個の増加にとどまっています。

わずかな値上げでも需要が極端に減ってしまい、商品が売れなくなるという事態は、珍現象のひとつ、鳥貴族の値上げそのものです。18円上げただけで、焼き鳥の需要が落ち込んでしまった。これは、焼き鳥の需要曲線が屈折していたためと解釈できます。

青木仮説：いつもより高いと他店に逃げる

それでは、需要曲線が折れ曲がるのはなぜでしょうか。屈折需要曲線はミクロ経済学の分野では昔からある考え方なのですが、企業の価格更新というマクロ経済学の文脈で使い始めたのは、東京大学で私が指導を受けた根岸隆先生です。その後、その文脈で数々の論文が書かれてきました。その中でも、今の日本の状況を見るうえで一番ぴったりくるのが、同僚の青木浩介教授が中心になって提唱した仮説です。私と青木さんが日本の屈折需要曲線をめぐって議論を重ねるなかで、こう考えたらどうかと提案してもらったアイディアです。

「青木仮説」では、値上げに直面した消費者が何を考え、どんな行動に出るかを描写します。ある消費者が近所のスーパーマーケットにチョコレートを買いに行くとします。店頭でお目当ての商品がいつもより高くなっていることを確認したときに何をするかというと、そこでは買わずに、すぐに他の店に向かいます。つまり、少しでも値段が上がるとお客は逃げていく。それで需要が急減して、屈折が起きるのです。

消費者が他店に向かうのはなぜでしょうか。他店に行けば、お目当てのチョコレートが元の安い値段で買えると信じているからです。どうしてそう信じるのかというと、物価は全般に据え置かれるものと信じているからです。

どういうことかと言えば、物価は据え置かれるものだと信じているので、その店でチョコレートの値上げを見たときに、それはたまたま何かその店に固有の事情で値段が上がったのだろうと理解します。だから、そこでは買わずに他の店に逃げる。つまり、需要曲線の折れ曲がりは、「物価は据え置かれる」という消費者の信念から生まれるのです。

鳥貴族の場合も、焼き鳥の値段が上がるはずがないと人びとが強く信じているなかでの値上げだったのでお客は他店に向かいました。逆に言うと、物価は据え置きではなく上がっていくのが当たり前と人びとがあのとき信じていたとすれば、値上げを見ても他店に向かうことはなく、鳥貴族の売り上げもあれほど減らなかったはずです。

日本の消費者は値上げから逃げる！

青木仮説は、日本の価格据え置きにどっぷりつかっている私たちにとって腹落ちするものです。しかしあくまで仮説なので、現実にどこまであてはまるか検証が必要です。そこで、私たちのチームではアンケート調査を実施して検証を行いました。まず、日本の消費者が「物価は据え置かれる」と信じている割合を調べるところから始めました。

図1－9は、2021年8月に実施した「5カ国の家計を対象としたインフレ予想調査」の結果です。イギリス・アメリカ・カナダ・ドイツ・日本の消費者2万人に「1年後の物価は現在と比べてどうなると思いますか」と聞いたところ、日本の消費者は「ほとんど変わらないだろう」と答えた割合が3割を超えて、とびぬけて高い数値を示しました。つまり、米欧に比べて、先行き価格は据え置かれると思っている人が多かったということです。反対に、「かなり上がるだろ

図1-9　インフレ予想の国際比較

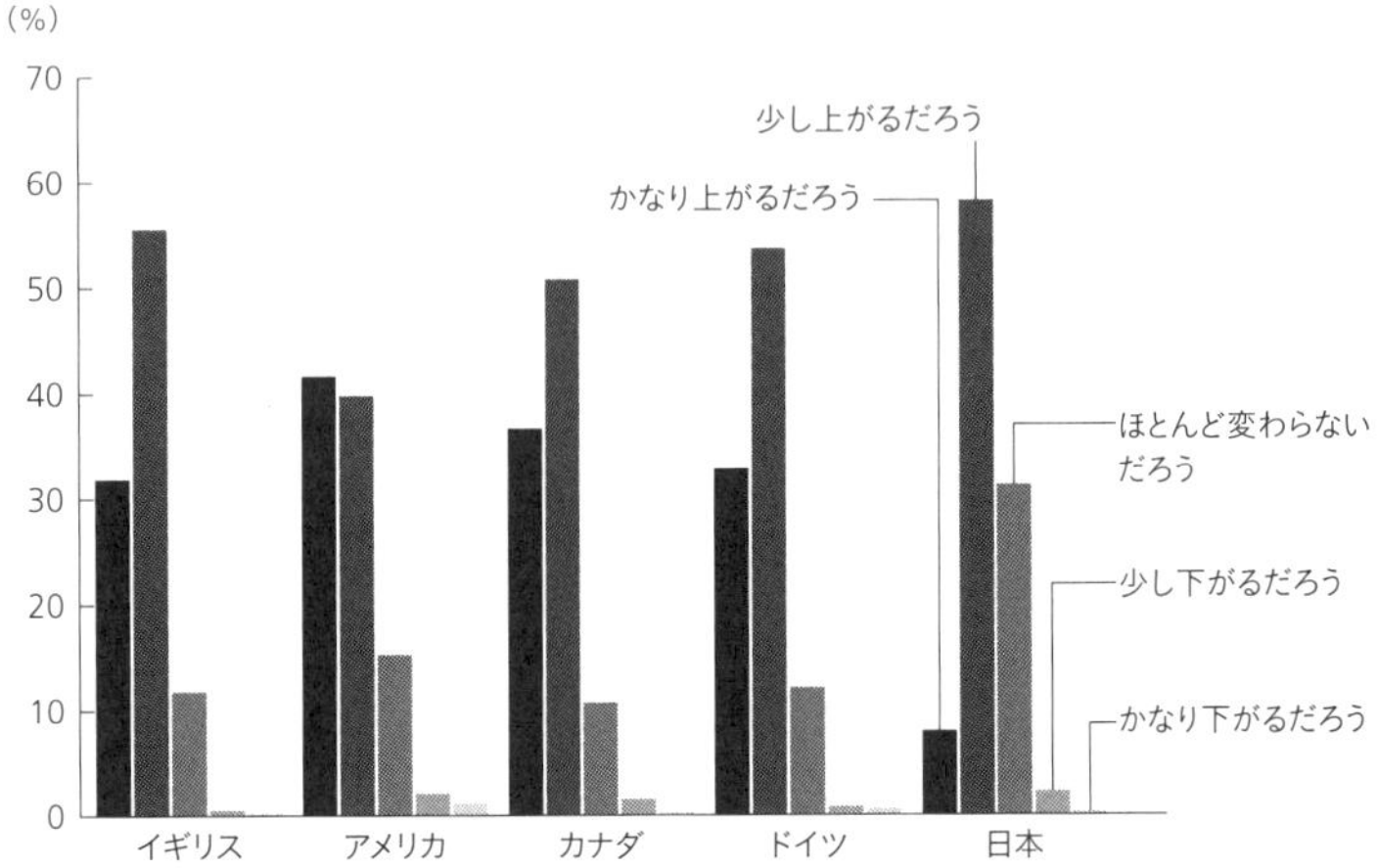

う」という回答はアメリカは4割を超え、ドイツやカナダも4割近いのに対して、日本は1割未満でした。つまり、日本の消費者はインフレ予想が極端に低いのです。これは青木仮説と整合的です。

次のポイントは、値上げに直面すると消費者がすぐに逃げ出すかどうかです。同じアンケート調査で、「いつもの店である商品の値段が10％上がっていたら、どうするか」を尋ねました。「その店でその商品を同じ量買う」、「その店で買う量を減らす」、「その店で買うのをやめる」という三つの選択肢があり、それぞれイエスかノーかで回答する方式です。

図1－10の左側の図を見ると、日米の違いがはっきりとわかります。棒グラフは、イエスの割合からノーの割合を引いた数字です。アメリカでは「同じ量を買う」にイエスと答えた人が多数を占め、ノーの割合を35％上回っていま

図1-10　需要曲線の屈折度合い

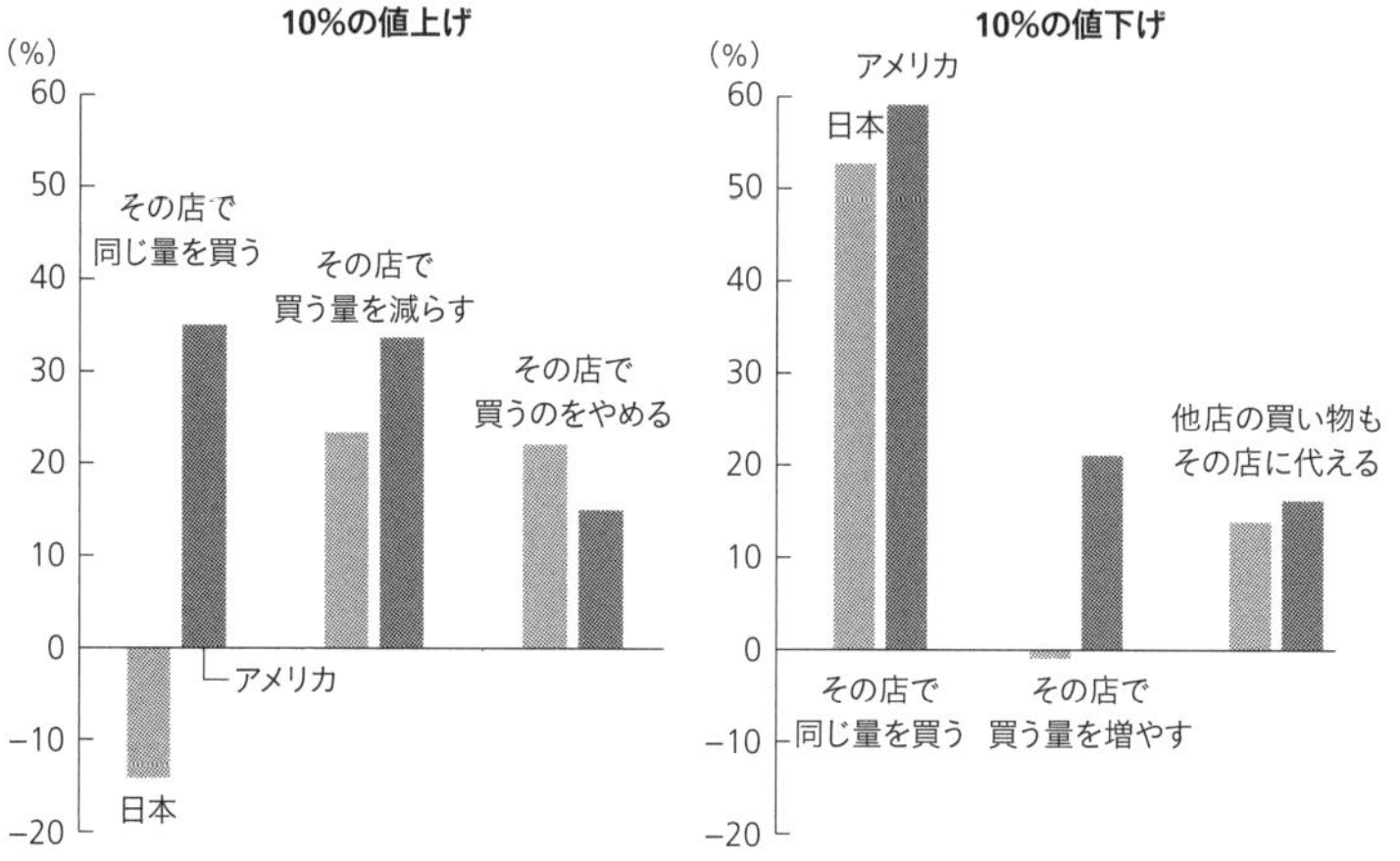

す。一方、日本はノーの割合が非常に高かったので、数字はマイナスです。つまり、アメリカの消費者は値上げをやむをえないものと受け入れるのに対して、日本では多くの消費者は値上げを許せない、もうその店では買わないということです。

さらに、値段が10％下がる場合についても同じ質問をしました（図1－10の右側の図を参照）。値下げなので買う量を増やす人が多いのではないかと一瞬思いますが、実際には、買う量を増やす人は多くありません。多いのは「その店でその商品を同量買う」で、これは日米に共通して見られる特徴です。屈折需要曲線の特徴――値上げで売れる量が大きく減る一方、値下げでは量はあまり増えない――を裏付ける結果になっています。

まとめると、アメリカの需要曲線も、値上げと値下げで非対称という意味で屈折していいます。しかし値上げがあっても、その店で買い続ける人が多いので屈折の度合いは弱い。それに対して日本は、値上げから逃げる消費者が多いため、屈折の度合いがきついのです。

つまり、需要曲線の屈折を生み出している犯人は消費者です。企業はその消費者に振り回されて値上げに踏み切れない犠牲者とも言えます。しかし、日本の消費者が逃げ出すのは怖がりとか、底意地が悪いとかいった理由からではありません。「物価は据え置きが当たり前」という信念を強くもっているからです。この信念を前提とすれば、値上げから逃げ出すのは当然で、きわめて理にかなった行動です。

値上げを嫌う消費者も、客離れを怖がる企業もともに善人で合理的な判断をしているのに、社会全体としては歪んでしまう。この問題のむずかしさはじつはそこにあります。

第4節

労働者はなぜ賃金上昇を求めなかったのか
――「賃金・物価スパイラル」の理論

物価の据え置きと賃金の据え置きが連動する理由

屈折需要曲線は、価格がなぜ据え置かれるのかを説明するための理論です。しかしすでに見たように、1990年代後半に発生したのは、価格の据え置きと賃金の据え置きの両方です。このことは二つの据え置きが密接に関連していることを示唆しています。また、最近2年間で起きているのは、価格の据え置きが停止し値上げに向かう一方で、賃金の据え置きも終わり、賃上げへと向かう動きが生まれているということです。これも両者の密接な関連を示唆しています。

しかし、価格の据え置きと賃金の据え置きのあいだには、同じタイミングで生まれ、同じタイミングで消えたという以上の深いつながりがあります。屈折需要曲線の理論に戻って説明しましょう。先ほどの説明では、消費者の賃金がどうなっているのかは一切議論しませんでした。しかし消費者が値上げにどう反応するかは当然、賃金に左右されます。たとえば、高い賃金をもらっている消費者と賃金の低い消費者で需要曲線の屈折度合いは違っていそうです。

賃金の高い高所得の消費者は高い値札を見ても、他店に逃げることはしません。所得の高い人も、物価据え置きが当然という信念をもっているという点では低所得の人と同じです。しかし、その信念があると言っても、いざ他店に逃げるとなるとそこに行くまで時間がかかります。高所得の消費者はこの時間が惜しいと考えます。なぜかと言えば、その人が他店に行くのにかけた時間を労働に振り向けたとすればそこから高い所得が得られるからです。これに対して低所得の消費者（極端な例で言えば失業中の消費者）は時間をかけて他店に行っても失うものはほとんどありません。だから、低所得の消費者は他店に逃げ、需要曲線が屈折します。

この理解を慢性デフレの時期にあてはめると、もし賃金が毎年上昇を続けていたとすれば、需要曲線の屈折はずっと緩かったと考えられます。そうであれば企業は客離れを恐れることなく値上げに踏み切れたことでしょう。そして価格据え置きがこれほどに長く続くこともなかったでしょう。つまり、価格の据え置きが続いたのは賃金の据え置きがあったからであり、なぜ賃金が据え置かれたのかを説明しないと価格の据え置きの説明の土台が崩れてしまうのです。

「賃金・物価スパイラル」理論はなぜ役に立つのか

賃上げしていれば慢性デフレを避けられたかもしれない。それなのに、労働者・労働組合はなぜ据え置きを選んだのだろうか。そんなことを考えていたとき、イギリスで「賃金・物価スパイラル」が起きるかもしれないという雑誌の記事が目にとまりました。

イギリスではパンデミック後にインフレが高進し、労働者の生活が厳しくなりました。労組はストライキなど強硬な姿勢を打ち出し、企業は高い賃上げ要求を呑まざるをえない状況に追い込まれます。そして賃上げで人件費が上昇すると、企業はその分を価格に転嫁するので、インフレがさらに加速します。そうなると労組はより高い賃上げを要求し……というように、物価と賃金が追いつ追われつの上昇を繰り返す。これが「賃金・物価スパイラル」です。

そういう現象が過去にあったこと、また、その現象を理論モデルで表現するにはどうすればよいかも、大学院生時代にオリヴィエ・ブランシャール教授の授業で習った記憶があります。しかし、そんなことが身近なところで起きるというのは驚きで、慌てて関連する論文を読み始めました。そして、ブランシャール教授の授業のおぼろげな記憶をたどるなかで、この理屈は慢性デフレに使えるかもしれないと思い始めたのです。

賃金・物価スパイラルの理論は、イギリスのように賃金と物価が相互に影響を及ぼし合いながら、「ともに上昇する」現象を説明するためのものです。それに対して、慢性デフレの時期に起きたのは、賃金と物価が「ともに据え置き」という現象です。「上昇」と「据え置き」に目が行ってしまうと、まったく違う、となってしまいます。しかし、「ともに」の部分は共通です。そして、賃金・物価スパイラル理論のエッセンスは「ともに」にあるのです。だから、この理論を使えば、慢性デフレの全貌がわかるのではないかと考えました。こうして、のちに日本版「賃金・物価スパイラル」と名付けた仮説が徐々に固まっていきました。

本家のスパイラル理論のポイントは、労組と企業が相手の出方を互いに読みながら行動する点にあります。企業は価格を上げてくるのか。労組は賃上げ要求をしてくるのか。将棋や囲碁のように、相手の手を予想しつつ、自分が打つ手を決めていきます。これと同様に、賃金が上がらな

図1-11　日本版「賃金・物価スパイラル」

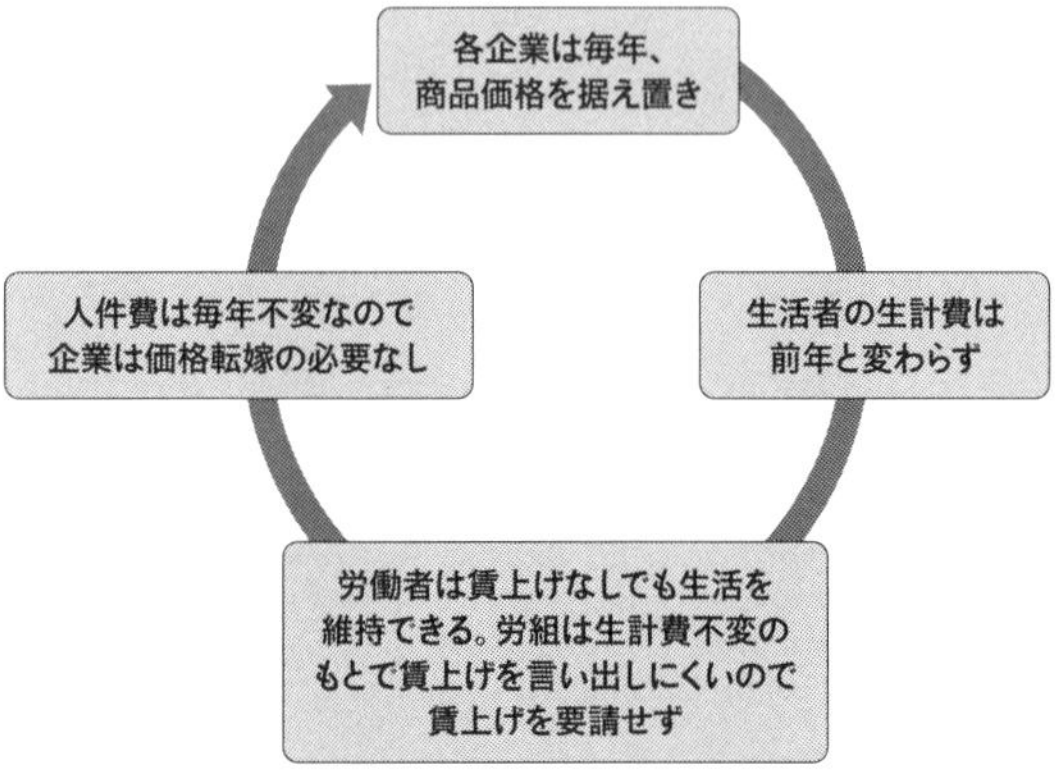

いと予想した企業は、利益が減ることはないとみて安心して価格を据え置きます。労組は価格が上がらないという前提に立ち、それならば、ということで賃上げには向かわない。こうした行動の結果、物価も賃金も動かなくなっていく。そして、これと同じことが次の年も、そのまた次の年も繰り返されます。

図1－11はこの様子を示したものです。商品の価格の据え置きと賃金の据え置きが相互に影響し合いながら、ぐるぐると同じところを回っている。このスパイラルの中で、労組は賃金の据え置きを選択し続けてきたわけです。

米欧の高インフレは賃金・物価スパイラルで説明できるのか

本節では、日本版「賃金・物価スパイラル」仮説の詳細を説明したいと思いますが、その前に本家の賃金・物価スパイラル理論の生い立ち、来歴を見ておきましょう。なぜこうした考えが出てきたのか、どんな時代背景があったのかなど、要点を押さえておくと、日本版仮説への理解もさらに深まると思います。

新型コロナウイルス感染症によるパンデミックの影響で、2021年以降、米欧各国では軒並み8～9％もの高い物価上昇が起きました。金融引き締めなどの政策を続けたことで今はだいぶ下がってはきたのですが、まだ完全には落ち着いていません。インフレが思うように制御できなかった時期に、米欧の中央銀行や経済学者は、賃金と物価のスパイラルが起きているのではないかと疑いました。つまり、物価上昇が賃金上昇を呼び、それがさらなる物価の上昇を引き起こすという事態です。対処がむずかしい新たな段階に入ったかもしれない。このやっかいなスパイラルの謎を解くことが研究者の重要な課題となったのです。

そこで改めて注目されたのが賃金・物価スパイラル理論です。実務家は、1970年代の高インフレなどの経験から、賃金と物価がスパイラルすることは当然ありうると考えます。しかし、研究者はこの現象を正面から扱うということをしてきませんでした。「スパイラル」というのがどうも胡散臭い、技術的にもモデル化がむずかしいといった事情があったからです。最も有名な論文は先ほども登場したブランシャールが1986年に発表したものですが、逆に言えば、それ以外にスパイラルを正面から扱った研究は少なかったということです。

ところが、パンデミック後に主要各国で物価と賃金が並行して上昇する現象が観察され、この理論が一躍注目を集めるようになりました。と言っても、経済学者がこぞってこの理論に熱中したわけではありません。「スパイラル」に対する懐疑的な見方は根強くあります。しかし、物価と賃金に想定外の事態が起きたので、経済学のツールボックスを慌ててひっくり返してみたら、ちょうど良い理論があった。ただ、なにぶん古くて埃だらけなので、現代流にアレンジする作業が始まった——。そんなふうに表現すると少しは内情をご理解いただけるでしょうか。

いずれにしても、慢性デフレをスパイラルで解明したいと考えている私にしてみると、本家の理論がそうやってブラッシュアップされるのはとてもありがたいことです。もしかすると、スパイラル理論の復活を世界で最も歓迎し、研究の進展に期待しているのは私なのかもしれません。

Column

二人の大御所によるスパイラル理論の解説

衝突がインフレを起こすという考え方

スパイラル理論の中身は複雑ですがエッセンスは驚くほど単純明快です。とくに、これから紹介する二人の大御所の説明は秀逸です。

最初の大御所は、1981年にノーベル経済学賞を受賞したジェームズ・トービンです。物価上昇が賃金上昇を呼び、それがさらなる物価の上昇を引き起こすのは、要するに、労働者と企業がパイ（利益）の分配をめぐって争うからだというのがトービンの説明です。どういうことかというと、賃金を上げれば、労働者が受け取るパイが増えます。しかしその分、企業の取り分は少なくなってしまいます。逆に、企業が価格を上げれば、企業の取るパイが増えますが、今度は労働者の分が減ってしまう。

パイをめぐるこの衝突を解消するにはどうすればよいでしょうか。仮に両者の「取り分」がドル（名目値）で表記されているとしましょう。そして、ドルで表記された取り分が労使ともに10％増えたとします。このままではパイが足りないのですが、ここで、物価が10％上がったとします。これによって、実質でみた（＝物価調整後の）取り分の和をパイの量に一致させることができます。労使はそれぞれ名目の（ドルで表記された）取り分が増えたのでホクホク顔です。しかし、交渉の場を離れて冷静に考えると、実質の取り分は増えていないことに双方気づきます。労使ともに怒り心頭で、衝突の第二ラウンドのゴングが鳴ります。

トービンは、このように限られたパイをめぐる衝突が何ラウンドも繰り返される結果、スパイラル的に物価と賃金が上昇する可能性があると指摘します。そのようなインフレは、衝突（英語でコンフリクト）がもたらすインフレなので、「コンフリクト・インフレーション」と呼ばれています。

高インフレ終息の切り札は大岡裁きの「喧嘩両成敗」

二人目の大御所はブランシャールです。先ほども述べたように、彼はスパイラル理論の先駆者で、多くの論文を書いています。しかしここで紹介したいのは論文ではなく、彼が2022年の年末に投稿したコンフリクト・インフレーションに関するツイート（現X）です。

ブランシャールは、コンフリクト・インフレーションの発生には二つのケースがあると言います。一つ目は、労働者と企業、この両者のパワーが非常に強い場合です。労組のバーゲニングパワー（交渉力）が非常に強いと、賃金の引き上げが進みます。企業の価格支配力が強いと、価格の引き上げによるパイの奪い返しがすぐ起きます。この二つの強力なパワーがぶつかり合うことでスパイラルが発生する。どちらも強力なので簡単には負けません。やられたらやり返す。攻撃と反撃の繰り返しで、結局、インフレが進んでしまいます。

二つ目は、外から大きなショックがやってくるケースです。日本版スパイラルと関係が深いのはこちらです。初期条件として、労使ともにパワーが極端に強くなく、互いに拮抗していて、その結果、物価も安定しているとします。そこに原油など資源価格の上昇が降って湧いたとします。企業は、何もしないと利益が減るので、商品の価格を引き上げます。これは、資源価格の上昇分を消費者に押し付けるということです。すると、消費者（労働者）は、物価の上昇で実質所得が減る分の賃上げを要求します。これは、企業からいったん押し付けられた資源価格上昇分の負担を、消費者が再び企業に押し戻すことに相当します。企業からすると、最初の値上げで資源価格の上昇分をカバーしたはずなのに、それと同じ分人件費が膨らんでしまい、元の木阿弥です。だから、もう一度値上げで押し戻そうとします。こうやって、企業と労働者が資源価格上昇に伴う負担増を互いに押し付け合う結果、スパイラルが進んでいきます。

エンドレスの押し付け合いを終わらせるにはどうすればよいでしょうか。企業と労働者の両方がちょっとずつ損をする。そんな痛み分けの落としどころに行き着くとブランシャールは説きます。日本流に言えば喧嘩両成敗といったところでしょうか。では、その喧嘩両成敗を言い渡すのは誰なのか。過去の事例を見ると、その役回りを果たしてきたのは中央銀行と政府だとブランシャールは言います。中央銀行の役目が大岡裁きというのは伝統的な中央銀行論を大きく逸脱していますが、1970年代の高インフレの終息局面などを振り返ると、中央銀行がやってきたのは、企業と労働者をなだめて両者の衝突を和らげ、諦めに導くということだったと言えなくもありません。

スパイラル誕生の必須要件は「硬直性」と「ズレ」

さて、話を本題に戻し、ここからは日本版スパイラル仮説の中身を詳しく見ていきます。この節の初めのところで触れたように、スパイラル理論のポイントは、労組と企業が互いに相手の出方を読みながら行動する点にあります。

相手の出方を読み合う構造を整理すると、なくてはならない条件が二つあることがわかります。第一の条件は価格と賃金の硬直性です。価格は商品に対する需要と供給が一致するように瞬時に調整される。賃金も労働サービスに対する需給が一致するように瞬時に調整される。これがケインズ以前の経済学者の理解でした。しかし現実には、価格も賃金も瞬時には調整されません。典型的な例は失業です。失業というのは労働サービスの供給が需要を上回っている状況です（働きたい人がいるのに雇ってくれる企業が見つからない）。そうであれば賃金が下がるのが理屈で、それによって労働サービスの需要は増える一方（賃金が安いので企業はもっと雇おうとする）、労働サービスの供給は減るので（賃金が安いため働きたいと思う人が減る）、需給がマッチします。しかし現実には、賃金はそんなに迅速に調整されないので失業が続いてしまうわけです。

つまり、価格と賃金が需給に応じて調整されるのには時間がかかるということです。もう少し正確に言うと、「瞬時」に調整されるためには、価格や賃金が毎秒変化しなければなりません。同じ価格でも株や為替レートであれば確かに毎秒変化しています。しかし商品の価格が変わるのはせいぜい年に数回です。賃金に至っては年に一度変わるか変わらないかです。つまり、ある日ある月という「短期」では価格も賃金も変わらないということです。これが価格と賃金の硬直性で、最初に言い出したのはケインズです。

スパイラル理論でなぜ、これが大事なのか。反対のケースを考えれば理由は明らかです。仮に価格も賃金も毎秒変わるとします。その場合は、企業が価格を決めようとしているちょうどその瞬間に労組は賃金を決めようとしている、となります。そうなると、お互いの出方を見て自分の打つ手を決めるという時間的な余裕がなくなってしまいます。だから、相手の出方を読み合う構造を考える際には価格と賃金の硬直性が必須なのです。

価格と賃金の硬直性は理屈上必須というだけでなく、現実にも満たされています。たとえば、日本は春闘で賃上げが決まりますが、これは年に1回です。春闘のような仕組みをもつか否かは国によって異なっており、たとえばアメリカでは、日本のように全産業一斉に交渉するという形式ではなく、交渉のタイミングが産業ごとに違います。しかし、ひとつの組合に注目すると、そこでの交渉は数年に一度という頻度なので賃金は硬直的です。商品の価格については賃金のように改定の頻度がはっきりしませんが、それでも、スーパーのカップ麺の価格が毎日更新されるということにはなっていませんし、家賃や大学の授業料が毎日変動するということもありません。研究者の計測によれば、価格の更新は数四半期に一度といった頻度です。

相手の出方を読み合う構造に不可欠の条件その二はタイミングのズレです。価格と賃金の更新が年に一度だったとしても、それが同じ日に重なっているのであれば、相手の手を見てから自分の手を決めるということはできません。賃金の更新は春で価格の更新は秋というように、タイミングのズレがあって初めて出方を読み合うことが可能になります。春闘の回答日と企業の値上げの日が重なるということはまずないので、タイミングのズレという条件も現実に満たされています。

企業と労働者の読み合いのキー変数は実質賃金

二つの必須の条件が満たされたとして、次に、企業と労働者の読み合いがどのように行われるかを考えていきましょう。まず労組側です。話を単純にするため、労組が賃金を決めるのは毎年4月ということにします。労組がある年の4月に賃金を決めるとして、その次に賃金を改定できるのは翌年の4月です。だから、労組の人たちはその1年間で物価はどうなるのだろうと考えます。この先1年間で物価が上がるのであれば、今から賃金を上げておかないと、物価の上昇によって実質賃金が目減りしてしまいます。その場合は今回の改定で賃上げを要求します。その反対に、物価が変わらないと見込めるのであれば、今回の改定で賃上げを要求する必要はありません。賃金据え置きでも実質賃金を維持できるからです。ここからわかるように、労組の関心事項はただひとつで、それは実質賃金がこの先どうなるかです。

次に企業の選択を考えます。ここも話を単純にするために毎年10月が来ると企業は価格を改定するとします。そのときの企業の関心は、この先1年間賃金がどうなるかです。この先1年間で賃金が上がるのであれば、今回価格を据え置くと企業の利ザヤが減少して儲けが減ってしまいます。利益減を避けるには、価格を引き上げる、つまり、予想される人件費の増加を今回転嫁しておく必要があります。その反対に、賃金がこの先1年間据え置かれると予想されるのであれば利ザヤが減る心配はないので、今回は価格据え置きで十分です。ここからわかるように企業の関心事項は自らの利ザヤです。利ザヤは実質賃金と真逆に動くものですから（実質賃金が上がると利ザヤが減り、逆は逆）、結局のところ、企業の関心事項も労働者と同じく実質賃金です（ただし、関心の方向は正反対）。その意味で、実質賃金は労使の読み合いのキー変数です。

図1－12は企業と労組が交互に意思決定していく様子を描いたものです。まず、企業が価格をどうするか、最初の意思決定をする。半年後に、今度は労組が賃上げ要求を決める。また半年置いて企業が二度目の価格決定を、そのまた半年後に労組が二度目の賃金決定を行うという具合に、意思決定の連鎖が続きます。

図1-12　賃金・物価スパイラルの構造

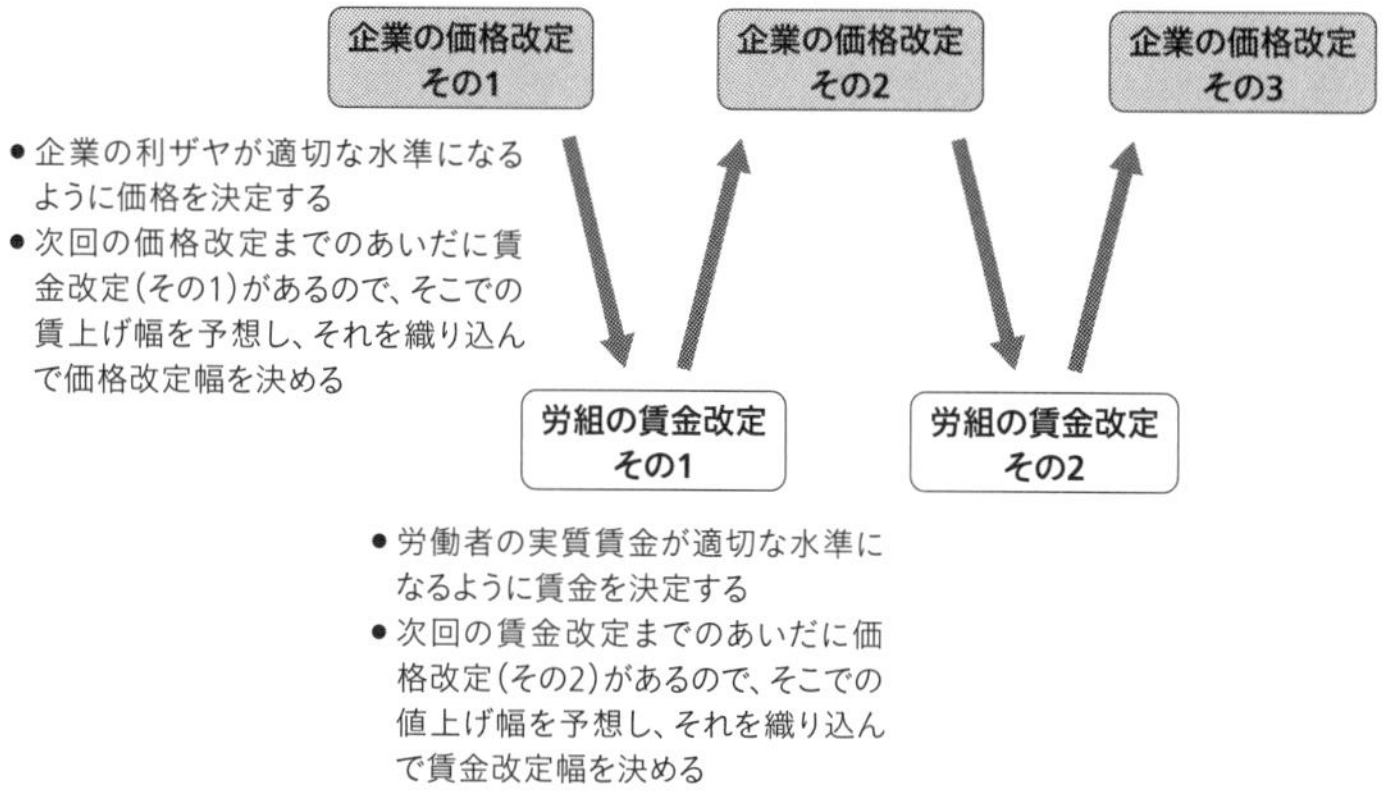
企業の価格改定 その1
企業の価格改定 その2
企業の価格改定 その3
●企業の利ザヤが適切な水準になるように価格を決定する
●次回の価格改定までのあいだに賃金改定(その1)があるので、そこでの賃上げ幅を予想し、それを織り込んで価格改定幅を決める
労組の賃金改定 その1
労組の賃金改定 その2
●労働者の実質賃金が適切な水準になるように賃金を決定する
●次回の賃金改定までのあいだに価格改定(その2)があるので、そこでの値上げ幅を予想し、それを織り込んで賃金改定幅を決める

賃金と物価の健全な循環

スパイラル理論のウォーミングアップは以上で完了です。ここからは、賃金と物価が実際にどのように決まるかを見ていきましょう。最初は最も穏当なケースで、ごく普通の国で賃金と物価がどのように決まるかです。

普通の国では、年2%程度の物価上昇が当たり前です。2%というのは唐突な数字に見えるかもしれませんが、先ほども触れたように、先進各国の中央銀行の大部分は2%の物価上昇を目指しています。中央銀行がとても高い物価上昇を目指したり、物価の下落を目指したりするのはおかしいというのは説明不要でしょう。しかし、だったら物価の上昇ゼロ%を目指せばよいではないかと突っ込みたくなります。確かにそこはそう考える人がいても全然不思議ではありません。ただその人たち向けに説明を始めると長くなってしまうので、ここでは、2%程度の適度な物価上昇があったほうが企業の経営が円滑にいくということでいったん納得してもらえればと思います。なぜ2％なのかは第4章で改めて議論します。

次に賃金ですが、この普通の国では、物価とともに賃金も毎年2％上昇するのが当たり前と考えられているとします。労働者と企業が生産を行ううえでの工夫をすることにより、たとえば、1日に生産するネジの本数は増加します。これは労働生産性の上昇です。労働生産性が上昇すれば賃上げ（正確には、物価上昇を上回る賃上げ）が可能になります。普通の国のデータを見ると確かにそうなっているのですが、ここでは話を簡単にするために労働生産性の上昇はないものとします。

以上が、この普通の国での価格と賃金に関する当たり前です。この当たり前に沿って、労組は、「企業は価格を毎年10月に2％ずつ引き上げる」と予想します。一方、企業は「労組は賃金（ベア）を毎年4月に2％ずつ要求・実現する」と予想します。

図1－13に即して詳しく見ていきましょう。2年目の4月に注目します。4月なので労組が賃金を決定するタイミングです。ここで労組は元々100だった賃金を102に引き上げることを要求します。なぜそうするかと言うと、2年目の10月の時点で企業は価格を2％引き上げると予想するからです。もし賃金を現在の100で据え置いたとすると、3年目の4月に行われる次の賃金改定までに実質賃金が減ってしまいます。それでは困るので賃上げを要求するわけです。

102まで上げると何が起きるでしょうか。2年目の4月の時点では価格は101のままなので、4月から10月までの半年間は賃金が価格を上回ります（実質賃金が上昇）。ところが、10月

図1-13　賃金と物価の健全な循環

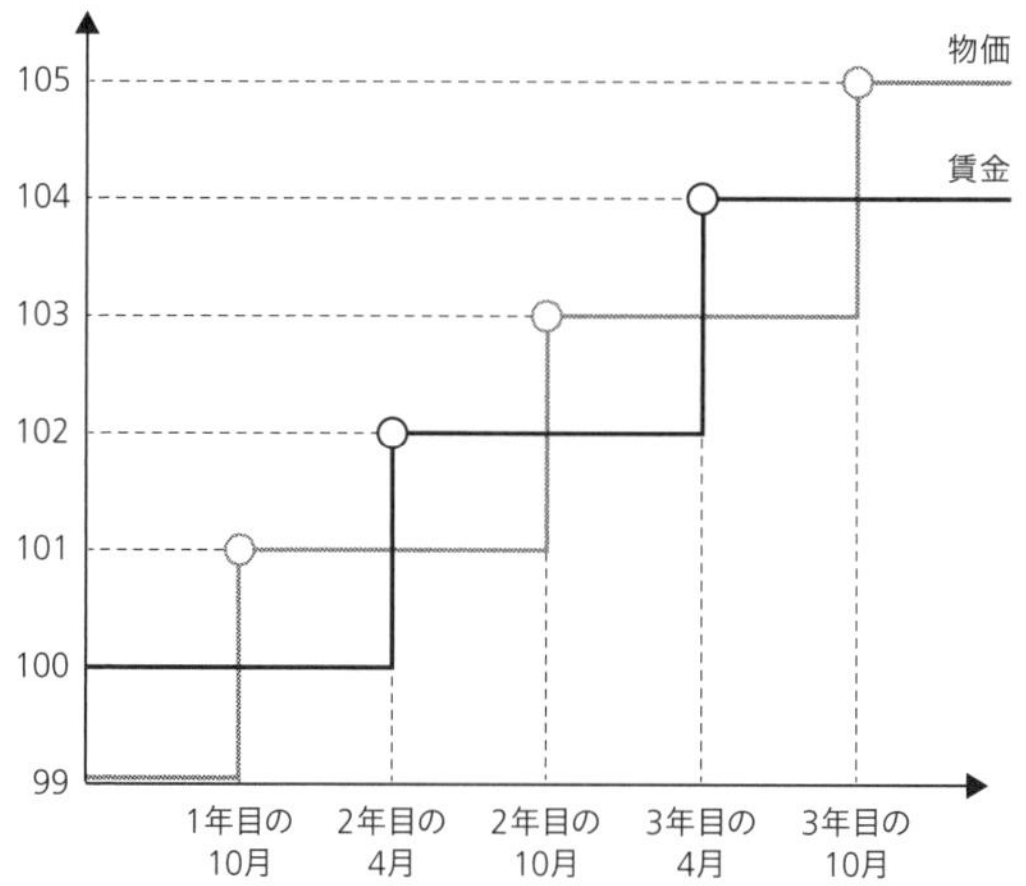

には価格が１０３に上がるので、今度は実質賃金が下がります。実質賃金は、最初の半年間1だけ上回り、次の半年間1だけ下回るので、両方合わせるとプラマイゼロです。つまり、2年目の4月に選んだ１０２はちょうど良い水準だったことになります。

次に、企業の側に立って意思決定を追ってみましょう。企業は2年目の10月の価格改定で１０１を１０３にします。なぜそうするかと言うと、半年後の3年目4月に行われる賃金改定で賃金が2％上がると予想しているからです。実質賃金の上昇（＝企業の利ザヤの悪化）で利益が損なわれるのを回避するための値上げです。

このようにして、この普通の国では、図1−13にあるように、価格と賃金があたかも追いかけっこをするかのように上がっていきます。そして最終的に、この国の物価と賃金の

図1-14　日本版「賃金・物価スパイラル」

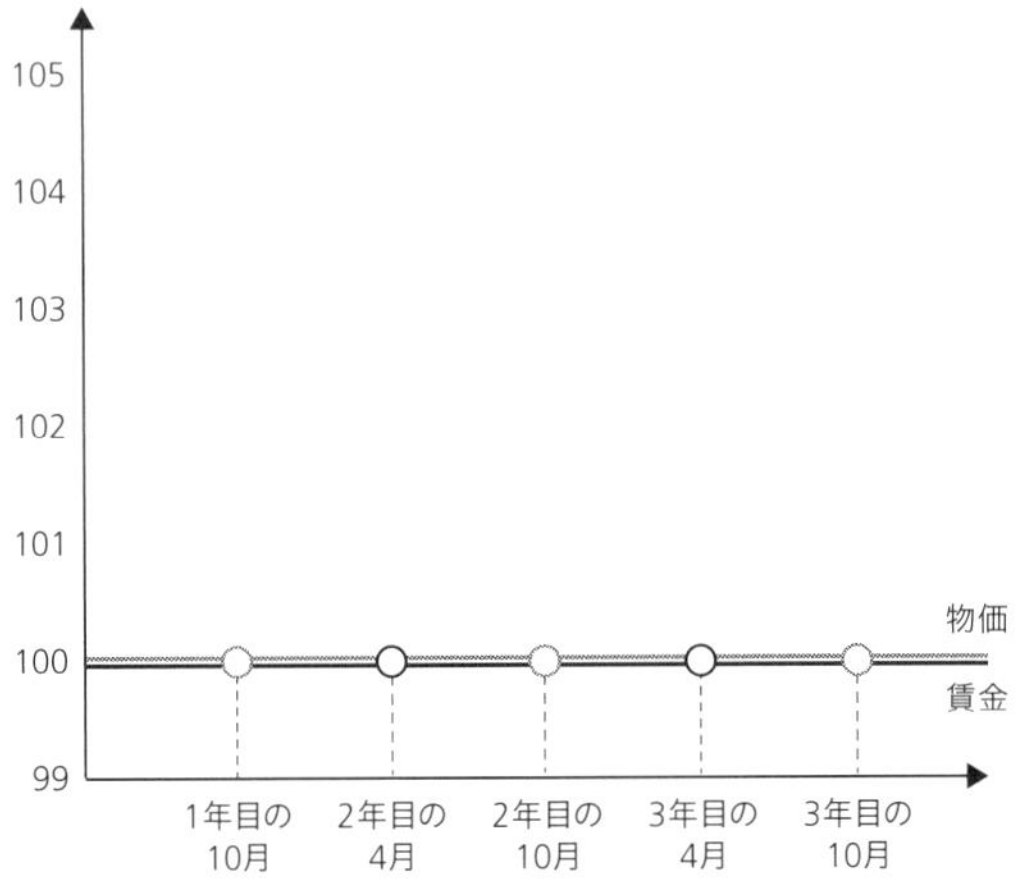

当たり前に沿うかたちで物価は２％、賃金も２％という健全な循環が達成されます。

日本版「賃金・物価スパイラル」

健全な国を見たあとで次は日本です。図１－14は日本の賃金・物価スパイラルを描いたものです。普通の国と比べると違いは一目瞭然です。第１節で日本の物価と賃金のデータを絵にすると水平線が現れるという話をしましたが、まさにそれと同じです。

勢いのない水平線になってしまうのはなぜでしょうか。物価と賃金の当たり前が普通の国と違うからです。普通の国では物価も賃金も毎年２％で上昇するのが当たり前でした。それに対して日本の当たり前は、物価も賃金も毎年据え置きです。この当たり前のもとで、労組は「企業は毎年10月に価格を据え置く」と予想し、企業は「労組は毎年４月に賃金を据え置く」と予想します。

先ほどと同様、2年目の4月を考えます。労組はこのタイミングで現行100の賃金を上げるかどうか検討します。労組の関心事項は次回（3年目の4月）の賃金改定までのあいだに行われる企業の価格改定です。労組は「2年目の10月に企業は価格を据え置く」と予想しています。そうだとすると、このタイミングで賃金を上げなくても実質賃金が損なわれる心配はありません。だから、労組は賃金を据え置きます。

次に、2年目の10月の企業の意思決定を考えます。企業の関心事項は次回（3年目の10月）の価格改定までのあいだに行われる賃金改定です。企業は「3年目の4月に労組は賃金を据え置く」と予想しています。今の価格を続けても利ザヤに影響はないので、企業は価格据え置きを選択します。

このようにして日本では、賃金の据え置きと価格の据え置きが連鎖的に発生します。

第5節
デフレはなぜ今、終わりを迎えようとしているのか

見えてきたデフレの終わりの始まり

以上見てきたように、スパイラル理論は、普通の国の健全な循環と日本版スパイラルの両方を作り出すことができます。しかし、ここでいったん話を現実に戻すと、2022年春以降、日本の物価と賃金は、ともに据え置きから、ともに上昇へと転換しつつあります。もう少し詳しく言うと、日本経済は「慢性デフレ」という慢性病に長いあいだ苦しんできて、その病が癒えないうちに新しい病である「急性インフレ」に感染してしまいました。2年前から、二つの病が同時進行するという複雑な状況にあります。

いったい何が起きているのでしょうか。私の見立ては、日本版スパイラルから普通の国のスパイラルに移行しつつあるというものです（図1－15を参照）。図の左側のグルグル回りは慢性デフレ期の循環です。それに対して右側のグルグル回りは日本が現在向かいつつある普通の国の循環です。日本に住む私たちは、左側の循環を毎年1周として、これまで30周してきました。しかし2年ほど前に右側の循環へと移行し、今は2周目が終わり（二度の春闘）、3周目に入ったところです。このまま新しい循環が定着するのか、それとも元の循環に戻ってしまうのか、その分岐

図1-15 健全な循環への移行

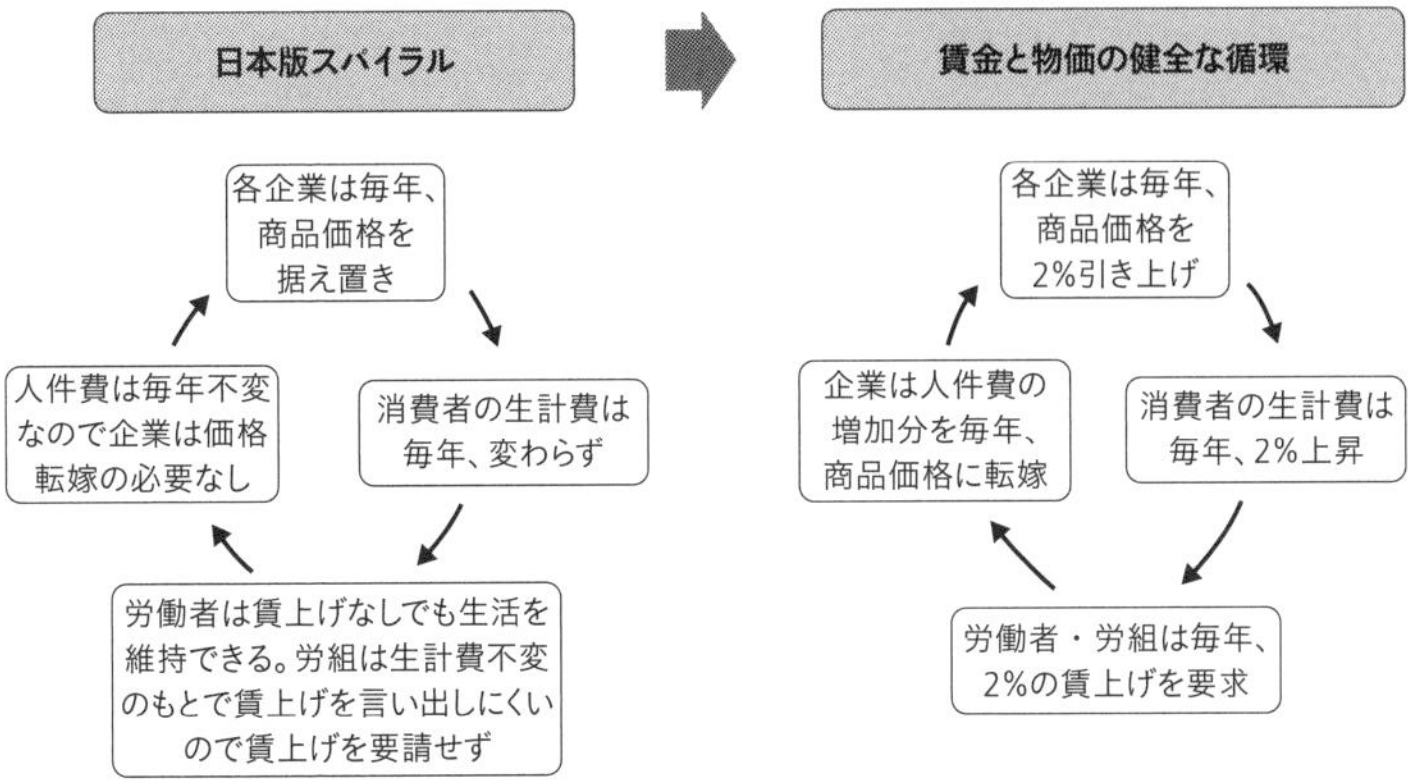

点にあるというのが私の見立てです。

では、新しい循環への移行はなぜ起きたのでしょうか。海外からインフレが押し寄せてきて、物価が上がった。それに呼応して労働組合が賃上げを要求した――。今回のインフレの初期のころはそうした解説が大多数でした。しかし、この２年余りのあいだ、価格と賃金に関する当たり前が徐々に変化するなかで、もっと根本的な変化が起きているのではとの見方が増えてきたように思います。その変化の詳細は章を改めて見ていくこととしますが、その準備作業として本節では、スパイラル理論を用いて日本の変化の理論的な側面を整理しておきたいと思います。

今回はこれまでと何がどう違うのか

新しい循環の始まりは輸入物価の上昇からでした。食料品を中心に国内物価が上がり出し、それに続いて、２０２３年の春闘で30年ぶりの高水準の賃上げが実現しました。その後も物価上昇が続き、２０２４年春も高水準の賃上げとなりました。このように、物価と賃金が交互に上がっていく循環が続いています。この動きが輸入物価の上昇から始まったのは確かです。しかし、輸入物価が上昇すると必ず新しい循環が始まるかというと、それほど単純ではありません。

慢性デフレの30年間で輸入物価が上昇したのは今回が初めてではありません。少なくとも2回は今回と似た局面がありました。ひとつは２００８年です。この年は原油などエネルギーと輸入穀物の値段が上がりました。二度目は２０１３〜２０１５年です。この時期はアベノミクスの初期で、日銀が異次元緩和を行い、それに伴って急速な円安が起きて輸入物価が上昇しました。

この二つの局面では、輸入物価の後を追いかけるように国内物価が上昇しました。ここまでは、今回とよく似ています。しかし前2回では、輸入物価の上昇が止まると、国内物価の伸びがすぐに止まってしまいました。つまり、輸入物価の上昇を起点としたインフレは一過性で終わってしまったのです。前2回は一過性で今回は持続性がある。これはなぜでしょうか。

今回と前2回との大きな違いは賃金です。今回は、輸入物価の上昇が国内物価へと波及し、それが賃金に波及しています。スパイラル的な動きが始まっているとも言えます。これに対して前2回は賃金への波及はきわめて限定的でした。その結果、物価だけが一時的に上がったけれども、すぐに勢いがなくなって、元の木阿弥となってしまったのです。

スパイラル理論の実験

輸入物価の上昇は同じなのに、前2回はスパイラルが起きず、今回は起きているとすると、その違いをどう理解すればよいのでしょうか。スパイラル理論を使ってちょっとした実験をしてみましょう。

ここでの実験は次のようなものです。出発点は日本版スパイラルとします。すなわち、賃金は据え置きとの予想のもとで企業は価格据え置きを選択し、価格据え置きとの予想のもとで労組は賃金据え置きを選択しています。そこに輸入物価の上昇が突然起きたとします。そのときに企業や労組の選択はどう変わるでしょうか。

スパイラル理論で最も大事なのは、企業と労組が、それぞれ相手がどう出ると予想するかでした。今回の実験でもそこは同じです。最初のケースとして、企業も労組も予想を変えないとしてみましょう。つまり、輸入物価の上昇にもかかわらず、賃金と価格の両方について据え置きとの予想が変わらないと想定します。

図1−16は、この実験の結果を表しています。先ほど見た日本版スパイラルの図と微妙に違いますがよく似ています。普通の国の健全な循環の図とは明らかに違います。

順を追って見ていきましょう。この図では、輸入物価の上昇が起きるのは1年目の10月ということにしています。輸入物価の上昇自体は一過性で、2年目の3月までで終わり、元に戻ると想定しています。

輸入物価の上昇に直面した企業は国内価格に転嫁します。ここでは、輸入物価の上昇に伴う製

図1-16　輸入物価上昇の効果(1)人びとの予想が変わらない場合

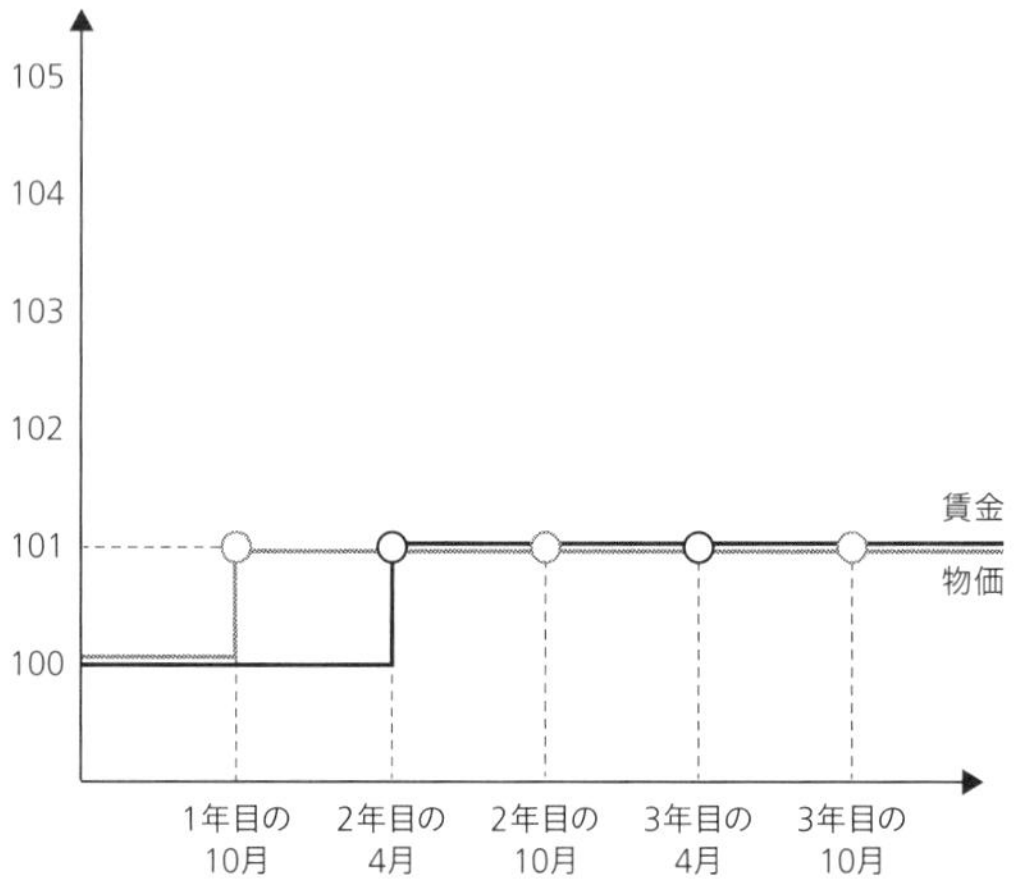

造コストの上昇を1としています。その転嫁が起きるのが1年目の10月です。このとき企業は価格を100から101へと引き上げます。この101の水準は次回（2年目の10月）の価格改定まで続きます。

次は労組の番です。輸入物価上昇後に初めて迎える賃金改定は2年目の4月です。このとき、すでに1年目の10月の値上げに伴って労働者の実質賃金は低下しています。だから、まずは実質賃金が減った分を取り戻すために、賃金を101まで引き上げようかと考えます。しかしそれだけでは不十分かもしれません。今後起きるかもしれない値上げにも備えなければならないからです。労組が次に迎える賃金改定のタイミングは3年目の4月なので、それまでにどれだけの値上げがあるかを労組は予想し、それを今回の賃上げに反映させることを考えます。

ここでポイントとなるのがこの実験の想定です。この実験では、輸入物価上昇にもかかわらず、労組は「価格は据え置き」との予想を変えないと想定しました。この予想のもとで労組は、次回の賃金改定までのあいだに値上げはないと考えるので、将来の値上げ分を今回の賃金改定に反映させる必要はないと判断します。結局、すでに起きた実質賃金の低下を取り戻すための賃上げ、つまり１０１までの賃上げで十分と結論します。

再び企業の番です。2年目10月の企業の意思決定を考えます。半年前の賃金改定で労働者は賃金を引き上げましたが、その結果として実質賃金が高まり、企業の利ザヤが犠牲になっているかというとそんなことはありません。実質賃金は、1年目10月の値上げに伴う低下分が是正されただけであり、その水準は輸入物価上昇前の水準に戻っています。したがって利ザヤも輸入物価上昇前の水準に戻っています。だから、企業としてはこれで不満はありません。では先々はどうでしょうか。ここで再び重要になってくるのがこの実験の想定です。この実験では、企業は「賃金は据え置き」との予想を変えないと想定しました。この予想のもとでは企業が値上げに向かう理由はありません。最終的に企業は価格を１０１で据え置くことを選択します。

輸入物価の上昇分を誰が負担するのか

この実験から何がわかるでしょうか。この実験では二つの想定を置きました。第一に、輸入物価の上昇は一過性と想定しました。第二に、賃金と価格に関する予想はともに据え置きで、輸入物価の上昇前と変わらないと想定しました。この二つの想定のもとでは、物価も賃金も上がりはするものの、それぞれ1回で終わってしまい、持続的な上昇にならないということがわかりました。輸入物価の一過性の上昇に対して物価と賃金が一過性の上昇を示すという、至極当然の結果になっています。

この実験で興味深いのは、輸入物価の上昇分を誰が負担したのかです。輸入物価の上昇とは、たとえば原油価格の上昇などを指します。一時的とはいえ原油価格が上昇すれば、産油国に払う金額が増えるので、その分を国内の誰かが負担しなければいけません。それは誰なのでしょうか。

じつはこの実験では、労働者がその負担を強いられています。企業は1年目の10月の値上げで原油価格の上昇分を国内価格に転嫁しているので、企業の負担は一切ありません。一方、労働者は、2年目の4月に賃上げをすることで企業の値上げに対抗しています。一見したところ、これで労働者も負担から逃げられたかのようです。しかし実際には、価格への転嫁があった1年目の10月から、賃上げが行われる2年目の4月（の直前）までの半年間、実質賃金は低い水準でした。労働者はこの分を取り戻し損ねているのです。

実験から離れて現実に目を向けると、資源や輸入穀物の値段が上がった2008年や、異次元緩和による円安で輸入物価が上がった2013年から2015年にかけて観察されたのは、一過性の輸入物価上昇と一過性の国内価格上昇でした。そして、輸入物価の上昇が収まると、あたかも何事もなかったかのように価格と賃金が据え置かれる慢性デフレの経済に戻っていきました。これは、まさに実験結果のとおりです。

実験を踏まえて言えることは、この2回の輸入物価上昇では人びとの予想（価格と賃金の据え置き予想）が変わらなかったのではないか、だから一過性の国内価格上昇に終わったのではないかということです。この二つの時期、実際にそうだったのかどうかは次章で詳しく見ていきます。

輸入物価の上昇を起点としてスパイラルが起こるケース

先ほどの実験では、輸入物価の上昇にもかかわらず人びとの予想は変わらないと想定しました。では、人びとの予想が変わる場合はどんなことが起きるのでしょうか。それを調べるために新しい実験をやってみましょう。①輸入物価上昇の発生前は日本版スパイラルだった、②輸入物価の上昇は一過性、という想定は前回と同じです。しかし今回は、輸入物価の上昇を機に人びとの予想が変わると想定します。

新しい実験の結果は図1－17に示されています。先ほどとはだいぶ様子が違っています。べたっとした水平線ではなく、物価も賃金もスパイラル的に上昇しています。普通の国の健全な循環とよく似ているように見えます。なぜこうなるか、詳しく見ていきましょう。

前回の実験と同じく、輸入物価の上昇は1年目の10月です。上昇は一過性で、2年目の3月までです。輸入物価が上昇してから初めての価格改定は1年目10月です。企業は輸入物価の上昇分を価格に転嫁し、その結果、価格は１００から１０１へと引き上げられます。ここまでは前回の実験と同じです。

次は労組の番です。労組は、2年目4月の賃金改定に臨みます。先ほどと同じく、1年目の10月の値上げで実質賃金が低下しているので、その分を取り戻すべく１０１までの賃上げを考えま

図1-17　輸入物価上昇の効果（2）人びとの予想が変化する場合

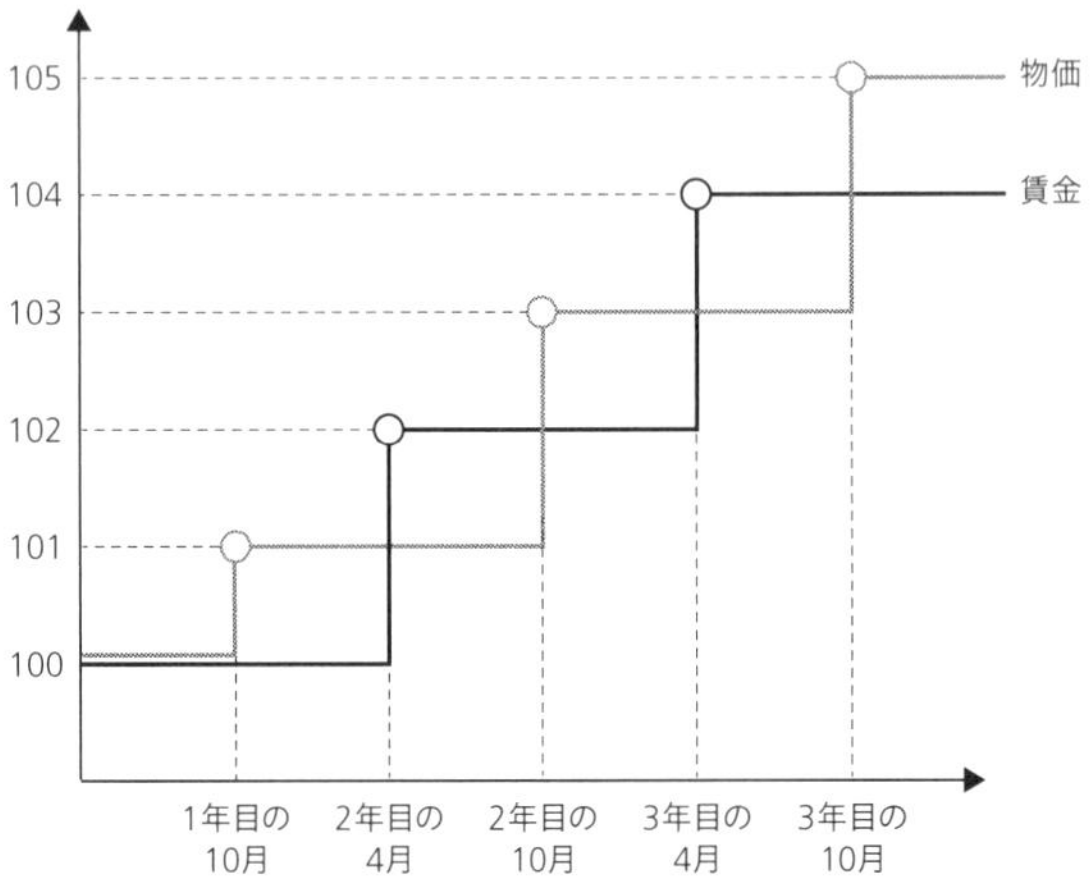

す。労組が次に考えるのは、次回の賃金改定までに値上げがあるかどうかです。ここでポイントとなるのが今回の実験の想定です。今回は、輸入物価の上昇を機に「値上げがある」との予想に切り替わると想定します。具体的には労組は、「2年目の10月に価格が101から103へと引き上げられる」と予想します。

労組は、この予想にもとづき賃金を100から102まで引き上げることを決めます。そこまで引き上げれば、賃上げ後の最初の半年（2年目の4月から9月まで）の実質賃金は、輸入物価上昇前の水準に比べて上振れる一方、次の半年（2年目の10月から3年目の3月まで）の実質賃金は下振れます。両方を合わせるとプラマイゼロなので労組にとってはこれが適切な賃上げ幅です。

次は企業の番です。2年目10月の時点で賃金はすでに102に上がり、実質賃金は輸入物価上昇前の水準に比べ上振れています。その分企業の利ザヤが悪化しているので、値上げが必要です。ここまではすでに起きたことへの対応ですが、それに加えて今後起きる賃上げにも対応が必要です。ここで重要なのが今回の実験の想定です。今回の実験では企業は「労組が賃金を上げる」と予想します。具体的には、「3年目の4月に賃金が102から104に引き上げられる」と予想します。

これを踏まえ、企業は価格を101から103まで引き上げることを決めます。これだけ値上げしておけば、値上げ後の最初の半年は利ザヤが上振れ（実質賃金は下振れ）、次の半年は利ザヤが下振れ（実質賃金は上振れ）となり、両方合わせて利ザヤはトントンとなるからです。

コストのたらい回し

こうして企業と労組が順繰りに値上げ・賃上げを決めていき、図1－17にあるようなスパイラルが発生します。輸入物価の上昇自体は一過性ですが、それが増幅されるかたちで、物価と賃金の持続的な上昇が起きているというのが大事な特徴です。輸入物価の上昇をきっかけに日本版スパイラルから普通の国の健全なスパイラルに移行したとみることができます。

この実験の結果を、輸入物価上昇のコストを誰が払っているのかという観点から整理すると、面白いことが見えてきます。1年目10月から2年目4月までは値上げしか起きていないので、実質賃金は輸入物価上昇前と比較して下振れています。つまり、この期間は労働者がコストを負担しています。しかし、2年目4月から10月までのあいだは労組による多めの賃上げの結果、実質賃金は輸入物価上昇前との対比で上振れています。したがって、この期間は企業がコストを負担していますす。さらに、2年目10月から3年目4月は実質賃金が下振れなので労働者が負担、その次の3年目4月から10月までの期間は実質賃金が上振れており、企業が負担となっています。

このように、企業と労働者がコストを交互に負担する、下世話な物言いで恐縮ですが、一種のたらい回しが起きているのです。これは最初の実験の結果（労働者がずっとコストを負担）と大きく異なっています。

前節で紹介したコンフリクト・インフレーションは、やられたらやり返すが延々と続く過程でしたが、この実験で起きている「たらい回し」はそれとよく似ています。「たらい回し」は物価と賃金の上昇に持続性を与える原動力とみることができます。

今回のインフレと狂乱物価の類似点

この実験のようなことは現実に起きるのでしょうか。日本で起きた事象で最も似ているのは1970年代の「狂乱物価」です。当時、中東での戦争勃発と同時に原油価格が跳ね上がり、輸入物価が記録的な伸びを示しました。そしてそれが国内の価格に転嫁され、消費者物価も記録的な高さとなりました。そしてこれと連動して春闘での賃上げも30％を超えました。狂乱物価と命名したのは当時の福田赳夫蔵相ですが、まさに社会を大混乱に陥れるような激しいインフレでした。

このときの原油価格の上昇は確かに大幅でしたが、その高い伸びが未来永劫続いたわけではなく、輸入物価の上昇はあくまで一過性でした。それにもかかわらず物価と賃金はしばらくのあいだ上昇を続けました。物価が上がるとそれを追いかけて賃金が上がり、さらにそれを追いかけて物価が上がるというスパイラルが発生したのです。まさに二つ目の実験と同じです。

狂乱物価の特徴は人びとの予想が不安定化したことです。労組は、輸入物価の上昇をきっかけに、「今後も高い値上げが続く」との予想をもつようになったので、春闘で高い賃上げを要求しました。一方、企業は、「人件費が将来もっと上がる」と予想するようになり、値上げで対抗しようとしました。労組も企業も相手がどう出てくるか疑心暗鬼になり、それがスパイラルを発生させたのです。この点も実験とよく似ています。

ただし、狂乱物価と実験では異なる点もあります。実験の初期条件は、価格と賃金の据え置きが連鎖する日本版スパイラルと想定していました。しかし、狂乱物価の前は決して据え置きではなく、物価も賃金も緩やかに上昇していました。言ってみれば普通の国だったわけです。もし人びとの予想が安定していれば、輸入物価の上昇があっても、すぐに元の状況に戻ったことでしょう。しかし実際には、予想が不安定化してしまったために普通の国の健全な循環から離れ、狂乱の循環に陥ってしまったのです。

２０２２年春以降のインフレも二つ目の実験と似た面があります。一過性の輸入物価上昇が起点であり、初期条件が日本型スパイラルというのは実験と同じです。２０２２年春の物価上昇の開始から2年以上経った現在でも物価高が続いているので、一過性ではなく、実験で見たような持続性のあるインフレが起きている可能性があります。また、賃金は２０２３年春と２０２４年春の春闘で近年にない高い賃上げとなっており、これも実験で見たのと同じです。ただし、物価にせよ賃金にせよ、これまでの上昇が今後も続くかどうかは依然不透明です。実験と同じと結論するにはもう少し様子を見る必要があります。

ただ、現時点ではっきりしていることもあります。それは、政府と日銀は二つ目の実験と同じことを実際に起こしたいと考え、そのための施策をそれぞれ展開してきたということです。第二次安倍政権以降代々の政権は、日本型スパイラルは望ましくないとの認識のもと、普通の国の健全な循環にもっていくべく、デフレ脱却を重要な政策目標と位置づけてきました。

岸田政権が掲げてきた「賃金と物価の好循環」はその例です。「好循環」と言われても抽象的すぎてピンとこないという人も少なくないと思いますが、「好循環」と二つ目の実験が似ているという視点に立つと、興味深いことがいくつか見えてきます。

第一に、政府・日銀は、やや過激な言い方をすれば、人びとの予想を不安定化させようとしています。もちろん狂乱物価のときのような不安定化をねらっているわけではありません。目指しているのは、「価格と賃金は動かない」という据え置き予想を払拭《ふっしょく》し、「緩やかに（数字で言えば2％程度の速度で）上昇する」という予想に転換させることです。しかし、どのように言い繕おうとも、不安定化はやはり不安定化です。好循環に拒否反応を示す方が少なくない理由のひとつはそれだと思います。

第二に、二つ目の実験では輸入物価上昇のコストのたらい回しが起きていました。実験と「好循環」が同じとすると、たらい回しは現実にも起きる可能性があります。たらい回しとは労組と企業がコストを相手に押し付け合うことであり、否が応でも社会的な緊張が高まります。狂乱物価のときはまさにそうでした。ただし、今回は経団連会長が賃上げの社会的意義を説き、春闘前には政労使の会議の場で労組を全面的にバックアップする姿勢が演出されるなど、これまでのところ協調的・友好的に進んでいるように見えます。しかしそうは言っても、起きていることは間違いなくコストの押し付け合いなので、労使の利害対立が先鋭化するリスクはつねにあることを忘れてはいけません。

慢性デフレはいかにして始まったのか

さて、ここまでのところで、スパイラル理論を使って、日本版スパイラルがどういうものだったのか、日本版スパイラルから普通の国の健全な循環への移行はどのようにして起きるのかを見てきました。しかし、ここまで意図的に避けてきた大きな問題があります。それは、そもそも日本版スパイラルはなぜ始まったのかです。じつは、スパイラル理論の助けを借りると、慢性デフレの始まりについても見通しの良い理解が得られます。そのさわりをご紹介しましょう（詳しい説明は次章までお待ちください）。

日本版スパイラルの始まりは１９９０年代後半でした。当時、何があったのでしょうか。ずいぶんと昔のことなので、私を含め記憶のかなたという人が多いかもしれませんが、じつは大事件が起きていました。日本の賃金をドル建てで見たときに世界で一、二を争うほどに高くなってしまったのです。元々円建ての賃金は高めだったのですが、そこに折からの超円高が拍車をかけたのです。

そうしたなか、このままでは当時世界市場への進出を加速させていた中国企業に太刀打ちできないとの声が産業界を中心に高まりました。そして、１９９５年には日経連がそれに関する報告書を公表し、低賃金の中国企業との競争に勝ち抜くには賃金の据え置きが必須との主張を展開します。春闘での賃上げはもうやめようじゃないかとの提案です。

もちろん労組が簡単に呑める話ではありません。しかし、国際競争に敗れて雇用が維持できなくなったのでは元も子もありません。また当時、政府には「内外価格差」（日本の価格や賃金が海外と比べて高過ぎる）が問題との認識があり、それを支持する識者が少なくありませんでした。そうしたなかで、賃上げを控えようとの考えが徐々に世の中に浸透していき、２０００年代に入ると賃金据え置きに向けた動きが一気に進みました。

スパイラル理論で言えば、初期条件は（１９９０年代前半まで）普通の国の健全な循環で毎年賃上げがあったのですが、労組が圧力に屈してある年から「賃上げ要求せず」に切り替わり、それが先々も続くとの予想が社会に広まったということです。そうしたなか企業は、人件費は据え置かれるとの予想のもと、価格の据え置きを決めます。労組としても、価格据え置きであれば「賃上げ要求せず」もやむなしと納得できます。このようにして賃金据え置き、価格も据え置きという連鎖、言い換えれば日本版スパイラルが始まったと考えられます。

つまり、中国との競争を契機として、それまでの健全な循環が日本版スパイラル（賃金の据え置きと価格の据え置きの連鎖）に変質した。それが慢性デフレの始まりだったのです。

第2章

なぜ今デフレが終わり、インフレが始まったのか

Understanding Inflation and Deflation

第1節 パンデミックがもたらしたグローバルインフレ

賃金・物価・金利の正常化が始まった！

第1章では、物価と賃金の上昇率がゼロ、金利もゼロという異常な状態が長いあいだ続いていたことを見てきました。本章では、これら三つの変数が２０２２年春からようやく正常化に向けて変わり始めたことを紹介したうえで、その正常化を支える力は何なのかを考えていきます。

デフレが突然、終局に向かい始めたのはなぜでしょうか。外からインフレの波がやってきたというのは確かに重要なきっかけでした。しかし外からのショックに対する反応といった単純なものではなく、日本国内で内生的な変化が起きています。

異常から正常への転換は、グローバルな要因と日本固有の要因の両方の影響が合わさって起きました。グローバルな要因は、パンデミックに由来する供給制約で起きたインフレです。このインフレが日本に流入したことをきっかけに、国内でさまざまな化学反応が起き、それが長く遠ざかっていたインフレを呼び寄せました。

日本に固有の要因の第一は、慢性デフレそのものです。価格と賃金の据え置きが長く続いたことの重要な帰結として、国内の価格が海外に比べて大幅に低い、賃金も大幅に低いという状況、いわゆる「安いニッポン」が生まれました。そして、これに対する人びとの危機感の高まりが慢性デフレを転換させるモメンタムとなりました。第二は人口減少です。人口減少自体は昨日、今日起きた現象ではありませんが、あとで述べるように、政策により問題が先送りされてきました。それが最近になって発現し、社会の転換を促す力となっています。

グローバルと国内の両方の影響を受け、消費者、企業、労働者のそれぞれがこれまでと異なる振る舞いを始めました。また、政府・日銀も、それに呼応するかたちで政策を大きく転換させました。賃金・物価・金利の正常化はそれらの結果として起きているのです。

正常化を語る際の最も大事な視点、それは人びとのインフレ予想です。第1章では、日本版スパイラルから普通の国の健全な循環への移行のカギを握るのは人びとのインフレ予想だと述べました。価格や賃金が「据え置きだろう」という予想から「上昇するだろう」という予想に切り替わるか否かで結果が大きく異なります。2022年春に起きたのは、まさにそのインフレ予想の上昇でした。人びとが先々物価は上がるだろうと思い始めたのです。そしてその変化が起点となって、消費者、企業、労働者の行動変容が玉突き的に起きました。

人びとのインフレ予想はどのように変化したのか、いつ変化したのか、なぜ変化したのか。ミクロとマクロのデータをもとに考察を進めていきます。

図2-1　グローバルインフレの原因

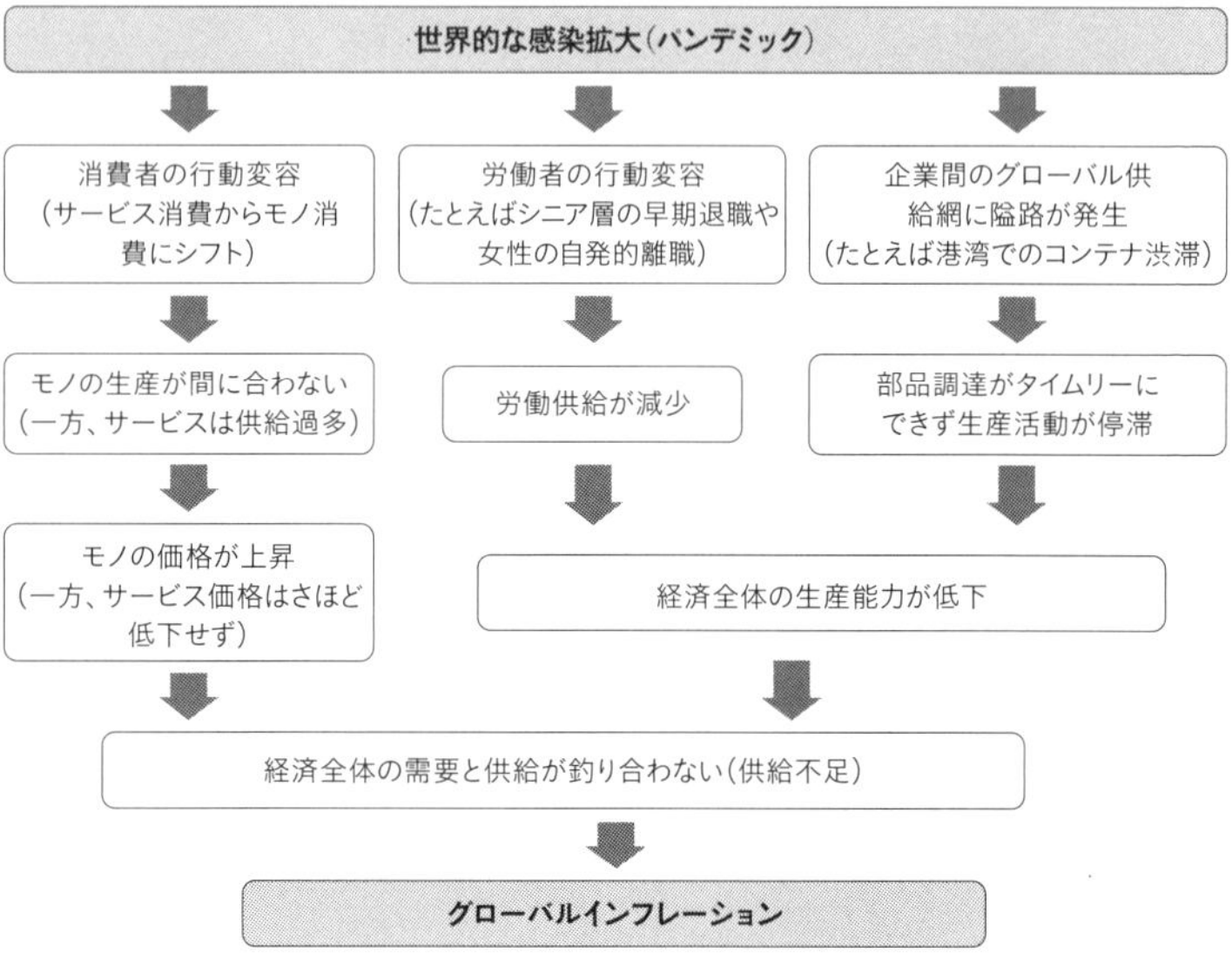

人びとの行動変容が引き起こしたグローバルインフレ

話は2021年春に遡ります。パンデミックの影響で、米欧各国では高い物価上昇が起きました。グローバルインフレの発生です。インフレ率は8～9％もの高い水準に達し、社会を混乱に陥れました。それを受けて各国の中央銀行は2022年春から金融引き締めを開始しました。しかし、インフレ退治はそう簡単には終わりませんでした。金融引き締めは2年に及び、現在、ようやくインフレの終息が見えてきたところです。

図2－1は、パンデミックがグローバルインフレを引き起こした様子を図式化したものです。パンデミッ

クという世界を襲ったショックによって、①消費者が消費行動を変化させる、②労働者が働き方を変化させる、③企業が生産活動を変化させるといった大きな行動変容が起き、それがインフレの発火点となりました。

サービス消費からモノ消費へトレンドが反転

消費者の行動はパンデミックによって大きく変わりました。人と接するかたちでのサービス消費を避けて、人との接点をあまり必要としないモノのかたちでの消費にシフトしたのです。たとえば、焼き肉はレストランに行かずに、牛肉を買ってきて家で焼いて食べるといった具合です。

パンデミック以前を振り返ると、先進国では、モノ消費からサービス消費に比重が移る「サービス経済化」が進んでいました。図2－2は、アメリカのモノ消費の割合を示したものです。1959年以降、趨勢的に低下してきた（サービス消費の割合が上昇した）ことがわかります。パンデミックはこのトレンドを反転させました。

モノ消費への需要シフトに伴って、労働や資本などの生産要素もモノの産業にシフトすれば、インフレにはならなかったはずです。しかし、さすがに生産要素がすぐに移動するというわけにはいきませんでした。モノ産業からサービス産業へというそれまでのトレンドが強かっただけに、とりわけむずかしかったと思われます。

その結果、モノ産業では生産要素が足りなくなり、モノを中心にインフレが起きたのです。一方、サービス産業では生産要素が過剰となり、サービス価格に低下圧力が働きました。しかし、

図2-2　アメリカのモノ消費の割合

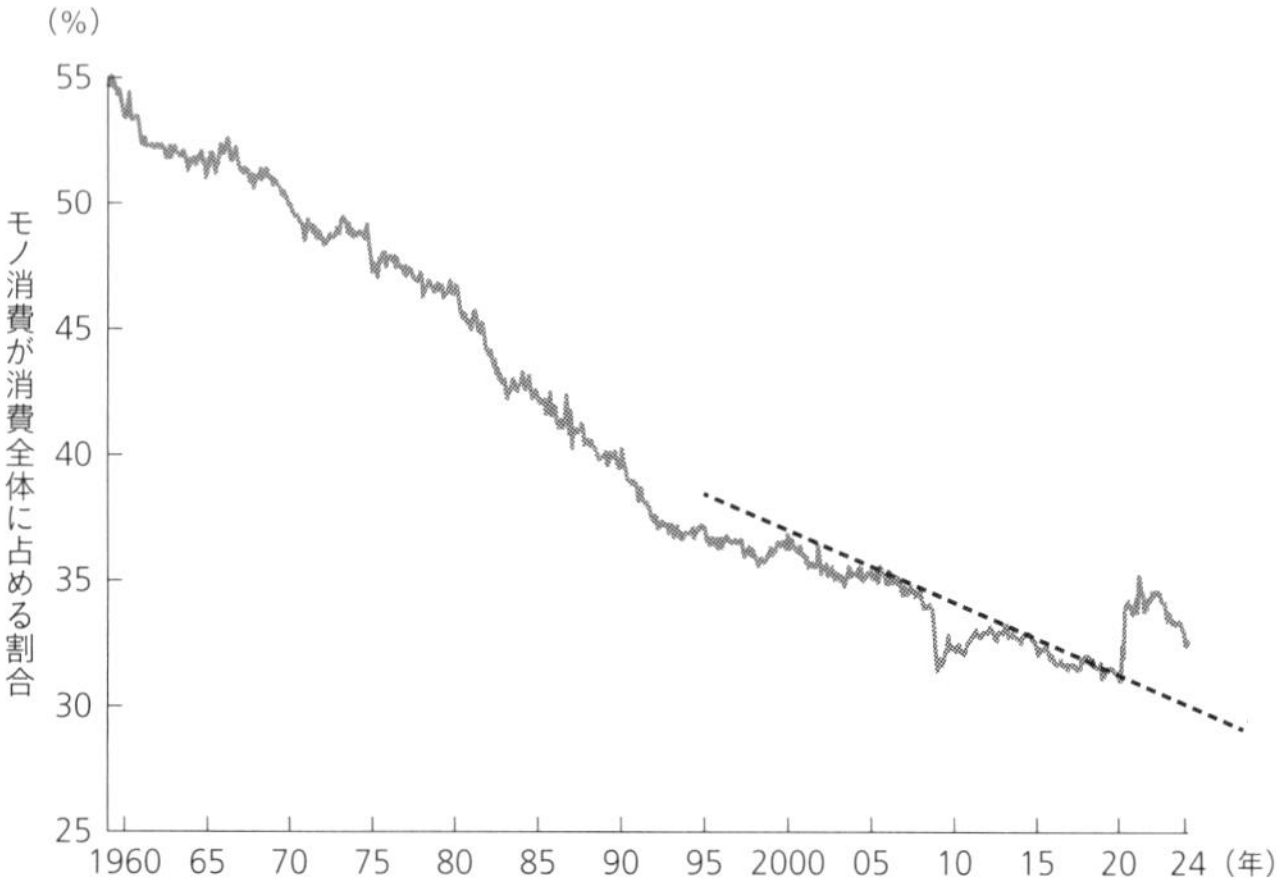

サービスの価格は（モノ価格との対比で）変わりにくい、つまり硬直的であるため、モノ価格の上昇を打ち消すほどには下がらず、結果としてモノとサービスを合わせた全体の物価が上昇したのです。

モノ消費へのシフトは当初、一過性と言われました。しかし、図からわかるように現在もなお、パンデミック前のトレンド（図の破線）に戻っていません。もちろん、モノへのシフトがどんどん加速するということではないのですが、予想外にしつこく、なかなか落ちてこないというのが実情です。この意味でパンデミックの経済面での後遺症は今なお残っています。アメリカの研究者たちもこうした状況がもうしばらく続くとみているようです。

Column

パンデミックが変えた人びとの働き方

パンデミックは人びとの働き方も大きく変えました。パンデミック中は、「ソーシャルディスタンシング」といって、他人との接触を避けたがる人が少なくありませんでした。これが後遺症のようにさらに続いたという意味で、「ロング・ソーシャルディスタンシング」と呼ばれる現象が起きました。労働の面では、シニアの人たちが働く現場に戻るのを嫌がって早期に退職する、あるいは女性も自発的に離職する。そうやってシニアや女性たちが労働市場から退出してしまうということが起きました。

そうなると労働供給が減ります。人手不足が起きて名目賃金が上昇しました。また、労働供給の減少で経済全体の生産能力も落ちます。これが財やサービスの供給を抑えるので物価にも上昇圧力が加わりました。

労働市場からの退出が顕著に起きたのがアメリカです。図2ー3は、アメリカの非労働力人口の推移を示したものです。非労働力人口とは、16歳以上で就業しておらず、失業中であっても職探しをしていない人たちのことです。アメリカの非労働力人口は、パンデミック前から増加トレンドにありました。高齢化の進展に伴いリタイアして働いていない人が年々増えたからです。

パンデミックはこのトレンドを一気に加速させました。非労働力人口は新型コロナの発生

図2-3　アメリカの非労働力人口

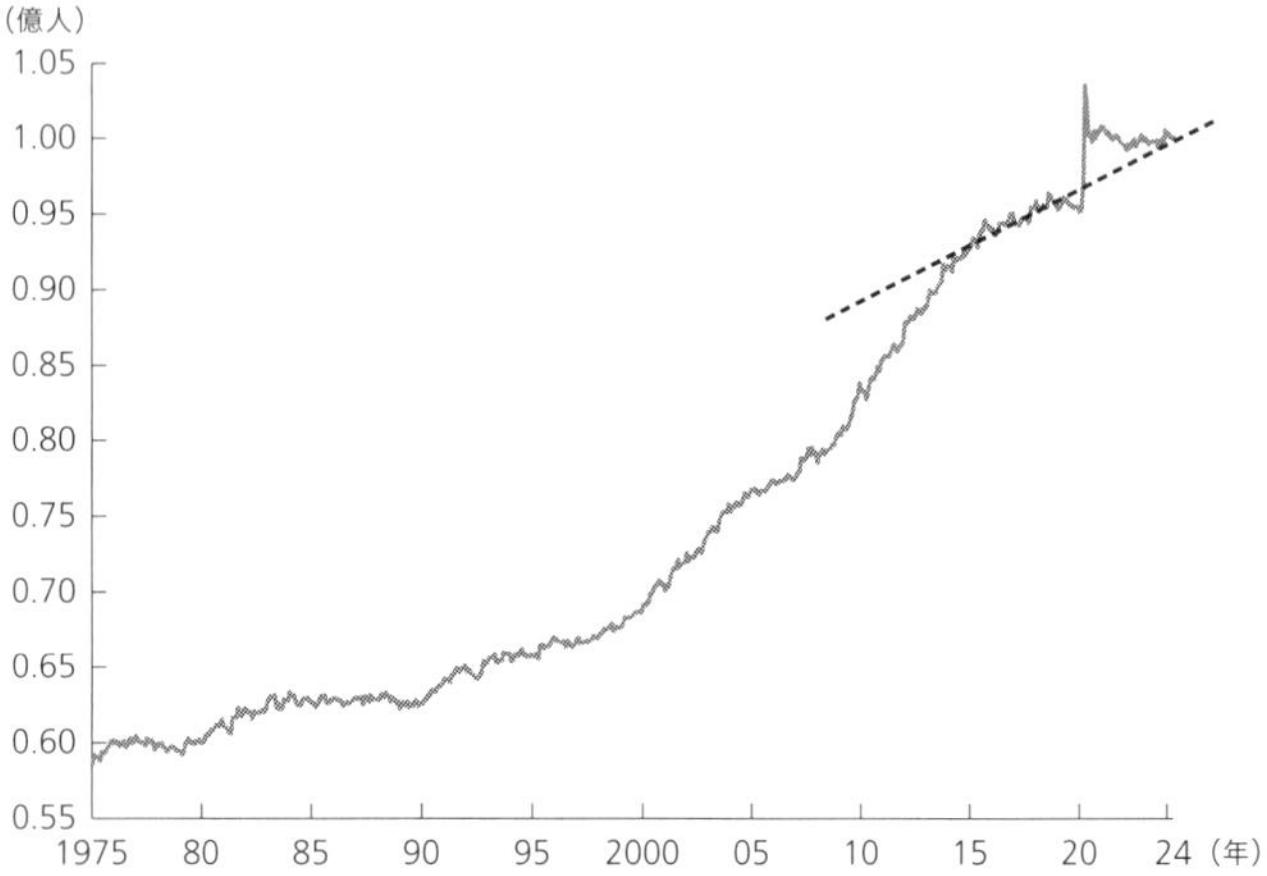

直後に１億５００万人までジャンプしています。コロナ直前が９５００万人だったので、１０００万人が突然働かなくなったということです。この急増は当初、一過性とみられていました。しかし、大流行が収まったあとも１億人の水準で推移していて、コロナ前との対比で５００万人多い状況が続いています。多くの人が職場を去る現象は当時、「グレート・レジグネイション（大退職・大離職）」と呼ばれていました。

　非労働力人口は今も１億人の水準で高止まっています。しかし、パンデミック前の傾向線（図の破線）との対比では、元々の増加トレンドに戻っており、労働供給の異変は概ね解消したとみてよいようです。

脱グローバル化がもたらすインフレ

パンデミックは企業の生産活動にも大きな影響を与えました。世界の主要企業は1980年代から、グローバルなサプライチェーンの整備を進めてきました。たとえば、アメリカの企業が中国やベトナムで生産する。そのための部品は別の国から調達し、さらに他の国に輸出するといった、国をまたいだ複雑な取引網です。これを可能にしたのがグローバルな物流です。パンデミックはこの物流に大きなダメージを与えました。

港湾の機能が感染拡大による検疫強化で著しく低下し、世界各地のハブ港で物流が停滞したのです。その結果、半導体の生産がストップし不足する、そして値段が上がるといったことが起きました。

サプライチェーンの混乱は、2023年までにいったん解消しました。しかし、企業はこれを機に、国外に生産拠点を置くというこれまでの体制を抜本的に見直すことを始めました。労働力を少しでも安く調達できるところを探して、サプライチェーンを構築するというのがそれまでの企業の戦略だったのですが、さすがに安ければよいというものでもない、どんなときでも顧客にタイムリーに商品を届ける体制が重要だと認識を変えたからです。アメリカやヨーロッパ、そして日本でも、多くの企業が生産拠点をどこに置くか、見直しを進めています。部品なども含めてすべて自国で賄うとか、そこまでいかなくても、地理的に近い国に移すといったことを始めています。

データを見てみましょう。図2－4は、世界全体の貿易量を示しています。1980年代半ばから2008年までの期間は、貿易量が急勾配で伸びています。この時期は、安くて良質の労働

図2-4　世界の貿易量

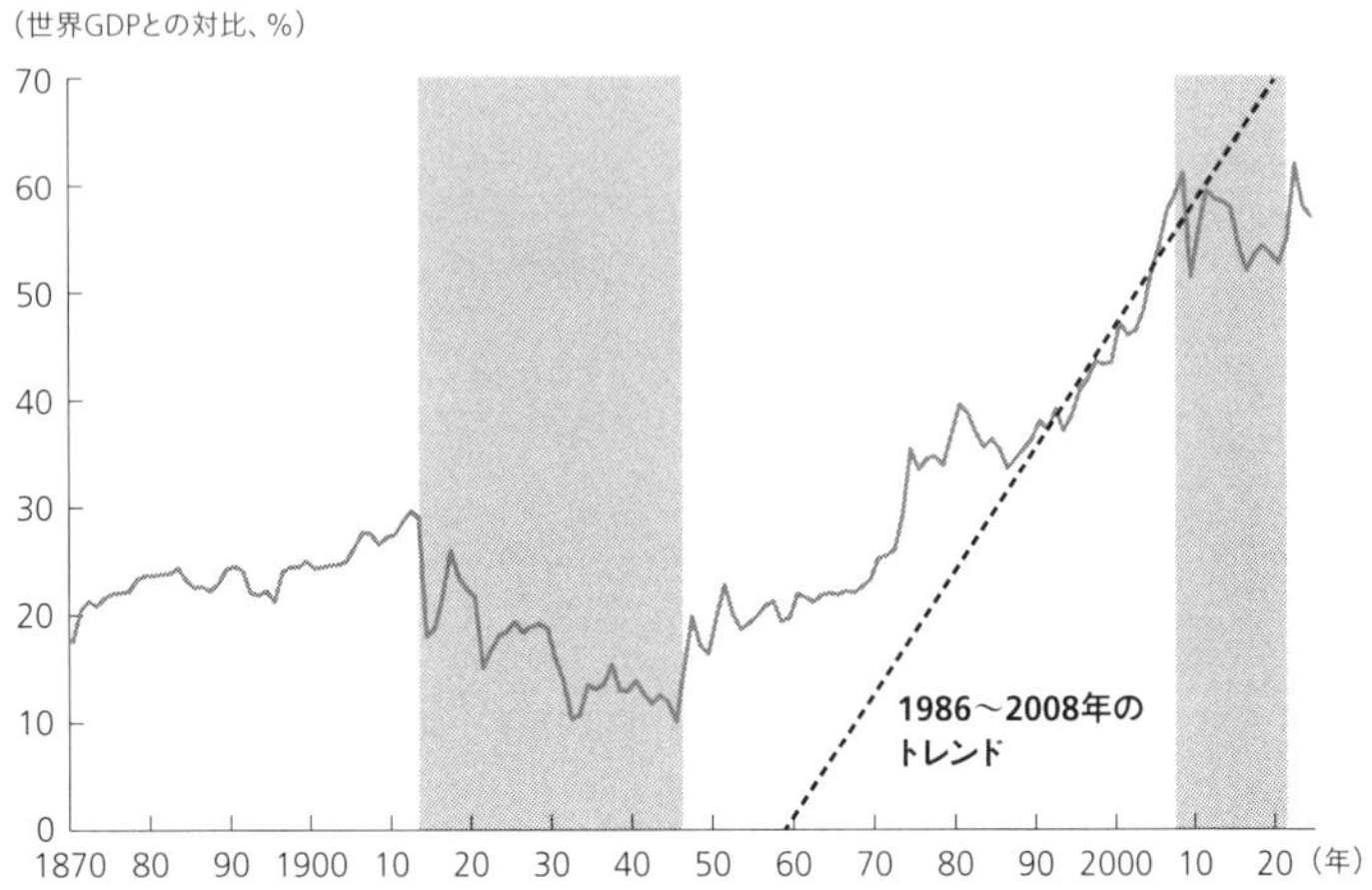

力と生産性の向上を求めて海外に進出し生産拠点を構築する「グローバル化」の時期でした。安い賃金のおかげで企業の製造原価が大きく下がったので、これが物価の押し下げ要因となり、世界各国のインフレ率が低く抑えられるといったことが起きました。

しかし、貿易量の増加はリーマンショックが起きた２００８年以降、頭打ちになっています。原因は、景気の悪化と地政学的な緊張の高まり（イギリスのＥＵ離脱、米中貿易摩擦、ポピュリズムの台頭など）です。そして、これに拍車をかけたのがパンデミックによるサプライチェーンの混乱とその後の生産体制の見直しでした。この現象は「脱グローバル化」と呼ばれています。

グローバル化はインフレ率を下げるのに対して、脱グローバル化はインフレ率を高める効果があります。足元では脱グローバル化が原因でインフレ率が顕著に高まっているという証拠はありません。しかし地政学的な緊張が続き、生産体制の再構築が今後さらに進むことで、主要国のインフレ率が高まる可能性は十分あります。

1970年代の高インフレとの違い

今回のインフレは、当初から1970年代のインフレ(「グレート・インフレーション(大インフレ)」と呼ばれています)と似ていると言われてきました。戦争の勃発や原油価格の高騰など、インフレの初期の姿が似ていたからです。しかし、時間の経過とともに大きな違いがあることがわかってきました。

第一の違いはインフレ予想です。インフレ予想、とくに長期のインフレ予想が終始一貫して安定していたのが今回の特徴です。図2－5はアメリカのインフレ予想です。今回は、インフレ率が9%まで上がったにもかかわらず、インフレ予想は一貫して低位で安定していました。これに対して1970年代のインフレ予想は、糸の切れた凧のように暴れ回りました。そして、インフレ予想の不安定化はインフレ率を不安定にしました。

今となっては信じがたいですが、そもそも当時は、インフレ予想をコントロールしてインフレを抑えるという発想自体ありませんでした。じつは、その発想が出てきたのは大インフレのあとのことです。そして、経済学者や中央銀行の政策担当者はインフレ予想を制御するための仕組みを議論してきました。今回のインフレでは、そうした知識の蓄積を活かすことができました。だからインフレ予想の不安定化を避けられたのだと思います。

図2-5 アメリカのインフレ予想

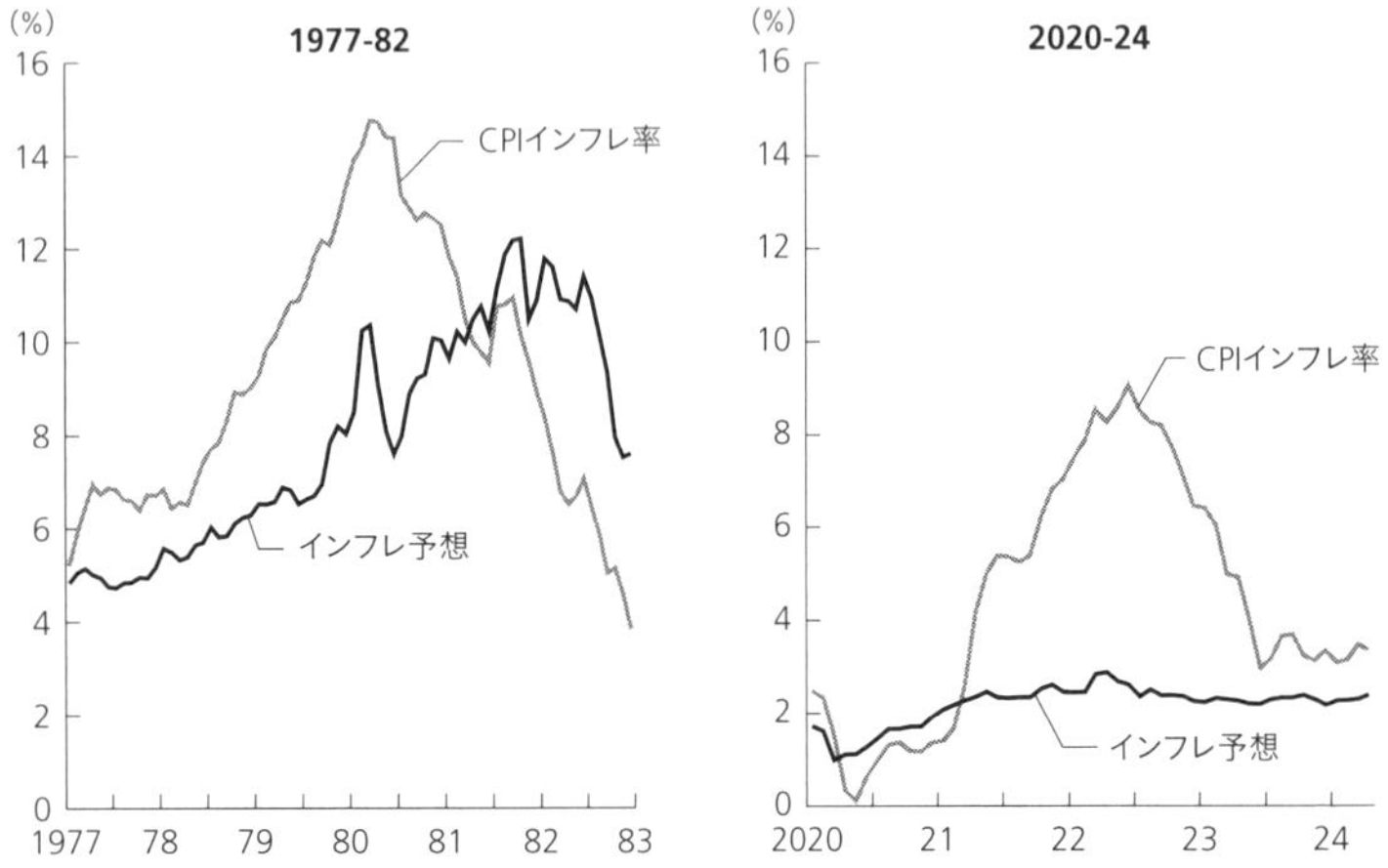

威力を発揮したインフレ・ターゲティング

蓄積された知識の中でもとりわけ役に立ったのが、「インフレーション・ターゲティング」です。中央銀行があらかじめインフレ率の目標値を公表して、その実現を目指すと約束する仕組みです。この仕組みは1990年にニュージーランドで初めて導入され、その後、イギリスなど主要国でも導入されました。現在では、日本やアメリカを含む多くの国で採用されています。

この仕組みが満を持して導入されたのはよいのですが、導入以降、先進各国のインフレ率は押しなべて低く、配備されたはいいが実戦に使われない戦闘機のような状況で、どれだけ実効性があるのか確認のしようがありませんでした。今回の高インフレが初の実戦投入となったわけです。ここまでの戦績を見ると、設計時のねらいどおり、人びとのインフレ予想を安定させ、インフレの激化を避ける効果がしっかりあったように思います。

このインフレ・ターゲティングは、「ノミナルアンカー」の役割を担っています。経済の変数は、生産量や雇用量のような「実質（リアル）」の変数と、価格や賃金のような「名目（ノミナル）」の変数に大別できます。たとえば、日本であれば、ノミナルの変数は単位が円です（それに対して生産量は何トン、雇用量は何時間×何人）。ノミナルアンカーとは、インフレ率や名目の変数をコントロールして、アンカー（錨のようにつないで安定）させる機能を指します。たとえば、金本位制もノミナルアンカーを創出する仕掛けとみることができます。じつは、１９７０年代初めに主要国が変動相場制に移って以降、有効なノミナルアンカーが存在しませんでした。そのギャップを埋めるものとして考案されたのがインフレ・ターゲティングだったのです。それが今回、期待にたがわぬ性能をもつことが確認されたのはとても良いニュースです。

ペインレス・ディスインフレーションという不思議な現象

大インフレとの違いの二つ目は、「痛みなきディスインフレ」です。ディスインフレとは、中央銀行の引き締めによって高すぎるインフレ率が徐々に下がり正常化していく現象です。

ディスインフレの過程では中央銀行が金利を上げるので、需要が落ち、景気が悪くなり、失業が増えます。この景気悪化がインフレ率を低下させます。つまり、ディスインフレは、失業の増加といったコストを払って初めて実現できるものなのです。失業の増加は「痛み（ペイン）」なので、ペインフル・ディスインフレーションという言い方もされています。今回も、Ｆｅｄ（連邦準備制度）やECB（欧州中央銀行）といった中央銀行は、利上げによって失業が増えるのは覚悟の上だったと思います。

しかし実際には彼らの見込みとかなり異なる展開となりました。失業率の上昇などの痛みがほとんどないままにインフレ率が低下したのです。いわば、「ペインレス・ディスインフレーション（痛みなきディスインフレ）」です。「痛みなき」の実際の様子はこのあとすぐデータでご覧いただきます。

今回のディスインフレがいかに特殊かは、大インフレの際のディスインフレと比較するとよくわかります。1970年代の高インフレに苦しんだアメリカでは、1979年にFed議長に就任したポール・ボルカーが金利を20％まで引き上げる荒療治を行いました。首尾よくインフレを退治したのはよかったのですが、それには大量の失業という大きなコストが伴いました。まさに「ペインフル」です。今回はこれの正反対だったのです。

「フィリップス曲線」を使って、今回のディスインフレの様子を見てみましょう（図2－6を参照）。フィリップス曲線とは、失業率とインフレ率の関係を示したチャートです。一般に、失業率が高いときにはインフレ率は低く、失業率が低いときにはインフレ率が高くなる傾向があります。データをプロットすると、点の集合体が右下がりの曲線を描きます。

パンデミックの前（2007年1月～2020年12月）のプロットは、概ね右下がりになっています。これが通常の関係です。ところが、インフレが加速した局面（2021年1月－2022年2月）では、右下がりではなく、ほぼ垂直に立ち上がっています。需要超過が原因で起き

図2-6 アメリカのフィリップス曲線

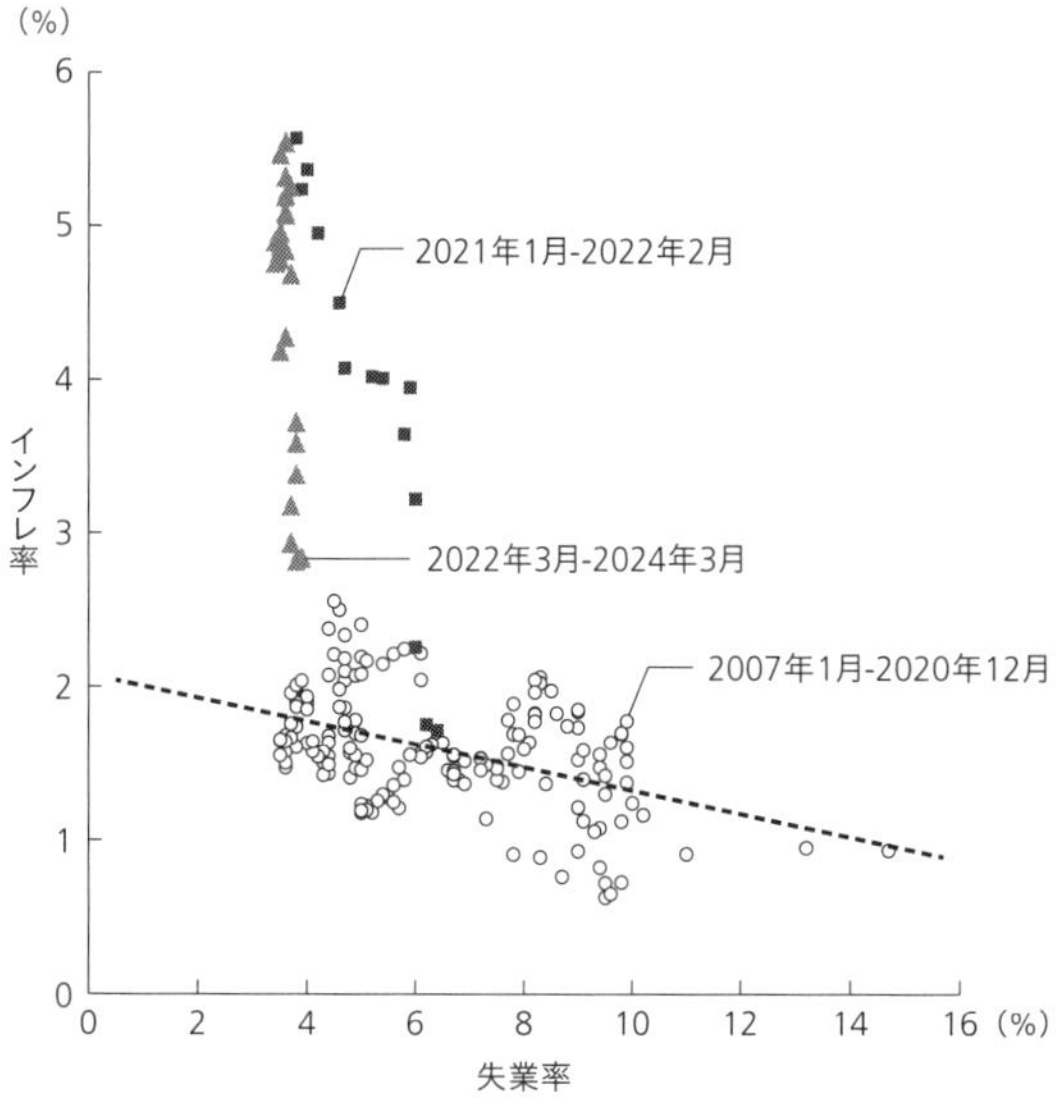

たインフレであれば、破線に沿って北西方向に向かうはずです。そうならずにほぼ垂直に立ち上がったのは、需要ではなく供給が招いたインフレだったことの証しです。

注目していただきたいのは、２０２２年以降の金融引き締め局面（２０２２年３月～２０２４年３月）のプロットです。失業率はほとんど変わらないなかでインフレ率が低下しており、ほぼ垂直に落下する姿になっています。これが先ほど述べた痛みなきディスインフレです。Ｆｅｄが想定していたのは、引き締めによって失業が増え、それとともにインフレ率も下がるという南東の方向に向かう姿でした。南東ではなく真っ逆さまに落ちたことはＦｅｄにとっても意外だったに違いありません。

なぜこんなことが起きたのでしょうか。アメリカ国内でも見方が分かれており、これが正解というのは今のところありません。ただ有力なのは、パンデミックを機に始まった供給面での制約が、パンデミック後の新しい生活が定着するなかでゆっくりと解消に向かい、その結果、インフレ率が低下したというシナリオです。今回のインフレの原因であった供給制約が自然消滅したということであれば、失業が増えることなくインフレ率が下がったことも説明がつきます。

ただし、この説明は中央銀行にとっては受け入れがたいものかもしれません。そもそも今回のインフレに対して主要な中央銀行は初動が遅れたと批判されています。たとえばアメリカではインフレが始まったのは2021年春でしたが、Ｆｅｄが利上げで対応を始めたのはその1年後でした。供給制約に由来するという今回のインフレの特徴をＦｅｄが見誤ったためです。

初動を失敗したので汚名返上したかったと思うのですが、もし先ほどのシナリオが正しいとすれば、Ｆｅｄの利上げとインフレの低下は無関係です。極端な話、Ｆｅｄが何もしなくても供給制約は自然に解消され、インフレは下がったということになってしまいます。Ｆｅｄの利上げはインフレには効き目がなく、単に需要を冷やしただけとなると、Ｆｅｄは行きも帰りも失敗ということになってしまいます。

現在、アメリカのインフレ率はＦｅｄが目標とする2％にだいぶ近づいており、とりあえず今回のインフレ騒動は収束に向かっています。しかし、結果オーライで済ませるわけにはいきません。なぜ初動に失敗したのか、ディスインフレの局面の真相は何だったのか。今後に向けてしっかりした検証が必要です。

第2節 デフレ脱却、今回は何が違うのか

さて、グローバルな話はこの辺にして、日本へと話を進めることにしましょう。グローバルなインフレは、その起源が何であったにせよ、社会を混乱させる悪性のインフレでした。このインフレを「輸入」した日本でも多くの人が苦しめられたので、同じく悪性の面がありました。しかし、慢性デフレに苦しんできた日本にとって、今回のインフレは悪い面ばかりでなく、良い面もありました。慢性デフレを終わらせ、異端の国から普通の国に移行するきっかけを作ってくれたからです。

ターニングポイントは2022年春

事実を整理するところから始めましょう。ターニングポイントは2022年春でした。図2－7は「日経CPINOW」という物価指標の動きを示しています。物価の指標としては、本書でもすでに紹介した「消費者物価」が定番です。この指標は各国の政府内にある統計部署が作成しているもので、日本では総務省統計局がその事務を担当しています。つまり、消費者物価は政府が作る統計です。昔は価格のデータを収集してそれを統計にまとめるなどという大変な作業ができるのは政府しかいませんでした。しかしデジタル化が進展している現代では、商品の価格をはじめ、ありとあらゆる経済データが企業のコンピュータの中に納まっています。たくさんのコン

図2-7　日経CPINOW

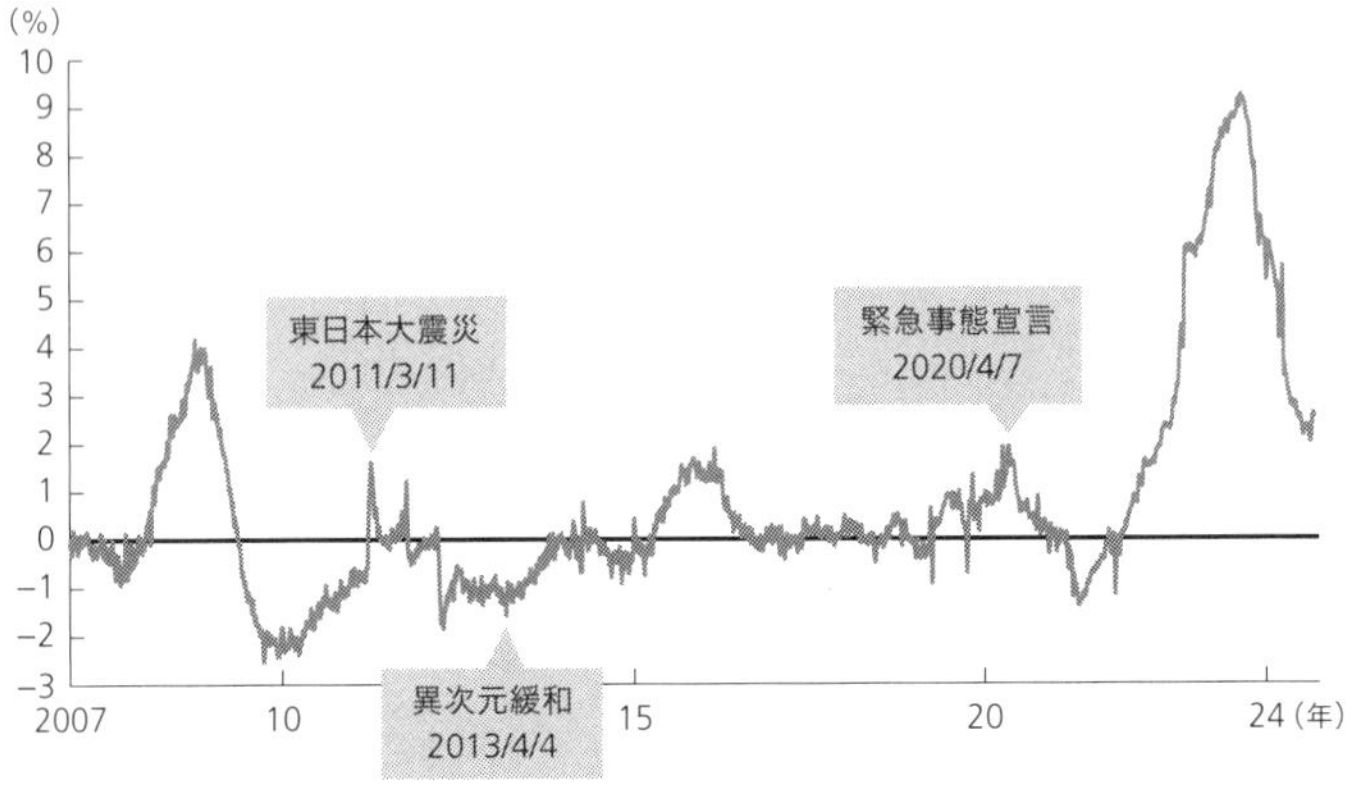

ピュータに散っているデータを上手に集めれば経済統計を作ることも可能です。つまり、統計が政府の専売特許だった時代がデジタル化によって終わりつつあるのです。

日経ＣＰＩＮＯＷはその一例です。１０００を超えるスーパーマーケットやドラッグストアなどのコンピュータに入っている個々の商品の販売価格と販売数量に関する情報を毎日送ってもらい、それを私たちが研究活動の一環として作成し特許化したアルゴリズムを使って集計しています。元々はその指標を東大のＨＰ上で公開していたのですが、10年前に事業化し、今はナウキャストという株式会社が内外の顧客（金融機関、事業法人、政府、中央銀行など）に向けて配信しています。なお、指標の名前に「日経」がついているのは元データであるＰＯＳデータを日本経済新聞社に提供してもらったことに由来していますが、株価指標で有名な「日経２２５」のように、私たちの指標が内外で広く使われてほしいという私の密かな願いも込められています。

スーパーなどで売っている商品が対象となるので自動車や衣類などは含まれません。またサービスも含まれません。その点は政府の統計にかなわないのですが、食料品と日用雑貨であればありとあらゆる商品をカバーできています（これに対して消費者物価統計の対象は各カテゴリーの代表的な商品のみ）。また、スーパーの店頭で消費者が買った日の翌々日にはその購買が指標に反映されるというスピード感です（消費者物価統計は月に一度だけ、1カ月遅れの公表）。これらのことが可能になるのはスーパーから収集する元々の価格情報がデジタルになっているからです（消費者物価統計は人力で収集）。

日経ＣＰＩＮＯＷで見ると、２０２２年の初めにはインフレ率は前年比ゼロ％でした。前年の同じ日と比べて物価が上がりも下がりもしていないという意味です。しかしその後、急速に伸びを高めていき、２０２３年夏には９％超にまで達しました。

過去の動きを見ると、日本でも小さな物価上昇はありました。たとえば２００８年は原油高などが原因のインフレでした。２０１１年３月は東日本大震災の直後に多くの消費者が食料などの備蓄のためにスーパーに向かったので物価が上がりました。同じような物価上昇は２０２０年４月にも起きています。このときは新型コロナの緊急事態宣言をきっかけに消費者の買いだめが起きました。アベノミクス初期の２０１３年から２０１５年も異次元緩和に伴う円安を起点に物価上昇が起きました。このように物価上昇の事例は過去にもあったのですが、それらと比べると今回は、上昇のピッチも最高到達地点も別次元です。

図2-8　インフレ率が2%を超える企業の割合

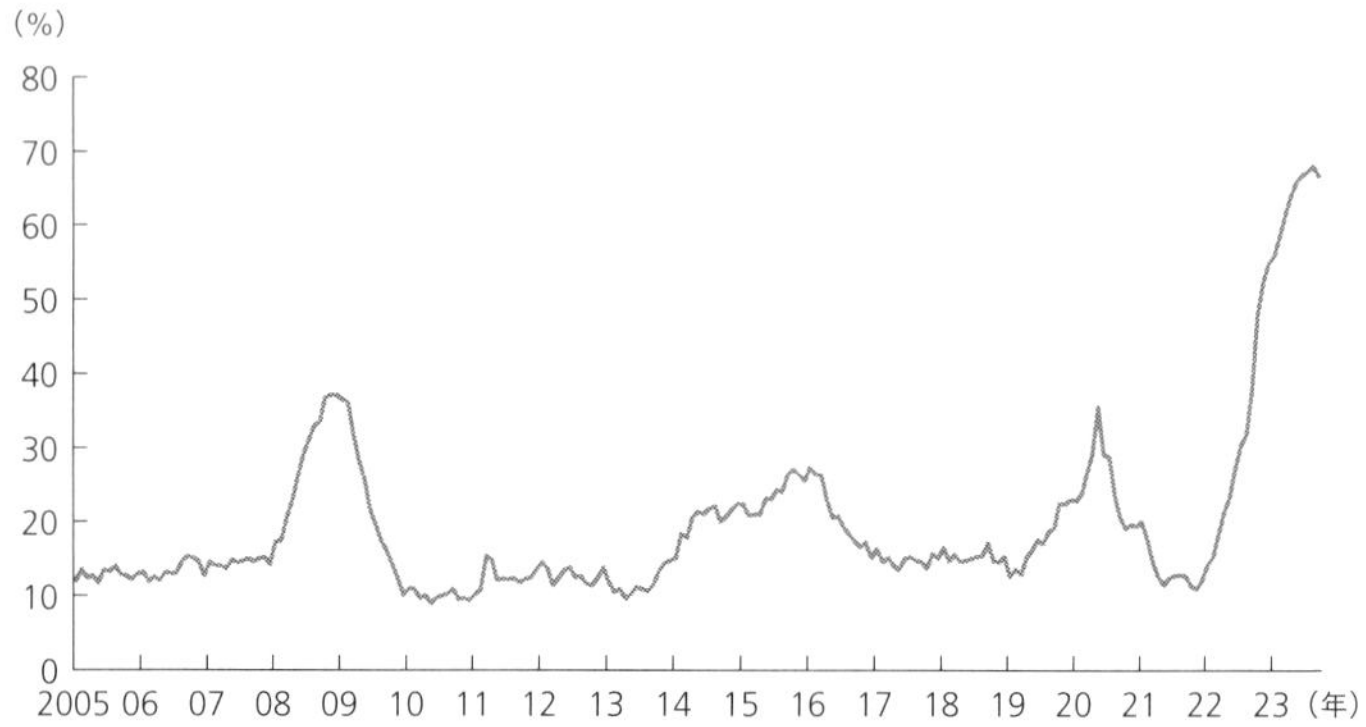

私たちの物価指標には、企業ごとに物価を計測できるという利点があります。あらゆる商品にはバーコードがついていますが、あの中にはその商品を製造したのはどの企業かという情報が入っています。それを使うと、たとえば、花王が製造・販売する石鹸やシャンプーなどすべての商品の価格データを取り出すことができ、そのデータを使って花王の物価指標を作ることができます。約４０００の企業について物価指標を作成し、インフレ率が日銀の目標である２％を超えている企業が全体の何割かを計算した結果が図２－８に示してあります。２％超えの企業は２０２２年の初めから増え始め、ピーク時には約７割に達しました。一部の企業だけが価格を上げたのではなく、値上げの動きが、異なるカテゴリーの商品を扱うさまざまな企業に広がったことを示しています。

図2-9　日米英のモノの価格のインフレ率

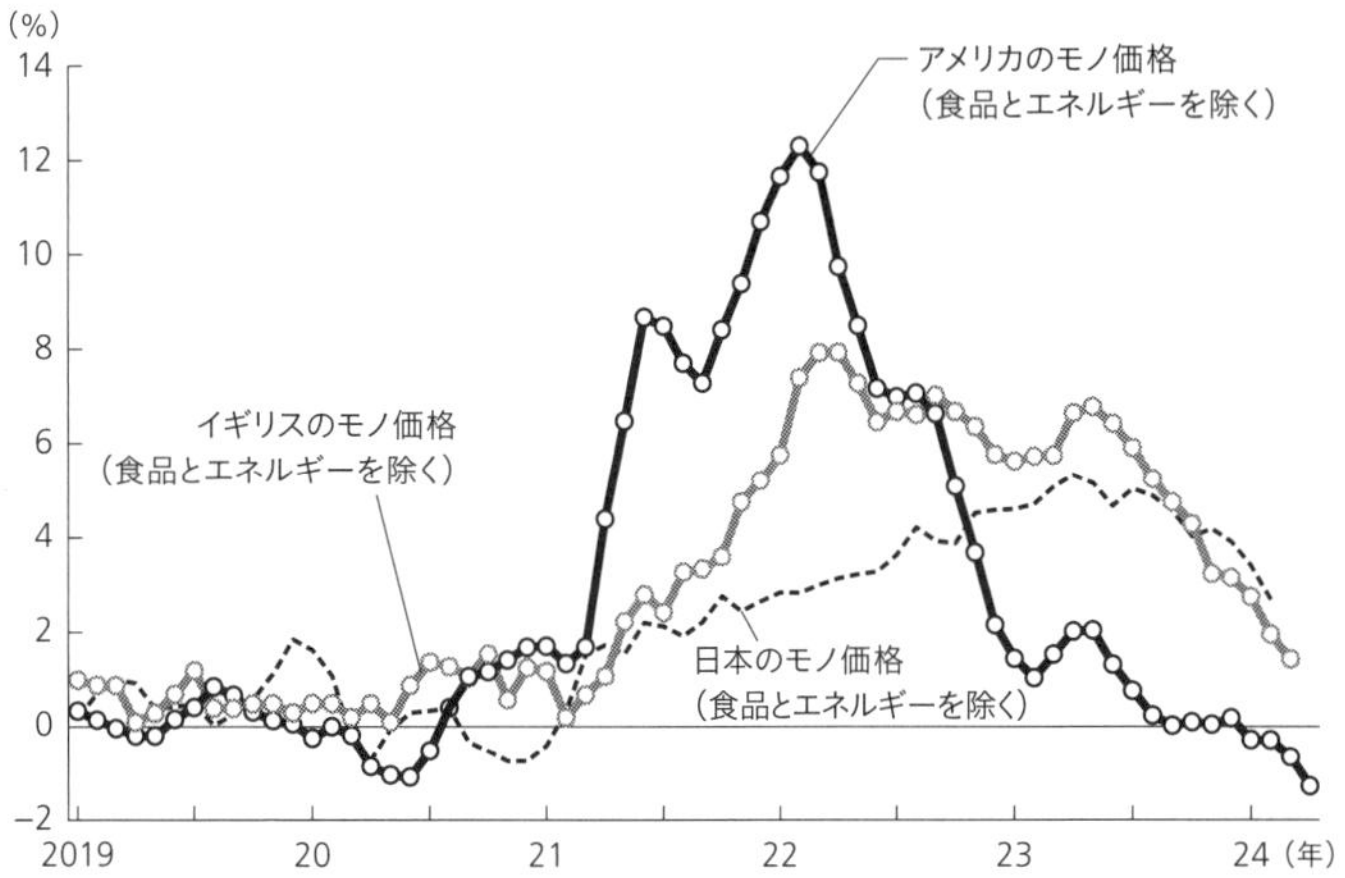

日本もグローバルインフレの波に呑まれた

2022年春以降のインフレは、海外のインフレが日本に流入してくることによって生じたものです。インフレの大波がどう伝わってきたのか。その様子を確認しておきましょう。

図2−9は日米英のモノのインフレ率を描いたものです。ここでは物価の国際比較をしたいので、各国政府の作成する消費者物価を用いています。消費者物価はモノとサービスを合わせたものですが、モノは国境をまたいで移動するので、各国の価格は、完全にではないにせよ同期する傾向があります。それに対してサービスの価格は、たとえば家賃を考えればわかるように、国境をまたいで同期することはなく、各国固有の事情で動きます。ここでは各国の同期の様子を見たいので、モノの価格でインフレ率を比較しています。

モノのインフレが始まったタイミングはアメリカが一番早く、2020年にはすでに上昇し始めています。イギリスがすぐに続き、少し遅れて日本でも始まったことがわかります。また、インフレ率のピークの高さも国によって違っています。アメリカは12％、イギリスは８％と、かなりの高率なのに対して日本は５％とだいぶ低くなっています。慢性デフレに慣れていた私たち日本の消費者からすると、最近のインフレはとてつもなく激しいものという印象ですが、実際には、日本のインフレは海外に比べると小ぶりだったのです。

ただし、ここで強調したいのはそうした各国間の差異ではありません。目を向けるべきは、日本を含む各国で基本的には同じことが起きた、つまり、日本を含む各国のインフレは多少のラグを伴いつつも同期していたという事実です。10年後の学校の教科書には、２０２０年に新型コロナウイルスが世界を襲い、その結果、世界中の消費者と労働者と企業が同時に行動を変化させ、それが世界中の物価と賃金を同時に引き上げた、日本もその波の中にいた、と記載されるのではないでしょうか。

どこが「ディス・タイム・イズ・ディファレント」なのか

本書の立場は、グローバルインフレが輸入物価の上昇というかたちで日本に流入し、それが国内でさまざまな化学反応を起こし、その結果、慢性デフレからの脱却が展望できるところまで来ているというものです。しかし、輸入物価の上昇は今回に限った話ではありません。たとえば、２００８年には原油などの価格上昇が日本に流入しました。慢性デフレの30年間にはこういう事例が複数あったにもかかわらず、それらはことごとく一過性の物価上昇で終わりました。素朴に考えると、今回もまた、一過性で終わるのではないかと思えてきます。もしそうでないとすれば、今回は今までとは違う要素がなくてはいけません。

ケネス・ロゴフたちが２００９年に出版し、世界中でベストセラーになった本のタイトルは『*This Time Is Different*（今度は違う）』でした。これに倣えば、問われるべきは、今回のインフレは今までとは違うのか、違うとすればそれはどこなのかです。

今回のインフレと比較するのに最も適しているのは、おそらく異次元緩和の初期（２０１３〜２０１５年）でしょう。緩和は２０１３年春から始まり、急速に円安が進んでいきました。それが輸入物価を上昇させ、その一部は国内価格に転嫁されました。輸入物価の上昇を起点に国内物価が上昇したという点で、今回とよく似ています。しかし、このときのインフレには持続性がなく、一時的なものに終わりました。これに対して今回は、持続性があるように見えます。そうだとすればこの違いはどこから来るのでしょうか。

２０２２年春にインフレ予想が急上昇

違いの第一は消費者のインフレ予想です。今回は、「今後、物価は上がる」と消費者が予想し始めたのです。第1章で紹介したスパイラル理論の実験で、輸入物価の上昇が持続的な物価と賃金の上昇につながるか否かを決めるのは、物価と賃金が「据え置きだろう」ではなく「上がるだろう」に切り替わるかどうかだと述べました。つまり、インフレ予想が上がるかどうかが重要な条件で、今回はその条件が満たされている可能性が高いのです。

図2-10　1年後の物価は現在と比べてどうなると思いますか？

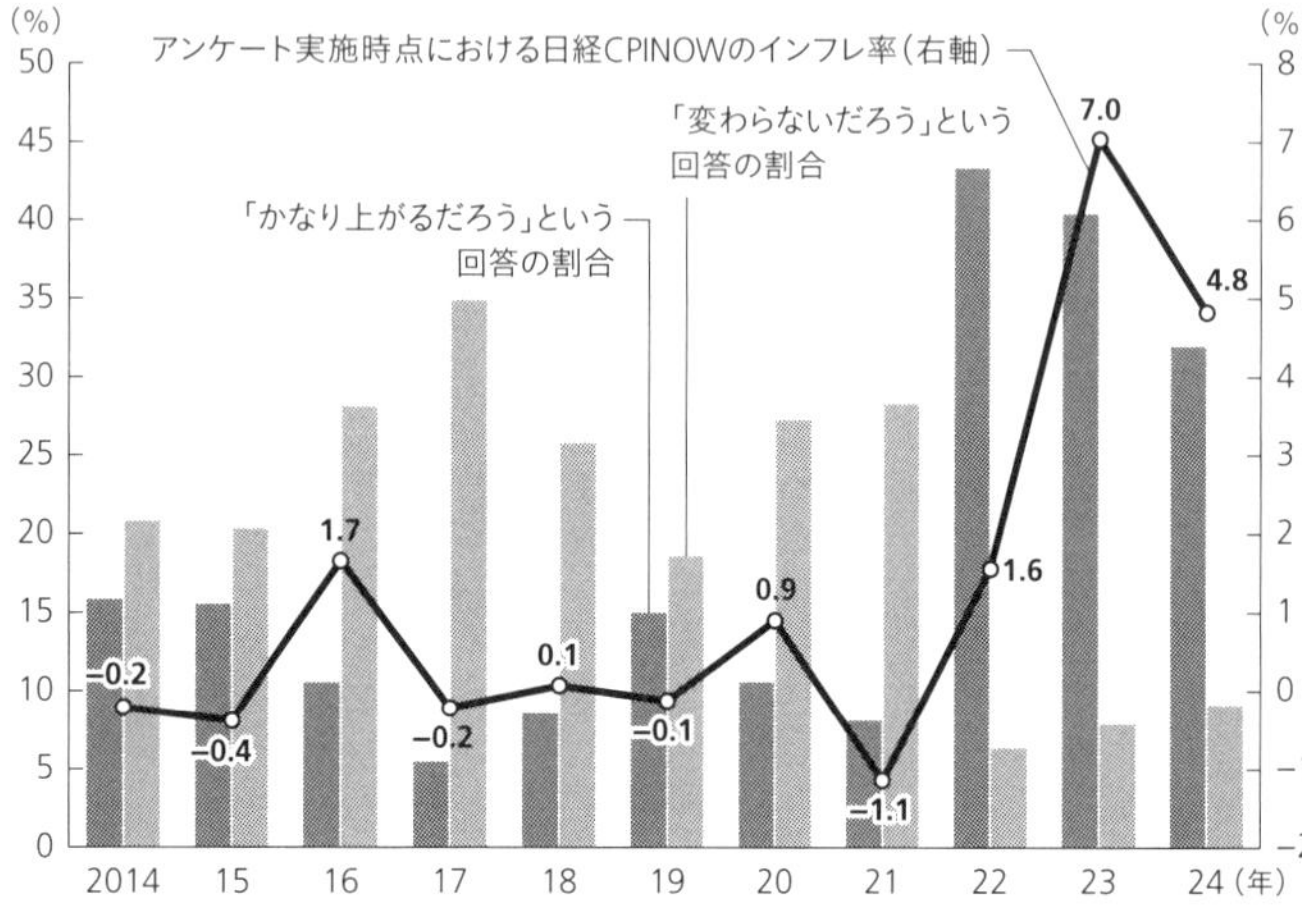

実際のデータを見てみましょう。図２−10は、前章で紹介した５カ国の消費者を対象としたアンケート調査の毎年の結果から、日本の消費者のインフレ予想を抜き出したものです。「１年後の物価は現在と比べてどうなると思いますか」という問いに対して、「かなり上がるだろう」と回答した人たちの割合を濃い色の棒グラフで示してあります。

異次元緩和の初期（２０１４年から２０１５年）は、この割合が15％です。決して低い数字ではないので、当時は、物価がかなり上がるとみる人もそれなりにいるのだなと理解していました。しかし、最近数年間の結果を目にしたとき、当時のインフレ予想はやはり低かったのだなと認識を改めました。というのも、この割合が２０２２年の調査では40％を超え、翌年も同じく40％を超えたからです。２０２４年は多少落ちましたが、それでも

30%を超えています。今回と比べると前回はインフレ予想が明らかに低かったのです。

1年後の物価に関する問いに対して「変わらないだろう」と回答した人の割合も棒グラフで示してあります。変わらないだろうというのは「物価は据え置き」ということなので、慢性デフレを特徴づける回答とも言えます。この割合は2022年から2024年にガクッと落ち1割を割り込んでいます。つまり、物価は据え置きという予想が払拭されたということです。これに対して前回はこの割合が2割を超えており、今回と対照的です。

物価は据え置きという予想が減り、かなり上がるという予想が増えたのはなぜでしょうか。ひとつの可能性として、インフレ率が実際に高まり、それを多くの人が体感して、その結果、先々も物価は上がるのではないかと予想し始めたということが考えられます。今回インフレ予想が上がったのは激しいインフレが海外から流入してきた結果にすぎないという説です。

本当にそうなのでしょうか。それを確かめるために、アンケート調査を実施した期間に実際のインフレ率がどうなっていたかを調べました。具体的には、アンケート調査は例年3月から4月の1週間を使って行います。その1週間のインフレ率を日経CPINOWで計測しました。CPINOWは日々の物価を教えてくれるので、調査期間の1週間において回答者の皆さんがスーパーの店頭でどんな価格を目にしていたかを数値化できるのです。

結果は折れ線グラフで示されています。「かなり上がる」という予想が40%を超えた2022年春はどうだったでしょうか。この年は5月の連休中から連休明けまでの1週間が調査期間でした。この1週間のインフレ率（その1週間と前年の同じ1週間で物価を比較）は1・6%でした。

当時はインフレが始まったばかりだったのでまだ数字が低かったのです。インフレ率はその後どんどん上がり、２０２３年の調査の週には７％に達しました。これに対して、２０１４年の調査の週のインフレ率はマイナス０・２％でした。翌年も同じくマイナスでした。

２０１６年の調査の週と２０２２年の調査の週ではインフレ率はほぼ同じです。もし人びとのインフレ予想が調査実施時のインフレの実績値で決まるのであれば、２０１６年と２０２２年のインフレ予想は同じになってしかるべきです。しかし実際には、インフレ予想は大きく異なっている。これはどう考えればよいのでしょうか。

２時点を比較しているだけなので、違いが何に由来するかを正確に言い当てることはむずかしいのですが、それでもこういうことが起きたのではないかという推察は可能です。２０２２年春の調査では、インフレ率が実際に上がる前にインフレ予想がいきなり上昇しています。ということは、実際に上がってきたインフレ率を見て、消費者がこれは大変だと予想を変えたということではなく、足元のインフレ率とは別な要因がインフレ予想の上昇を引き起こした可能性が高いのです。

別な要因とは何なのでしょうか。ひとつは米欧の激しいインフレです。主要国では、日本より1年早く２０２１年春からインフレが始まり、10％にも達するインフレが社会を混乱に陥れていました。日本の消費者は、この様子をマスメディアやＳＮＳで見聞きし、いずれ日本でも同じことが起きると心配して予想を引き上げた可能性があります。考えられるもうひとつの要因は、調査直前の２０２２年２月に起きたロシアのウクライナ侵攻です。多くの消費者が戦争で原油や天然ガスの値段が上がる、穀物の値段が上がる、その余波が日本にも及ぶと予想した可能性があります。

つまり、近所のスーパーで激しい値上げが起きているわけではない（激しい値上げはその後実際に起きるが当時はまだ起きていなかった）。しかし、米欧の高インフレやウクライナ戦争のニュースを見ると、同じことが身近で起きてもおかしくない。日本もいよいよインフレ突入なのだなと覚悟を決めた――。多くの人びとがこのように考えたのではないでしょうか。

スパイラル理論の二つ目の条件＝賃上げ

前回と今回の違いの第一はインフレ予想だということを確認したところで、それが何を意味するか、第1章の理論に戻って考えてみましょう。消費者のインフレ予想が上がれば需要曲線の屈折は消えます。そうなれば企業は価格転嫁を始めます。実際、次節で見るように2022年春以降、企業は価格転嫁を進めました。そうなると次は労働者の順番です。物価が上がるとの予想のもとで労働組合が強気で賃上げを要求できるかどうか、そして、先々も賃上げが続くという予想が醸成されるかどうかがカギになります。労組の行動が変わるところまでもっていければ、日本版スパイラルから健全な循環への移行が実現します。つまり、前向きの循環が生まれるためのもうひとつの条件は賃上げなのです。

賃上げについて前回と今回を比較すると、連合は2023年春闘で5％の賃上げ（そのうちベアは3％）を目標に掲げて交渉に臨み、30年ぶりの高い賃上げを実現しました。さらに、20

図2-11　物価と賃上げ

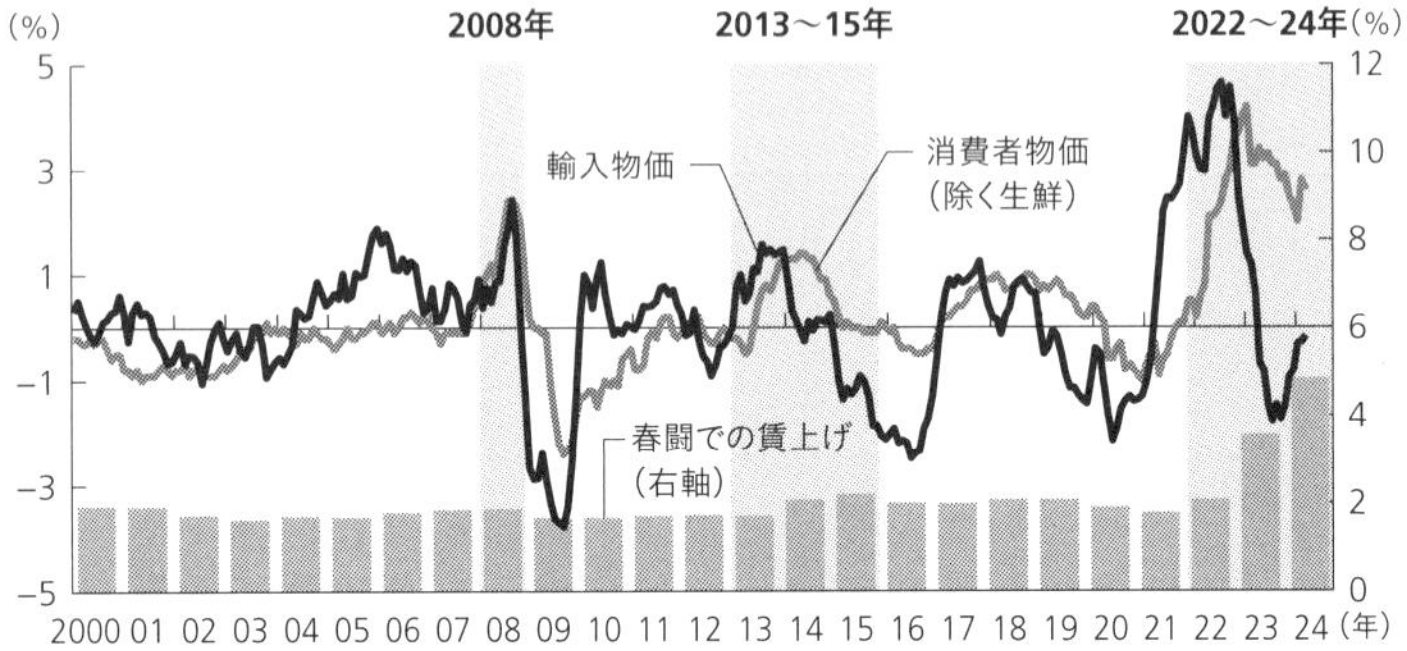

２４年春闘では目標をもう一段引き上げ、前年を上回る賃上げを達成しました。非常に高い賃上げが２年続けて起きている。これが今回の重要な特徴です。前回はどうだったかというと、じつは前回も賃上げの機運はかなり高まっていました。春闘は本来労使が交渉するものですが、そこに政治が介入するという「官製春闘」を安倍政権が強力に推し進めたからです。

前回と今回で春闘の結果を比較してみましょう。図２－11は、輸入物価、国内物価、そして春闘での賃上げを示しています。前回（２０１３～２０１５年）と今回（２０２２～２０２４年）を比較すると、両方とも輸入物価がぐっと上がって、そのあとを追いかけるように国内物価が上がっています。輸入物価が起点で国内物価の上昇が始まったという点でよく似ています。ところが、春闘の賃上げ率は大きく違っています。官製春闘の効果で賃上げ率が高まったのが２０１４年です。確かにその前の年と比べ高くなっています。ただし、賃上げ率の上昇はわずかであり、官製春闘の成果と胸を張れるほどの

第 2 節
デフレ脱却、今回は何が違うのか

ものではありません。これに対して今回は、２０２３年と２０２４年の2年続けて高い賃上げ率となっています。前回との差は歴然です。

まとめると、前回はインフレ予想だけでなく賃上げも振るわなかった。そのため輸入物価の上昇をスパイラルにつなげることができませんでした。それに対して、今回はインフレ予想に加えて、賃上げも前回を大きく上回りました。これらを踏まえると、スパイラル理論に照らして、健全なスパイラルへの移行の条件が前回は満たされていなかったが今回は満たされていると言えそうです。まさに「ディス・タイム・イズ・ディファレント」なのです。

第3節 物価の正常化——消費者と企業はどう変わったのか

2022年春以降に起きた特筆すべき五つの変化

２０２２年春以降、日本の物価、賃金、金利に起きたのは次の五つの変化です。この五つが玉突きのように順番に起きて、日本の正常化への道を作ってきたというのが私の理解です。

①消費者のインフレ予想の上昇
②消費者の値上げ耐性の改善
③企業の価格転嫁の広がり
④春闘での高い賃上げ
⑤日銀の利上げ、非伝統的政策の終了

最初に起きたのは、消費者のインフレ予想の上昇です。消費者のインフレ予想が上がると彼らの「値上げ耐性」が改善しました。日本の消費者は、かつては値上げを嫌ってそこから逃げる傾向が強かったのですが、それが逃げなくなったということです。消費者のそうした変化を見て、

第3節
物価の正常化——消費者と企業はどう変わったのか

企業は価格転嫁を開始しました。値上げすると顧客が逃げるのが怖くて値上げができなかったのですが、顧客の耐性が高まったので転嫁を始めたということです。次は労働者の番です。企業の価格転嫁で物価が上がるとなると、これまでのように、物価が据え置きなので賃金も据え置きと悠長に構えていられません。戦闘モードに入り、春闘で高い賃上げ要求を掲げ勝ち取りました。そして最後に登場したのが日銀です。2024年3月、物価と賃金が上がり始めたので、それまでの超金融緩和をやめて利上げを開始しました。

つまり、物価と賃金に関係する登場人物たちのすべて——消費者、企業、労働組合、中央銀行——がこれまでと異なる行動を始めたのです。こうした行動変容が、物価・賃金・金利という三つのキー変数を正常な方向へと変化させ、それによって日本は異端の国から脱出しようとしています。つまり、日本の正常化です。

正常化のプロセスは始まってまだ2年と少しにすぎず、これからどうなるのか不確実です。しかし過去30年間、影も形もなかった「正常化」への道筋が今見えてきているのも確かです。今後数年のうちに多くの人が正常化を実感し、それがさらなる正常化の原動力となっていく。これが私の見立てです。

本節では、この五つの変化のうち①から③まで、つまり消費者と企業に起きた変化について見ていきます。続く第4節では労働者の正常化、最後の第5節では、中央銀行と政府の正常化についてそれぞれ見ていきます。

消費者の値上げ耐性が改善

最初は消費者のインフレ予想です。図２－10で見たように、２０２２年春にインフレ予想が大きく改善しました。具体的には、価格が「据え置かれる」という予想が顕著に減る一方、「かなり上がる」はぐんと高まりました。日本の消費者のインフレ予想は、このタイミングで米欧の消費者並みになってきたのです。この傾向は、その後の追加調査でも確認されています。

人びとの消費行動は一般にインフレ予想と強くリンクしていることが知られています。では、２０２２年春に起きたインフレ予想の変化は、消費者の行動をどう変えたでしょうか。

私たちの調査では、商品が値上げされているのを見たときに各国の消費者がどう反応するかも調べています。具体的には、「いつも行くなじみのスーパーで価格が10％上がっているとしましょう。そのときにあなたはどうしますか？」という質問をしています。結果は図２－12にまとめてあります。

過去の調査では、日本と米欧の消費者で回答に大きな差がありました。米欧の消費者は「高いのは嫌だけれども、仕方ないのでその店で値段の上がった商品を買う」と回答するのが典型的でした。一方、日本の消費者は、なじみの商品が値上げされているのを見ると、「値上げしたその店では買わずに違う店に行く」という回答が典型的でした。２０２１年８月の調査を例にとると、日本では「その店で高いものを買う」と答えた人の割合は43％で、「その店では買わずに他の店に行く」と答えた人の割合が57％でした。他店に逃げるが多数派です。これに対して米欧では、「その店で高いものを買う」が多数派でした。日本の消費者は値上げを見たら他店に逃げる、その意

図2-12　**スーパーでなじみの商品の価格が10%上がったらどうしますか？**

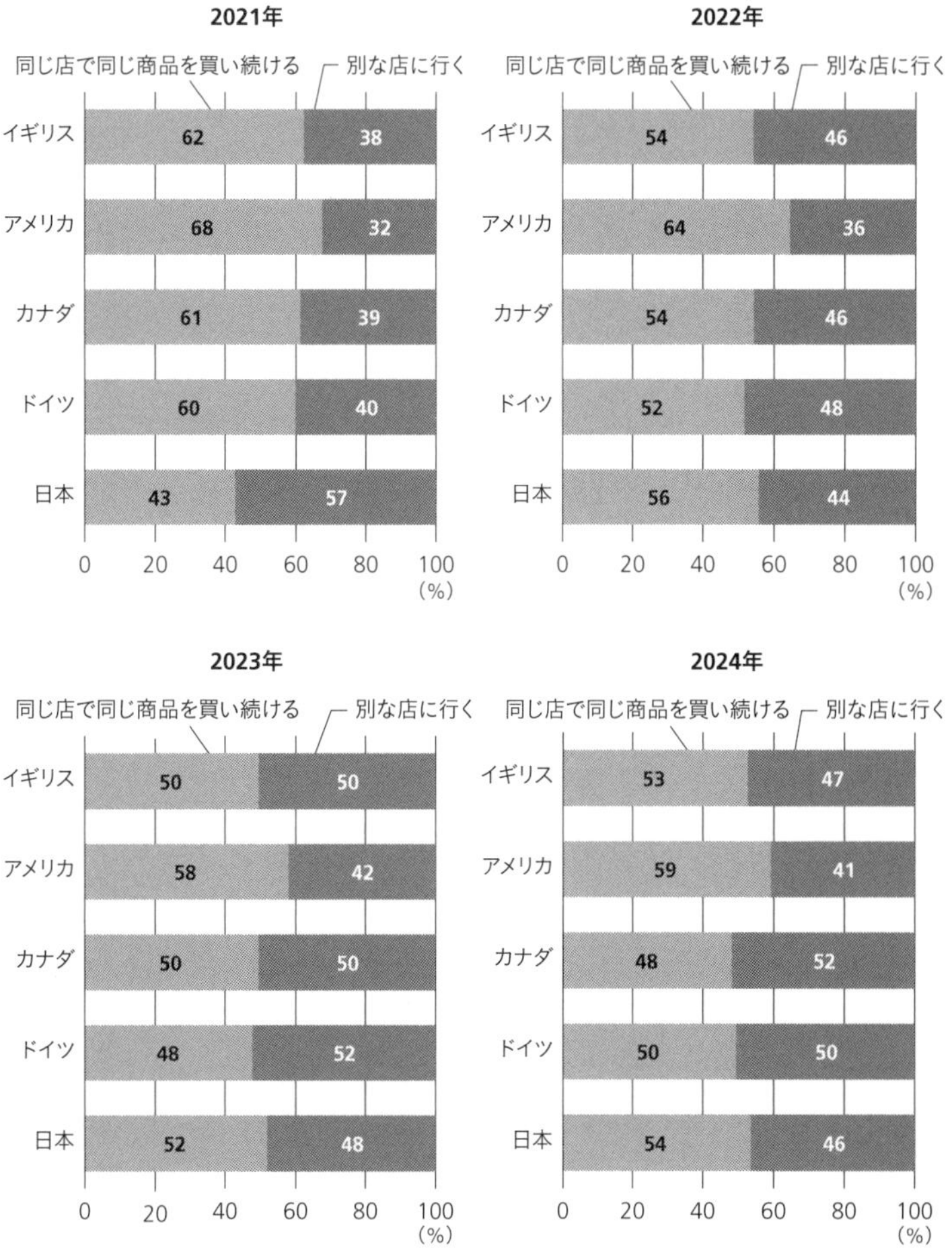

味で値上げ耐性が低かったのです。

日本の消費者が他店に行くのは、「他店に行けばきっと元の安い値段で売っているだろう」と信じているからです。なぜそう信じるかと言えば、物価は据え置かれるのが当たり前という頭があるからです。これに対して米欧の消費者は、そもそも物価は上がるものだと思っているので、「この店で価格が上がっているということは他の店でもきっと上がっているだろう」と想像します。他店に行くのは無駄足になる確率が高いので、その店で高くなったその商品を買うという行動をとるわけです。

ところが、２０２２年５月の調査で日本の消費者の値上げ耐性に大きな変化が表れます。日本人も他店に逃げなくなったということが、初めて確認されたのです。「その店で高いものを買う」が56％、「その店では買わずに他の店に行く」が44％と逆転したのです。しかもこの数字は他国とそう違いません。つまり、このタイミングで値上げ耐性が米欧の消費者並みになったのです。この傾向はそれ以降も続いています。

値上げ耐性が高まったのはなぜでしょうか。理由は簡単で、インフレ予想が上がったからです。日本の消費者も、米欧の消費者と同じく物価上昇はやむをえない、当たり前と考え始めた。そうしたなかで、他店に行っても値段は高いだろうと考えるようになり、値上げから逃げるのを諦めたのです。

企業は価格転嫁を開始

日本の消費者がインフレ予想、値上げに対する耐性という二つの点で変化したことを受けて、企業も動き始めました。2022年春以降に起きた三つ目の変化として、コスト上昇分の価格への転嫁が始まりました。

それまでの日本企業はどうだったかというと、消費者の値上げ耐性が弱かったので、原材料費などが上がってもなかなか価格に転嫁することができませんでした。しかし、2022年春以降、日本の消費者は値上げを見ても他店に逃げなくなり、企業はそのことを察知して価格転嫁を始めました。最初はどの企業も恐る恐る転嫁していたようですが、値上げをしても顧客がさほど減ることはないと自信を深めるにつれて、転嫁も大きくなっていったように思います。さまざまな商品の価格が上がり、値上げ幅もだんだん大胆になっていきました。とくに目立ったのは食品産業です。2022年春から転嫁が始まり、2023年の夏には、主要企業の多くが輸入価格の上昇分の転嫁を完了したと言い切るところまで進みました。

企業の価格転嫁が進む様子を数字で確認するのはなかなかむずかしいのですが、私が使えると思っているのは消費者物価の品目別インフレ率から計算する指標です。消費者物価を構成する約600個の品目のうちどの程度の割合がゼロ近辺にいるか（つまり、価格据え置き）を毎月計測したものです。実際に計算した結果が図2－13に示してあります。2013年1月の時点では、約5割の品目がゼロ近傍にありました。ゼロ近傍にある品目に対する家計の支出の全支出に占める割合が5割という意味です。

図2-13　価格転嫁の度合い

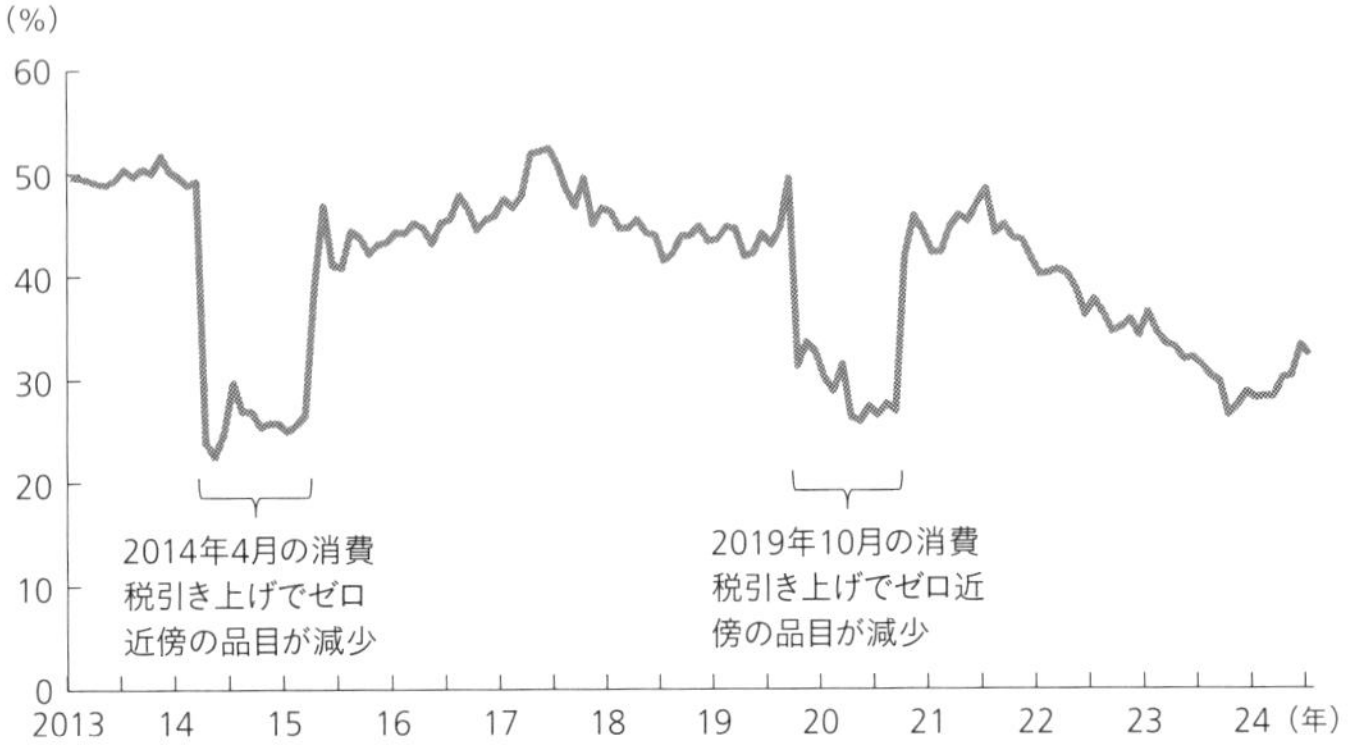

その後の動きを見ると、ゼロ近傍の割合は２０１４年に23％まで低下しています。ただし、これは消費税率の引き上げ分が転嫁された結果、全般に価格が上がり、ゼロ近傍が減ったにすぎません。同じく消費税率の引き上げがあった２０１９年もゼロ近傍が減っています。この二つの特殊な時期を除くと、２０２１年以降、据え置き品目の割合が趨勢的に下がり、２０２４年３月には28％まで低下しています。

28％という水準をどう評価するかはむずかしいところですが、消費税率引き上げ時における据え置き品目の割合は約25％です。消費税率引き上げは、企業にとって転嫁のしやすい状況ですが、それでも商品や企業に固有のさまざまな事情で約25％の据え置きが残るのです。ゼロ近傍の品目の割合が現在、それに匹敵するところまで下がってきているということは、価格の据え置きという異常な事態がかなりの程度解消されたと解釈できます。

物価の正常化、今後のカギは消費者

物価の正常化の背景には、2022年春以降の消費者のインフレ予想の上昇、そしてそれに伴う値上げ耐性の改善がありました。企業の価格転嫁が進んだのは消費者の変化があったからであり、それがなければ価格転嫁も進まなかったことでしょう。その意味で、物価の正常化の立役者は消費者だったと言えます。

振り返れば慢性デフレ期の価格据え置きも、企業が自ら好んでそうしたというよりも値上げをすると顧客が逃げてしまうので、それが怖くてやむにやまれずそうしただけです。だから、これもやはり消費者に原因があります。つまり、慢性デフレを引き起こしたのも、慢性デフレの幕引きをしようとしているのも、どちらも消費者なのです。そう考えると、物価の正常化が今後、順調に進むか否かのカギを握るのは、やはり消費者だろうと思います。

第4節 賃金の正常化 ――労働者、労働組合はどう変わったのか

30年前は「高いニッポン」だった!

次に取り上げる「正常化」は賃金です。給料は永久に上がらない、仕方のないこと。そう信じ込んでいる人が多いのではないでしょうか。しかし、有史以来そうだったわけではありません。1990年代後半に「据え置き」が始まるまでは、給料は毎年上がるのが当たり前でした。本節では、過去に遡ってなぜそんな異常な状況に陥ってしまったのか、原因を調べてみようと思います。

賃金の決定に大事な役割を果たすのは労働組合です。労組は毎年年末になるとどれだけ賃上げを要求するかを決め、その実現を目指して翌春、経営側と交渉を行います。慢性デフレの時期に賃金が据え置かれてきたということは、毎年の春闘で労組が賃上げを要求してこなかったか、あるいは要求はしたものの経営側を説得できなかったか、このどちらかです。たまたまある年は賃上げに失敗したというのであればありそうな話です。しかし、30年にわたって失敗し続けたというのは不思議な話です。

原因として考えられるのは春闘の変質です。労組に加入していない労働者は少なくありません

し、加入していても春闘に関与していない労働者も多数います。だから、すべての労働者の賃金が春闘で決まるわけではありません。しかし、春闘は多くの人が注目する年中行事ですし、春闘が世の中の賃金の当たり前を形作ってきたのは確かです。その春闘が、賃上げを毎年要求する普通の春闘から、賃上げを求めない弱腰の春闘へと変わってしまった可能性があります。

じつは、春闘の変質に関する大事なヒントはすでにお伝えしてあります。それは、第1章のスパイラル理論の最後で触れた、「中国との対比で日本の賃金が高すぎるので抑えなければならない」との論を財界が1995年のレポートで主張したという話です。若い方には信じてもらえないかもしれませんが、日本の労働者の賃金が高すぎる、そういう時代があったのです。今は「安いニッポン」ですが、30年前は「高いニッポン」だったのです。「安いニッポン」はもちろん困った問題ですが、「高いニッポン」もまた同じくらい、もしかするとそれ以上に困ったものでした。その問題を解決しようと、賃上げを求めない春闘へ変質した可能性があるのです。

1997年の労使密約?

私は『世界インフレの謎』という本を2022年10月に出版したのですが、その執筆が終わった2022年の8月ごろ、なんとも憂鬱な気分でした。その本は、日本版スパイラルを仮説として打ち出した最初の書き物で、スパイラルが1990年代後半に始まったことも明記してあります。しかし「なぜ」始まったのかは一切書いてありません。自信のある答えを持ち合わせていなかったからです。そこが書けていないのは致命的な欠陥のように感じられ、原稿を出版社に渡したあとも気分が晴れなかったのです。

理論的に今ひとつとか、データ分析が足りていないとかいうことであれば自力で解決できるのですが、この「なぜ」は理論やデータをこねまわしてなんとかなる代物ではありません。こういうときは知恵者に頼るしかないと、私の周囲の研究者と実務家に聞きまわりました。そうしたなかで、大学と日銀の大先輩である早川英男さんに、大学近くのレストランで昼食をとりながら「なぜ」と尋ねました。

そのときこれが正解というのがポンと出てきたわけではありません。しかし、あれこれ議論を重ねるうちに、ぼんやりとした仮説のようなものが浮かび上がってきました。それは、ひと言で言えば先ほどの「高いニッポン」です。以下では、これを「早川仮説」と呼ぶことにします。

早川さんが最初に言及したのが、日経連が１９９５年５月に公表したレポート『新時代の「日本的経営」――挑戦すべき方向とその具体策』です。当時、企業経営者には強い危機感がありました。主要企業は１９８０年代のバブル経済の時期に賃金の大盤振る舞いを行ったので、人件費が大きく膨らんでいました。そこへもってきて、１９９５年には超円高が起き、ドル建てで見た日本の賃金水準が世界で最高になってしまったのです。この報告書で経営者たちは、この賃金水準ではとても中国と戦えない、賃金を抑えるべきと提案したのです。

図２－14は、日本の賃金がＯＥＣＤ（経済協力開発機構）加盟国の中で何位かを示したものです。各国の自国建ての賃金をその時々の為替レートを使って米ドル建てに変換して順位を計算しています。日経連のレポートが出た１９９５年、日本は第２位（１位はスイス）と確かに世界ト

図2-14　**OECD加盟38カ国における日本の賃金の順位**

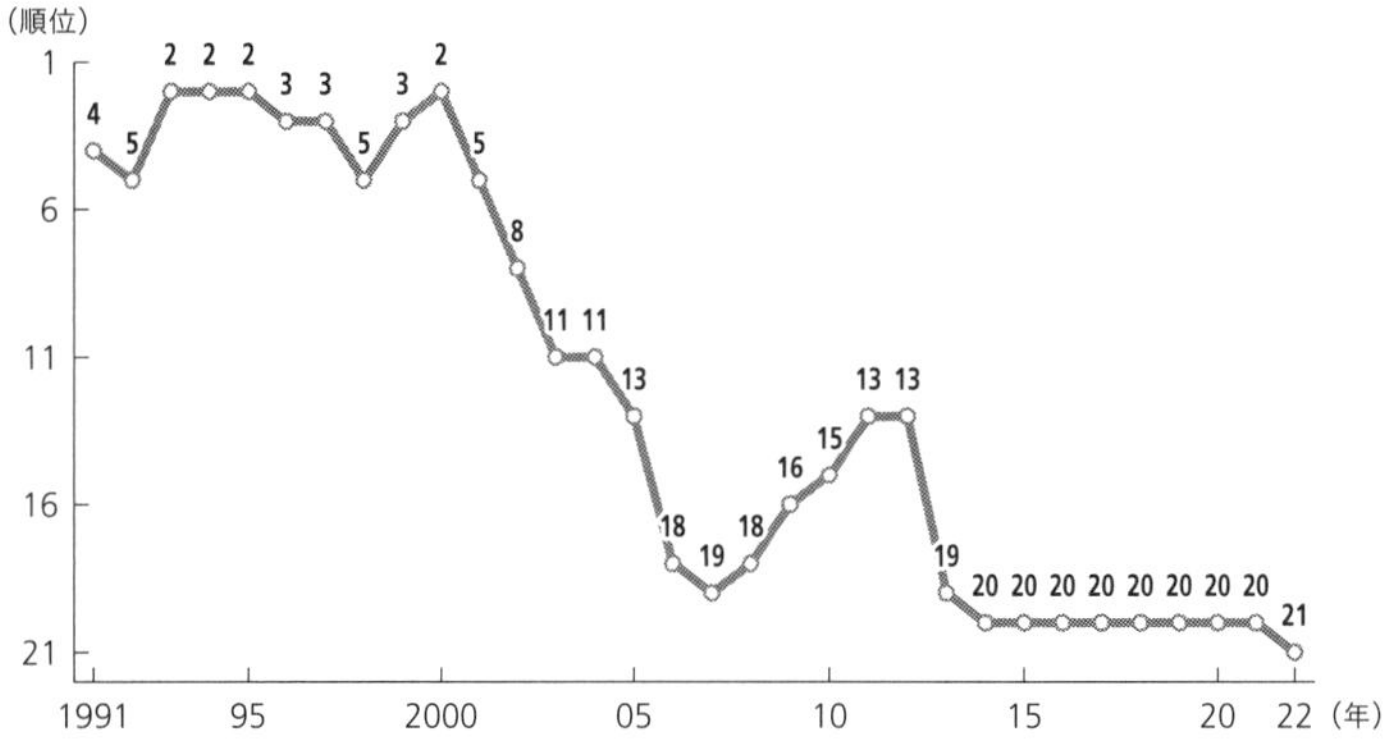

ップクラスです。企業経営者たちの危機感も十分理解できます。１桁の順位は２０００年代初頭まで続きました。

ただし、財界が賃金を抑えたいと言っても、労組がそう簡単に従うはずがありません。そこにはなんらかの説得がなければいけません。早川仮説では、日本が金融危機に苦しんでいた１９９７年ごろに労使の密約があったのではないかと考えています（早川英男「賃上げを阻む『97年労使密約』」『文藝春秋』２０２３年１月）。本当に密約があったかどうかは微妙ですが、企業が正社員の雇用を守る代わりに、労組は今後、賃上げを要求しないという暗黙の約束を交わした可能性はあります。

早川さんはこう記しています。

「大半の企業はなんとか金融危機を乗り切りましたが、あの時、企業と労働組合のあいだで一種の密約が成立したのではないか……私はそう考えています。企業は正社員の雇用を守り抜く代わりに、労働組合は今後賃上げ要求をおこなわない。労使の結託《けったく》が成立したのです。以降、春闘やベアのニュースはすっかり聞かなくなりました。連合は二〇〇〇年代初頭から、毎年春の労使交渉において、ベアの統一要求を見送るようになりました」

「密約」の有無は検証のしようがありませんが、その後に起きた一連の出来事は「密約」の存在を裏付けているようにも見えます。第一は、2002年3月の「トヨタ・ショック」です。この年の春闘でトヨタ自動車がベアゼロの回答をしたのです。トヨタの収益は決して悪くなく、ベアゼロに追い込まれるような状況ではありませんでした。しかしトヨタは、この先、国際競争で生き残ることを考えると、これまでのようなベアを続ける余裕はないと組合に宣告したのです。その宣告は他企業にも波及し、多くの企業がベアゼロへと舵を切りました。

第二は、経団連による春闘終焉の宣言です（2002年12月）。もはや賃上げは困難で、ベアなど論外との認識のもと、毎年恒例の行事だった春闘は打ち止めと公式文書で宣言したのです。そして、これに呼応するかのように、連合は2003年の春闘でベアの統一要求を出すことを断念します。ベア断念は翌年もその翌年も続きました。

図2－14に戻ると、日本の賃金は2001年に5位、2002年に8位、2003年に11位と、ズルズルと順位を落としています。トヨタ・ショックを転換点として、ベア停止の企業が増えたことの帰結と読むことができます。

正常化の原動力は「安いニッポン」

賃金据え置きの始まりの原因が「高いニッポン」であったとすると、現在進行している賃金据え置きの解消をドライブしている力は何なのでしょうか。私は「安いニッポン」がそれだと考えています。「高いニッポン」が据え置きをもたらし、「安いニッポン」がその終わりをもたらしたというのは奇抜に聞こえるかもしれません。私がそう考えるようになった経緯を順を追って説明します。

慢性デフレによって日本の物価と賃金は、1990年代後半以降ずっと据え置きで、グラフにすると水平線というのはすでにご覧いただいたとおりです。しかし、日本が水平線で1ミリも前に進まないあいだに、海外の物価と賃金は当然右肩上がりでしっかり上がっていきました。その結果、賃金と物価の内外格差が毎年少しずつ、けれども着実に開いていきました。当初は差が小さかったので世間の注目を集めることはありませんでした。しかし、彼我の差は人知れず、着実に蓄積されていきました。そして、その差がある閾値を超えたところで多くの人がそれを認識するということが起きました。

私自身が彼我の差を初めて認識したのは日本経済新聞記者の中藤玲さんの取材を受けたときです。最初は私が彼女にレクチャーするというような取材だったのですが、回を重ねるうちに、彼女の関心が内外格差に移っていったように記憶しています。それを最初に聞いたときは正直言ってピンときませんでした。しかし彼女が熱っぽく語るのを聞いているうちに、これはもしかしたら大事な問題なのかもと思い始めました。

中藤さんは取材結果をまとめて2021年3月に『安いニッポン』というタイトルの本を出版します。物価と賃金の内外格差という堅苦しく無味乾燥なタイトルだったら、この本がこれほど評判になることはなかっただろうと思います。内外格差があるという事実を超えて、日本はこんなに安くて大丈夫なのかという、中藤さんの危機感が多くの人を惹きつけたのだと思います。

この本の出版と前後して、日本が中国や台湾から海産物を輸入する際に値段が安いので買い負けてしまうといったことがSNSなどで注目されました。また、現地の食事代、宿泊代が高すぎて海外旅行に行けないといったことも話題になりました。

内外格差は物価だけでなく賃金でも重要です。先ほど図2－14で見たように、日本の賃金は2000年代初頭まで世界トップレベルでした。しかしその後、ズルズルと順位を下げ2014年には20位まで落ち、その後も低い順位が続きます。ここまで下がると世界トップレベルでないのはもちろん、真ん中よりやや下です。日本は20年間かけて「高いニッポン」から「安いニッポン」へと転落したのです。

若者の海外出稼ぎは静かなストライキ

賃金の内外格差で私の認識を変えるきっかけになったのは、若者たちの出稼ぎをテーマにしたNHKの「クローズアップ現代」の企画に参加したときです。その番組ではオーストラリアに出稼ぎにいく若い人たちを追っていました。

現地の介護施設で働く若い女性は日本でも介護の仕事をしていましたが、大学院でもっと学びたい、その学費を稼ぎたいということで、賃金の高いオーストラリアに向かったそうです。この女性は言ってみれば前向きの出稼ぎで、働く場を求めて海外に出る姿に勇気づけられます。しかし出稼ぎがすべてそうというわけではありません。日本で教師や医療従事者をやっていた若者が現地の農園で単純労働に従事するといったケースもあります。もちろん農園で働くことが悪いわけでは決してありませんが、それが彼らの本意だったのか、賃金の高さだけに引かれてその仕事を選んだのではないかなどと思いを巡らすと、冷静ではいられませんでした。

番組の中で私は、「海外出稼ぎは若者の静かなストライキではないか」と問題提起しました。賃金が低ければ普通はストをして賃上げを要求します。海外では今も当たり前のようにストがあるし、日本もかつてはそうでした。しかし今、日本でストを見かけることはめったにありません。安い賃金に不満をもつ若者もストまで踏み込むことはできない。その代わりに低賃金の職場をひっそり去って海外に向かう。これが若者の選択です。彼らの不満が低賃金の職場にどれだけ伝わったかは不明ですが、それでも彼らなりの静かな「ストライキ」であったことは間違いないと私は感じました。

それと同時に、彼らをここまで追い込んでしまった日本社会、とくに賃金が長いあいだ1ミリも動かない日本社会を創ってしまった私を含む大人の世代は、相当に罪作りなことをしたのではないかと深く反省しました（なお、番組の内容は２０２４年3月に『ルポ海外出稼ぎ「安いニッポン」から「稼げる国」を目指す若者たち』として出版されています）。

Column
GAFA予備校と揶揄される日本企業

「安いニッポン」は若者だけの問題ではありません。日本を代表する大企業でも大きな問題になっていて、経営者を悩ませています。それは若くて優秀な技術者の海外流出です。NTTやキヤノンといった日本を代表する企業で若手技術者の引き抜きが起きているのです。その根っこにあるのは賃金格差です。

日本経済新聞によれば、NTTの場合、基礎を学んだ若手の技術者が「GAFA」(Google、Amazon、Facebook(現Meta)、Apple)に代表される海外IT大手へ次々に転職していくとのことです。いかに優秀でも大学や大学院を出たばかりの新入社員では戦力にならないので、NTTなどの技術系企業では数年間かけて実戦に向けたトレーニングを行います。そうして手塩にかけた技術者のタマゴたちが、トレーニング終了とともにGAFAへと旅立ってしまうのです。これでは「GAFA予備校」と揶揄《やゆ》されても文句は言えません。

じつは優秀な人材の流出は大企業だけでなく大学も同じです。私の周囲でも、文理を問わず若くて超優秀な人材がアメリカなどに向かうということが起きています。海外のほうが研究環境が恵まれていてそこに魅力を感じるというのであれば、本人のためにもそのほうがよいかなと思います。しかし海外への移籍話で必ず出てくるのが給与の違いです。あっちのほうが給与が高いからというのが本人の口から出てくると、強い危機感をもちます。

海外流出とは逆に、海外から日本に来る場合も給与の差が大きな障壁になります。海外の大学で立派な業績を上げ、本人もその知見を活かして日本の学生を育てることに強い関心がある、しかし給与差が3倍も4倍もあり、踏み切れないという事例が非常に多いのです。笑い話みたいですが、本人と交渉して東京への移籍に本人が同意した、しかしその晩、家族にその話をした途端に給与を理由に猛反対され、翌日には本人から断りの連絡が来るというエピソードは数え切れないほどあります。

水が高いところから低いところに流れるように、賃金の高い職場に労働者が向かうのは当然かもしれません。個人のレベルでは確かにそうで、私も授業でそう教えます。しかし、一国全体の賃金がすべて安くなり労働者が我先にと流出するとなると、水の流れと達観している場合ではありません。そこまでいくと社会のどこかに欠陥があるに違いありません。出稼ぎ、予備校、大学の話に共通するのはそうした危うさであり、それが「安いニッポン」という言葉とともに社会に広がったのだと思います。

2023年、2024年の春闘はそういう環境のもとで行われました。春闘は通常、前年の物価が上昇したからその分を賃上げで取り戻すというのを原則とします。しかし最近2回の春闘では、そうした短期的な視点だけでなく、そもそも海外との対比で低くなりすぎてしまった賃金の水準を是正しなければいけないという、長期的な視点が強調されたように思います。

深刻な人手不足が追い風

賃金の正常化を推し進める第二の原動力は人手不足です。2023年、2024年は人手不足だったので労組が強気の姿勢をとることができたということです。ただし、日本の人口減少や労働力不足は今に始まった話ではありません。たとえば、安倍政権下の官製春闘のときも人口減はすでに始まっていました。したがって、単に人口減で労働供給が減ったというだけでは説明になりません。

官製春闘のときの事情を振り返ってみましょう。安倍政権にとっての最大の課題はデフレ脱却だったということはすでに指摘しました。しかし、安倍政権はそれ以外にもさまざまな施策を展開しました。賃金と深く関係するものでいうと、人口減に伴う労働供給の減少を食い止めることを課題に掲げ、いくつかの施策を展開しました。賃金の話をいったん脇に置くと、労働供給の減少自体が大きな問題であることは間違いありません。良質な労働力を潤沢に確保することは経済成長の源泉だからです。ですから、安倍政権が労働供給の減少をなんとかして食い止めようとしたのは十分理解できます。

ターゲットは女性とシニア層でした。彼らに労働市場に参加したいと思わせるために税制を含む制度変更を実施したのです。そして一連の施策は功を奏し、女性とシニアの労働供給は大きく増加しました。

このときの施策の効果は、データにはっきり出ています。図2－15は日本の非労働力人口を示しています。このデータのアメリカ版を先ほど紹介しましたが、アメリカと同じく、日本の非労

図2-15 日本の非労働力人口

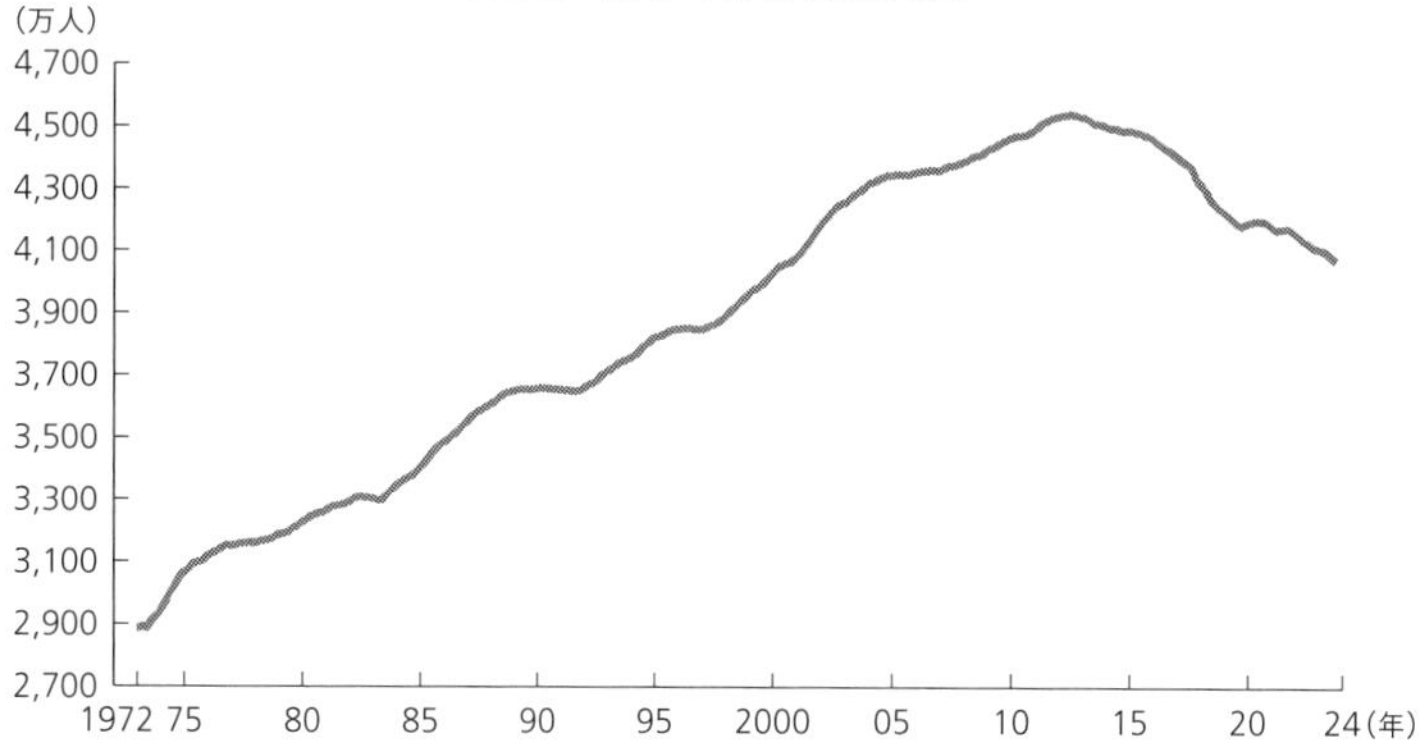

働力人口も右肩上がりの強いトレンドをもっていました。高齢化に伴いリタイアして働いていない人が増え続けた結果です。しかし日本のグラフは、アメリカと違って、２０１３年あたりをピークにがくんと折れ曲がっています。これは、元々非労働力人口というプールに入っていたシニア層と女性が労働市場に向かったことで起きた現象です。

労働供給を増やすという安倍政権の課題はこれで達成されました。しかし、このことは賃上げについて負に作用しました。賃金は労働の供給と需要で決まります。アベノミクスによって労働需要が多少増えたのでこれは賃金を上げる要因でした。一方、女性とシニアによる労働供給の増加は賃金を引き下げる方向に作用しました。そうしたなかで展開された官製春闘では、労組もそれほど強気の賃上げを要求できず、賃上げの妥結額も、すでにご覧いただいたようにアベノミクス前の水準を多少上回る程度にとどまりました。

このように整理すると、安倍政権は、労働供給の増加と賃上げという互いに矛盾する二兎を追ったと映るかもしれません。確かにその面はあります。しかし、春闘で賃上げさえうまくいけば万事オーライというわけではなく、労働供給の不足という根の深い問題にも取り組む必要があったので、ある意味で仕方ないことだったと思います。
その点、今回は賃上げの面だけから見れば、好条件が整っていました。アベノミクス以降、女性とシニアの労働参加率はかなり上昇してきており、これ以上引き上げるのがむずかしいというところまで来ています。そういうなかで迎えた２０２３年と２０２４年の春闘は、労組側に有利なかたちで展開されたと言えます。ただ、こと賃上げに限って言えば良かったとなるのですが、それで労働供給の不足が解消するわけではありません。賃金の内外格差が解消に向けて一歩前進というのは良いニュースですが、労働供給の不足という、古くて新しい問題が再浮上していることを忘れてはいけません。

Column

隣人に教えてもらった「ルイスの転換点」

本書をここまで読み進めていただいた皆様に今さら言うのも何ですが、私の研究分野はマクロ経済学で、この本で扱っている物価や金融政策が主たるテーマです。しかし、この本の中では物価と並んで賃金も論じています。賃金はマクロ経済学の範疇ではあるのですが、同時に労働経済学という別な分野で中心的な話題として議論されているものです。ですから、労働経済学のプロでない私自身が賃金を語るのは勇気のいることで、恐る恐る話しているというのが正直なところです。

ただ、私にとって非常に都合の良いのは、日本を代表する労働経済学者が身近にいることです。ひとりは私の研究室の隣の住人の川口大司教授です。もうひとりは、建物は違いますが歩いて数分のところに研究室がある玄田有史教授です。「こんなふうに考えて大丈夫か」と心配になるとお二人にお伺いを立て、私のレベルに合わせた助言をもらっています。そうやって仕入れた賃金の知識が本書のもとになっています（間違いがあるとすれば、彼らの責任ではなくすべて私の力不足のせいです）。

前置きが長くなってしまいましたが、ここで紹介したいのは「ルイスの転換点」という聞き慣れない言葉です。この言葉は、最近、日銀など金融政策を語る場で話題になっています。この転換点に達すると労働供給が枯渇する、そして賃金上昇が起きる、という説です。

この仮説の提唱者は川口さんです。川口さんは、2017年に書いた論文で、女性やシニアの労働参加が枯渇すれば、日本でも賃金上昇が起きるのではないかと予言していたのです。「ルイスの転換点」は、元々はイギリスの開発経済学者、アーサー・ルイスが経済発展と賃金の関係を調べるなかで唱えた説です。都市の工業化が進んでも、それだけでは賃金は上がらない。なぜなら、周辺の農村から余剰の労働力がどんどん流入するからです。しかし、一定の時間が経つと農村からの流入もさすがに枯渇するので、その時点で一気に賃金上昇が起きます。農村からの供給が尽き、賃金上昇が始まるタイミングが「ルイスの転換点」です。

ルイスの議論では労働力のプールは農村ですが、川口さんたちは女性とシニアがプールと考えました。いずれにせよ、最初はプールから労働力が供給される。しかしいずれ枯渇し、そのときに賃金の調整が起こるというわけです。本文で書いたとおり、川口さんたちの予言は見事的中で、さすがと言うしかありません。

第5節
金融の正常化
――中央銀行と政府はどう変わったのか

物価と賃金の二刀流への変身

30年にわたって異常値だった物価・賃金・金利のうち、物価と賃金がようやく正常化に向けて動き出し、残るは金利の正常化です。日銀は、2024年3月に10年以上続けてきた異次元緩和に終止符を打つことを決め、政策金利をそれまでのマイナス0・1%から0・1%に引き上げました。7月には0・25%へとさらなる引き上げを決めました。0・25%という水準は国際的に見るとありえないくらい低い水準ではありますが、それでも正常化に向けた大事な一歩です。政策金利の引き上げに合わせて預金金利や住宅ローンの金利など皆さんの身近にある金利も上がったので、金利の正常化を肌で感じている方もいらっしゃるかもしれません。

本節では、2022年春以降、消費者、企業、労働者という民間の主要な登場人物が行動変容するなかで、日銀と政府がどう変身したのかを見ていきます。政府と日銀の施策を振り返ると、大きな変身が二つあったと私はみています。第一は、物価と賃金の二刀流への変身です。第二は、総需要管理から総供給管理への移行です。

まず、物価と賃金の二刀流とは何か、詳しく見ていきましょう。スパイラル理論から明らかなように、物価と賃金はどちらも同じくらい大事な変数で、対等です。しかし現実を見ると、多くの国の政府・中央銀行は物価により重きを置く姿勢をとっています。

それが最もよく見えるのは、中央銀行が何を目標として金融政策を運営するかです。日本を含む主要国で採用されているインフレーション・ターゲティングという仕組みは、物価の上昇率について目標値を定め（多くの国で目標値は２％）、実際の物価上昇率がその目標値を上回れば金融引き締めを行い、下回れば金融緩和というように金融政策を運営していくものです。ここに賃金の出る幕はありません。もちろん賃金はどうでもよいと中央銀行が考えているわけではありません。しかし物価と賃金は長い目で見れば連動するものなので、物価上昇率のほうを適切に制御しておけば賃金の上昇率は自然と好ましい水準に落ち着くと考えられているのです。

しかし日本の場合、そういう都合の良い連動は残念ながらうまく働きませんでした。物価と賃金はバラバラなのだなと実感させられたエピソードがあります。２０１５年６月のことでした。当時の黒田日銀総裁が国会に呼ばれ、「これ以上の円安はない」という趣旨の説明を強いられたのです。

異次元緩和の初期には円安と物価上昇が起きました。異次元緩和の目的はデフレ脱却ですからこれは既定路線でした。しかし計算違いが起きてしまいました。物価に連動するはずの賃金が上がってこないのです。官製春闘がうまくいかなかったという話はすでに紹介しましたが、あれが日銀の計算違いだったのです。賃金の上がらないなかで円安が進み、物価が上がることに多くの国民は強く反発し始めました。これを政治家が敏感に感じ取って総裁を国会に呼び出し、責め立てたわけです。そして総裁は、円安を起点にデフレ脱却を図るという当初の方針の大幅な変更を余儀なくされました。物価重視の（賃金軽視の）日銀に国民がＮＯを突きつけた瞬間で、異次元緩和の躓《つまず》きはこのとき始まったように思います。

その失敗があったからかどうか定かではありませんが、黒田総裁の後を継いだ植田総裁は、就任直後の２０２３年４月に、賃金重視の姿勢を打ち出しました。日銀の政策文書にあった「２％の物価目標の実現を目指す」という文言を、「賃金の上昇を伴うかたちで２％の物価目標の実現を目指す」と書き換えたのです。この変更は物価と賃金の二刀流への転身を意味します。

その昔、日銀をはじめとする中央銀行は「行動すれども弁明せず」を旨としており、自分が将来どういう政策を打つのかなど決して口にしませんでした。しかし今は、市場で取引する投資家や金融機関に自分の真意をあらかじめ伝えることによって、政策の効果を高めることができると考えられています。これが「フォワード・ガイダンス」です（フォワードは「先々」、ガイダンスは「世に伝える」という意味）。

植田総裁の決定は、超金融緩和の先行きについて、「物価が上昇に向かうまで続ける（賃金がどうなっていようが関係ない）」というフォワード・ガイダンスから、「物価と賃金の両方が上昇に向かうまで緩和を続ける」というフォワード・ガイダンスへの変更です。画期的な決定だったと私は思います。

最低賃金を使ったフォワード・ガイダンス

ただし、日銀の賃金重視には限界があります。日銀が行うのは金融政策で、簡単に言えば政策金利の上げ下げです。金利を下げれば景気が良くなり、そうなればもっと人を雇おうと考える企業が増え、その結果、賃金が上がります。このように日銀が金融政策を通じて賃金に影響を及ぼすことはできないわけではありません。しかし賃金は、春闘に象徴されるように労使がさまざまな思惑のもとで交渉を重ね決まるもので、その交渉プロセスに手を突っ込むことは日銀といえどもできません。その意味で日銀が賃金重視と言っても残念ながら迫力は今ひとつです。

先人たちの知恵はたいしたもので、日銀には交渉プロセスに介入する権限は与えられていませんが、政府には付与されているのです。もちろん政府も、個々の企業、個々の労働者の賃金を直接決めることはできません。しかし政府は、最低賃金を決めることができます。このツールを使えば、日銀の賃金重視とあわせて政府も賃金重視を打ち出すことができ、賃金の正常化を後押しできます。

日本では毎年夏に政府の審議会で最低賃金を決めます（正確には最低賃金の「目安」を決める）。その議論には労使など利害関係者が参画し、経済学者も加わります。しかし、その経済学者は私のようなマクロ経済学者ではなく、ミクロ経済学の一分野である労働経済学の専門家です。最低賃金制度は一人ひとりの労働者とその家族の生活を保障するためのものですから、マクロではなくミクロの、その中でも労働市場に詳しい労働経済学の専門家が参加するのは当然です。

しかし私は、最低賃金の決定にマクロの視点を持ち込むということがあってもよいのではないかと考えています。じつは、こう考えているのは私だけではありません。内外のマクロ経済学の研究者には同様の考えをもつ人たちが少なくありません。

最低賃金にマクロの視点を持ち込むというのは、具体的に次のようなことを指します。たとえば、政府がある年の最低賃金を1000円と決定したとします。政府がその決定をすると同時に、来年は1050円、その次の年は1100円、その次は1150円と、将来にわたって最低賃金を引き上げる旨、首相がアナウンスするとします。そうすることで、将来の最低賃金のパス、そしてそれによって影響を受ける実際の賃金（とくに最低賃金の周辺で働いている労働者の賃金）のパスが誰の目にもはっきり見えるようになります。そうすれば、次年以降の春闘において労使の目線が揃い、着実な賃上げの実現性が高まると考えられます。インフレ・ターゲティングは物価について将来のパスをアナウンスする施策ですが、最低賃金制度をうまく使うことで賃金についても同様のアナウンスが可能になるのです。

2023年4月に開催された経済財政諮問会議の特別セッションにおいて、私はこの趣旨の提言をしました。その会議では新浪剛史議員（サントリー社長）からも同趣旨の発言があり、経営者の視点で考えても同じ結論に至るのかと心強く思いました。この会議での議論が政策決定にどう影響したのかは不明ですが、岸田首相は、2023年の最低賃金を1004円にすると述べるとともに、「2030年代の半ばまでに1500円に引き上げる」という方針を2023年8月に示しました。日銀と政府が足並みを揃えて、物価と賃金の二刀流への変身を鮮明にした画期的な瞬間だったと思います。

Column
最低賃金制度を利用したマクロ経済政策

マクロ経済学の最近の理論研究では、最低賃金制度を利用してマクロ経済の安定を図るという視点が注目されています。こうした理論研究で主として念頭にあるのは日本経済ですが、それ以外の国でも使える汎用性のあるアイディアと考えられています。

なんらかの理由で「将来、デフレが続く」という予想を人びとが強くもっているとします。この予想を放置しておくと自己実現的にデフレが起きてしまいます。それを回避するために、本来であれば、中央銀行が金融緩和を行ってデフレを強制的に止めてしまう、それによってデフレ予想を払拭したいところです。しかし、金利がすでに下限のゼロ%に近く、さらなる金融緩和ができないという状況がありえます。そのときにどうやってデフレ予想を払拭できるか。これが、これらの研究の問題意識です。

ここで最低賃金制度が登場します。仮にデフレが先々進むとすれば、物価だけでなく名目賃金も下がることになるはずです。つまり、デフレ予想はつねに賃金下落の予想を伴います。デフレ予想を潰すことができない状況であっても、賃金下落の予想を潰すことは最低賃金制度を使えば可能です。たとえば、経済財政諮問会議での私の提案のように、最低賃金を毎年決められた率で引き上げていくことに政府がコミットすることが考えられます。そのコミットメントのもとでは最低賃金だけでなくその周辺の賃金も同じ率で上昇していきます。これは明らかに賃金下落の予想と矛盾します。すると人びとは、賃金が下落するだろうという予想はそもそも間違っているのではないかと考え始めます。そして、賃金下落がないとすればデフレも起きないのではないかと、デフレ予想についても疑念を抱くようになります。このようにして人びとのデフレ予想を潰すことができるのです。

このデフレ予想潰しのテクニックの肝は、人びとが思い描く賃金の将来にわたるパスと政府のアナウンスする賃金のパスのあいだに矛盾を生じさせるところです。賃金のパスに対する政府のコミットメントが十分強ければ、両者が矛盾しているという認識が生まれ、デフレ予想潰しは成功します。しかし政府のコミットメントが脆弱《ぜいじゃく》だと、人びとは矛盾を認識せず、デフレ予想が生き残ってしまいます。

総需要の管理から総供給の管理への移行

政府・日銀が行ったもうひとつの大きな方向転換は、総需要の管理から総供給の管理への移行です。経済全体の需要は個別の商品に対する需要と区別する意味で「総」需要と呼ばれています。総需要が足りなくて景気が悪い、総需要が強すぎて物価高といったときに、金融政策や財政政策を使って総需要を適切な水準まで戻すことを行います。これが総需要管理です。

アベノミクス、あるいはそれ以前の政策もそうだったのですが、政府・日銀の基本的な発想は、日本の問題の根源は総需要不足で、金融政策や財政政策による総需要の創出が必要というものです。たとえば、異次元緩和はこの発想が色濃かったと思います。

しかし、スパイラル理論を思い出してもらえば明らかなように、慢性デフレの原因は総需要の不足ではないし、総需要を刺激したとしても慢性デフレが解消することはありません。原因は、商品の値段を決める企業と、労働サービスの値段である賃金を決める労働組合の予想が歪んでいることであり、そのため企業と労組の「プライシング」に狂いが生じているのです。したがって、有効な処方箋はこの狂いを修正することです。

総需要と総供給というのはわかったようでわからない概念で、経済学を学び始めたばかりの学生たちに説明するときはひと苦労です。そんなときは、総需要はモノやサービスの「買い手」の意思決定を反映して決まるもの、総供給は「売り手」の意思決定を反映して決まるもの、と伝えます。

「買い手」というのは消費者や企業（機械設備を購入するなど）や政府（公共事業の資材を購入するなど）なので、いろいろな事情に応じて彼らの行動が変わる様を想像するのは容易でしょう。これに対して「売り手」の意思決定というのはもう少し複雑です。すぐ思い浮かぶのは、どれだけ生産するのか、どれだけ人を雇うのか、工場の機械を何台もつかといった意思決定です。もちろん、これらはどれも大事な意思決定ですが、もうひとつ大事な決定は価格です。満を持して市場に投入しようとする商品の価格をいくらにするか、消費者の財布のひもが固くなったとき価格をどこまで下げるか、そういった意思決定です。ある商品の価格をどこかの水準に定めればその商品の売れ行きが決まり、それに応じて生産量も雇用者数もおのずと決まります。そう考えると、価格の決定は売り手が行う決定の中でも群を抜いて大事なものです。

売り手とは主として企業ですが、労働サービスをひとつの「商品」とみなすとすれば、労働者は労働サービスの売り手となります（労働サービスの買い手は雇用主である企業）。また、価格とは商品の価格と労働サービスの価格である賃金です。売り手が行う価格に関する意思決定とは「プライシング」にほかなりません。つまり、企業と労組のプライシングに狂いが生じているというのは、言い方を換えると、総供給に問題があるということです。修復すべきは総需要ではなく総供給なのです。

政府・日銀はそのことに気づき、施策の力点を総需要から総供給に移してきており、これが物価と賃金の正常化、ひいては金利の正常化に良い影響を及ぼしてきたと私はみています。

政府・日銀がもっている総供給管理のツール

日銀の施策で言えば、価格を据え置いている企業がどの程度いるのかをさまざまな手法を駆使して調べるということにかなりの力を注いでいます。総需要管理の発想であれば据え置いているかどうかに格別な意味はありませんが、総供給の視点では据え置きの度合いを知ることは非常に重要です。春闘での賃上げも同じです。日銀は伝統的に春闘の結果に注目してきましたが、それは賃上げが消費者の懐具合に影響し、消費需要を左右するからでした。春闘自体が適切に行われているか、つまり、労組のプライシングは日銀の主たる関心ではありませんでした。しかしいまや、日銀は春闘自体に強い関心を寄せるようになっています。

日銀のこのような変化はとても大事だし、望ましいと思っています。しかし総供給に歪みがあるとわかったとしても、中央銀行にできることはきわめて限られています。日銀が企業に対して価格据え置きをやめろと言うのは簡単ですが、企業をその方向に誘導するための具体的なツールを日銀はもっていないからです。賃金についても同じで、春闘に強い関心をもっていても、連合や経団連の行動を変化させるためのツールは日銀にはありません。総需要管理は得手だが、総供給管理は苦手——日銀に限らずどの中央銀行もそうだと思います。

これに対して、政府は総供給管理のツールをある程度もっています。先ほど説明した最低賃金制度はそのひとつです。賃金に下限を設けることにより労組のプライシングに直接的な影響を与えることが可能です。賃金についてはは官製春闘もツールのひとつです。安倍政権下での官製春闘は今ひとつでしたが、潜在的には有効性があると思います。さらに言えば、政府は公的部門の賃金の決定に大きな影響力をもっています。これを使うべきかどうか、どう使うかは議論の分かれるところでしょうが、政府のツールボックスに入っているのは間違いありません。

政府は商品の価格についても総供給管理のツールをもっています。公的部門については賃金のみならず価格の決定にも大きな影響力をもっているのです。たとえば、ＪＲの運賃の決定には国土交通省が深く関与しています。実際、狂乱物価の際には、当時の国鉄の運賃値上げに政府が介入し、それによってインフレの鎮静化を促したという例があります。もちろん公的部門に対する影響力を行使することについては意見が分かれるので賃金と同じく議論が必要です。しかし、ツールボックスに入れたまま封印というのは賢い選択ではないと思います。

政府が手にもっているツールで最も有望と私がみているのは独占禁止法です。独禁法は市場支配力が過度に強い企業から消費者を守るための法律です。一見したところ総供給管理とは縁もゆかりもなさそうです。しかし独禁法は、無闇に高い価格をつける企業を罰するのですから、政府が企業のプライシングに介入する根拠を与える法律とみることができます。たとえば、1930年代の大恐慌期のアメリカでは、激しいデフレを止めるために価格に関する企業の共謀を容認する、つまり、独禁法の適用を緩和するといった措置がとられました。

Column

下請け企業の価格転嫁促進策

現在、日本で行われている政府による総供給管理策で私が最も注目しているのは、下請け企業の価格転嫁に関する取り組みです。輸入物価上昇を契機とした日本版スパイラルから健全な循環への移行を実現するには、企業による価格転嫁が必須です。すでに見てきたように、企業の顧客が消費者の場合は需要曲線の屈折が是正されることが必要です。しかし、企業の顧客は消費者とは限りません。企業が別の企業に販売するということもあります。そうした企業間取引の中でも重要なのは中小企業が大企業の下請けになっているケースです。なぜこれが重要かというと、下請け企業が価格転嫁しようとするとき、親企業との力関係でそれを封じられてしまう事例が少なくないからです。

日本にはたくさんの下請け企業があり、そこで働く多くの労働者がいます。下請け企業で価格転嫁ができないとなると、そこで働く労働者の賃上げもむずかしくなります。賃上げ分を自らの収益で吸収するのは無理だからです。じつはそうした事例がたくさんあり、それが健全な循環への移行の妨げとなっています。下請け企業の価格転嫁の問題を突破できるかどうかが慢性デフレからの脱却の可否を決めると言っても過言ではありません。

そこで重要になってくるのが政府の役割です。じつは政府は、2016年度から下請け企業のプライシングの適性化に取り組んできており、2022年度以降、いっそう強化しています。具体的には、公正取引委員会は、親企業が正当な理由なく価格の据え置きを強要することは独禁法上の「優越的地位の濫用」にあたる可能性があると警告しています。逆に言えば、残念なことではありますが、こうした強要がまかりとおっており、下請け企業が苦しめられている現状があるということです。

ただし、企業間の取引価格は当事者しかわからないというのが一般的です。外から見えないため不適切な取引を政府が注意するのもむずかしいという状況があります。公取委はこれを打開すべく個別調査を実施し、価格据え置きの実態を可視化すると同時に、不適切な事例については親企業の名前を公表することを行っています。

公取委は最近「下請法」改正の準備も開始しました。この作業には私自身も関与しているのですが、独禁法を専門とする法律や経済の専門家の中で私のようなマクロ経済学者は明らかに場違いです。しかし、自分がなぜそこに座っているのかと考えると、価格据え置きという本来は超ミクロの現象がマクロにまで広がってしまったという現実に改めて気づかされま

第 5 節
金融の正常化——中央銀行と政府はどう変わったのか

す。「ミクロの価格は公取委、マクロの物価は日銀」という昔ながらの役割分担が通じないところまで来てしまっているということです。

こうした公取委の取り組みは他国でも例がなく、有効性が保証されているわけではありません。しかし、こうした地道な取り組みが行われることで、「下請け企業には価格据え置きを押し付けても構わない」という、慢性デフレ期の当たり前が崩れていく可能性は十分あると私はみています。

金利の「正常化」は緒についたばかり

さて、政府・日銀の正常化の話の締め括りとして、金融政策の正常化について現状と先行きを整理しておきましょう。金融政策の正常化には二つの側面があります。第一は金利の正常化です。第二はマネーの量の正常化、つまり、異次元緩和で大幅に増えたマネーの量を減らすという意味での正常化です。

最初は金利の正常化です。日銀は異次元緩和の少し前から、金融政策の手法を変化させました。それまで使っていた伝統的な手法ではなく、前例のない手法を次々と採り入れたのです。これらの前例のない手法は「非」伝統的金融政策と呼ばれています。非伝統の手法のひとつが「マイナス金利」です。おカネを借りた人が貸した人に利子を払うというのが常識的な取引です。マイナス金利というのはその逆で、貸した人が借りた人に利子を払うということです。このことだ

図2-16　日銀の政策金利

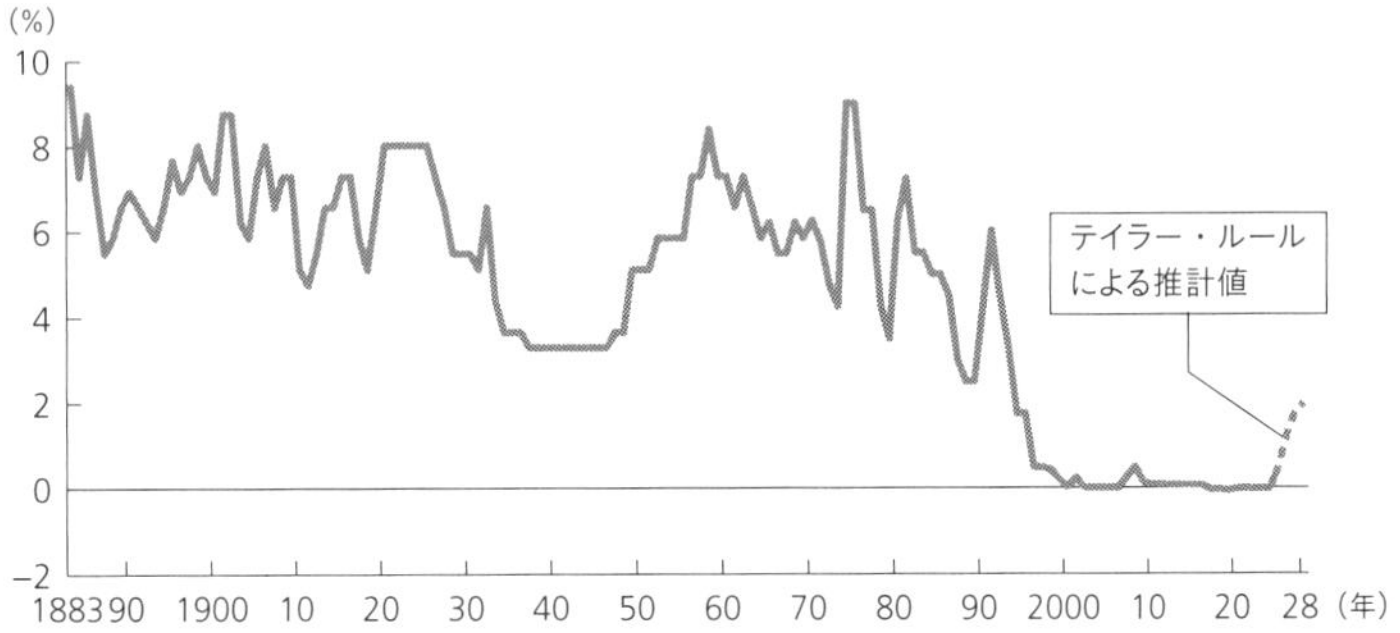

けをもってしても、十分に非伝統だなと感じられるかと思います。とは言っても、こういう取引が私たちの身近で発生したわけではなく、あくまで金融機関と日銀、あるいは金融機関同士の取引での話です。

日銀は金利の正常化の第一弾として、マイナス金利を含む非伝統の手法を終了させました。２０２４年３月のことです。それまでマイナス０・１％だった政策金利はそのときに０・１％まで引き上げられました。そして７月にはさらに０・25％へと引き上げられました。植田総裁は今後も政策金利の引き上げを段階的に続けるとコメントしています。

政策金利の正常化はどこまで進んだのか、データで確かめてみましょう。図２－16は日銀の政策金利を過去に遡ってグラフにしたものです。日銀の設立は１８８２年です。世界でも古株の中央銀行のひとつです。たとえば、アメリカの中央銀行である連邦準備制度（Ｆｅｄ）は１９１３年の設立です。ヨーロッパの中央銀行であるＥＣＢに至っては設立が１９９８年なので、つい最近できたばかりです。

図は、日銀の設立以来140年の歴史の中で政策金利がどう推移してきたかを示しています。第二次世界大戦中はその前後の時期と比べ金利が低くなっています。これは戦費調達のため政府や軍から低金利での融資を迫られたためです。しかしこの図で強調したいのはそこではなく、設立から120年間、政策金利がずっと正の水準だったということです。これが日銀の「伝統」でした。

しかしこの伝統はあっさり崩れてしまいます。政策金利は1990年代に入ると急速に下がり、1999年にはゼロに到達します。このタイミングで日銀が「ゼロ金利政策」を始めたからです。バブル崩壊後、景気が停滞し、物価上昇率も下がる。そうしたなかで日銀は利下げで総需要を喚起しようとしました。しかし、利下げをしても事態はあまり改善せず、再び利下げに追い込まれる。こうしたことを繰り返しているうちに金利がゼロになってしまったのです。

1999年以降の政策金利を見ると、ちょっとした凸凹はありますが、基本的にはゼロにべったりと張り付いているのがわかります。これが世界の中で政策金利が異常値的に低かった時期です（第1章を参照）。2024年3月と7月には政策金利が引き上げられているのでゼロから離れているはずですが、上がったと言っても、なにぶん0・25％なので、グラフにすると、肉眼では確認できない程度です。つまり、金利の正常化が始まったのは事実ですが、緒についたばかりで先はまだまだ長いということです。

ジョン・テイラーの金字塔

では、金利の正常化がこのまま進んでいくと、政策金利はどこまで上がっていくのでしょうか。私は大学の研究者にすぎないので、将来を占うのは不得手です。しかし、政策金利については、こうなるのではないかという予測をかなりの確度でお話しできるように思います。

各国の政策金利はその国の中央銀行が決めるものです。当然のことですが、中央銀行はその国の経済状況を丹念に点検したうえで、金利を上げたり下げたりします。だから、経済状況と政策金利には一定の規則性があるはずだ。こう考えた研究者がいます。米スタンフォード大学のジョン・テイラーです。彼はアメリカのＦｅｄを材料に、経済状況と政策金利の過去のデータを調べた結果、二つを結ぶ関係式を探し当てたのです。１９９３年のことです。この関係式は「テイラー・ルール」と呼ばれています。

テイラーは次のように考えました。第一に、中央銀行の政策金利は、経済が落ち着くべき地点（定常状態）に落ち着いているときには、自然利子率と中央銀行が目標とするインフレ率（たとえば２％）の和になるはずです。ここで「自然」は経済が最終的に落ち着くべき地点を意味し、そこでの実質の利子率が自然利子率です。

しかし、経済はつねに落ち着くべき地点に落ち着いているわけではありません。それどころかほとんどいつもその地点から離れており、中央銀行はその離れ度合いに応じて政策金利を微調整しています。そう考えると、その地点からどれくらい離れているかを計測することが重要になります。ここがテイラー・ルールの第二の構成要素で、肝とも言える部分です。テイラーは、①足元のインフレ率が中央銀行の目標とするインフレ率からどれだけ乖離しているか、②足元の産出量（たとえば実質ＧＤＰ）が潜在的な産出量からどれだけ乖離しているか――この二つの乖離が決定的に大事で、中央銀行はこの二つの乖離に応じて政策金利を調整していると考えました。

この二つがテイラー・ルールの核です。データを用いて検証すると、アメリカの政策金利の過去の動きをうまく説明できることが確認されました。Ｆｅｄの思考パターンを単純な公式で表現することに成功したということです。テイラーの論文が公表されて以降、アメリカ以外の国にも公式があてはまるか検証が行われました。日本を含めほぼ同じ公式で過去の政策金利の動きを追えることが確認されています。

図２－16の破線の部分はこの公式を用いて日本の政策金利を予測した結果を示しています。ここでは大事な前提として、物価上昇率は日銀の目標である２％に収斂していく、賃金もそれに合わせて安定的に上昇するとしています。つまり、物価と賃金の正常化が今後順調に進むという前提のもとで政策金利がどうなるかを計算しています。政策金利が上がるというと、それに合わせて住宅ローンの金利も上がるので大変だと心配する方が少なくないと思います。しかし、ここで考えているのは、給与も安定的に上昇するなかで政策金利が上がる（それに伴って住宅ローン金利も上がる）というシナリオです。給与が上昇するなかで住宅ローン金利も無理のない範囲で上がると理解していただくのがよいと思います。

さて、肝心の予測ですが、図の破線が示すように今後かなり急速に政策金利が引き上げられ、２０２７年の年末には２％を超えるところまで到達します。繰り返しますが、これは物価と賃金の正常化がこの先も順調に進むと前提した場合の予測です。物価と賃金の正常化がなんらかの理由で頓挫すれば政策金利も低位にとどまるでしょう。

先々のことなのでいろいろと留保がつきますが、私自身は物価と賃金の正常化に向けた動きが今後も続くと考えていますし、そうあってほしいと願っています。日本経済がそこまでたどり着いた証しとして政策金利が2%を超え、金利の正常化が実現するのではないかと考えています。

Column

日銀の機会主義

今回のインフレ局面で日銀が最初の利上げを行ったのは2024年3月のことでした。利上げの直接のきっかけになったのは春闘での賃上げが予想を上回る高い伸びになったことで、その点は日銀自身も認めているところです。興味深いのは両者のタイミングです。連合が最初の集計結果を公表したのが3月15日、日銀が利上げを決めたのはその4日後です。

2024年の春闘については、前年の賃上げが高かったのでむずかしいというのが大方の見方でした。その意味では劣勢を挽回してようやくたどり着いた賃上げでした。しかし日銀は、それに水を差すかのように間髪入れずの利上げに踏み切りました。利上げとなればいかに小幅でも住宅ローン金利に影響します。苦労して勝ち取った賃上げの一部が利上げで帳消しになったという不満が労組から聞こえてきましたが、それも納得できます。

労組の欲張りで賃上げが行きすぎ、懲らしめなければいけない。そう考えた中央銀行が鉄槌を下すかのように利上げをする。これであれば労組も表立っては文句を言えないでしょう。

しかし実際はそうではありません。日銀は賃金の上昇率が低すぎると考えていました。そう考えるのであれば、本来は金利を下げるなどして賃金の押し上げを図るべきです。しかし日銀はそうしませんでした。植田総裁に代わってからはとくにその傾向が強かったように思います。

では、日銀はその代わりに何をしたのでしょうか。じつは日銀は何もしなかったのです。正確に言うと、拙速な利上げで賃金と物価の上昇の芽を摘むことは意図的に避けてきました。しかし賃金と物価を押し上げる緩和へと向かうことはありませんでした。

その理由はある程度、察しがつきます。10年間にわたった異次元緩和は効果が限定的で副作用も大きかった。世間の風当たりもきつい。そもそも金融緩和をしようにも有効な手段がない。そうした状況のもとで日銀は「何もしない」を選択したのです。

では、日銀の戦略は何だったのでしょうか。何もせず、ひたすら僥倖（偶然に得る幸せ）の訪れを待つ——これです。そして待ちに待った僥倖がついにやってきました。日銀としてはこれで望ましい賃金と物価の流れが一歩前進したと判断した。だからもう待つ必要はないと利上げに向かった——。「お相伴にあずかる」という言葉がありますが、まさにそうだったように思います。

僥倖を待つ戦略はこれまでのところ成功したように見えます。しかし、そもそも僥倖を待つ戦略とはどう理解すればよいのでしょうか。アメリカの事例が参考になります。１９８９

年12月のことです。連邦公開市場委員会（FOMC）の議題は、当時進んでいた高インフレ（消費者物価上昇率で約5％）の克服のために利上げをすべきか否かでした。

参加者のひとりが発言しました。何もせず待てばよい、と。どういうことでしょうか。利上げをすれば失業が増える。インフレの鎮静化は必要だがそのコストを誰も払いたくない。だったら何もせずに待てばよい。待っているうちに不況が来る。そうすればいやでもインフレ率は下がる。もしその不況で十分に下がらないとしてももう少し待てば次の不況が来る。そうこうしているうちにインフレ率は所望の水準まで下がるだろう。この方法であれば利上げで余分なコスト（失業）を払うことなくディスインフレ（インフレ率の引き下げ）を実現できる、と主張したのです。

この考え方はディスインフレの機会主義的（opportunistic）アプローチと呼ばれ、注目を集めました。賢い方法のように見えます。しかし、反対論者は次のように主張しました。

Fed議長が5％は高すぎる、本音は2％までもっていきたい、しかし失業のコストを払うのは嫌なので機会主義的に行動すると決めた、ということだとしよう。これに対して、仮に議長が本音では5％のインフレでちょうど良いと考えていたとしよう。その場合の議長の行動は何もしないだ。この例では、どちらの議長も「何もしない」という点で同じだ。ということは、市場は、何もしないというFedの行動から議長の本音を知る術がないということだ。したがって、仮に議長が前者だったとしても後者と疑われてしまうリスクが生まれる。つまり、Fedへの信認が揺らいでしまう。

話を日銀に戻しましょう。賃金と物価が上がることを祈りつつ積極的な緩和には向かわない、何もしないでひたすら僥倖を待つことを選択してきた日銀は機会主義だったとみることができます。そうだとすると日銀への信認が損なわれることはなかったのでしょうか。

じっと待つだけで何もしない。そして春闘での賃上げという僥倖が訪れると即座にそれに便乗して利上げをする。この「行動」だけを観察していた異星人（日本語も英語も理解できない生物）がいたとして、「日銀は賃金と物価を上げたがっている」と推理することは決してありません。むしろ賃金と物価の上昇を嫌がり、それを阻止しようとしていると推測することでしょう。異星人は東京やニューヨークのマーケットにも紛れ込んでいるようで、日銀への信認は損なわれているように見えます。

中央銀行の行動と言葉は、通常、同じ方向を向きます。それによって言葉の重みが増すからです。これに対して今の日銀は、やっていることと言っていることが違うという意味で、非常に特殊な状況にあります。

機会主義が不可避という状況が今後も続くのであれば、行動と言葉のギャップを埋めるコミュニケーションの新たな工夫が必要となるように思います。

おカネの量の正常化のゴールはどこなのか

個人的な話で恐縮ですが、私は大学に移る前に日銀の職員でした。新米日銀マンだったころ、先輩たちから繰り返し聞かされた言葉があります。それは「金利と量はコインの裏表」です。どういう意味かというと、インフレが高すぎるときには中央銀行は金利を上げます。そのときマネーの量はどうなっているかというと、減っています。なぜかというと、金利が高くなっているので人びとは金利のつく資産（たとえば預金や社債、国債など）を多くもとうとし、金利のつかないマネーの保有を抑えようとするからです。金利が高ければマネーの量は減る。逆に金利が低ければマネーの量は増える。金利とマネーの量はコインの裏表のように密接に関係している。この原理が、先輩たちが新米の私に伝えようとしたことです。

金利と量がコインの裏表だとすれば、金利の正常化は即、マネーの量の正常化を意味するはずです。しかし、実際はそうなっていません。金利の正常化とマネーの量の正常化は別々に行われているのです。もう少し正確に言うと、金利の正常化のほうは、まだ緒についたばかりとはいえ着実に進んでいます。それに対して、マネーの量の正常化のほうは遅々として進んでいないのです。しかも、今進んでいないだけでなく、どこを目指して正常化すればよいのかさえ見えていないのです。

先輩たちの名誉のために言っておくと、コインの裏表の原理が崩れたのは彼らが間違っていたからではありません。新米の私にその考え方を刷り込もうとしたくらいですから、当時としては、金融政策に関する一丁目一番地の知識だったのでしょう。しかし、時代が変われば職場の常識も変わります。金融政策に重大な技術進歩があったのでコインの裏表の原理が崩壊してしまったのです。ただ、これを説明し出すと話が長くなってしまうので、金融政策の技術進歩についてはい

図2-17　日銀の当座預金残高、国債保有高

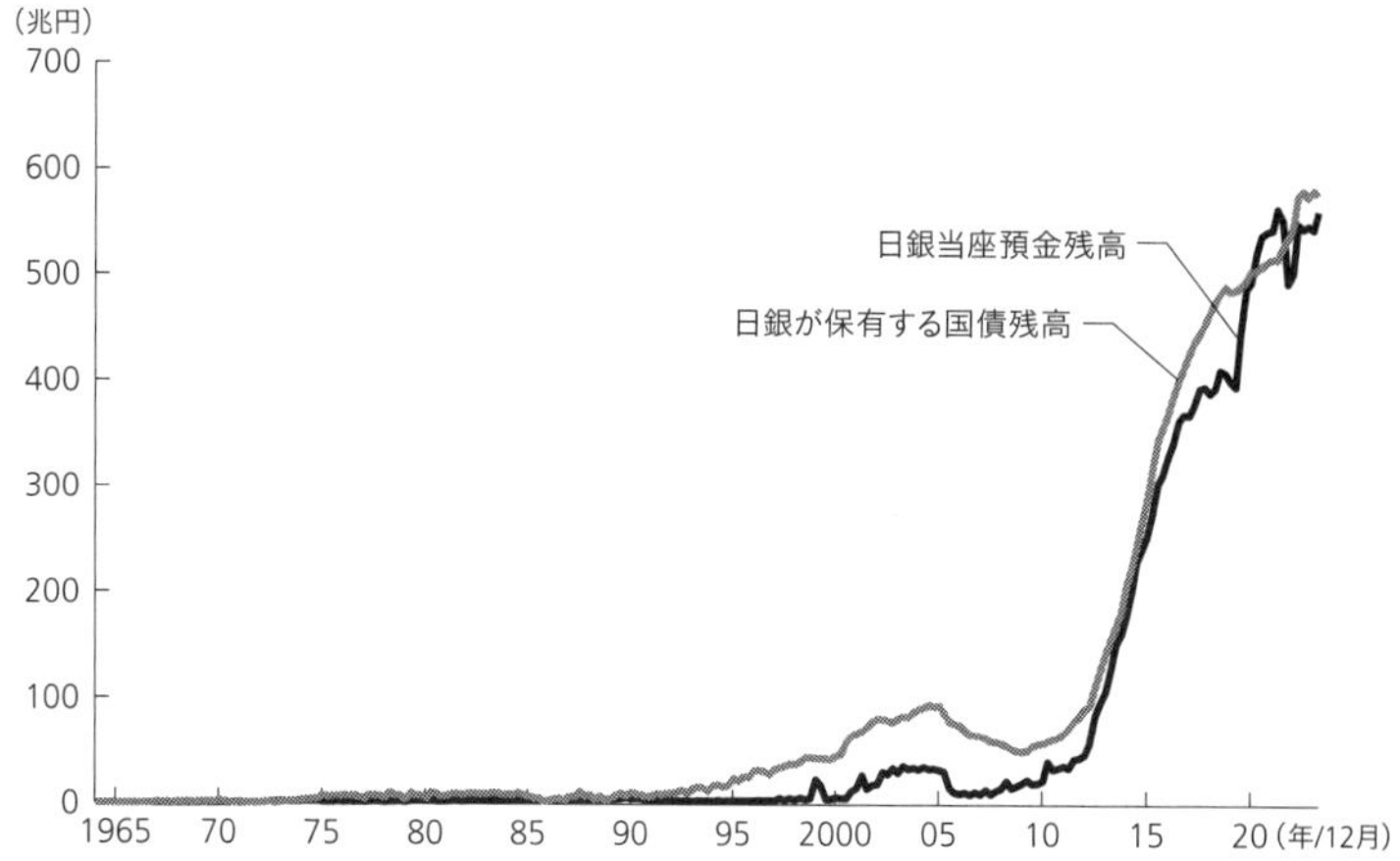

ったん保留ということにして、量の正常化が現状どうなっているのか、これから先どうなりそうなのかに焦点を絞って話を続けることにします。金融政策の技術進歩については第5章で改めて説明しますのでそれまでお待ちください。

異次元緩和ではマネーの量を大幅に増やすということが行われました。マネーは、①銀行券(私たちが普段使っている1万円札など。日銀券とも呼ばれる)と②リザーブ(民間の金融機関が日銀に預けている預金。日銀当座預金とも呼ばれる)の二つからなります。異次元緩和のときはこのうちリザーブを大幅に増やしました。どのぐらい大幅かというと、現在のリザーブは561兆円に達しています。異次元緩和の開始前は60兆円程度でしたので9倍以上の増え方です。リザーブがどのように増えてきたかは図2-17に示してあります。常識的に考えると561兆は多すぎるでしょうから、これを減らしていく必要があります。これがマネーの量の正常化です。

マネーの量の正常化を考える際の大事なポイントは、マネーの裏側には国債があるということです。どういう意味かというと、日銀がリザーブを増やしたり減らしたりする際に何をするかというと、国債などの金融資産を買ったり売ったりします。たとえば、日銀がある銀行から国債を買うと、日銀はその分の代金をその銀行が日銀にもつ預金口座に振り込みます。こうやって日銀当座預金の残高、つまりリザーブが増えます。減らす場合はその逆です。

異次元緩和の期間に日銀がやったことは、金融機関のもっている国債を大量に購入し、その代金を振り込むということでした。したがって、増えたのはリザーブだけではなく、日銀のもつ国債もです。図２－17には日銀が保有する国債の残高も示してありますが、異次元緩和の始まった２０１３年以降、両者が手に手を取り合うかのように増えており、２０２４年６月末で５８８兆円に達しています。

したがって、マネーの量の正常化は、ほぼイコールで国債保有量の正常化でもあります。じつは、日銀は国債保有量の正常化にすでに着手しています。具体的には、２０２４年７月に国債購入額の減額計画を公表しました。日銀が保有している国債のうち一部は毎月償還を迎えます。その金額は毎月６兆円です。つまり、黙っていても保有残高が毎月６兆円のペースで減っていきます。そうやって残高が減るに任せるというのもひとつの手ですが、日銀はそれでは減り方が急すぎると考えました。そこで、毎月新たに国債を購入するのはこれまでと同じく続ける、ただし購入金額は６兆円未満にするということにしました。これであれば残高がゆっくりと減ることになります。

購入金額をいくらにするかがポイントですが、これもショックを和らげるために徐々に減らすこととし、今回発表した計画の終わり（２０２６年３月）ごろには購入金額を３兆円にするとしています。この計画に沿って減らすと、計画の終わりまでに国債保有量は７～８％減る計算になります（金額にして約50兆円の減額）。

問題はその先です。国債保有量が50兆円減るということはリザーブも同額減ることを意味します。しかし、それだけ減ってもリザーブは５００兆円を上回ります。その意味では、マネーの量の正常化は緒についたばかりです。緒についたばかりというのは政策金利と同じです。しかし政策金利のほうはテイラー・ルールがあるのでその先の正常化の道を見通すことができます。これに対してマネーの量については、その先を見通すための頼りになる羅針盤が現状存在しないので先を見通すことができません。

先が見えないのは私のような研究者だけでなく中央銀行も同じです。各国の中央銀行が集う場であるＢＩＳ（国際決済銀行）では羅針盤の作成に向けて研究が始まったと聞きますが、実用に耐える羅針盤がそう簡単に完成するとは思えません。さらに言えば、テイラー・ルールはどの国にも適用できる汎用性が最大の魅力でしたが、マネーの量については、各国の金融市場の成り立ちに応じて羅針盤も異なると考えられます。そうなると、世界共通の羅針盤というよりはそれぞれ自前で羅針盤を作らざるをえません。マネーの量については、手探りの政策運営を迫られる状況が今後も続くと覚悟したほうがよいと思います。

第3章

デフレはなぜ慢性化したのか

Understanding Inflation and Deflation

第1章と第2章では慢性デフレの大事な特徴として次の4点を指摘しました。第一は、個々の商品の価格や個々の企業の賃金が据え置かれていたこと。第二は、価格の据え置きと賃金の据え置きが相互依存関係をもっていたこと。第三は、価格と賃金に関する人びとの予想の歪みが原因だったこと。第四は、価格や賃金の設定という（需要サイドではなく）供給サイドの変調が支配的な役割を果たしたこと。

これらはどれも本書の仮説です。しかし、慢性デフレについてはこれまで他の見方も提示されてきました。そこで本章では、それらの見方のうち、本書の仮説との対比で頻繁に質問をいただく仮説を紹介したいと思います。その目的は、本書と異なる仮説を論破することではありません。本書とは異なる立場を皆さんにお伝えすることで、本書の仮説の良い点、拙い点がより鮮明に見えてくるのではないかと期待するからです。私の仮説が最終的に読者の皆さんに受け入れてもらえるかどうかはさておき、その評価をしていただく際の材料をできるだけ多く提供しようと思います。

第1節 犯人は買い手か、それとも売り手か

デフレの原因は需要か、供給か

デフレ長期化の原因は、はたして「買い手」にあるのか、それとも「売り手」にあるのか。この点から始めましょう。

価格を決める当事者は買い手と売り手です。買い手と売り手のあいだでなんらかの接触があり、その結果、価格が決まっていきます。価格に異変が起きているとすれば、犯人は買い手か、売り手か、あるいはその両方かです。買い手は需要側、売り手は供給側なので、需要に問題があるのか、それとも供給に問題があるのか、と言い換えることもできます。

本書は、売り手に問題があるという立場です。しかし、振り返ってみると、デフレの初期のころは売り手ではなく買い手に、つまり供給サイドではなく需要サイドに問題があるとの見方が支配的だったように思います。もしかしたら、今でも支配的と言ってよいのかもしれません。これはどういう見方かというと、単純に言えば、需要が足りないので価格が上げられない、だから据え置かれるというものです。この理屈が正しいとすれば、日銀や政府が金融緩和なり財政発動なりで需要をつけてやれば問題は解決できるということになります。

実際、次章で詳しく見るように、日銀の異次元緩和は、金利を下げたり、マネーの量を増やし

たりすることで総需要を増やし、それによってデフレから脱却しようとするというのが基本戦略でした。しかし、私の印象としては、デフレの原因が需要側なのか、それとも供給側なのかをしっかり吟味したうえで、需要に狙いを定めたということではなく、根拠の乏しいままに需要に決め打ちをしたように思います。デフレの原因が需要か供給かという問題に白黒つけることは、異次元緩和を評価するうえでも避けて通れない重要なポイントなのです。

では、需要不足がデフレの原因という見方は、経済学の理論と過去30年のデータに照らしてどの程度妥当なのでしょうか。需要が弱ければインフレ率が低下し、場合によってはデフレ（マイナスのインフレ率）に至る。標準的な教科書には確かにそう書いてあるし、私もそう教えます。しかしそこで大事なのは、インフレ率の低下がどれだけ長く続くかです。経済学者の多くは、その期間はせいぜい3年から5年と考えています。30年続くとは誰も考えていません。なぜでしょうか。

たとえば、中央銀行がマネーの量を10％減らすという状況を考えます。金融引き締めです。金利が上がるので企業の設備投資や消費者の住宅購入などが減る、つまり、需要（正確には「総需要」）の減少が起きます。そうなれば人びとの所得も減り、購買を控えます。スーパーマーケットの店主は特売を打って客足を確保しようとするでしょう。特売の増加は価格の低下にほかなりません。しかし、特売でも客足が戻らないとなると、次のステップとして通常価格が引き下げられます。通常価格の引き下げとなると、スーパーの店主の一存ではできないので、商品を製造しているメーカーも巻き込んでの意思決定となります。こうして需要の減少は、特売の増加と通常価格の引き下げというかたちで物価を押し下げます。

ここでの注目点はこの値下げがどれだけ長く続くかです。この例では、中央銀行がマネーの量を10%減らしたのが出発点でした。おカネの量が10%減ったのですから、商品の価格や賃金も同じく10%下がると考えるのが自然です。しかし、ある日突然、すべての商品の価格と賃金が一斉に10%下がるわけではありません。値下げが早めに起きる商品もあれば、なかなか下がらない商品もあります。また、価格の下がる商品も、一度に10%下がるのではなく小刻みに少しずつ下がるのが普通です。つまり、10%の価格調整は瞬時ではなく時間をかけてゆっくり進むのです。では、価格調整の完了までにどれだけの時間がかかるのでしょうか。

価格の調整にはどれほどの時間がかかるのか

価格調整がどれほどの速さで進むのかは経済学者にとってとても重要です。もし需要と供給をマッチさせるように価格が瞬時に調整されるのであれば、経済の問題の多くは片がついてしまいます。たとえば、労働サービスに対する需要と供給がマッチするように賃金が瞬時に調整されるのであれば、失業(=働きたいのに働く場所が見つからない、つまり、労働の供給が労働の需要を上回る状態)はそもそも起こりません。また、失業を減らすためにケインズ以降、政府が財政出動するとか中央銀行が金融緩和を行って需要を増やすとか、さまざまな議論がなされてきましたが、そもそもそのような経済対策は不要ということになります。

もちろん現実には失業は生じるし、失業への政策対応も大事です。それは賃金が瞬時に調整さ

図3-1　東日本大震災直後におけるスーパーの店頭での販売数量と販売価格

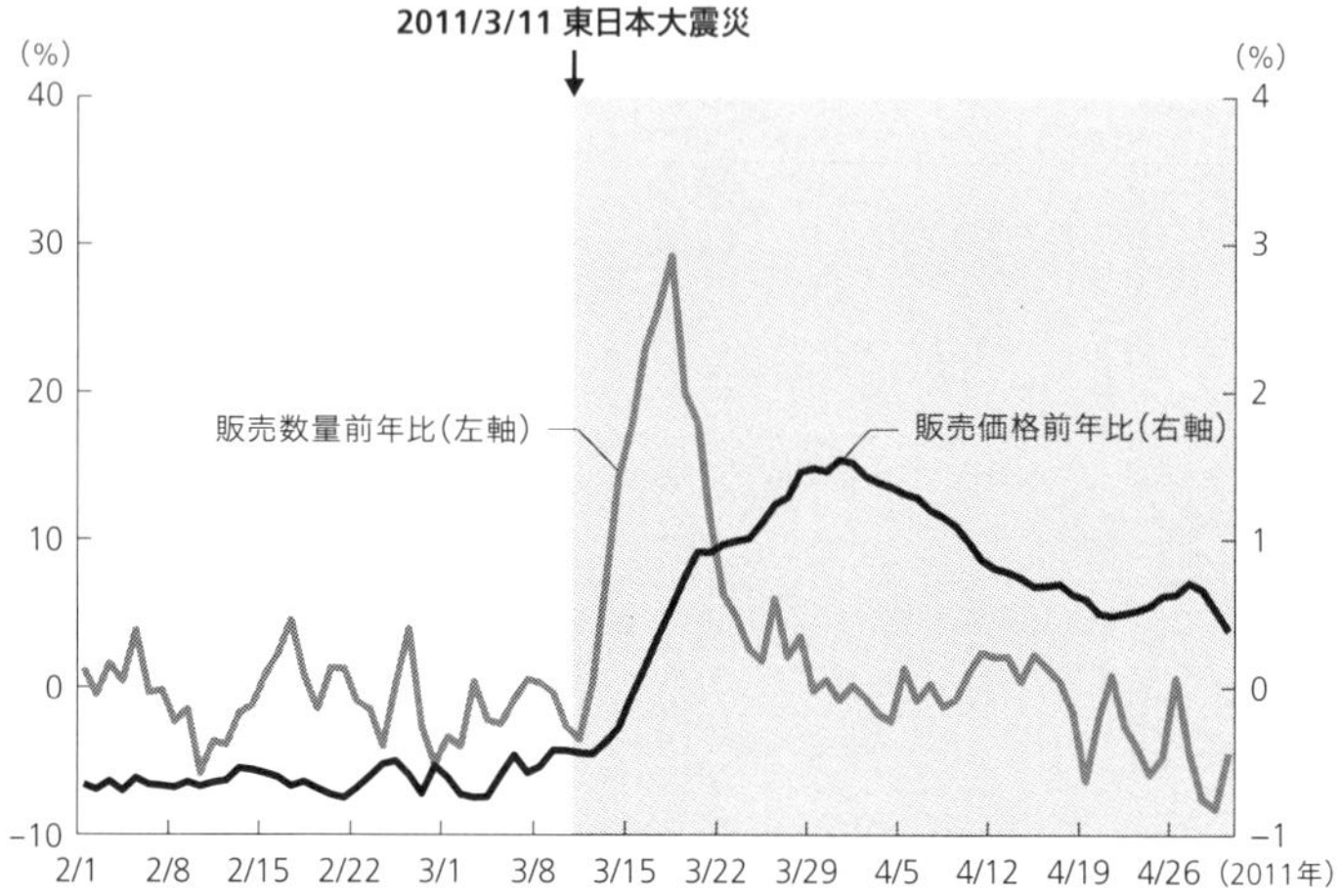

れないからです。ケインズ以前の古典派の理論は、価格と賃金が瞬時に調整されるとの前提のもとで組み立てられていました。その枠組みを根っこから変えたのがケインズでした。このように、価格調整の速度は、じつは経済学の（正確に言うと、マクロ経済学の）ど真ん中のイシューです。

価格調整の実例をご覧いただきましょう。図3－1は、東日本大震災の直後にスーパーの販売数量と販売価格がどう反応したかを、POSデータを用いて計算した結果を示しています。地震の発生直後、多くの人が備蓄用の食料などを買いにスーパーに押し寄せました。だから、販売数量は地震発生の3月11日の1週間後には前年比30％もの大幅な増加を記録しました。これに対して販売価格は即座には反応せず、1カ月くらい時間をかけてゆっくりと上昇しました（ただし、このときの

図3-2 **貨幣量の増加に対するインフレ率と生産量の反応**

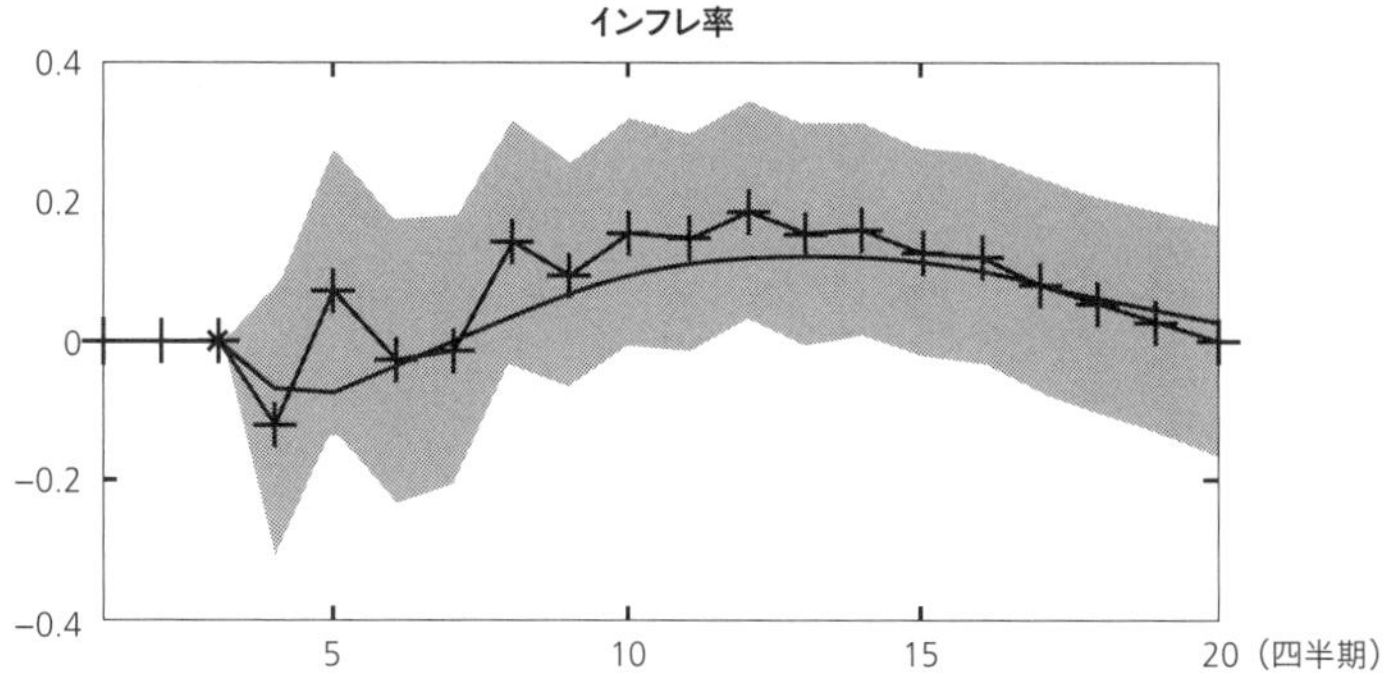

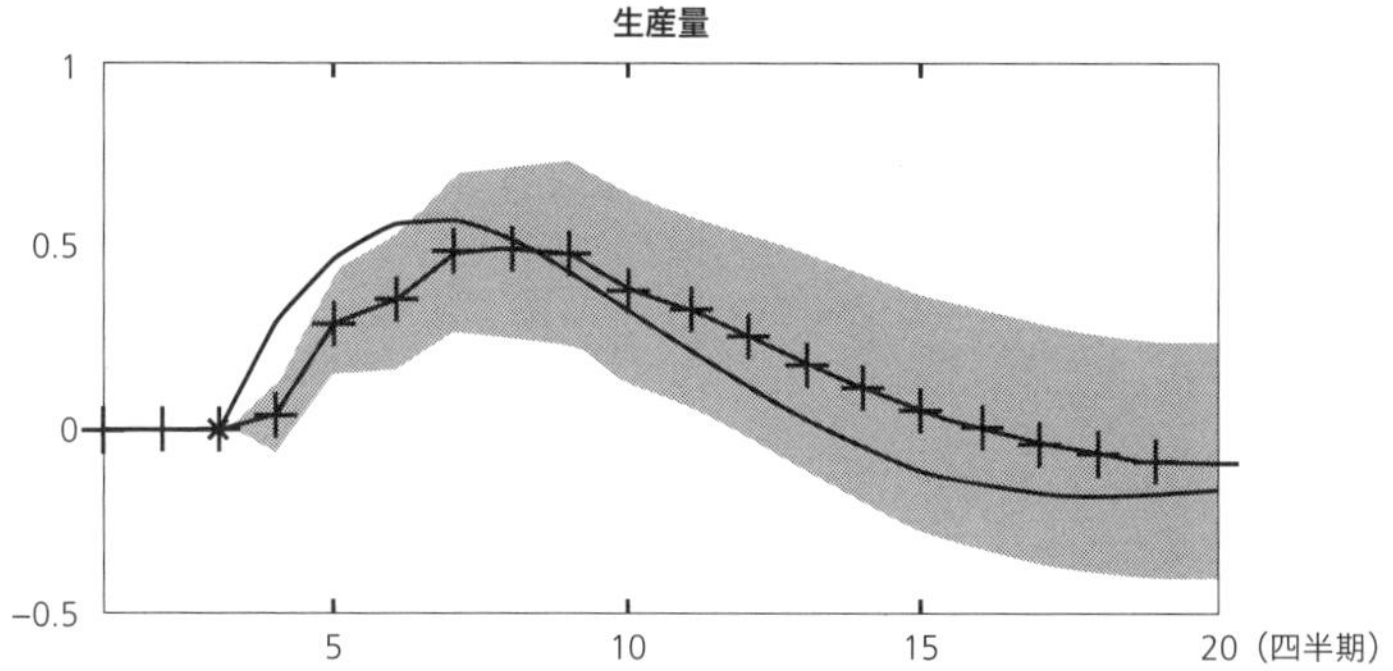

＋印はマクロデータを用いた計測値。実線はモデルの推計値

価格上昇は特売頻度の低下によるものでした。たとえば、水曜日は冷凍食品の特売日という店で地震直後は特売を見送るといったことが起きました。一方、メーカー主導の通常価格の引き上げはあまり起きませんでした)。反応のマグニチュードも、販売数量は3割増なのに対して価格は1・5%ほどと大きな差があります。

地震は特殊な例ですが、需要増でも価格が即座に反応しないという現象自体は日常茶飯です。図3－2は、普通の時期の普通の状況で、需要にショックが加わったときにそれが価格に反映されるのにどれくらい時間がかかるかを推計した結果です。アメリカのデータを使って、中央銀行がマネーを増加させたときに（つまり、金融を緩和したときに）インフレ率と生産量がどのように反応したかを推計したものです。マネーの増加に伴って需要が増えるので、生産量は直ちに上昇し7四半期後にピークをつけます。これに対してインフレ率の反応は緩慢で、12四半期後にピークをつけたあと低下に転じ、20四半期後に元の水準（マネーを増加させる前の水準）に戻ります。つまり、需要増加に対するインフレ率の反応は、3年（＝12四半期）程度で概ね終了し、5年（＝20四半期）経つと完全に終了します。

先ほど「3年から5年」と書いたのは、こうした推計結果を踏まえてのことです。日本や他の主要国でも概ね同じ結果が得られています。

金利がゼロより下がらないという制約

こうした研究の蓄積を踏まえると、価格の調整は普通3年から5年で終わるものなので、慢性デフレのように30年も続くというのは論外です。となると、普通ではないことが起きていたと考えざるをえません。それは何でしょうか。有力な候補は、日本では金利が長らくゼロに張り付いていたという事実です。これは確かに普通ではありません。じつは、内外の研究者は、金利がゼロで張り付いていたがゆえに、需要不足に起因するデフレが通常よりも長く続いたと考えてきました。私自身も2000年代の初めに発表した論文でそうした可能性を指摘しました。

需要不足で物価に下押し圧力がかかると、中央銀行は利下げをすることで需要不足の一部を解消し、それによって物価への下押し圧力を和らげようとします。実際、日銀はバブル崩壊後、1991年7月に利下げを開始し、その後も9回にわたって利下げを行いました。そして最終的に、1999年2月には政策金利をゼロまで下げました。当時、政策金利＝ゼロ％は日銀のできる最大限の緩和と認識されていました（ただし、その後2016年1月にはマイナス金利政策が採用され、ゼロが下限でないことが明らかになりました）。しかし、需要不足が非常に大きかったので、政策金利をゼロまで下げても、需要不足は解消しませんでした。

政策金利をゼロまで下げても需要不足が解決しないときにはどんなことが起こるのでしょうか。政策金利をゼロまで下げてもなお人びとが「物価は将来10％下がる」と予想しているような状況を考えてみましょう。中央銀行としてはこのデフレ予想を消し去るために本来であればさらなる利下げをしたいところです。しかし、ゼロ％の下限が制約となって利下げができません。

このように中央銀行が緩和を創り出す力が弱いと、人びとの「物価は10％下がる」という予想は消えずに残ってしまいます。そして、この予想が残ってしまう状況では、名目金利がゼロ％で

表3-1 自己実現的なデフレ

	ケース1	ケース2
自然利子率(A)	+5%	−1%
予想インフレ率(B)	−10%	0%
名目利子率(C)	0%	0%
実質利子率(D)=(C)−(B)	+10%	0%
利子率ギャップ(E)=(D)−(A)	+5%	+1%

あっても実質でみると金利は10%(ゼロ%−マイナス10%=プラス10%)と高い水準になってしまいます。実質でみた金利がこの水準にあると、企業や家計は投資を控え、その結果、需要不足とそれに伴う物価下落が実際に起きてしまいます。

つまり、中央銀行がゼロ金利の制約ゆえにさらなる利下げができないという状況においては、人びとがデフレを予想すると、実際にそのデフレが起きてしまうのです。これは、人びとが予想したことが起点になって実際にその予想どおりのことが起きてしまうという意味で、「自己実現的なデフレ」と呼ばれています。

ゼロ金利制約下の自己実現的なデフレ

この考え方であれば、通常よりも長く続くデフレ、つまり日本の慢性デフレを需要サイドから説明できる可能性があると、私自身は2000年代初めに考えていました。同じ考えの研究者は当時少なくなかったと思います。

自己実現的なデフレがどのようなものか、表3−1をもとに数値例で説明しましょう。ここで大事なのは自然利子率という変数です。テイラー・ルールの説明のところでごく簡単に触れましたが、

図3-3 負の自然利子率

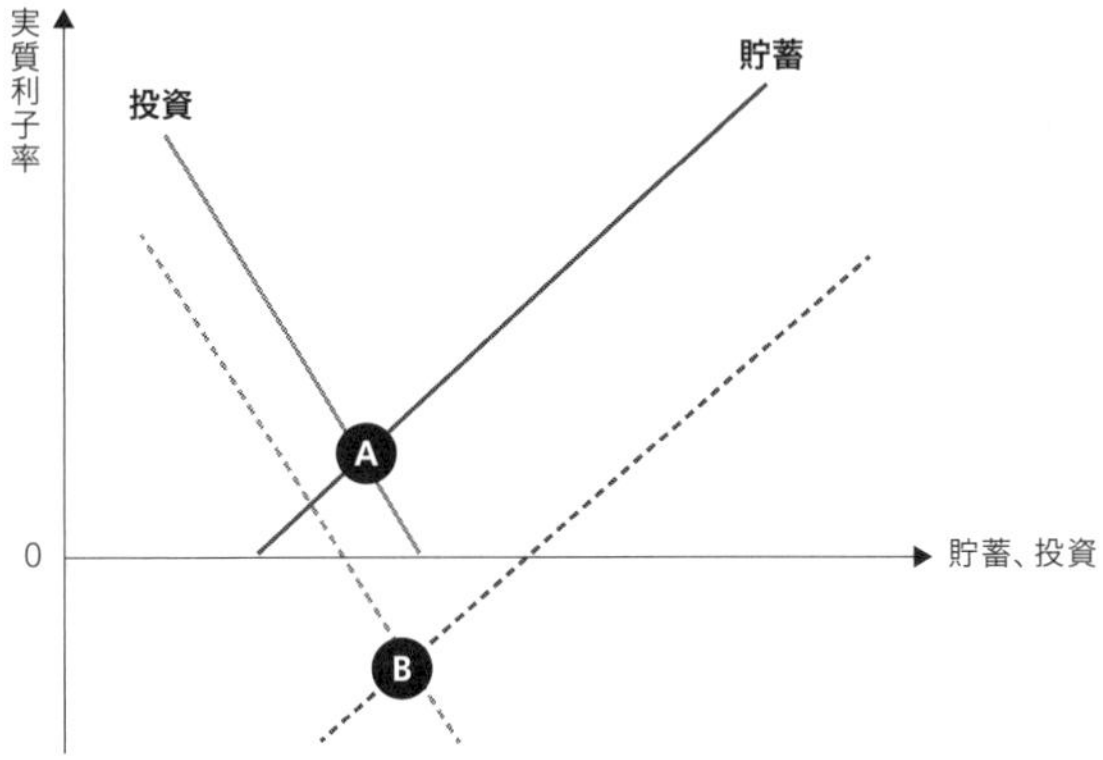

もう少し詳しく説明しましょう。図3－3をご覧ください。貯蓄は実質利子率が高まると増える一方、投資は実質利子率が高まると減ります。そして、貯蓄の線と投資の線が交わるところで実質利子率が決まります（図のA点）。この実質利子率は貯蓄と投資を一致させる水準なので、「均衡」の実質利子率です。19世紀の経済学者クヌート・ヴィクセルは、この水準を「自然」利子率と呼びました。自然利子率は、私が論文を書いていた20年前には専門家でも知る人が限られている言葉でしたが、近年は日銀やFedの政策を語るときに頻繁に登場するので馴染みのある方もいらっしゃると思います。

さて表3－1のケース1は、人びとが10％のデフレを予想している場合です。名目利子率が0％、予想インフレ率がマイナス10％なので、実質利子率（名目利子率から予想インフレ率を差し引いたもの。借り手にとっての実質的な負担、貸し手にとっての実質的なリターンを表す）は10％です。これに対して自然利子率、つまり完全雇用のもとで貯蓄と投資を一致させる実質の利子率は5％です。

このケースでは、中央銀行の政策によって決まる実質利子率（表のDの行を参照）が自然利子率を上回っているので金利は高すぎることになります（表の「利子率ギャップ」がプラスになっていることに対応）。そして、金利が高すぎるために需要が冷やされてしまい、需要不足がデフレを生じさせます。このようにして、人びとのデフレ予想が実際のデフレを生み出します。

マイナスの自然利子率

しかし日本の状況を振り返ると、慢性デフレの時期に人びとが10％のデフレを予想していたわけではありません。ケース1は理論的には面白いかもしれませんが、日本にはそぐいません。日本を描写するものとして私を含む研究者が想定していたのは表のケース2です。

ケース2では予想インフレ率はゼロ％で、人びとは価格据え置きを予想しています。日銀が設定していた名目利子率はゼロ％なので、実質利子率はゼロ％です（表のDの行を参照）。一方、自然利子率はマイナス1％です。自然利子率がなぜマイナスなのかというと、日本では高齢化や生活不安から貯蓄が増加する一方、イノベーション不足で企業の設備投資が振るわなかったからです。

先ほどの図3－3の二つの破線はこの状況を表しています。貯蓄増の結果、貯蓄の線が右にシフトする一方、投資減の結果、投資の線が左にシフトしており、二つの破線の交点であるB点では実質利子率の水準、つまり自然利子率がマイナスになっています。

ケース2では、ケース1と同じく、日銀の設定する金利が高すぎ（自然利子率と実質利子率の差である利子率ギャップはプラス1％）、そのため需要不足が生じており、デフレが続くことになります。利子率ギャップがプラスというのは同じですが、ケース1と違って人びとが激しいデフレを予想しているわけではありません。その一方で、ケース2では自然利子率がマイナスという新たな事態が生じており、そのために、中央銀行が金利をゼロまで下げても十分に需要を喚起できない状況に追い込まれています。

ケインズは、中央銀行が金利をゼロまで下げてもまだ十分でないという状況を「流動性の罠」と呼びました。ケインズの後継者であるローレンス・クラインやジェームズ・トービンはその概念を彼らなりに咀嚼し、自然利子率がマイナスまで下がることが流動性の罠の原因と考えました。ケース2はそれに相当します。

日本の自然利子率はマイナスか

ケース2が日本で起きていると最初に指摘したのはポール・クルーグマンでした。1999年のことです。彼の主張に対する反論のひとつは、自然利子率は本当にマイナスなのかという点でした。図3−3のような状況を考えれば自然利子率がマイナスになることはありうるし、過剰な貯蓄と過少な投資というのは当時の日本の状況を的確に捉えていました。しかし、それは傍証にすぎません。マイナスだと言うのであればそれを実際に計測してみせろとクルーグマンは攻撃を受けたのです。クルーグマンの論文は、金融緩和に関する含意が当時の認識からすると奇想天外だったので（その後の研究の展開を踏まえれば決してそうではなかったのですが）、日本ではそこに注目が集まりました。しかし、真に問われるべきは「日本の自然利子率は本当にマイナスなのか」だったように思います。

非常に興味深いことに、クルーグマンの論文から四半世紀後の今も、自然利子率をめぐって本当にマイナスなのかが議論されています。もちろん議論される文脈は当時と今とでは大きく異なっています。今の議論は、日銀が金利の正常化をこれからさらに進めるとして、最終的に政策金利はどこまで上がっていくのかという点に関するものです。その最終目的地を決める最も大事な変数が自然利子率だからです。

最終目的地の実質利子率がどうなっているかと言えば、それは間違いなく自然利子率と同じです。「自然」とは「経済の本来あるべき姿」であり、最終的にそこに行き着くからです。最終的な政策金利を決めるもうひとつの要素はインフレ率です。これは日銀の目標である２％です。したがって、最終的な政策金利は「自然利子率＋２％」です。将来の政策金利を予想したい市場参加者は、自然利子率の正確な水準を知りたいと考えます。じつは、事情は日銀自身も同じです。自分が最終的にどこを目指すのかを知らないことには先の予定が立てられないからです。

というわけで、四半世紀前も今も、自然利子率という抽象的な概念をどうやれば可視化できるかに市場も日銀も振り回されているのです。

では、自然利子率は当時、そして今、どうなっているのでしょうか。日銀が便利な図を提供してくれているのでそれを紹介しましょう。図３－４は日銀が毎四半期発行している『展望レポー

図3-4 自然利子率の推計値

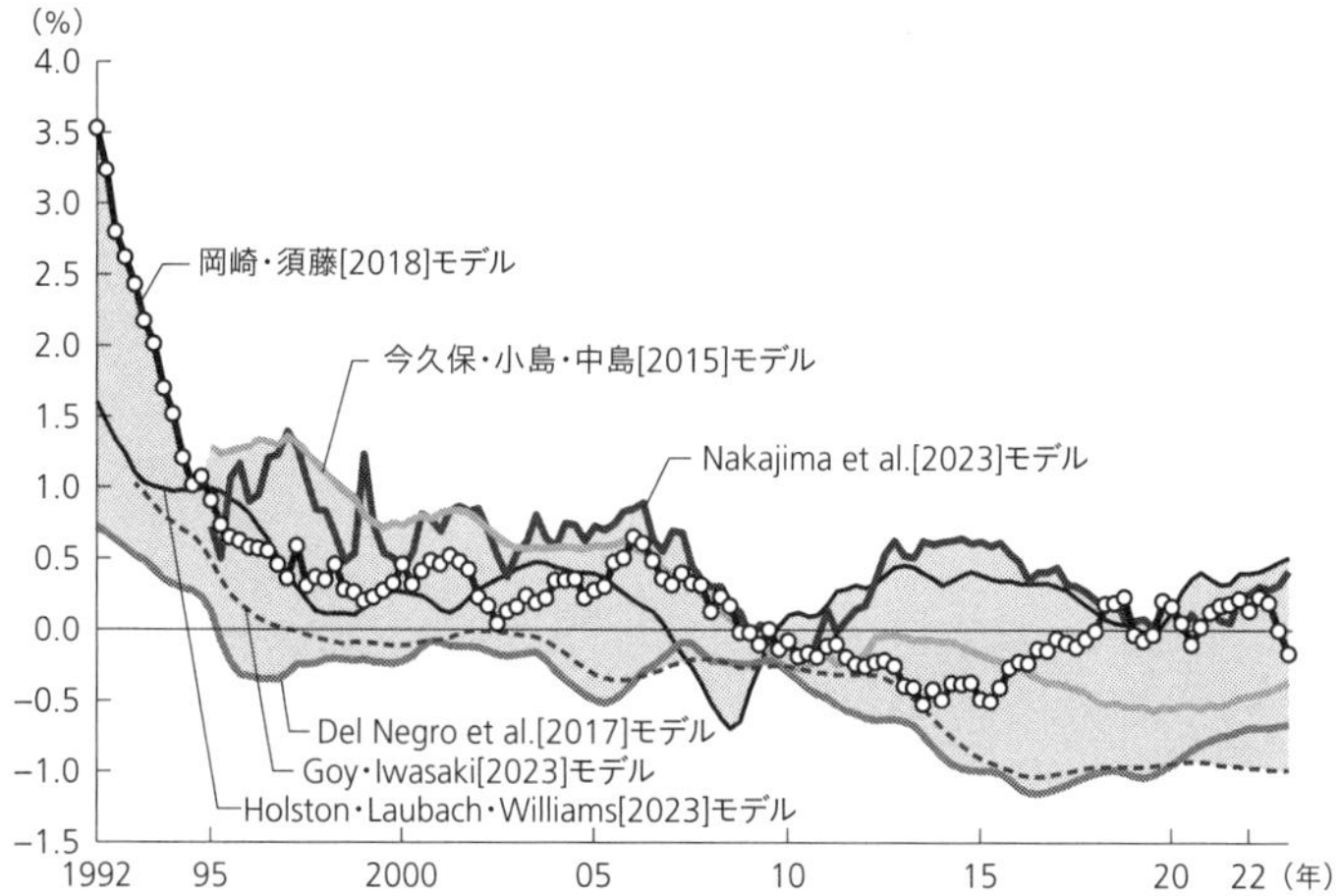

ト』の最新号からとったものです。

図の6本の線は6つの異なる手法で推計されたということを意味しています。「Holston-Laubach-Williams (2023) モデル」という線がありますが、このモデルのもとになっている論文の著者のジョン・ウィリアムズは現在ニューヨーク連銀総裁を務めています。なぜそれほどの幹部が論文に名を連ねているかというと、彼は自然利子率推計の先駆者で、2003年に世界で最初の推計を行ったからです。当時、彼がその論文を会議で報告するのを聞いたことがありますが、初っ端から「この推計はむずかしい」と言い出したのには驚かされました。実際、論文にも上手に推計できなかったという趣旨の記述があります。要するに、自然利子率の可視化はそれだけむずかしいということです。自然利子率は株価や為替レートのように直接観察できるものではなく、言ってみれば、空想の世界の変数です。図の６本の線が大きくばらついているのは、そのむずかしさが今も変わらないことを示しています。

そういう事情があるので決定的なことは言えないのですが、図を見るかぎり、少なくともいくつかの推計値は、１９９０年代後半から足元に至るまでマイナスであり（レンジでいうとマイナス０・５％からマイナス１％）、自然利子率がマイナスというケース２の想定と整合的です。一方、日銀の政策金利は１９９９年から足元までゼロ％ないしはその近傍であり、人びとが価格据え置きを予想していた（つまりインフレ予想がゼロ％）ことを踏まえると実質利子率はゼロ％またはその近傍で、自然利子率を上回っており、それが原因で需要不足が長期にわたって続いた可能性があります。

また、２０２２年春以降のインフレ率上昇の局面では、政策金利がゼロ近傍で据え置かれるなかでインフレ予想が顕著に上昇したので、実質利子率はマイナスになりました。一方、自然利子率はさほど変化しなかったので、実質利子率が高すぎるという状況が解消された（つまり、利子率ギャップが負になった）可能性があります。そのように考えれば、２０２２年以降のインフレ率上昇についても説明がつきます。

アベノミクスという実験が教えてくれること

整理すると、①金利が負にならない、②自然利子率が負という二つの要素を考慮に入れれば、慢性デフレを需要サイドで説明することもあながち不可能ではありません。その意味で、供給サ

図3-5 日本のフィリップス曲線

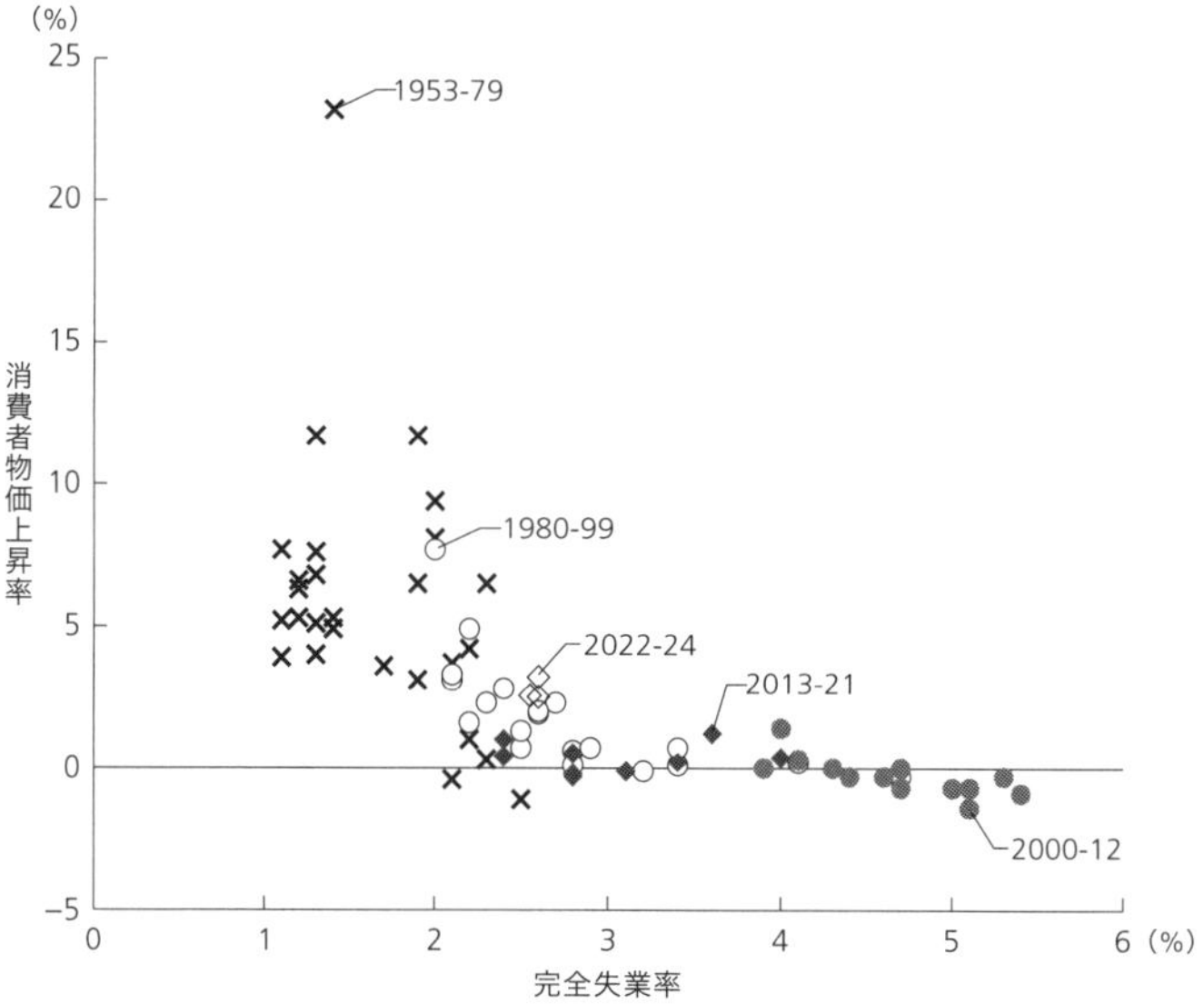

イドの重要性を強調する本書とは異なる立場もありうると思います。

ただし、アベノミクスの時期に起きたことを踏まえると、少なくともこの時期は需要サイドだけでは説明がつかないように思います。アベノミクス、とくに異次元緩和は、壮大な実験だったと言われることがありますが、その実験結果を吟味すると、慢性デフレの仕組みに関するヒントがたくさん出てきます。とくに、その起源が需要なのか供給なのかについて実験は多くを教えてくれます。

図3－5は日本のフィリップス曲線です。横軸は失業率、縦軸はインフレ率で、各年のデータをプロットしたものです。2013年から2021年の異次元緩和の時期は影を付けたダイヤ

で示してあります。この時期は失業率が4％から2・4％へと大幅に低下しました。これは異次元の金融緩和（国債の大量購入など）やアベノミクス初期の財政発動によるものです。当初の目論見どおり需要が増え、それに伴って企業の労働需要が増え、失業率が低下したのです。ここで注目すべきはインフレ率の動きです。失業率がそれだけ大きく改善したにもかかわらず、インフレ率はゼロ％の近傍にとどまり続けています。

図からわかるように、失業率が増減してもインフレ率が変わらないという現象は2000年ごろにはすでに始まっていました。異次元緩和の時期は需要増が大幅だったのでそれがより鮮明に見えたにすぎません。この「失業率が増減してもインフレ率が変わらない」という性質はフィリップス曲線の傾きがゼロになったと言い換えることもできます。その原因や含意については第5章で詳しく検討するのでそれまでお待ちいただくとして、ここで言えることは、異次元緩和の時期については失業率の大幅低下に象徴されるように、需要はしっかり増加しており、ケース2で想定したような需要不足はなかったということです。それにもかかわらずインフレ率がゼロ近傍から離れなかったという事実は、慢性デフレを需要不足だけで説明するのがむずかしいことを強く示唆しています。

第２節 犯人は物価か、それとも賃金か

価格と賃金はニワトリとタマゴ

企業と労働者は互いがどう出るかを読みながら自分の行動を決めるというのがスパイラル理論の要諦でした。だから、価格と賃金はタマゴとニワトリの関係にあり、価格が主導か賃金が主導かは先験的には決まりません。しかし本書では、慢性デフレの始まりは、経営者がこれ以上の賃上げをしないという戦略を唱え、労働組合がそれに応じたことにあると考えています。つまり、賃金の据え置きが先で、価格の据え置きはそれに追従して起きたという説です。

しかし、それはあくまで本書の仮説で、逆の見方もありえます。たとえば、年金財政の悪化に伴い、リタイア後の生活に不安をもつ消費者が増え、節約志向が強まったと指摘されることが少なくありません。もしそうであれば、１円でも安い店を探す顧客を相手にする店舗や企業は、コスト上昇を価格に転嫁できなくなり、価格据え置きが生まれます。そして、企業としては、価格は据え置きという足かせがあるなかで、人件費増につながる賃上げを受け入れることができず、賃金据え置きが生まれます。

価格と賃金の据え置きが仮にこのようにして生じたのであれば、政府や日銀が政策的に対応すべきは消費者の節約姿勢の是正であり、さらにはその背後にある年金財政の立て直しということ

になります。これに対して、賃金据え置きがおおもとの原因という本書の立場に立てば、デフレ脱却の政策面のポイントは、いかにして企業に賃上げをさせるかです。たとえば前章で紹介した最低賃金の引き上げはそのための有効な手段となりえます。このように、価格据え置きと賃金据え置きのどちらが主でどちらが従かは政府・日銀の対策を考えるうえでとても大事なポイントになるのです。

以下本節では、賃金据え置きが先なのか、それとも価格据え置きが先なのか、そこを深掘りしていきます。

インフレの第二ラウンド

日本版スパイラルのニワトリとタマゴについて検討する前に、本家の賃金・物価スパイラルではどちらが先なのか、確認しておきましょう。本家スパイラルの代表例は、１９７０年代から１９８０年代初めにかけて全世界を襲った高インフレです。アメリカでは「大インフレ」、日本では「狂乱物価」と呼ばれたものです。

このスパイラルの出発点は価格上昇でした。そして、激しい価格上昇によって生活を脅かされた労働者・労組が高い賃上げを要求し、それが賃金インフレへとつながりました。重要なのは、労組は、過去に起きたインフレで失われた所得を取り戻そうとしただけでなく、将来起きるであろう（加速するであろう）インフレについても先回りして手当てしようとしたという点です。

しかし、この「手当て」が行きすぎてしまいました。労組が疑心暗鬼のあまり、常識外れの高いインフレが起きるのではないかと妄想するようになり、その予想にもとづいて常軌を逸した高い賃上げを要求しました。つまり、労組のインフレ予想が不安定化してしまい（これは日銀を含む主要国の中央銀行の失敗）、その結果、本来であれば避けられたであろう余分な賃上げが起きてしまいました。

そして、企業はこの余分な賃上げを価格に転嫁したので、元々のインフレに加えて、労働者のインフレ予想の不安定化に伴う追加のインフレが発生し、インフレが加速する結果となりました。この追加のインフレは、１９７０年代に限らず、賃金・物価スパイラルで一般的に起きるものです。もう一段上のインフレを生み出すという意味で「第二ラウンド効果」と呼ばれています。

この事例で価格と賃金のどちらが犯人なのかと言えば、インフレのきっかけを作ったという意味では価格が犯人ですが、第二ラウンドのインフレを作ったのは賃金ですから、主犯は価格、賃金も共犯といったところでしょうか。どちらにも相応の責任があります。

本家スパイラルの例をもうひとつ見てみましょう。今度は、第一次世界大戦後のドイツのハイパーインフレ（１９１８〜１９２３年）です。この事例でもきっかけは価格で、物価上昇率は月間で３００％以上という、ありえないほどの高水準になりました。これに対して労組は当然高い賃上げを要求しました。当時の状況を調べた研究によれば、労組は、インフレがさらに加速するのを懸念するあまり異常に高い賃上げを要求し、それが第二ラウンドのインフレを作り出したとのことです。

さらに都合の悪いことに、異常に高い賃上げと第二ラウンドのインフレに伴うマネー需要の増加に呼応して、中央銀行が追加のマネーを供給してしまいました。火に油を注ぐとはまさにこのことで、中央銀行が賃上げと第二ラウンドのインフレを追認する格好になってしまったのです。この事例も、価格が主犯、賃金が共犯ですが、中央銀行もそこに一枚かんでいるとみるべきかもしれません。

米欧のインフレは第二ラウンド入りか？

ただし、賃金・物価スパイラルの過去の事例を収集・分析したＩＭＦ（国際通貨基金）の論文によれば、この二つの事例のように第二ラウンドまで進むのは稀であり、多くはその手前で止まるとのことです。ＩＭＦのような国際機関はもとより、投資家など多くの人が最も関心をもつのは今回のグローバルインフレです。これは第二ラウンドまで進んだと言えるのでしょうか。あるいは今後進む可能性があるのでしょうか。

第二ラウンドまで進むのではないかと一時強く懸念されたのはイギリスとアメリカです。とくに労組の力の強いイギリスでは、当時のボリス・ジョンソン首相をはじめ、政府や中央銀行の幹部が強い懸念を表明していました。英米などのインフレは完全に鎮静化したわけではなく、この先どうなるかまだわかりませんが、現時点では第二ラウンドまで進むことはなく、このまま鎮静化するとの見方が大勢を占めています。

アメリカが第二ラウンドまで進む可能性があるか否かを検討した研究例をひとつ紹介しましょう。図３－６はアメリカのボストン連邦準備銀行のエコノミストたちが行った分析の結果です。

図3-6　アメリカの価格インフレ率と賃金インフレ率

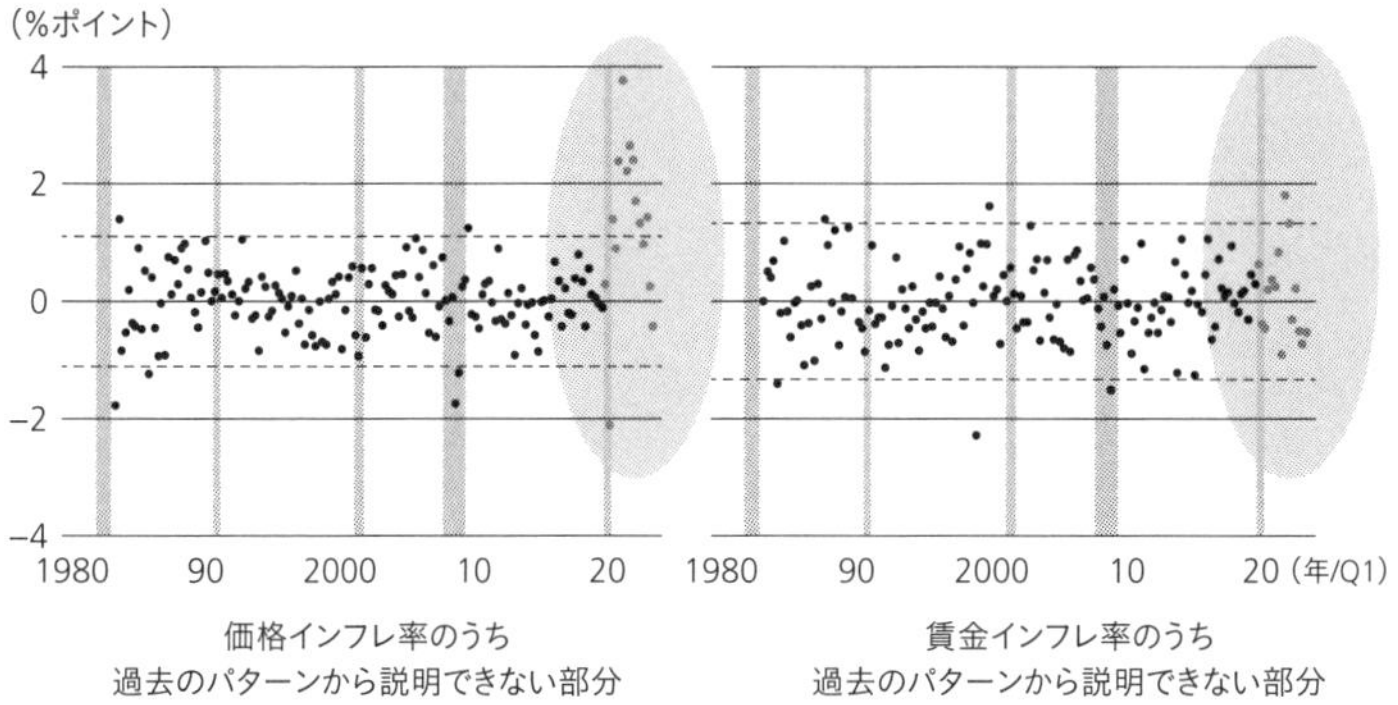

価格のインフレ率（左の図）と賃金のインフレ率（右の図）のそれぞれについて、さまざまな経済変数の過去と足元の値を用いて説明する回帰分析を行ったうえで、それでは説明できない部分がどれだけあるかを示したものです。

２０２０年以降の時期を見ると、価格のインフレ率については説明できない部分が非常に大きく、そうしたショックがインフレの原因だったことを示しています。この時期は、供給面の異変（サービスからモノへの需要のシフトやサプライチェーンの混乱など）が起き、それが「説明できない部分」としてインフレ率を押し上げたと解釈できます。

一方、賃金のインフレ率のほうは、説明できない部分はほとんどありません。つまり、価格のインフレの進行や人手不足（高齢者や移民が労働市場に戻らなかったので労働需給が逼迫《ひっぱく》）といった要因に反応して賃金が上がったのは確かですが、それは過去のパターンに概ね沿ったものであり、そこから大きく逸脱することはありませんでした。過去のパターンで説明できてしまうので「説明できない部分」はないとなったのです。

つまり、賃金は諸変数の動きに受け身的に反応して上がったにすぎないのであり、賃金が独自の理由（１９７０年代のように、労組が異常に高い賃上げを要求するなど）で自律的に上がったのではありません。この分析結果を踏まえれば、今回のインフレの主犯はあくまで価格であり、賃金は価格の上昇（と労働市場の需給逼迫）に反応して受け身的に上昇したにすぎず、犯人ではありません。

その他の研究も、今回は第二ラウンドに至っていないという結論が大多数です。ちなみに、ボストン連銀のエコノミストたちによれば、図３－６と同じ分析を１９７０年代について行うと、価格だけでなく賃金についても「説明できない部分」がとても多いとの結果が得られるそうです。つまり、今回と異なり、１９７０年代は価格と賃金の共犯だったことが再確認されています。

賃金が主導、物価が追従

整理すると、１９７０年代の高インフレやドイツのハイパーインフレといった極端な事例では、賃金の共犯が強く疑われます。逆に言うと、賃金が共犯に加わると大きなインフレになるのかもしれません。一方、今回のグローバルインフレは、価格の単独犯である可能性が高そうです。

では、日本版スパイラルはどうでしょうか。賃金据え置きと価格据え置きのどちらが主導だったのかを二つの角度から見てみましょう。第一は、春闘でのベースアップ率がどのようにして決

図3-7　春闘でのベースアップ率

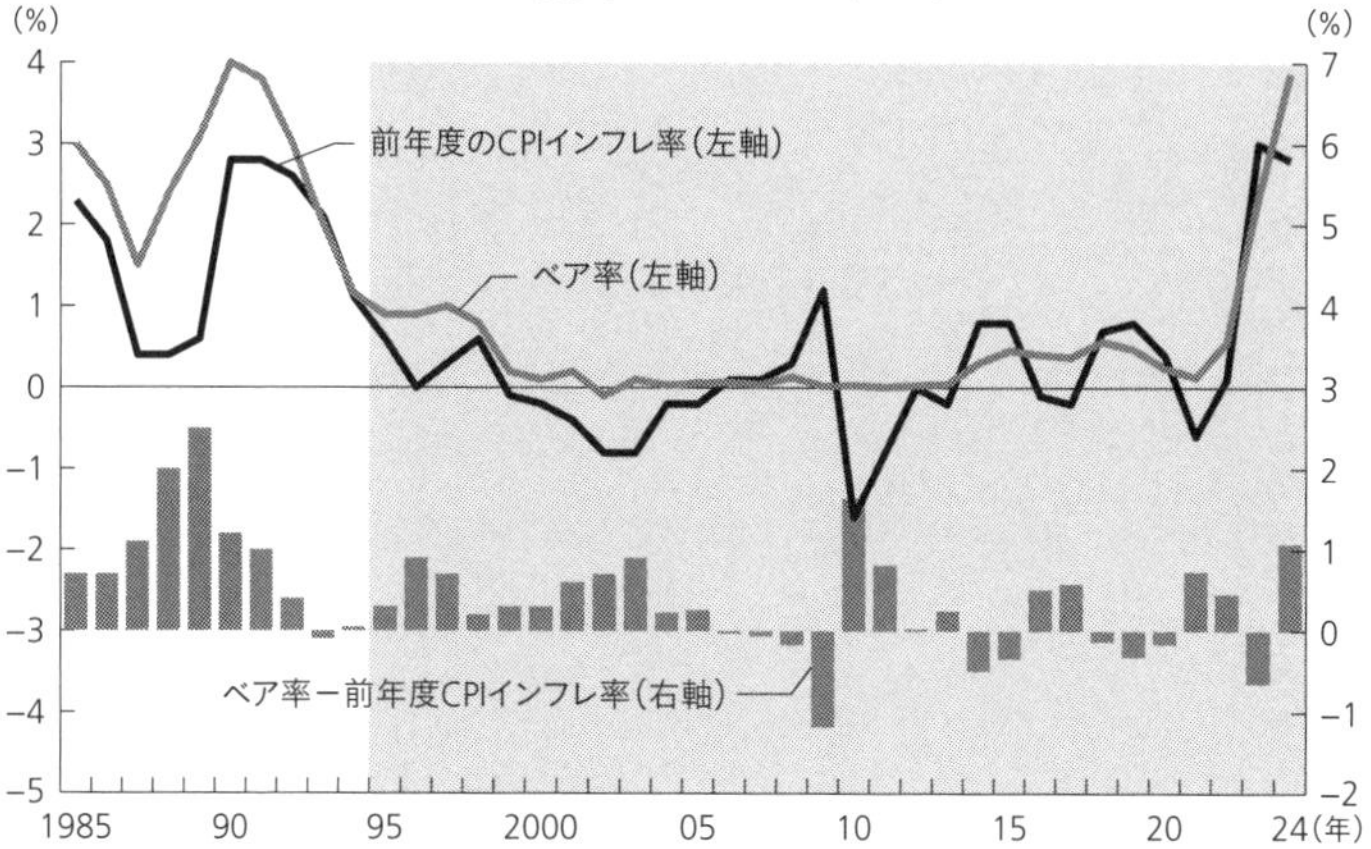

まったかです。

図3－7は、春闘でのベースアップ率（賃上げのうちで定昇以外の部分）と消費者物価上昇率の関係を示したものです。薄い線がベアを、濃い線が前年度の消費者物価上昇率を示しています。春闘では、前年度のインフレ率が賃上げの根拠として参照されるので、この図でも（当該年度ではなく）前年度の消費者物価上昇率を示してあります。たとえば、横軸の2024年に対応するのは2023年度のインフレ率です。棒グラフは両者の差です。

慢性デフレのスタートは1995年ですが、そのころ、ベアも消費者物価も伸びが低下していきます。しかし伸びの低下幅は消費者物価のほうが上回っています。当時何が起きていたかというと、金融危機などが原因で消費者物価上昇率は下がっていったので（1999年にはマイナスに突入）、ベアもそれとパラレルに下がってもおかしくはありませんでした。しかし実際には、ベアはそれほど下がりませんでしたし、ベアがマイナスになることもありませんでした。労組は、物価が上がる局面ではそれに見合う賃上げを要求する一方、物価が下がる局面では賃「下げ」を受け入れるかというと、そうではなかったということです。

その後、2000年から2013年までのあいだは、ベア率は一貫してゼロ%に張り付いています。この背景には、前章で見たように2002年のトヨタ・ショック、2003年の連合によるベアの統一要求見送りなどがあります。一方、消費者物価上昇率は、需給ギャップの拡大に伴うデフレ（2002－2003年）、輸入物価上昇に伴うインフレ（2009年）など、上下に変動しています。つまり、消費者物価上昇率が内外の経済情勢を反映して変動するなかで、ベア率は強力にゼロに固定されていたということです。この事実は、2000年から2013年の時期においては、賃金の据え置きが主導し、それが波及するかたちで価格が据え置かれていたことを示唆しています。

最後に2014年以降を見ると、アベノミクスのもとでの官製春闘でベアが復活し、賃金を据え置く力が多少弱まるなかで、ベア率と消費者物価上昇率の連動性がそれ以前の時期と比べると高まっています。賃金の据え置きが幾分弱まり、それに伴って価格の据え置きも弱まったとみることができます。ここでも主導役は賃金です。

価格マークアップと賃金マークダウン

ベアを見る限り、日本版スパイラルの主役は賃金のようです。別の方法として、価格据え置き

図3-8　価格マークアップと賃金マークダウン

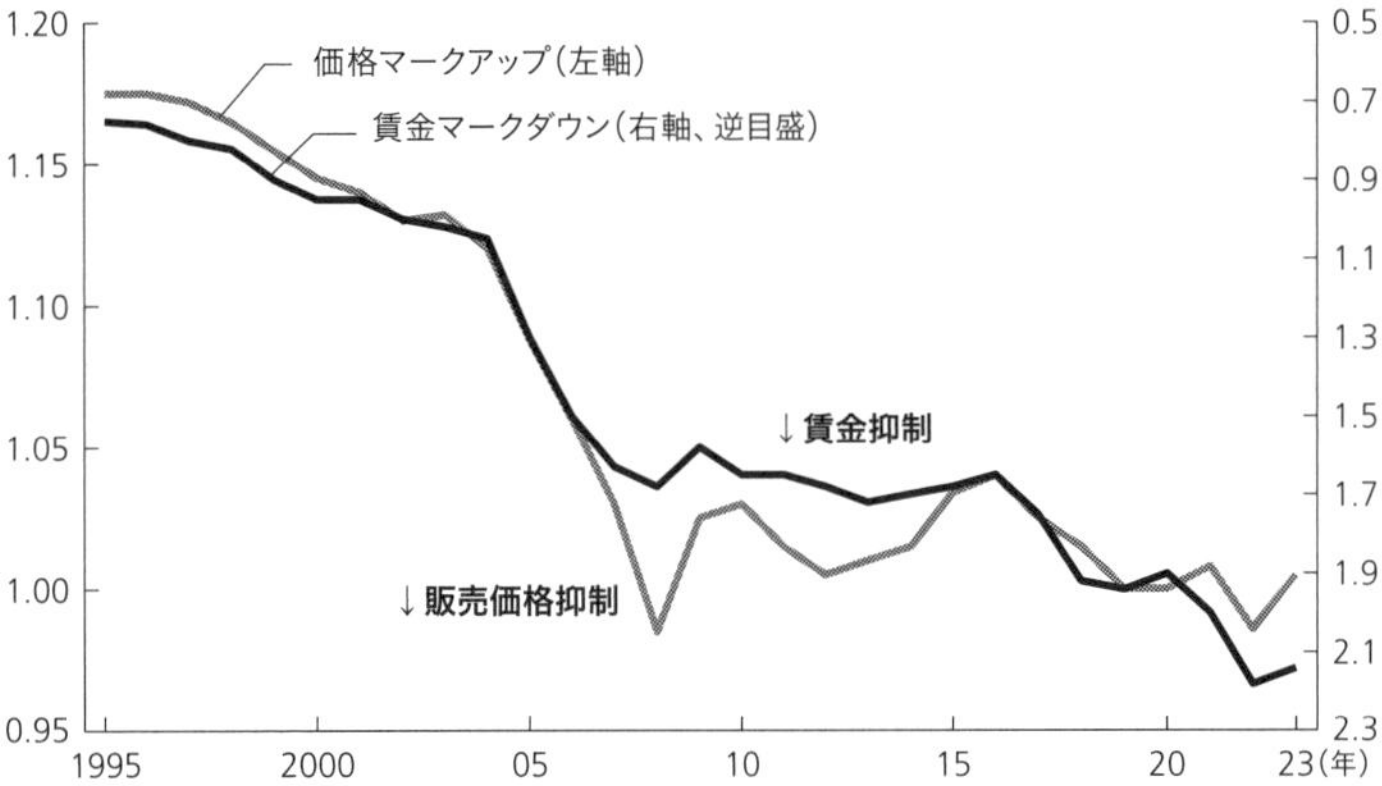

の度合いと賃金据え置きの度合いを数値化し、両者の先行・遅行関係を調べることにより、どちらが主導的だったかを見てみましょう。どちらかの据え置きが先に生じてもう一方の据え置きがそれに追随したのであれば、前者が主犯と結論づけることができます。

まず、図3－8は日銀のエコノミストたちが個別企業の財務データを用いて、①価格マークアップ、②賃金マークダウンを推計した結果を示しています。価格マークアップとは、各企業が価格を設定する際にコストにどれだけ上乗せできているかです。賃金マークダウンとは、各企業が労働生産性との対比で賃金をどれだけ抑制しているかです。

価格マークアップは、1990年代後半は緩やかに低下し（コストが上昇しても価格への転嫁を抑制）、2000年から2008年にかけて急速に低下しています。この時期に価格据え置きが強

図3-9　価格マークアップと賃金マークダウンの関係

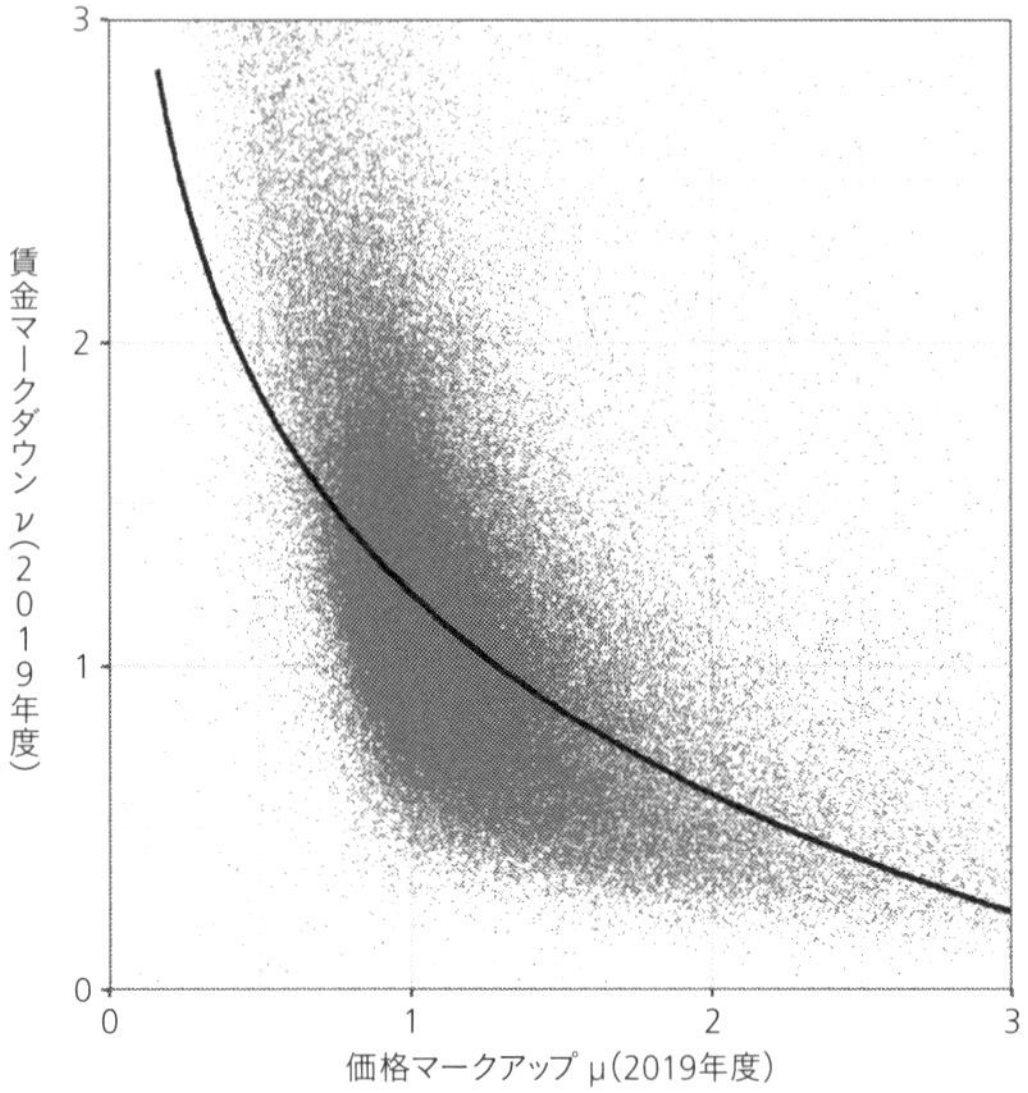

まったことを示しています。一方、賃金マークダウンは、1990年代後半に緩やかな上昇（労働生産性が改善しても賃金を抑制）を示したあと、2000年代前半に上昇が加速しており、この時期に賃金据え置きが強まったことを示しています。

このように、価格マークアップの低下と賃金マークダウンの上昇はほぼ同じタイミングで起きています。違いがあっても誤差の範囲内で、どちらが主導かはこの図からは判定不能です。

日銀の研究では価格マークアップと賃金マークダウンを個々の企業について推計しています。図3－9は、特定の年（2019年度）について、各企業の価格マークアップと賃金マークダウンをプロットしたものです（図の一つひとつの点は個々の企業を表しています）。価格マークアップの低い企業（価格据え置き傾向の強い企業）は賃金マークダウンが高く（賃金据え置き傾向が強い）、反対に、価格マークアップの高い企業は賃金マークダウンが低いことが見て取れます。「価格に転嫁するのがむずかしい企業は賃金のほうも抑えめ」と読むのが妥当のように思いますが、「賃金を抑えめに設定している企業は価格も抑えめに設定する余裕がある」と読むことも可能です。どちらが主導かはやはり判定不能です。

以上をまとめると、価格据え置きと賃金据え置きはほぼ同時期に始まり、その後の展開のタイミングもほぼ同じです。これは両者がきわめて密接に関連している証拠と言えます。しかし、両者の展開がほぼ同時だったがゆえに、どちらが主導したか（どちらが犯人か）をデータから判別するのは困難です。その意味で、早川仮説で言うところの「密約」の裏は残念ながらとれていません。

第3節 犯人は人びとの「予想」か、それとも社会の「ノルム」か

広がる「ノルム」犯人説

本書を貫くのは人びとの予想が重要という主張です。慢性デフレの始まりも終わりも、人びとの予想が起点と考えています。では、その予想はどうやって形成されるのでしょうか。経済学者は、これまで予想の形成をめぐる理論を進化させてきました。しかし予想の全貌が解明できたかと言えば到底そうは言えないのが現状です。そうしたなかで、慢性デフレは人びとの予想で起きたのではなく、社会の「ノルム」がその原因ではないかとの見方が広まっています。

たとえば、日銀の黒田前総裁は、２０２３年春の退任にあたって「ノルム」の重要性を強調しました。

「長きにわたるデフレの経験から、賃金や物価が上がらないことを前提とした考え方や慣行、いわばノルムが根強く残っていることが影響して、２％の物価安定の目標の持続的・安定的な実現までは至らなかった点は残念であります」（２０２３年４月７日）。

総裁任期中の講演でも、「日本銀行が大規模な金融緩和を行ってきたにも拘わらず、2％目標を達成できなかった最大の理由は、この『ゼロ％のアンカー』、言い換えると『ゼロインフレ・ノルム』がきわめて強固だったことです」と語っています（黒田東彦日銀総裁「金融政策の考え方」2022年6月6日）。

最近では、日銀の内田副総裁も日銀主催の国際会議で「ノルム」が元凶との見方を示しています。

「しかし、日本のデフレの全体像を説明するうえでは、別の話を付け加える必要があります。それは日本だけが経験した現象であり、マイルドでしつこいデフレが、『現在の物価と賃金は将来も変わらない』という、ある種の社会的なノルム（social norm）を生み出したということです。ここで、私が『社会的（social）』という言葉を使うのは、それが単なる経済的な現象にとどまらないからです』（内田眞一日銀副総裁「わが国における過去25年間の物価変動」日本銀行金融研究所主催2024年国際コンファランスにおける基調講演、2024年5月27日）

「物価と賃金は先々も据え置かれる」という人びとの「予想」と、黒田総裁たちの言う「ノルム」はよく似ています。しかし、「しつこさ」という点で両者は異なる（ノルムのほうがしつこい）と日銀は考えているようです。本節では、「予想」と「ノルム」はどこが似ていて、どこが違うのかを整理してみようと思います。

「ノルム」は海外の友人向けの方便だった

そもそも「ノルム」とは何でしょうか。正確には「ソーシャルノルム（social norm）」です。日本語では社会的な規範と訳されることが多いようです。ただ、ノルム自体は経済学の教科書に必ず出てくる定番の話題かと言えば、決してそうではありません。どちらかと言えばマイナーな話題です。しかも、登場するのはミクロ経済学の文脈であり、インフレやデフレといったマクロの現象を語る際にノルムという言葉が使われるのはきわめて稀です。つまり、学術的にはそれほどこなれている言葉ではないのです。それにもかかわらず、日銀という一国の中央銀行の幹部が慢性デフレと関連づけてノルムという言葉を頻繁に使うのは、非常に珍しい、ちょっと驚く現象と言ってもよいと思います。

じつは、この言葉を慢性デフレに結びつけたのは私です。こんなきっかけがありました。昔からの友人に日本の慢性デフレとは何かを説明していたときのことです。彼は、アルゼンチン出身の経済学者で、シカゴ大学の教授を経て今はニューヨークでヘッジファンドを経営しています。日本にも多額の投資をしているので頻繁にやってきます。日本大好きの日本通ですが、それでも、日本のデフレが何かを理解させるのは難儀でした。

物価と賃金が毎年据え置かれるのは日本人にとっては至って当然です。しかし、日本の外に住む人たちにとっては想像もできないことです。まして彼は、クズネッツも太鼓判を押したもうひとつの異端の国、アルゼンチンの出身です。

最初は、経済学者の彼にとってもなじみのある「予想」という言葉を使って理解させようと試みたのですが、一向に埒が明きません。2時間以上議論しても私の意図は通じませんでした。予想という言葉では伝わらない。どう説明すればいいのか。考えあぐねた挙げ句に苦し紛れに捻《ひね》り出した言葉がノルムでした。

価格と賃金の据え置きは日本の社会的な規範だと言ってみたのです。企業も労働組合もその規範に従って行動する。だから据え置きが長く続いているのだ、と。思いつきの説明なので細部はまったく詰まっていませんでした。そこは彼も不満のようでしたが、伝えたかったニュアンスは辛うじて伝わったようでした。少なくとも予想にもとづく説明と比べればはるかに理解が深まったというのが私の印象でした。

インフレ・デフレの説明は「ノルム」ではなく「予想」が王道

ノルムという言葉を使えば、日本に住んでいない人たちにも慢性デフレが何なのか、一応伝わる。これに味をしめた私は、海外の研究者や投資家に説明する際にこの言葉を使うようになり、そのたびごとに霊験あらたかを実感しました。そして、そのことを日本の人たちにも知ってほしくて、『物価とは何か』で慢性デフレをノルムという概念で考えるとわかりやすくなると説きました。ただし、その時点でも私自身のノルムに関する理解は、アルゼンチンの彼に説明したときからさほど進歩していませんでした。

繰り返しますが、物価や賃金をノルムで語るのは、現代経済学の標準ではありません。予想で説明するのが王道です。物価や賃金に関する論文の99％以上が予想にもとづくものです。私自身もノルムで物価の論文を書いたことは一度もありません。大学の授業でも予想にもとづく理論の説明が主です。

研究論文や授業では予想をベースにするのに、それでは腑に落ちないところが残る。そういうなかで、アルゼンチンの彼とのやりとりのようにワイングラスを片手に気楽に話すときは「ノルム」推しに変身する。これが今の私の偽らざる姿です。二枚舌なわけで、そう批判されればあっさり認めざるをえない少々情けない状況です。

ただ、経済学の王道が何かなどというのは、キャンパスを一歩出ればどうでもよいことかもしれません。学者の縄張り争いみたいな話はどうでもいいから、慢性デフレをすっきり理解したいという方も少なくないだろうと思います。以下では、そういう方々に向けて、予想ではなくノルムにもとづく説明がどんなものかのあらましをお話ししてみようと思います。

人びとはモデルを使って予想する！

ここからはノルムと予想の対比を議論したいのですが、そもそも本書ではここまで「予想は大事だ」と繰り返すばかりで、予想とは何なのかをほとんど説明できていませんでした。そこから話を始めることにします。

人びとの予想はどのようにして形成されるのでしょうか。勝負事や賭け事などはともかく、日常の消費活動や企業経営での予想は、神からの啓示とか、ひらめきや直感とかとは異なっているのが普通でしょう。将来何が起こるかを見通せてしまう特殊な力をもつ人でないかぎり、予想は他人の助力に頼るものではなく、自分の力で作り出すものです。

ではどうやれば自力で作り出せるのか。経済学では「人びとはモデルを使って将来を予測する」と考えます。これはなかなか画期的な考え方だと思います。

世の中には、経済の予測を生業としている企業や組織がたくさんあります。たとえばシンクタンクと呼ばれる企業の多くは、日本経済や世界経済の先行きの見通しを公表しています。予測の作成方法はさまざまで、それぞれ秘伝のタレのようなものがあるようです。その秘伝のタレがモデルです。モデルとは何か、もう少し具体的に言うと、物価や失業率や金利などさまざまな経済変数が相互に依存しながら決定される仕組みのことです。経済学者の仕事は大雑把に言えば、モデルを作ったり先人のモデルを改良したりすることです。

次ページの写真（③）は、すでに紹介したフィリップス曲線の発見者であるウイリアム・フィリップスが、１９４９年に作った経済モデル、ＭＯＮＩＡＣ（Monetary National Income Analogue Computer）です。ニュージーランド出身のフィリップスは、母国の経済においておカネがどのように流れるかを可視化するためにこの機械を作りました。機械の中をおカネに見立てた水が流れることで、人びとの支出や貯蓄などの行動や銀行の貸し出しなどが描写されます。さまざまな条件が変わったときにおカネの流れがどう変わるか、シミュレーションもできます。この機械は、ニュージーランド準備（中央）銀行に付属する博物館で今も動いています。

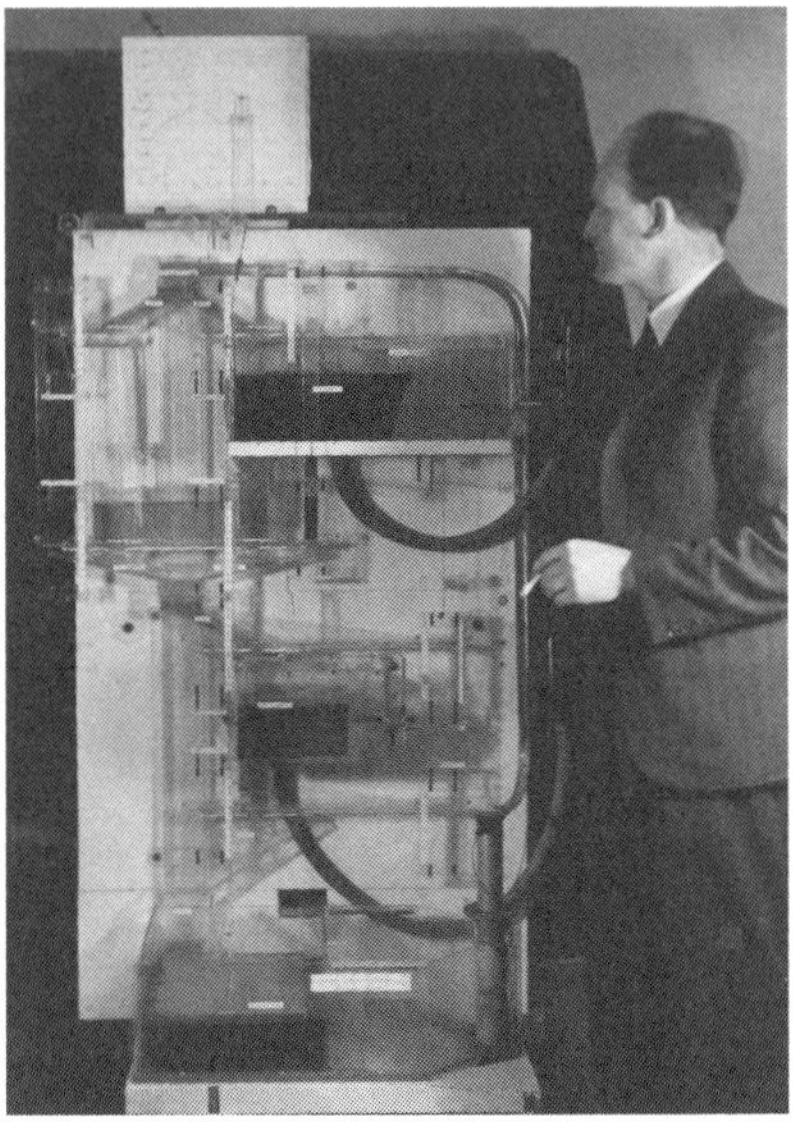

フィリップスの経済モデル，MONIAC（③）

　その後、１９５０年代には、アメリカでクライン＝ゴールドバーガーモデルと呼ばれるコンピュータを使ったモデルが開発され、予測や政策シミュレーションに利用されるようになります。このモデルは約20の数式でアメリカ経済を表現するものでしたが、その後、コンピュータの計算能力の高まりとともにモデルは大型化、つまり使われる数式の数が増えていきました。日本でも１９７０年代に、当時の経済企画庁や日銀などで同種のモデルが作られ、経済予測やシミュレーションに利用されるようになりました。

　これらのモデルは経済学者や政府関係者などプロが使うもので、普通の人には縁のないものです。しかしモデルの使用自体は、何も経済学者たちだけの特権ではありません。じつは、あなたも含めほぼすべての人がこれと同じようなモデルをもち、それを使って将来を予想している、そういう考え方があるのです。ジョン・ミュースが１９６１年に発表した論文で提起しました。これが現代の経済学において人びとの予想形成を考える基礎になっています。

「マイモデル」という考え方

この考え方はとても斬新だったので、当時は抵抗が少なくありませんでした。市井の人は政府機関やシンクタンクで使われているモデルなど見たことも聞いたこともありません。誰もがそれと同じようなものにもとづいて予想をするというのは荒唐無稽だと批判されたのです。

もちろん、政府などが使う精緻なモデルを人びとが知ることはありえません。しかし、誰もが「世の中はこう動いている」という理解はもっています。理解の中身は人によって違うでしょうし、数式化されているわけでもありませんが、さまざまな経済変数の相互依存関係についてその人なりの理解があるはずです。その意味で、政府などのモデルと本質的に違わないのです。人びとはその理解にもとづいて明日を見通し、その見通しを踏まえて今日の意思決定をしている——これは現実の描写としてそう的外れではないでしょう。

一人ひとりが自分のモデルをもっていて、それを用いて予想を行う。この考え方を『物価とは何か』では「マイモデル」と名付けました。これは、マイボトルやマイナンバーなどの和製英語に便乗して私が勝手につけた呼称で、専門用語でもきちんとした英語でもありません。ですが、各自がもつモデルというニュアンスがうまく伝わると思うので、以下ではこの呼称を使うことにします。

マイモデルという考え方についてもう少し具体的に説明しましょう（図3－10を参照）。人びとの頭の中のモデルには企業や消費者や労働者などが登場します。さらに、政府や中央銀行などの公的な主体も出てきています。各企業は商品を生産・販売しますが、その活動には何かの目的が

図3-10　人びとの頭の中にある「マイモデル」

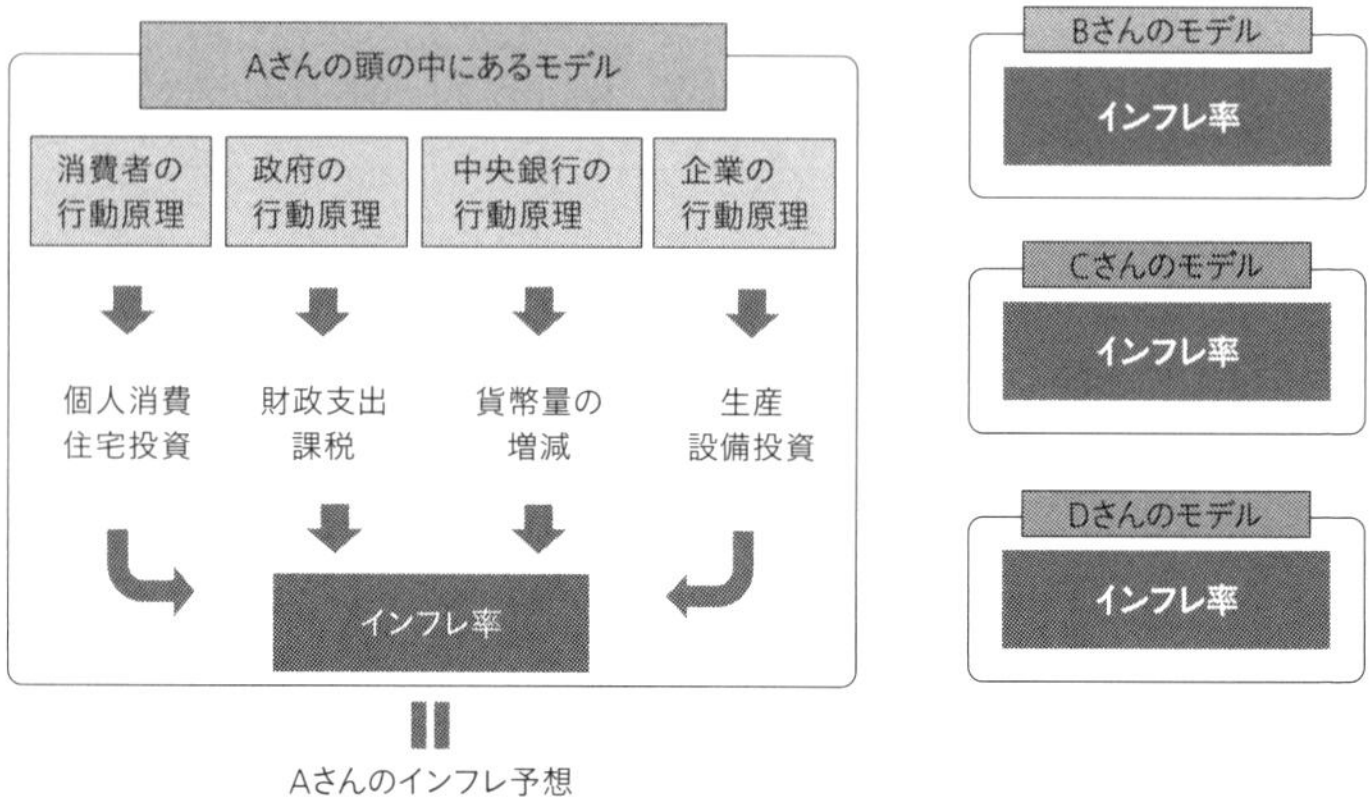

あるはずです。足元の利益を最大にしたいとか、自分の企業の株価をできるだけ高くしたいとか、従業員の満足度を高めたいとか、さまざまに考えられます。いずれにしても、何かしら目的をもって行動しているはずで、それによって企業の「行動原理」が生まれます。同様に、消費者や労働者も何かの目的と行動原理をもっています。これらの登場人物がそれぞれの行動原理に従って行動し、その結果として、生産量や消費量といったさまざまな変数の値が決まるのです。それを各自が頭の中でその人なりに理解していると考えます。

たとえば、Ａさんの頭の中では、消費者はどう行動するかを自分なりに理解しています。政府や中央銀行はどんな政策を進めるのか。企業はどう動くのか。こういう理解をもとに、消費や生産活動がどうなるかを総合的に考えていき、最終的にインフレ率がどうなりそうかということがぼんやりではあってもわかってくる。同じように、ＢさんはBさんのモデルで、Cさん、Dさんもそれぞれがマイモデルにもとづいて予想をしているのです。

こうして、人びとのマイモデルの中で将来のインフレ率も決まってくるのです。この過程を経て、人びとのインフレ予想が決まってくると経済学者は考えています。

インフレ予想はこれまでの人生経験に左右されるという仮説

さて、本題に戻って慢性デフレに「予想」がどうかかわったのかを考えてみましょう。慢性デフレ期には「物価や賃金はこの先、据え置かれる」という予想が、社会の奥深いところまでしっかりと染みついていました。では、この予想がビルトインされてしまったのはなぜなのでしょうか。

私は共同研究者とともに以下のような仮説を立てました。「ある人のインフレ予想は、その人がこれまでの人生で経験してきたインフレに左右される」という説です。

1970年代の石油危機時の高インフレを経験している世代がいれば、さらにその上の世代は戦後まもなくのハイパーインフレを実際に体験しています。これらの世代のインフレ予想は、金融緩和に反応して上がると考えられます。これに対して1980年代や1990年代に生まれた世代は、生まれてこの方デフレしか経験していないので、インフレ予想が上がらない可能性が高いのではないか――という仮説です。

カギを握る「利用可能性ヒューリスティックス」

この仮説には重要なポイントがあります。それは、そもそもどういう仕組みで、インフレに関する個人的経験が予想に影響を与えるのかという点です。

これを解くカギが、「利用可能性ヒューリスティックス」という心理学や計算機科学で使われる概念です。ヒューリスティックスというのは、コンピュータに複雑な計算をさせる際に厳密な解を計算させると時間がかかってしまうので、「厳密ではないがそこそこ妥当な解」を得ようとすることを指します。人間の思考でも同様のことが起こっています。時間をかけてゆっくり答えを出すのではなく、短い時間でとりあえず思いついた答えでよしとするという思考方法がとられる場合があてはまります。

迅速さを優先してとりあえず何かを思いつかなければならないとき、私たちは思い出しやすい記憶や知識、つまり「利用しやすい」記憶や知識に頼ろうとします。これがヒューリスティックスです。

最初に提唱したのは、行動経済学の創始者として有名なダニエル・カーネマンでした。彼は1973年の論文でいくつかの実験結果を提示します。そのひとつが、Kという文字が一番目に出てくる英単語と、三番目に出てくる英単語はどちらが多いか尋ねる実験です。結果は、一番目と答える人が圧倒的に多かったのですが、実際に調べてみると後者の単語のほうが多いので大多数の人は不正解です。では、なぜ一番目と答える人が多いのか。カーネマンの解釈は、Kが先頭の単語のほうが思い出すのが簡単だからというものでした。

私たちのプロジェクトでは、この利用可能性ヒューリスティックスが人びとのインフレ予想の形成にも用いられていると考えました。将来のインフレの予想は、マイモデルに過去のインフレ率のデータやエピソードをインプットすることで得られます。厳密な解を導き出すには、大昔のインフレ率や他国のインフレ率など、あらゆる情報のインプットが必要になります。ですが、古今東西の経済状況を暗記しているような人でないかぎり、それらは利用可能性の低い、どんなになっても思い出しようがない情報です。ということは、カーネマンの実験結果が示したように、人間は先々のことを考えるときにもすべての記憶を動員するのではなく、簡単に思い出せることだけを使っている可能性が高いのです。

利用可能性ヒューリスティックスはどう働いているか。自分がかつて経験したことならすぐにマイモデルにインプットできるので、迅速にインフレ予想を出すことができます。個人の経験の中でも、最近の経験は思い出しやすいので利用可能性が高いのです。近い過去の経験は、遠い過去の経験に比べて重視されることになります。つまり、人びとは自分の生まれる前のことはいったん忘れ、自分の経験してきたインフレ、とくに最近経験したインフレをもとに将来のインフレを予想している――私たちはそのように考えました。

インフレを知らない子どもたち

私たちのプロジェクトでは、この仮説をデータを用いて検証しました。検証作業の詳細は省略しますが、図3－11がその結果です。インフレ予想の違いのうち、生まれた年（コーホート）の

図3-11　インフレ予想のコーホート効果

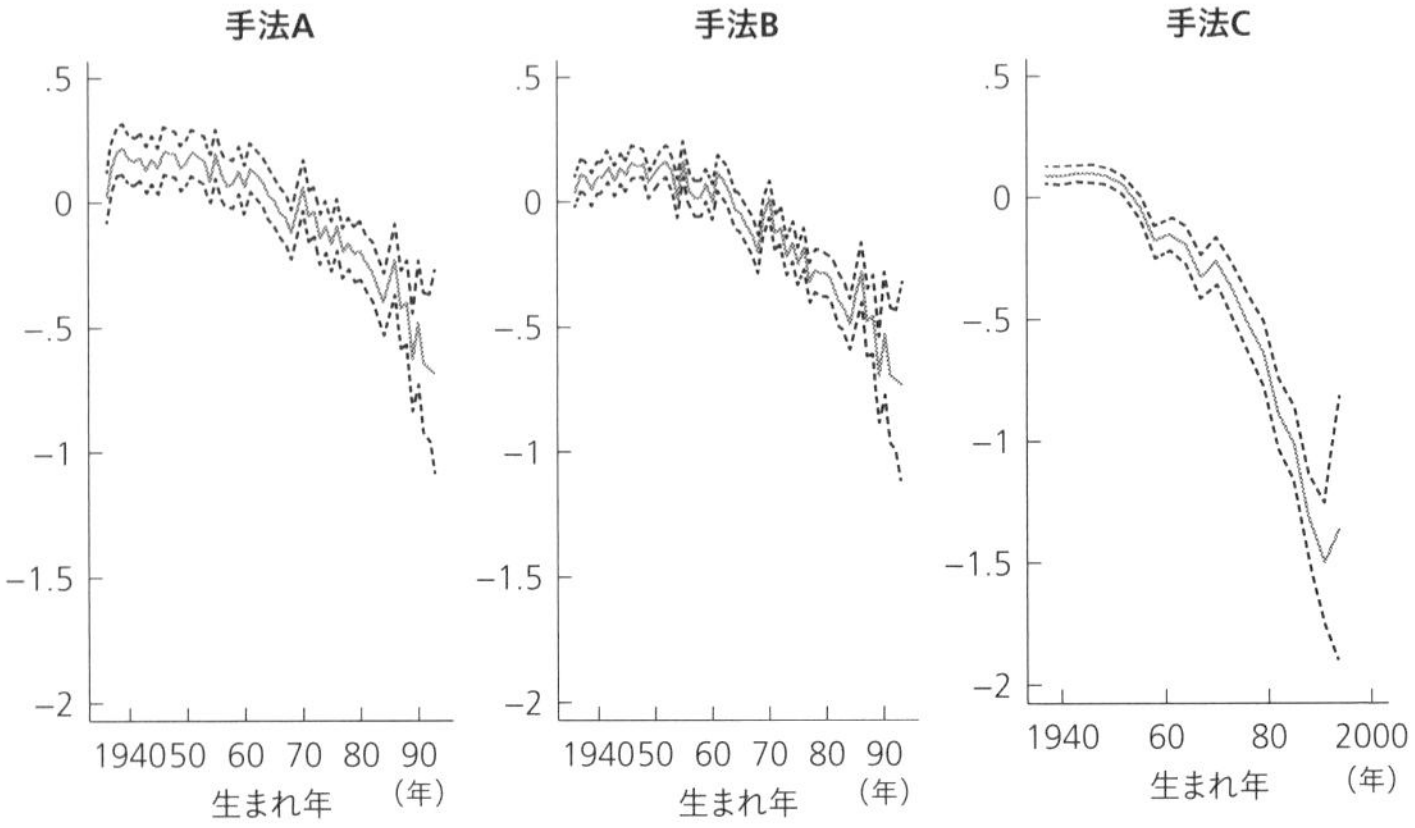

違いに起因する部分を抽出したものです。1936〜1962年生まれの人たちのあいだでは、インフレ予想に大きな差はありません。しかし、それより下の世代では、生まれ年が若くなるにつれてインフレ予想が低くなり、その傾向はとくに1980年半ば以降に生まれた世代に顕著ということがわかります。

私たちがこのインフレ予想に関する研究結果を発表すると、IMFから強い関心が寄せられました。日本のような先進国だけでなく新興市場国も多く加盟する国際機関であるIMFは、加盟国の経済情勢をモニターすることを大切な仕事のひとつとしています。その担当チームは日本も定期的に訪問しており、官庁や日銀、民間企業などで情報収集を行います。2018年にやってきたチームはデフレを調査のテーマにしていたので、私たちの研究に注目したのです。

そのチームのメンバーであるエコノミストか

ら、「日本にはインフレというものを知らない、世界でも珍しい若者がいるのか」という質問がありました。他の国（とくに今なお高インフレに悩む新興市場国）からすると、日本の若者は非常に珍しい部類に属するということをそのとき初めて認識しました。かつてのヒットソング「戦争を知らない子供たち」ならぬ、「インフレを知らない子供たち」です。そもそもこの歌自体、今の若年層は知らないかもしれませんが。

私たちの研究成果は、ＩＭＦの報告書に掲載され、ＩＭＦ内部の会議でも話題になったそうです。その際にアルゼンチンの事例と比較されたと聞いています。クズネッツに異端の烙印を押された、あのアルゼンチンです。アルゼンチンでは、高インフレを経験したあと、実際のインフレ率が下がってもインフレ期待がなかなか下がらなかったのですが、これは多感な時期に高インフレを経験した世代のインフレ予想が下がらなかったためと言われています。日本ではそれと正反対のことが起こっている可能性が高いというのがＩＭＦの会議の結論だったそうです。

「ノルム」とは社会のルール

インフレ予想がどのように形成されるかのあらましをお伝えしたところで、次はいよいよノルムです。

ノルムという言葉が近年日銀などで使われるようになったのは、慢性デフレのメカニズムをうまく説明できるからでした。しかし、じつはこの概念は、経済学者だけでなく心理学者や社会学者などさまざまな分野の研究者が関心をもっているものです。ノルムとは、ひと言で言うと社会のルールです。ルールには、法律のように文章化されているものもありますが、明示されていない暗黙の了解も少なくありません。それがノルムです。

たとえば、高級なレストランで食事をする際にはTシャツや短パンは不可といったドレスコードや礼儀作法など、さまざまなルールがあります。また、親しい人たちのあいだでやっていいこと、いけないこと、言っていいこと、いけないことのルールもあります。親しい人たちとひと言で言っても、それが学校の友人関係なのか職場の同僚なのか家族なのかなど、属しているグループに応じて、そのルールも違ってきます。

ノルムは、あるグループにおいて、グループ全体として物事が円滑に進むようにメンバー間で自生的に育ったルールです。つまり、個人が他人との関係を無視して勝手にルールを作るのではなく、グループの中で必要に迫られて自然にできたルールなので、当然、グループ内の他者との関係が規定されることになります。これが重要な特徴です。

Aさんは自分の行動を決める際に、「自分はグループの他の人たちに対して何をしなければならないのか、何をしてはいけないのか」を考えます。同時に、「(Aさん以外の)他のメンバーは自分に対して何をしてくれるのか、どういう行為はありえないのか」も考慮に入れます。

行動の選択肢が狭められ、場合によっては行動を制限されるので、窮屈に感じることもあります。しかし、ルールがあるために、完全ではないにせよ他のメンバーがどう行動するかが予見可能になるので、そのぶん不確実性が減って物事が円滑に進むようになります。

エスカレーターのどちら側に立ちますか？

世の中にはどんなノルムがあるのか、実例を見ていきましょう。最初の例はエスカレーターです。東京では、駅などのエスカレーターでみんなが左側に立っています。急ぎの用で歩いて進みたい人のために右側はあけているのです。これは利用者が自生的に作った暗黙のルールです。鉄道会社が作ったルールではありません。むしろ、鉄道会社はエスカレーターを歩くのは危険なので、歩かないよう注意しています。

このルールがあることによって、急ぎのときは右側を早く進むことができるので、社会が効率的になる。それは善いことだと多くの人が同意しているので、このルールを遵守しようとします。誰が始めたかは知りませんが、いったん広まると、人びとは自発的にこのルールに従うようになり、定着したと考えられます。

このルールは他者との関係性から生まれたものだとみることができます。左側に立つことによって、急いでいる人たちを助ける、ある種の便宜を図ってあげるという利他的な気持ちが働いているのです。利他というのは他者との関係ですから、他者との関係性を規定するノルムの性格がここにはっきり表れています。だから、誰かがルールに従わず、右側に立って急用のある人の妨げになっていると、周囲から冷たい視線を浴びせられ、場合によっては咎められるといったことが起きるのです。

エスカレーターのノルムのもうひとつの特徴は、複数の選択肢があるということです。どういうことかと言うと、次ページ写真（④）にあるように、東京のエスカレーターでは左側に立って

東京・渋谷

大阪・梅田

エスカレーターのノルム（④）

右側をあけますが、大阪では右側に立って左側をあけます。なぜ大阪は右で、東京は左なのだろうと、疑問に思う人もいるかもしれませんが、じつは、どっちでも大差ないからこうなっているというのが答えです。

つまり、大した違いはないが、何かの偶然で東京は左を選び、大阪は右を選んだ。それがルールの出発点になったのです。東京でも大阪でも選択肢が複数あったということです。そして、どちらが選択されるにせよ、あるときに誰かが選んで、それがいったん採用されて、ルールに則った生活がある程度の期間続くと、それぞれの社会で左右は固定されて逆転は起きません。

ノルムがもつ複数の選択肢は、経済学の複数均衡に対応しています。均衡というのは経済の落ち着きどころという意味です。エスカレーターの例でいうと、東京の左側ルールは均衡だし、大阪の右側ルールも均衡です。均衡は複数あるわけで、どっちの均衡になってもおかしくない。どちらになるかは偶然性が支配しています。

マスク着用ルール

ノルムの実例の二つ目は、コロナ禍でのマスクの着用です。マスク着用は自分自身を感染から守るという面もありますが、他人にうつさないという面もあります。社会全体で感染拡大を防ぐという観点からは、「他人にうつさない」効果のほうがはるかに大きいことが知られています。その意味でマスクの着用は利他的であり、社会全体の健康を守るために、人びとが自主的にマスク着用のルールを作り出したと考えることができます。もちろん、政府が勧めたこともありましたが、強制ではなく、あくまで人びとが自発的に動いた結果です。

ただし、世界中どこの国でもマスク着用のルールが確立されたかというと、決してそうではありません。むしろ日本は例外で、多くの国でマスクの着用は定着しませんでした。自分以外の人たちがマスクを着けていないという状況では、自分だけマスクを着けたとしても、それによって他人を守るという利他的な効果はほとんど期待できません。自分を守る効果はもちろんあるのですが、それを超える社会的な意味はない。そうであれば、自分もマスクを着けないという選択をしたくなります。とくに自分の健康に自信のある若い人たちはそうです。このようにして、社会全体としてマスクの不着用が選択されることになります。

Column

自発的ロックダウン

マスク着用と並ぶコロナ下での重要なルールは外出抑制（ステイホーム）でした。日本社会はこのルールを自発的に選択しました。マスク着用と同じで、政府・自治体がステイホームを法的強制力をもって押し付けることはありませんでした。その意味で、外出自粛はまさに「自粛」でした。これに対して、自発的な外出抑制に向かわなかった国では、政府が法律にもとづく強権を発動してロックダウンを行いました。銃で武装した警察や軍が人影のない街をパトロールする映像が当時よく流れていたのでご記憶の方もいらっしゃると思います。

つまり、あのとき、強権的なロックダウンでステイホームを図ろうとする国と、日本のように自粛でステイホームを図ろうとする国があったのです。私と共同研究者の藪友良教授（慶應義塾大学）は後者を「自発的ロックダウン」と命名し、強権的と自発的でどれほど効果が異なるかを調べることを思い立ちました。

具体的には、スマホの位置情報のデータを使うことで、スマホの持ち主が家にいるかどうかがわかります。このデータを使って、緊急事態宣言が出た地域と出ていない地域でステイホームにどれだけ違いがあるか、感染者や死亡者の数の多い地域とそうでない地域でステイホームにどれだけ違いがあるかなどを調べました。

私たちは当初、強権型のほうが外出抑制効果が大きいのではないかと考えていました。しかし驚いたことに、日本のスマホデータを用いた私たちの結果と、アメリカのスマホデータを用いたシカゴ大学の研究者たちの結果は、ほとんど差がありませんでした。

シカゴ大学の研究チームは、彼らの結果を踏まえ、アメリカの措置の法的拘束力は皆が信じているほどに強くなかったと結論しました。確かに、アメリカ人でも感染は怖いので、法的拘束力のある措置の導入の有無にかかわらず自ら進んでステイホームしたのかもしれません（その結果、ロックダウン措置の出された地域と出されなかった地域でステイホームに差がなかった）。

日米の結果がさほど違わないことのもうひとつの解釈は、日本ではステイホームが暗黙のルール（つまり、ノルム）となり、その外出自粛ノルムが非常に強く効いたというものです。アメリカの法律が弱かったのか、それとも日本のノルムが強かったのかの判定は困難ですが、当時の日本社会の雰囲気を考えると、後者の可能性がかなり高かったように思います。

雪かきシャベルの値上げ

ここまではノルムの一般的な特徴を見てきました。ここからは焦点をぐっと絞り、価格に関するノルムを見ていきます。例を用いた説明を続けますが、最初に取り上げるのは「雪かきシャベル」の例です。この例を使って商品のプライシングに関するノルムを解明したのは、先ほど利用可能性ヒューリスティックスで登場したカーネマンです。１９８６年の論文で次のようなアンケート結果を紹介し、そのメカニズムを明らかにしたのです。

「ある販売店では普段、雪かきシャベルを15ドルで売っている。しかし、突然の大雪でシャベルに対する需要が急増するなか、価格を20ドルに引き上げた。顧客の視点で、この値上げはフェアかアンフェアか」

皆さんはフェアと感じますか。それともアンフェアでしょうか。カーネマンの調査では、フェアと回答した人の割合は18％にすぎず、圧倒的多数（82％）はアンフェアとの回答でした。この回答を受けてカーネマンは問います。人びとはなぜこれをアンフェアと感じるのか、と。

需要が増えて価格を上げるのは当然のように見えます。ミクロ経済学の教科書をめくれば最初のほうにそう書いてあります。しかし、多くの人はそれをアンフェアと感じる。なぜなのでしょうか。

カーネマンはこう説明します。人びとは、価格が15ドルのときも販売店は適正な利益を得ていたと考える。その適正な利益水準を基準にすると、販売店は値上げをすることによって5ドル分の余分な利益を手にすることになる（販売店のコストは何ら変わっていないので、値上げ分がまるまる利益になる）。一方、買い手は5ドル分の損失を被る。人びとがアンフェアだと感じるのは、販売店が得る5ドル分の過剰な利益に対してだ、と。

何を参照値とするか

ここでの重要なポイントは人びとが何をもって利益を「過剰」と感じるかです。販売店は不正を行っているわけではなく、需要増に対応しているだけなので、過剰ではなく正当な利益という見方もありえます。しかし、大多数の人は、大雪前の利益水準が「参照値」であり、その参照値に照らすと20ドルへの値上げ後の利益は過剰と判断します。この参照値は誰が決めたわけでもないのに、多くの人のあいだで暗黙のうちに共有されているものです。その意味で、参照値は売り手と買い手のあいだの暗黙のルール（つまり、ノルム）の一部なのです。

この例では、大雪でシャベルの需要が増えているにもかかわらず、販売店は値上げできません。万一値上げすれば、顧客はアンフェアとなじり、将来買ってくれなくなるからです。販売店はそれが怖くて、需要の増加にもかかわらず価格を据え置くので、その結果、超過需要（その値段であればシャベルを買いたいのに在庫切れで買えないという事態）が発生してしまいます。価格は需要と供給がマッチするように決まるという、経済学の原理に反したことが起きています。

経済学の原理に反する結果になるのは設定が経済学の標準からずれているからです。ここでは、売り手（販売店）と買い手は一期一会ではありません。販売店は近隣の住民を顧客としており、そこにはメンバーがある程度固定されたグループが存在します。そのグループ内で、どの取引がフェアで、どの取引がアンフェアかの暗黙のルール（つまり、ノルム）が自生して、売り手と買い手の行動を規定しています。そのため伝統的な需給一致とは異なる結果が表れるのです。

なおカーネマンは、同じ15ドルから20ドルへの値上げであっても、その理由がシャベルの仕入れ値の上昇である場合（たとえば、シャベルを製造するのに必要な原材料が値上がりしたため仕入れ値も上昇した場合）、人びとの回答がどう異なるかも調べています。この場合は、販売店の原価が上がっているので、20ドルに値上げしても利益は「参照値」（大雪前の利益水準）のままです。だから、多くの人びとは過剰な利益は発生していないとみなして、値上げはアンフェアではないと回答します。つまり、偶発的な需要の変化に伴う値上げは、アンフェアとみなされるので値上げがむずかしい。それに対して、供給の変化に伴う値上げは、アンフェアとはみなされないので値上げがしやすいということです。

Column

価格に関するノルム「見えざる握手」

カーネマンのこの論文は今では行動経済学の古典です。しかし、この論文以前に価格のノルムに関する議論がなされていなかったかというと決してそんなことはありません。マクロ経済学のケインジアンの系譜に連なる経済学者も、雪かきシャベルの例など、カーネマンと似た問題意識をもっていました。

その主役はアーサー・オークンです。彼は、何がフェアな価格変更で、何がアンフェアかについて、店舗（企業）と顧客のあいだに暗黙の合意が存在すると考えました。そして、その合意を「見えざる握手（Invisible handshake）」と呼びました。市場経済の仕組み（必要なだけの量の生産がなされ、必要な人に配分される仕組み）を、経済学の父であるアダム・スミスは「見えざる手」と呼びましたが、オークンの言葉はこれをもじったものです。オークンの提唱する見えざる握手は、価格に関するノルムにほかなりません。

見えざる握手の最も重要なポイントは、フェアな値上げとアンフェアな値上げの線引きがどのように決まるかです。雪かきシャベルの例は線引きが明快で腹落ちします。しかし、店舗・顧客間のさまざまな場面で存在する暗黙の合意は千差万別で、そのすべてについて、どのようにして線引きがなされるかの統一的な理論が発見されているわけではありません。その意味で、プライシングに関するノルムの理論はいまだ発展途上です。ノルムの理論化がむずかしいということも一因でしょうが、オークン以降、マクロ経済学者の関心がノルムではなく予想に向き、その線で価格を説明する研究が主流となったことも大きかったと思われます。

なお、イエール大学でオークンの指導を受けた西村清彦東大名誉教授の学位論文は、オークンの提唱する価格に関するノルム理論をモデル化するという野心的なもので、屈折需要曲線の理論を拡張することでそれを実現するというアイディアです。『日本の物価・資産価格』(渡辺努・清水千弘編、東京大学出版会、2023年6月)では、西村教授がオークンとの当時の興味深いやりとりを語っています。オークンのノルム理論に関心のある方は是非ご一読ください。

賃上げ自粛・値上げ自粛のノルム

さて、価格に関するノルムについてその概要をお伝えしたところで、次はいよいよ、慢性デフレの中でノルムが果たした役割を考えてみましょう。と言っても、慢性デフレの全貌をノルムの視点で解明することはまだ誰もできていないので、これからお話しすることはすべて私自身の柔らかい仮説の域を出るものではありません。その仮説をひと言で言うとすれば、早川氏の言うところの「労使の密約」が日本社会全体に広まり、それがノルムとして定着したというものです。

早川仮説は、１９９０年代半ばの時点で日本の賃金が国際的にみて高すぎ、そのままでは中国との国際競争で負けてしまうとの認識が財界にあったというのが出発点です。この認識が社会に広く浸透し、「賃金を抑制することで国際競争を勝ち抜く」という目標（スローガン）が社会全体で共有されるようになりました。そして、その目標達成のために労働者・労組に対しては賃上げの「自粛」を迫る一方、企業に対しては値上げの「自粛」を迫りました。この二つの「自粛」が慢性デフレを支配する暗黙のルール（つまり、ノルム）でした。

日本社会の二つのノルム

先ほどお話ししたように、私は藪教授との研究でコロナ下の自粛ノルムについて研究する機会がありました。その研究を進めるなかで気づいたのは、コロナ下での自粛ノルムは慢性デフレ下の自粛ノルムと酷似しているという事実です。

どちらのノルムも「自粛」がキーワードです。この二つのうちコロナ下でのノルムは、記憶に新しいこともあり、誰でも直観的に理解できます。一方の慢性デフレのノルムはかなり難解です。しかし、コロナ下のノルムとの類似性をきっちり意識することで、理解がぐっと進むというのが私の経験です。以下では、二つのノルムを見比べることを通じて、慢性デフレのノルムが何であったかについて私の見方をお伝えすることにします。

二つのノルムを比較するために表3－2を用意しました。この表では六つの切り口から二つのノルムを比較しています。最初に、コロナ下のノルムについて六つの切り口に沿って簡単に説明し、その後、同じ六つの切り口で慢性デフレのノルムについて見ていくことにします。

第一の切り口は「日本社会はそのノルムで何を達成しようとしたのか」です。これは自明で、感染を防ぎたいということに尽きます。続いて第二の切り口は「実際にどんなルールを人びとに課したのか」です。これも自明で、不要不急の外出や集会はやめる、マスク着用、お店には休業要請、などなどです。第三の切り口は「ルールを人びとに遵守させるためにどんな仕組みが作られたか」です。国・自治体による飲食店への休業補償など金銭的な動機づけもありましたが、基本は自発的なルール遵守に委ねられました。また、自粛警察などの相互監視の仕組みも誰が掛け声をかけたわけでもなく自生的に作られました。

第四の切り口は「日本のルールは他国とどう違ったか」です。先ほども述べましたが、他国では法的拘束力のある措置（ロックダウンなど）だったのに対して日本は自発的な措置という点で、大きな違いがありました。第五は「ノルムがあったことで何を達成できたか」です。藪教授との研究で示したように、ノルムが感染の抑制に一定の効果をもったことは確かですが、ノルムがな

表3-2 日本社会の二つのノルム

	「自発的」ロックダウン	慢性デフレ
日本社会はそのノルムで何を達成しようとしたのか？	• 人びとが感染するのを防ぎたい • 感染者が健常者に接触するのを止めたい	• 中国など新興国に対する国際競争力を維持したい • そのために企業が支払う人件費を抑えたい
人びとにどんなルールを課し、どのように行動を制約したのか？	• 不要不急の外出を極力控えさせる（ステイホーム） • 集会を極力控えさせる • 飲食店に休業を要請 • マスク着用を要請	• 労働者・労組に対して賃上げの自粛を迫る • 企業に対して値上げの自粛を迫る
人びとにルールを遵守させるための仕組みは何だったのか？	• 基本は人びとの自発的なルール遵守 • 人びとは互いを監視（自粛警察など） • 政府・自治体が行った措置の法的拘束力は弱い • 一部については政府・自治体が金銭的なインセンティブを与えた（休業補償など）	• 基本は人びとの自発的なルール遵守 • 経団連や有力企業（トヨタなど）は春闘のタイミングで労組を強く牽制 • 消費者は企業を厳しく監視し、値上げする企業に対しては不買でペナルティを科す（鳥貴族の例）。その結果、屈折需要曲線が出現 • 政府や日銀の積極的な関与はなし
他国との違いは？	• 米欧諸国の多くは、政府が法的拘束力を伴うロックダウンを実施 • ルールを遵守させるために軍や警察によるパトロールを実施した国も	• 価格と賃金の据え置きを長く続けた国は日本だけ • ドイツなどでも、中国などが台頭するなか、国際競争力を維持するために人件費の抑制が課題との認識はあった。しかし価格・賃金の据え置きが定着することはなかった
ノルムで何を達成できたか？	• 感染拡大の抑制に一定の効果があった	• ベアなし春闘が続くことで企業の人件費がその分抑えられた。しかし、それによって国際競争力が高まったかどうかは不明
ノルムの負の側面は？	• 人と人の接触の抑制が過剰になり、経済活動を停滞させた可能性がある • 人びとに自粛をやめさせるための明確なきっかけがなく、自粛が長引き、他国に比べ経済再開が遅れた • 政府が法的な位置づけを感染症法上の5類に移行させたことで、ようやくノルムが解消	• 賃上げ・値上げが停止し、価格メカニズムが機能不全に陥った • 賃上げ・値上げの自粛をやめるきっかけがつかめないままに、自粛が長引いてしまった • アベノミクス以降、政府・日銀は自粛解除を呼びかけてきたが、ノルムの解消はいまだに実現できていない

ければ壊滅的なことになっていたのかと問われると、正直自信がありません。ここの最終的な答えは疫学の専門家に委ねたいと思います。

そして最後の切り口は「行動の制約による負の側面がなかったか」です。コロナ下のノルムの負の側面はかなりわかっています。個々人から外出の自由を奪い、飲食店から営業の自由を奪いました。個人や飲食店の不利益は甚大でした。

もうひとつ大事なポイントは、ノルムが不必要に長く残った点です。米欧は2021年春には政府の掛け声のもと、経済再開へと一気に舵を切ったのに対して、日本はノルムとしていったん定着した自粛ルールを停止させるきっかけをつかめないまま、自粛がダラダラと続きました。そのため、日本は経済再開で大きく後れをとってしまいました。結局、自粛ルールの解消は感染法上の扱いを5類に移行する（2023年5月）までずれ込みました。いったん定着したノルムを停止させるのはきわめてむずかしいことを示しています。

消費者がノルムの監視役

コロナ下のノルムについて六つの切り口に沿ってあらましを整理したところで、今度は慢性デフレのノルムについて同じ切り口で考えてみましょう。慢性デフレのノルムが「何を達成しようとしたか」は、本書をここまでお読みいただいた皆さんには明らかだと思います。中国に負けたくない、そのために人件費を抑えねばならない。これに尽きます。「どんなルールか」も明らかです。労組に対して賃上げ要求の自粛を迫る一方、企業に対しては値上げ自粛を求めました。

「ルール遵守の仕組み」は急に聞かれると戸惑いますが、少し考えれば答えが見えてきます。賃上げ自粛と値上げ自粛という二つの自粛ルールが遵守されるには、「監視役」が必要です。コロナ下では自粛警察がその役割を担いました。慢性デフレのノルムでは、本書でのこれまでの説明からわかるように、労組に対してルールの遵守を迫り、監視したのは経団連や有力企業（トヨタなど）でした。一方、企業に対してルールの遵守を迫ったのは消費者たちでした。

値上げをしようとする企業に対しては、その商品を買わないというかたちで「不買運動」を展開し、企業を厳しく牽制したからです。第1章で紹介した鳥貴族はその典型例です。また、社長がテレビで謝罪したガリガリ君の値上げや「＃くいもんみんな小さくなってませんか日本」は、不買運動をかわすために企業が捻り出した戦略です。消費者による不買運動は日本の至るところで展開され、その結果、屈折需要曲線（値上げがあると需要が大きく落ち込む）が生み出されました。

「監視役」という視点で二つのノルムを比べると、大事な共通点が見えてきます。それは政府の役割です。コロナのほうは、政府・自治体による監視が皆無ではありませんでしたが、「自粛警察」や「同調圧力」といった、自生的な仕組みの重要性はその比ではなかったと思います。一方、慢性デフレのノルムは、政府や日銀がそこに関与した形跡はほとんど認められません。

政府と日銀は賃上げ自粛と値上げ自粛を容認したということになるのかもしれませんが、容認すべきかどうかしっかり検討し、その結果容認するという積極的な容認ではありませんでした。政府と日銀の役割としては、むしろ、賃上げ・値上げの自粛が社会に広まるのを早い時期に抑えることが大事だったと私は思います。しかし、その方向での関与の形跡も見られません。結局、第二次安倍政権がデフレ脱却を掲げるまで政府・日銀はひたすら不関与を続け、そうしたなかで、消費者たちによる「自粛警察」（コロナ下の外出自粛ではなく値上げ自粛を見張る警察）が増殖したのだと思います。

第四の切り口の「他国との比較」については、私自身の不勉強もあって明快な回答を持ち合わせていないのですが、ヒントになりそうな情報があります。１９９０年代後半に中国の脅威に晒されていたのは、当然ながら日本だけではありませんでした。欧州の友人によれば、ドイツでも当時同様の懸念があり、賃上げを抑制する議論があったそうです。しかし結果として見ると、ドイツで賃金の据え置きが定着することはありませんでした。

よく似た環境にあった日本とドイツで片や自粛のノルムが生まれ、片や生まれなかったというのは、ノルムの発生メカニズムを知るうえで興味深く思います。ただし、ドイツの労働市場についての私自身の知識が貧弱なのでそれ以上のことは残念ながらわかりません。しかし、コロナのときに日本では他国にない特殊な自粛ノルムが自生したという事実を踏まえると、そういうノルムが自生しやすい環境があるのかもと思います。いずれにせよここは、私の宿題とさせてください。

ノルムは完全に払拭されたのか

最後はノルムの「負の側面」です。賃上げ自粛と値上げ自粛が徹底されるなかで賃金と価格が据え置かれ、蚊柱の譬えで言えば蚊が死んだ状態、経済学の用語を使えば価格メカニズムの機能不全が起きました。これがどういう意味で経済厚生を損ねたのかについては次章で詳しく議論するのでそれまでお待ちいただくとして、ここでは、自粛解除をタイムリーに実行できず、自粛がズルズルと長引いてしまった点について考えてみます。

いったん定着したノルムの解消がむずかしいのはコロナ下の自粛の文脈で説明したとおりです。コロナの場合は、法的な位置づけを感染症法上の5類に移行するという強い権限を政府がもっており、それを有効に活用できたように思います。それに対して賃上げ・値上げの自粛のほうは、「5類移行」に相当する強権を政府も日銀も持ち合わせておらず、コロナの自粛以上にズルズルと長引いてしまいました。異次元緩和はその強権の候補だったのかもしれませんが、10年経ってわかったことはそうではないということで、そのことは、本節の冒頭で紹介した黒田総裁の退任時のコメントで明らかです。

異次元緩和でないとすると、「5類移行」に相当するものは何なのでしょうか。第2章で紹介した最低賃金の引き上げや下請法の改正はそれに相当する可能性があります。ただ、本家の5類移行は移行前と移行後の線引きが誰の目にもはっきりしており、政府もそれを利用してコロナ後の新たな社会に移行するという機運を一気に醸成することに成功しましたが、最低賃金にしても下請法にしても多くの人はミクロの地道な施策と受け止めており、これらによって自粛ありの社会から自粛なしの社会に移行するというメッセージ性はきわめて乏しいのが実情です。

政府・日銀から「5類移行」に相当する措置の発信がないなかで2022年春以降に起きたの

は、グローバルインフレという海外からの突風で賃上げ・値上げの自粛ルールが吹き飛ばされたということです。しかし、ノルムはこれで完全に払拭されたのでしょうか。

コロナ下の外出自粛やマスク着用は確かに5類移行でずいぶん減りました。しかし人混みでマスクを着けている人は今でも少なくありませんし、繁華街を見ると、大人数の集まりも完全に昔どおりというわけではないようです。在宅勤務も定着しています。その意味でコロナ下の自粛ノルムはややかたちを変えて残っています。慢性デフレのノルムについても、過去30年とは明らかに違うが、さりとてその前の慣行に完全に戻るわけではない、という着地点もありうるのかもしれません。

第4節

犯人は日銀か、それとも政府か

財政当局も物価に責任をもつべきか

本書は、デフレであれインフレであれ、物価に望ましくない状況が起きたときに、それに対応すべきは中央銀行（日銀）という立場で一貫しています。しかし、これについては別な考え方もありえます。物価の安定には政府（とくに財政当局）も責任をもつべきだという考え方です。

たとえば、アベノミクスの初期は、異次元緩和で円安が進み物価も上昇するという好調なスタートでした。しかし、2014年4月の消費税率の引き上げによって個人消費が冷え、物価上昇が止まったという批判があります。財政が適切に運営されていればデフレ脱却ができたはずという指摘もあります。また、パンデミック後の各国のインフレをめぐって、パンデミック下での財政の大盤振る舞いが原因との見方もあります。

本節では、物価を財政で説明するとはどういうことなのか、慢性デフレの犯人は金融ではなく財政なのか、2022年春以降の日本のインフレは財政の大盤振る舞いが原因なのかといった点について考えていきます。

異端から主流に成り上がったFTPL理論

「日本のデフレは財政に原因がある」という指摘は、クリストファー・シムズ（プリンストン大学）、エリック・リーパー（バージニア大学）、ジョン・コクラン（スタンフォード大学）によってなされています。この三人は、「物価水準の財政理論（FTPL：Fiscal Theory of the Price Level）」の中心的な立役者たちです。

じつは、私自身、この理論の日本への適用に取り組んでいた時期があります。2000年代初頭のことです。2004年には、共同研究者であった岩村充教授（早稲田大学）と成果をまとめ、『新しい物価理論』という本を出版しています。この大それた書名からもわかるように、この理論にかなりの思い入れがありました。しかし、この本は刊行と同時に厳しい批判を浴びました。「この理論は確かに『新しい』が、残念ながら間違っている」という手厳しい書評も頂戴しました。

FTPLはシムズの発案によるものです。当初はアメリカでも異端の説と酷評されました。シムズは2011年にノーベル経済学賞を受賞していますが、受賞の対象となった業績はFTPLではありません。それどころか、受賞の理由を記すノーベル賞委員会の文書にはFTPLという言葉は一切出てきません。それくらい異端視されていたということです。本家本元がこれですので私たちの本が酷評されたのも当然です。

しかし、最近になって風向きが大きく変わってきました。FTPLを支持する研究者が急速に増えてきているのです。経済学の主要な雑誌にFTPLをベースにした論文が多数掲載されるようになり、パンデミック後の米欧のインフレを説明する有力な仮説とみなされるまでになっています。私自身は、グローバルインフレは供給制約によるものだと考えていますし、それが現在の定説だと思いますが、それを覆す可能性のある有力な仮説としてＦＴＰＬが浮上してきているのです。日本でも、海外でＦＴＰＬを学んだ研究者の卵たちが増え、新しい成果を次々と発表するようになっています。

シムズは２０１７年2月に、東京とニューヨーク（コロンビア大学）で日本のデフレに関する講演を行っています。主たるメッセージは、デフレ脱却には積極財政が有効というものです。この主張に対する日本国内での受け止め方は、どちらかと言えば否定的なものでした。たとえば、当時の黒田日銀総裁は、国会での答弁で明確に反対を表明しました。日本経済新聞は次のように報道しています。

「日銀の黒田東彦総裁は14日の衆院予算委で、物価は財政拡大で押し上げることができるという『シムズ理論』を『色々な前提を置かないと出てこない話』と一蹴した。同理論は低インフレに悩む各国政策当局者の注目を集めているが、黒田氏はくみしない姿勢を明確にした。

黒田氏は２０１６年8月、世界の金融政策関係者が集う米ジャクソンホール会議でクリストファー・シムズ米プリンストン大教授の講演を聴いた。14日の国会答弁では『各国中銀総裁の認識も、物価水準の決定に金融政策が非常に重要な要素だということで変わりなかった』と指摘し、同理論が世界の中銀の主流と離れていると強調した」（日本経済新聞電子版、

（2017年2月14日付）

また、同年3月7日付の日本経済新聞は次のように報じています。

「既に『国の借金』の残高は1000兆円を超え、異次元の領域だ。金融政策の『異次元緩和』と合わせると、異次元の上に異次元が重なり、誰も日本国債がどうなるか、よくわからない。健全化目標の変更が想定外の事態を招く懸念もある。

そんな状況にまた異次元が加わる。米プリンストン大のクリストファー・シムズ教授の理論だ。積極財政や消費増税の延期、PB目標の撤廃を訴え、財政出動派には後押しになる理論だ。だが、財政出動派でさえ、さらなるリスク要因の追加には慎重姿勢だ」

2017年と言えば学会の中でもFTPLの評価がまだ分かれていた時期なので、その影響もあるのかもしれませんが、それにしても国内での評価は厳しいものでした。ただ、彼の講演会にパネリストとして参加したひとりとして、私自身は、シムズの主張の基本的なロジックが日本の関係者に正確に伝わっていないという印象をもちました。

FTPLは財政や物価についてのこれまでのロジックを根本から覆す考え方であり、だからこそ長いあいだ異端扱いされてきたわけです。日本国内では、慣れ親しんできたこれまでのロジックでシムズの主張を理解しようとする傾向が強かったように思います。そして、その傾向は残念ながら今も残っています。FTPLのそもそも論から説き起こすのは紙幅の関係でできませんが、シムズが何を言おうとしたかをお伝えすることはできるように思います。順を追って見ていくことにしましょう。

超リカーディアンが多すぎる！

日本の政府の台所事情が芳しくないということは誰でも知っていることです。しかも、知識として知っているだけではなく、自分が消費と貯蓄の意思決定をする際にも政府の台所事情を勘案するということを少なからざる人がやっています。たとえば2024年は所得税減税がありましたが、テレビの街頭インタビューでは、減税で手取りが増えたからといってすぐ使うわけにはいかない、なぜなら政府の台所事情が厳しいので今回の減税分はいずれ増税となって跳ね返ってくるからといった意見がしばしば聞かれます。じつはシムズが問題視するのは、政府の台所事情を「忖度」する消費者が日本でもアメリカでも増えているという事実です。

そうした忖度をする消費者をシムズは「超リカーディアン（Hyper-Ricardian）」と呼んでいます。政府の台所事情を過度に気にするあまり消費が萎縮している人たちを指します。リカーディアンという言葉は、19世紀の経済学者デヴィッド・リカードに由来しています。リカードは「政府が減税しても、人びとは将来の増税を予想して、その増税に備えて減税分を貯蓄に回すので、消費は増えない」と主張しました。この考えどおりに行動する消費者たちがリカーディアンです。シムズが「ハイパー」と付け加えたのは、増税懸念が著しく強いと強調するためです。

図3-12　財政発動は効果がありますか

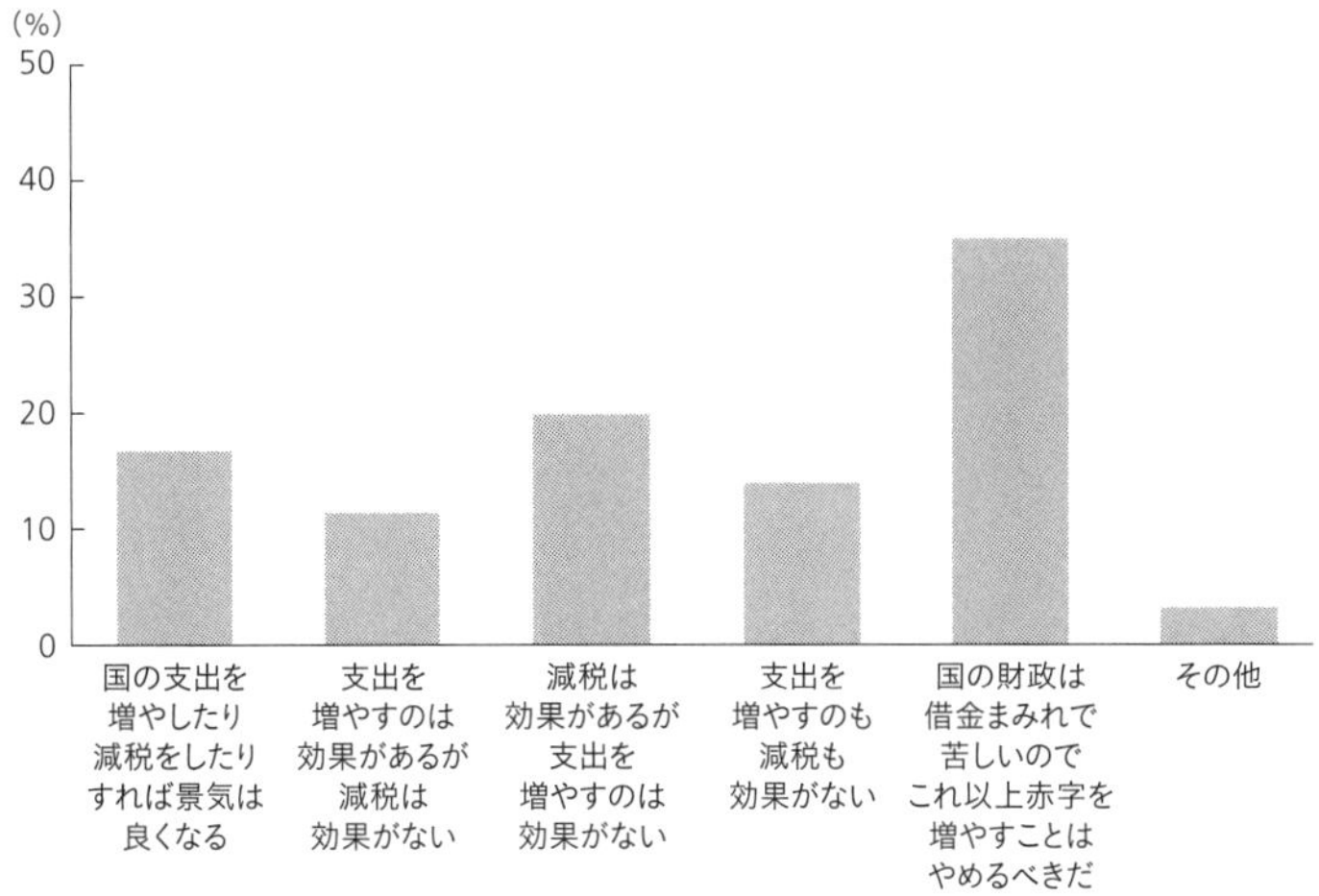

将来の増税を過度に心配して消費が萎縮している。このままではデフレ脱却はできない。シムズはそう診断したうえで打開策を提案したのでした。

日本は本当にそんな状態なのでしょうか。私の研究室ではシムズの東京での講演の直後に、財政に関するアンケート調査を行いました。質問の第一は、「財政発動に効果はあるか」です。その回答が図3－12にまとめてあります。

支出増や減税に効果があるとする回答者は決して少なくなかったのですが、最も多かったのは、「国の財政は借金まみれで苦しいのでこれ以上赤字を増やすことはやめるべきだ」で、これが全体の35％を占めています。国民の3分の1が財政発動に反対なのです。日本の消費者（納税者）が超リカーディアンというのはシムズの言うとお

図3-13　10万円の減税があったらどう使いますか

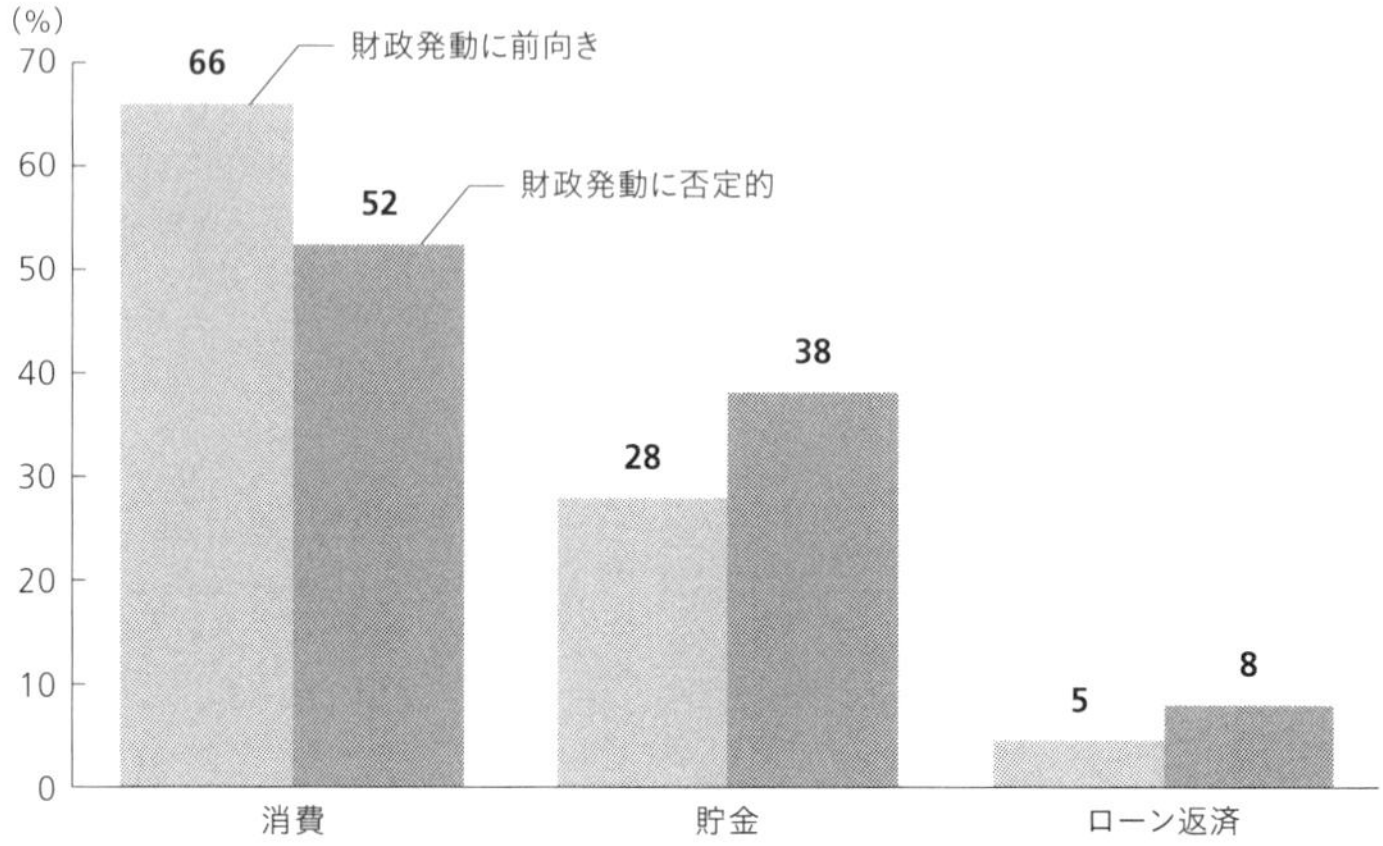

りです。

アンケートでは、回答者を、財政発動不可と回答したグループと、財政発動に前向きな回答をしたグループに分けたうえで、それぞれに対して「仮に減税で10万円戻ってきたら何に使うか」を聞いています。その結果を見ると（図3－13）、財政発動に否定的なグループでは、「手を付けず貯金」、「ローン返済」など、貯蓄に向けるという回答が46％で、財政発動に前向きなグループの33％に比べ多くなっています。お金に余裕がまったくなければ貯蓄すらできないので、全員が超リカーディアンのように振る舞うことは無理なわけですが、それでも46％はずいぶん高い数字です。この結果もシムズの主張を裏づけています。

ポリシーミックスとは何か

では、超リカーディアンが多いのはなぜ問題なのでしょうか。ここからがシムズ理論の根幹ですが、そこを理解するには少し準備が必要です。まず「ポリシーミックス」が何かを理解していただく必要があります。ポリシーミックスとは、金融政策と財政政策を上手に組み合わせて経済を安定させるという考え方で、言葉自体はかなり昔からあります。ただ、昔とは中身がだいぶ違います。今風のポリシーミックスは次のように考えます。

まず金融政策ですが、物価上昇率が高くなったとき、中央銀行は金利を引き上げてインフレを抑えようとします。中央銀行が金利をしっかり引き上げるような行動をとる場合と、金利をさほど引き上げない場合とを区別することにして、前者を「能動的な（active）金融政策」、後者を「受動的な（passive）金融政策」と呼ぶことにします。金利を下げる場合も同様で、要するに、インフレ率の変化に対する政策金利の感応度によって金融政策の運営手法を二つのタイプに分けるということです。

次に財政政策ですが、政府債務の残高が増加したときに、財政当局が増税などで財政収支を改善させて債務を返済するという状況を考えます。財政収支をしっかり改善させるのと、さほど頑張らないというのを区別して、前者を「受動的な財政政策」、後者を「能動的な財政政策」と呼ぶことにします。債務残高の変化に対して、どの程度機敏に反応するかによって、財政政策の運営手法をタイプ分けするということです。財政収支をあまり改善させないのを「能動的」と呼ぶのはやや抵抗があるかもしれませんが、単なる用語の問題であり、要は財政規律の乏しい財政運営

表3-3　財政と金融のポリシーミックス

	能動的な金融政策	受動的な金融政策
能動的な財政政策	A 経済は不安定	B 財政支配
受動的な財政政策	C 金融支配	D 経済は不安定

のことです。逆に「受動的」な財政政策とは高い財政規律をもつ政策運営を指します。

金融支配と財政支配は対等

金融政策と財政政策の運営手法をこのようにそれぞれ二つに分けると、金融と財政の組み合わせが4組できます。表3－3はこの四つの組み合わせを示しています。この中で重要なのは、①能動的な金融政策と受動的な財政政策の組み合わせ（表のC）、②受動的な金融政策と能動的な財政政策の組み合わせ（表のB）であり、前者は「金融支配」、後者は、「財政支配」と呼ばれています。

金融支配は、中央銀行がインフレが起きたら政策金利を上げてしっかりと抑える一方、財政当局は財政規律の高い運営を行うという組み合わせです。イギリスでは1990年代にインフレ・ターゲティングが導入されましたが、その際同時に、財政当局に対して高い規律を課す制度が導入されました。これが金融支配の典型例です。日本を含む他の先進各国もこの組み合わせを実現したいと考えています。

一方、財政支配は、中央銀行がインフレに対して十分に反応せず、財政当局は規律に欠けるという組み合わせです。こう説明すると、財政支配は望ましくない組み合わせのように聞こえるかもしれません。実際、財政支配の例としてよく出てくるのは戦時インフレです。戦時下では戦争遂行のための戦費調達が至上命題であり、財政規律の入り込む余地はありません。中央銀行は、財政の尻ぬぐいに忙しく、インフレを抑えるための適切な金利操作ができません。戦時インフレはそうした状況で起きるのです。政府の放漫財政が原因で自国通貨が売られる現象は通貨危機ですが、これも財政支配の例です。

二つを比べると、財政支配はどうみても分が悪いように思えます。しかし、ＦＴＰＬでは、財政支配と金融支配は同等に望ましいと考えられてきました。その理由は、表のＡやＤでは経済が非常に不安定になることが知られており（詳しくは渡辺努・岩村充『新しい物価理論』を参照）、それと比べるとＢやＣのもとでは経済が安定するからです。

もちろん、金融支配や財政支配のもとでも、無条件に経済が安定するわけではありません。金融支配のもとで最も重い役割を担うのは中央銀行であり、ここがしっかりして初めて物価が安定します。同様に、財政支配のもとで重要な役割を果たすのは財政当局であり、物価の安定はここにかかっています。中央銀行なり財政当局なりがしっかりしているかぎり、金融支配と財政支配はともに物価安定を実現できるという意味で同等なのです。

日本は財政支配に移るべし！

シムズが日本に対して行った提案をひと言で言えば、「日本は財政支配に移るべき」です。なぜ日本は財政支配に移らなければいけないのでしょうか。金融支配では何か不都合なことがあるのでしょうか。

金融支配では、インフレ率の変化に対して感応度高く政策金利を上げ下げすることが中央銀行に求められます。ここで障害になるのが、名目金利がゼロより下がらないという壁です。物価上昇率がゼロ近傍またはマイナスになると、能動的な金融政策では金利を十分に引き下げなければいけません。しかしゼロ金利の壁があるとそれができない。つまり、金利を上げるほうはともかく、下げるほうについては能動的に振る舞うことができないのです。その結果、金融政策は能動的ではなく受動的になってしまいます。

このような理由で金融政策が受動的になり、同時に財政政策が受動的（財政規律の高い運営）とすると、表3－3のDの組み合わせになります。しかし、先ほど述べたとおり、Dでは経済が不安定になってしまいます。そうであれば、財政政策を能動的（規律が低い）に切り替えて財政支配に移ったほうがよい。これがシムズの提案の背後にある考えです。その際に問題になるのが超リカーディアンをどう扱うかです。先ほどのアンケートで見たように、日本の消費者は、財政が受動的（規律高い運営）と信じており、Bに移るには彼らにその認識を変えてもらう必要があるのです。

金利チャネル vs 富効果チャネル

では、仮にシムズの提案に従って財政支配に切り替えたとして、どのようなメカニズムによってデフレ脱却が可能になるのでしょうか。

財政支配のもとでのメカニズムを説明する前に、そもそも金融支配のもとではどういう仕組みが想定されていたかを復習しておきましょう。金融支配のもとでは中央銀行が実質金利を下げることにより需要を喚起し、それにより物価を上げようとします。前述のとおり、ゼロ金利の壁があるので名目金利を下げる余地は限られますが、それでもフォワード・ガイダンスを用いることでインフレ予想を高め、それによって実質金利を下げる余地があります。ポイントは、金融支配のもとでのデフレ脱却のカギを握るのは「金利チャネル」ということであり、これは異次元緩和期の日銀が繰り返し主張してきたことでもあります。

ＦＴＰＬはこれとはまったく異なるチャネルを用います。それが「富効果チャネル」です。簡単な例で説明しましょう（表３－４）。財政当局が1期目（現在時点）に１００の減税を行ったとします。その財源として同額の国債を発行します。その国債は2期目（将来時点）に満期が来るとします。また計算を簡単にするために1期分の利子はゼロとします。財政当局は２期目に１００償還しなければならないので、その時点で増税しなければなりません。仮に２期目に１００の増税を行うことを財政当局が1期目にアナウンスすると、今は減税で１００もらっても将来１００取り上げられてしまうので納税者は得した気にはなれません。そのため合理的な納税者であれば減税で得た１００を全額貯蓄に回し将来の増税に備えるはずです。この結果、減税にもかかわらず消費は一切増えないことになります。これが「リカードの等価定理」と呼ばれる状況です。

では、財政当局が償還時点の増税は１００ではなく80だとアナウンスしたらどうなるでしょう

表3-4　富効果チャネル

リカードの等価定理

	税収（実質）	国債発行額（名目）	民間貯蓄（実質）
第1期	−100	＋100	＋100
第2期	＋100	−100	−100

財政支配

	税収（実質）	国債発行額（名目）	民間貯蓄（実質）
第1期	−100	＋100	**＋80**
第2期	**＋80 ＋20**	−100	**−80**

か（下段の表を参照）。納税者は今日の減税で１００を手にし、将来の増税で80を失うとはいえ、20はネットの儲けです。納税者は裕福になった（自分の富が増えた）という認識をもち現在時点で消費を増やす行動に出ます。そうすると現在時点で財の需給が締まり、物価が上昇します。これが富効果チャネルです。シムズの考えるデフレ脱却のメカニズムはこれです。

　物価はどこまで上昇するのでしょうか。物価が上昇することによって国債の実質価値は目減りしますが（財政当局にとっては負担が軽くなる）、その目減り分がちょうど20になるところまでです。この結果、１００の減税が、80の増税と20のインフレ課税（＝インフレにより国債の価値が実質的に目減りすること）で賄われるということになります。

　シムズの考えるデフレ脱却のシナリオを異次元緩和で想定されていたシナリオと比較してみましょう。異次元緩和で起きたのは、円安を通じた輸出企業の収益好転でした。その収益増が賃上げにより家計に回ることが期待されましたが、実際にはそうしたトリクルダウンは十分に起きず、その結果、消費が停滞し、デフレ脱却もかないませんでした。これに対してシムズが考えている富効果チャネルは企業ではなく家計に最初におカネを渡し、消費を喚起し、そこを起点にデフレ脱却を図るという作戦です。おカネの回し方が根本的に異なります。

ニューディール期の経験

シムズ理論に対しては、理屈としてはうまくできているように見えるが実際にやってみないと効くかどうかわからない、絵に描いた餅という批判が少なくありません。しかし、じつは、FTPLの手法が成功した事例があるのです。100年前の大恐慌期にアメリカは厳しいデフレに苦しめられましたが、その際に財政支配に切り替えることにより、デフレ脱却を果たしたのです。

大恐慌期には消費者物価が毎年8%下がる激しいデフレが起きました。新たに大統領職に就いたルーズベルトは、①金本位制の放棄と自国通貨の下落容認、②均衡財政から積極財政への転換、③金融緩和を柱とする施策をパッケージとして打ち出すことで、デフレを止める決意を人びとに示しました。一連の施策はニューディール政策と呼ばれています。これらの施策が打ち出されると、ドルは即座に対ポンドで50%超安くなり、それが引き金となって物価も賃金もV字回復を見せました。

積極財政への転換はこの物価回復にどのように寄与したのでしょうか。この点を調べたリーパーの研究によれば、ニューディール政策の実施前は、国債の信用力が過剰に高く、人びとはモノを買わずに国債を買っていました。これがデフレの原因でした。

ところが、ルーズベルトが財政拡張を始めると、足元の財政赤字が拡大し、将来も赤字拡大が続くとの見方が広がりました。そして、人びとは信用力の落ちた国債に魅力を感じなくなり、国債を売って、代わりにモノやサービスの購入を増やすことを始めました。そしてこれが物価上昇へとつながっていきました。

図3－14の上段は、この時期のアメリカの国債の名目と実質の価格の動きを示したものです。国債の実質価格はニューディールの開始前夜まで上昇が続いていました。これは人びとが国債に強い魅力を感じ、買ったことの帰結です。国債の実質価格上昇の裏側では物価の下落が進んでいました。しかし、ニューディールが始まると国債の実質価格の上昇が止まり、下落基調に転じます。これは人びとが国債を見限ったことの帰結です。

マイナス金利政策が財政に及ぼした影響

ニューディール期のアメリカがデフレ脱却の成功例とすれば、日本のアベノミクスはデフレ脱却の失敗例です。二つを比較すると、日本がなぜ失敗したのかが見えてきます。図3－14の下段の図は先ほどのアメリカと同じく、国債の実質価格の動きをアベノミクス開始の前後で見たものです。アベノミクス前は、実質価格には強い上昇トレンドがありました。これはニューディール前夜と同じ現象です。理由も同じで、人びとが国債に強い魅力を感じ、買ったからです。

図3-14　**アメリカと日本の国債価格**

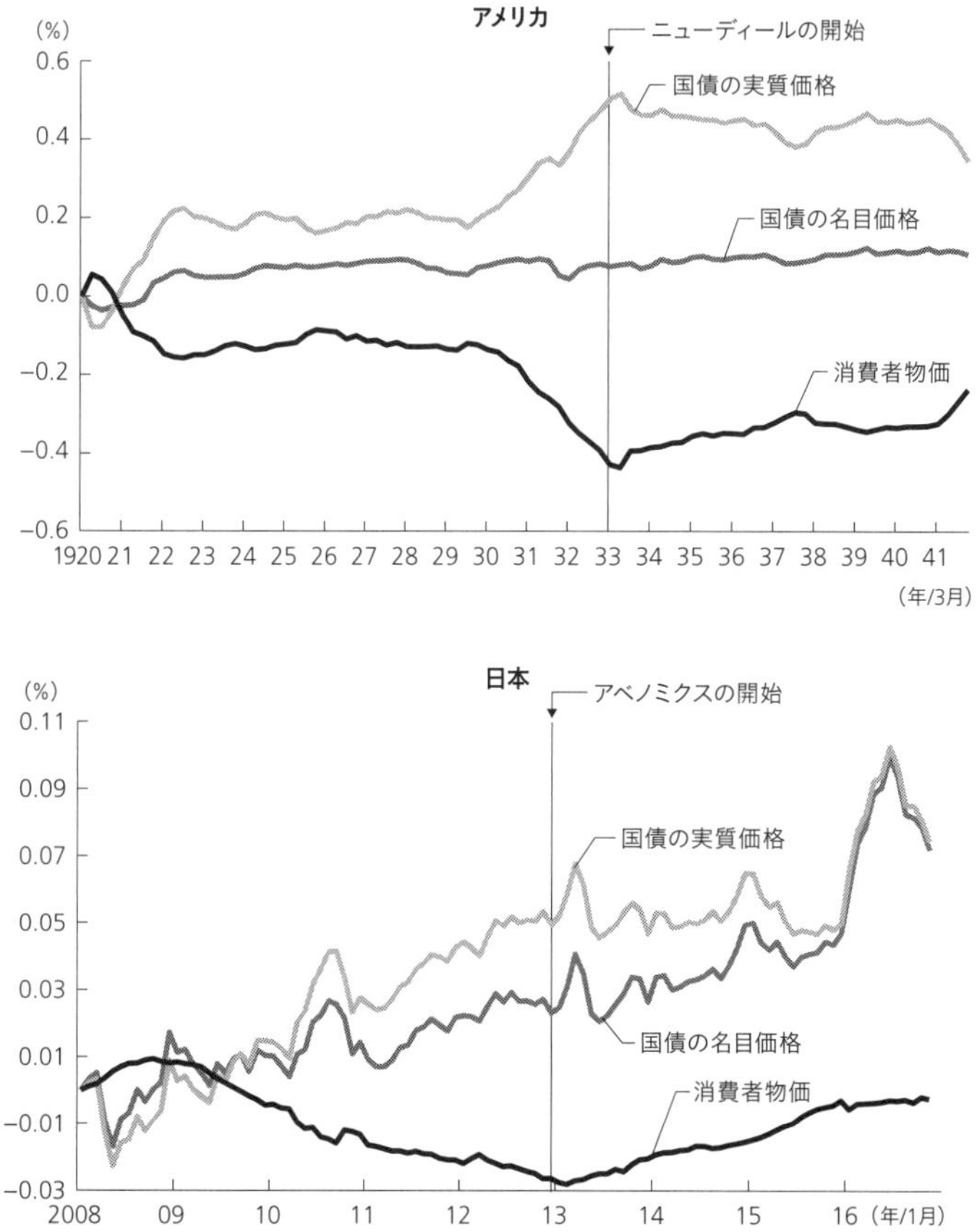

しかし、アベノミクスが始まると国債の実質価格の上昇が止まります。とくに、２０１３年から２０１５年末のあいだはその傾向が顕著です。これもニューディールのときと同じです。理由もおそらく同じで、人びとが国債に魅力を感じなくなったからです。ニューディール期と同じく、財政支配（能動的財政と受動的金融の組み合わせ）が機能したとみることができます。

ここまでは日本も好調でした。しかし国債の実質価格は、２０１６年以降、激しく上昇し始めます。これはニューディール期にはなかったことです。国債の実質価格の急上昇はなぜ起きたのでしょうか。理由は二つあります。ひとつは物価の上昇が止まってしまったことです。もうひとつは、国債の名目価格が上昇を始めたことです。この二つの変化はどちらも、国債の魅力が再び高まったことを示しています。これはなぜ起きたのでしょうか。

２０１６年１月は日銀がマイナス金利政策を始めたタイミングです。マイナス金利政策が始まったことで国債の名目金利も低下し、マイナスになりました。国債金利がマイナスになるということは、国債の発行主体である政府に利得が発生することを意味します。その利得によって財政収支が改善することで国債の魅力は高まります。その結果、国債から商品への需要シフトが止まり、資金が再び国債へと向かうようになりました。これが実質価格の急上昇をもたらしたのです。

では、どうすればよかったのでしょうか。シムズは日銀のマイナス金利政策が問題とは考えていないようで、マイナス金利を前提としつつも財政を変更することで対処可能と主張しています。具体的には、マイナス金利によって発生する政府への所得移転を帳消しにする新たな財政支出や減税を実施し、財政収支の改善を止めるべきというのが彼の処方箋です。そうしておけば、国債の魅力が高まることもなく、国債から商品への需要シフトが続き、それによってアベノミクス初期に起きた物価上昇を持続させることができたはずというのが彼の見立てです。

FTPLはグローバルインフレを説明できるか

シムズの提案にもかかわらず慢性デフレの時期にFTPLをベースとした処方箋は実施されませんでした。私はシムズの提案に一理あると思っていたので、提案が真剣に検討されることなく、葬り去られてしまったのはとても残念です。提案どおりにやっていたらどうなっていたかは興味深いのですが、今となっては迷宮入りです。

ただ、不謹慎な物言いで恐縮ですが、シムズの提案から3年後、政府は図らずもシムズの提案に近いことをやらざるをえないという面白い状況に追い込まれました。パンデミックです。2020年以降、政府は個人や中小企業への所得補塡としてかなりの財政資金を投入したのですから、強すぎる財政規律を批判したシムズの提案にかなり近い策がとられたとみることができます。この財政の大盤振る舞いと2022年春以降のインフレの間にはなんらかの因果関係があるのでしょうか。つまり、2022年春以降のインフレ現象をFTPLで説明することは可能なのでしょうか。

米欧のパンデミック後のインフレについては、多数派ではないものの、FTPLで説明できるとの主張が出てきています。各国政府はパンデミック下で大量の財政資金を投入し、政府債務が歴史的な水準に積み上がりました。この政府債務を各国政府はどのようにして返済するのか。

ＦＴＰＬの提唱者にとってはここが肝です。

ありうるシナリオとしては、パンデミックが終わったあとに各国政府が増税などで財政収支を黒字にし、それによって膨れ上がった債務を削減することが考えられます。もしそうであれば、パンデミック後に増税が待っているので、納税者（＝消費者）はパンデミックの渦中に政府から受け取った補助金などを貯蓄し、将来の増税に備えるはずです。そうなると、財政の大盤振る舞いにもかかわらず個人消費は増えず、物価も上がりません。これは超リカーディアンのケースです。

これに対して、パンデミック下で積み上がった政府債務があまりに大きく、増税で返済するのが政治的にむずかしい可能性もあります。また、現在積み上がっている政府債務は、政府が無駄遣いした結果ではなく、パンデミックという近年例のない自然災害への対応の結果という面があります。そう考えれば、パンデミックが終わったからといって、慌てて増税で返す必要はないという立場もありえます。これが第二のシナリオです。このシナリオでは、納税者は富効果により消費を増やし、その結果、物価も上がります。

では、実際に起きたことはこの二つのシナリオのどちらなのでしょうか。最近の研究結果をご紹介しましょう（図３－15を参照）。この研究では、アメリカにおけるパンデミック後のＧＤＰ成長率の上昇とインフレの高進のほとんどは財政要因（図の黒棒で表記された部分）で説明がつくとの結果が得られています。パンデミック下で行われた財政拡大の富効果によって消費が急拡大し、それがＧＤＰと物価を押し上げたということです。

図3-15　アメリカのインフレの財政要因

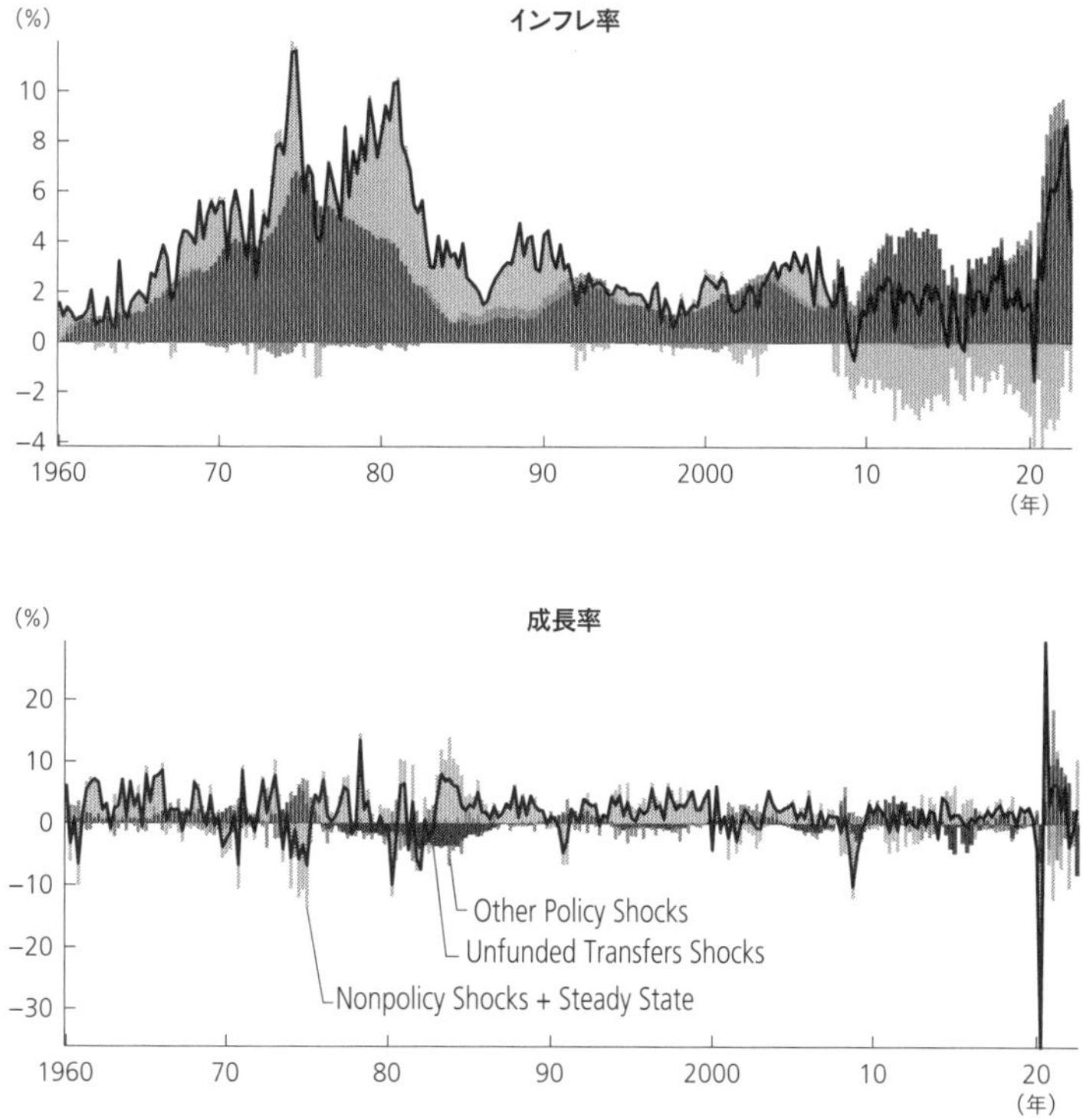

表3-5　財政の大盤振る舞いを賄うのに必要なインフレ率

	2019年の政府債務残高（対GDP比）[A]	2019年の国債残存期間（年）[B]	1%のインフレで得られるインフレ税の収入 [C]＝[A]×[B]	2020-21年の過剰な政府支出（対GDP比）[D]	過剰な支出を賄うのに必要なインフレ率 [E]＝[D]÷[C]
カナダ	0.90	5.9	5.32	0.16	3.19%
フランス	0.97	7.7	7.50	0.10	1.34%
ドイツ	0.59	6.7	3.99	0.11	2.95%
イタリア	1.34	6.3	8.45	0.15	1.86%
日本	2.36	9.1	21.51	0.12	0.58%
イギリス	0.85	12.5	10.71	0.18	1.68%
アメリカ	1.08	5.3	5.72	0.16	2.89%

日本のインフレは財政の大盤振る舞いが原因なのか

次に、日本の2022年春以降のインフレもFTPLで説明できるか、考えてみましょう。これを知る手がかりとして、日本をはじめとする各国の政府の立場に立って、インフレが起きたときにどれだけのインフレ税収（インフレに伴って国債が目減りする効果）が発生するかを計算します。

表3－5のA列はパンデミック直前の2019年の政府債務残高（対GDP比）、B列はその債務の平均残存期間を示しています。インフレ税収は、債務残高が大きければ大きいほど、また残存期間が長ければ長いほど大きくなります。表のC列は1%のインフレによってどれだけのインフレ税収を稼げるかを計算したものですが、日本は債務残高が高水準で残存期間も長いので、インフレ税収が大きいことがわかります。アメリカの3倍以上で、他国を圧倒しています。

消費金額の総額が大きい国と小さい国で比べると、消費税率を1%引き上げたときの税収増は消費金額の大きい国で大きくなります。このことを、消費税の「課税ベース」が大きいと言います。これと同様に表のＣ列は、政府債務残高が大きく、残存期間も長い日本はインフレ税（インフレによる国債の目減り）の「課税ベース」が大きいことを示しています。

インフレ税の課税ベースが大きいということは、２０２２年春以降のインフレについてどういう意味をもつのでしょうか。表のＤ列は、パンデミック中に各国政府が行った財政の大盤振る舞いの大きさを示しています。日本の大盤振る舞いは、英米ほどではないにせよ他国とほぼ同じ規模です。そしてＥ列では、仮にこの大盤振る舞いをすべてインフレ税で賄おうとすると、どれだけのインフレが必要かを計算しています。日本は、インフレ税の課税ベースが大きい（１％のインフレで稼げるインフレ税収が大きい）ので、仮に大盤振る舞いをすべてインフレ税収で賄ったとしても、他国との対比でわずかなインフレで済むという結果になっています。

つまり、仮に２０２２年春以降のインフレがパンデミック中の大盤振る舞いでもたらされたという立場に立ったとしても、大盤振る舞いで説明できるインフレはわずかということです。この結果は、米欧のインフレはともかくとして、日本の２０２２年春以降のインフレをＦＴＰＬのロジックで説明するのはむずかしいということを意味します。

日本の２０２２年春以降のインフレをＦＴＰＬで説明しようとする際のむずかしさは他のデータからも見て取れます。それは個人消費です。もし、２０２２年春以降のインフレがＦＴＰＬのメカニズムで起きたのであれば、富効果によって個人消費の増加とインフレの同時進行が起きるはずです。アメリカは確かに消費増とインフレが同時進行しており、ＦＴＰＬのシナリオと合致しています。これに対して日本は、個人消費が停滞するなかでインフレだけが進行しました。富効果が働いた形跡はどこを探しても見当たりません。なお、図３－15のもとになった研究で用いられた分析手法を日本に適用した一橋大学の砂川武貴准教授の最近の研究では、２０２２年春以降に起きたインフレに対するＦＴＰＬ的な財政要因の寄与はきわめて限定的との結果が報告されています。

＊＊＊

物価の研究者にとってＦＴＰＬは非常に魅力的な理論です。とくに、戦後のインフレなど、外生的な事情で政府が極端な大盤振る舞いをしたあとに起きるインフレを説明する際に威力を発揮すると考えられてきました。その意味では、パンデミック後のインフレは、ＦＴＰＬの切れ味を試す絶好の機会です。最近の研究では、米欧については財政の大盤振る舞いが説明力をもつとの有力な結果が提示されており、今後、この方向での研究の積み重ねが続くことでしょう。一方、日本については、２０２２年春以降インフレが進んだものの、その過程は、富効果の不在など、ＦＴＰＬのシナリオから大きくくずれています。「２０２２年春以降のインフレをＦＴＰＬで説明できるのか」という本節の冒頭の問いに戻ると、かなり無理があるというのが私の結論です。

第4章

インフレやデフレはなぜ「悪」なのか

Understanding Inflation and Deflation

第1節 高インフレはなぜ「悪」なのか

あらゆる価格と賃金が同率で上昇するなら実害なし

2022年春以降のインフレは人びとの生活を直撃し社会を混乱させました。インフレ＝「悪」と考えている方が圧倒的多数でしょう。しかし、なぜ悪なのかと詰めようとすると、きちんとした答えを用意するのは簡単ではありません。

この話をさらに複雑にしているのは、多くの方々がインフレ＝悪の理由として挙げるものと、経済学者が考える理由が驚くほど違うからです。仮にその違いが皆さんの日々の生活と全然関係ないのであれば、どこが違うのかを説明してみても意味のないことです。しかし実際には、政府や日銀の政策の多くは経済学者が考える理由にもとづいているので、皆さんの生活と無関係ではありません。

たとえば、本書でここまで何度か登場したインフレ・ターゲティングという仕組みでは、インフレ率の目標値を定めるのですが、現状、その値は多くの国で2％に設定されています。目標値を定めるのはきわめて常識的です。しかし、その値がなぜ2％なのかは常識からは出てきません。この例が示すように、政府や日銀が行っている政策の背景をきちんと理解しようとすると、経済学者が考えるインフレ＝悪の理由を知ることが必須になります。本章では、インフレ＝悪の理由として経済学者が重視しているのは何なのかをできるだけわかりやすく説明していきます。

次のような状況を考えるところから始めましょう。すべての商品の価格と、すべての人びとの賃金がこれまでよりも10%増しで上昇し始めたとします。たとえば、これまで2%で上昇していた商品があったとして今度は12%に、また、これまで3%で上昇していた人の賃金であれば13%にというように、それぞれ10%増しになります。そんなことが起きたときに私たちの生活はどう変わるでしょうか。

この場合、実害は何もありません。消費者目線で考えると、いろいろな商品の値段がみんな10%増しになっているので、買い物をするときの支出はもちろん10%増しになります。しかし、同時に皆さんの賃金も10%増しになっているので、物価上昇と賃金上昇はちょうどトントンです。企業の目線では、販売価格が10%高くなっているので売上金額も10%増しです。しかし製造コストも、賃金高や原材料やエネルギーの価格上昇で10%増しになっています。売り上げとコストの両方が10%増しになっているので企業もトントンです。政府も事情は同じです。橋を造ったりするコストが上がるので支出が増えます。他方で、商品の価格が上がるので消費税からの税収が増え、賃金が上がるので所得税収も増えます。だから、政府の支出と税収がともに10%増しでトントンです。

ただし、消費者や企業が借金をしている場合は事情が少し複雑です。住宅ローンを抱えている消費者を考えてみましょう。インフレ率が10%増しになれば、日銀はそれに応じて政策金利を10%分上げるので、住宅ローン金利も上昇します。ローン契約が変動金利であれば、たとえば元々5%だったのが10%増しで15%となります。しかしその場合でも、賃金が10%増しになっていることを忘れてはいけません。ローン金利の上昇を賃金上昇で取り戻せるのでトントンです。ただ、住宅ローン金利が固定の場合は違ってきます。住宅ローン金利は変わらずに賃金だけが10%増しになるので、儲けのほうが大きいのです。借金を抱えている企業も事情は同じです。その反対に、金融資産をもっている消費者や企業は、インフレ率の上昇に連動して運用金利が上昇すればトントンですが、(住宅ローンの固定金利のように)連動しなければ損を被ることになります。

政府も似た事情です。日本政府が発行する国債のほとんどは固定金利で、インフレには連動していません。物価連動国債という金利がインフレに連動する国債も発行されているのですが、金額はごくわずかです。だから、インフレが起きても既発債(インフレ発生前に発行された国債)の金利は変わらず、政府は得をします。住宅ローンで固定金利の人が得をするのと同じ理屈です。ただし、新発債(インフレ発生のあとで発行する国債)は、インフレ率が上昇すると日銀が政策金利を引き上げ、それに伴って新発国債に適用される金利も上がるのでトントンです。

インフレとデノミと何が違うのか

トントンになる場合とそうでない場合が混在しているので少々わかりにくいのですが、金融契約についても、あらゆる金利がインフレに連動して引き上げられるという極端な場合を想像してみてください。その場合は、消費者も企業も政府も、全員がトントンです。だからインフレになっても困ることもないし、逆に嬉しくもありません。実害ゼロです。

しかし、これは果たしてインフレという名に値するものでしょうか。というのは、これはデノミネーション（通貨単位の呼称変更。この例では10％のデノミ）にすぎないからです。たとえば、旧札の1万円が新札の1万1000円と等価というデノミが行われると、あらゆる価格と賃金の表示が10％増しになります。しかし、これは単なる表示の問題にすぎないということを誰もが知っているので、嬉しがることも悲しがることもありません。実害ゼロです。先ほどのインフレの例はこれと同じです。

こういう説明をすると、デノミとインフレを混同してはいけないとお叱りを受けることが少なくありません。しかし私は、ここで考えているような「すべて一律」というタイプのインフレこそが、最もピュアなインフレだと考えています。そう考えるのは私だけではありません。たとえば、金本位制下のフランスで、通貨の背後にある金（ゴールド）の量を政府が自在に変えられる制度がとられていた時期があります。その制度のもとで、政府がゴールドの含有量を減らすと宣言したときに物価や為替レートがどう反応したかを調べた論文があります。常識的にはこれはデノミの論文でしょうが、実際には金融政策の論文、しかも非常にピュアなかたちの金融緩和の効果を測る論文と位置づけられています。デノミとインフレは双子と経済学者は考えているのです。

「すべて一律」でないのが問題

話を元に戻しましょう。「すべて一律」という極端な場合はインフレの実害はありません。しかし現実には、「すべて一律」ではありません。となると、どこが「すべて一律」に反しているのか、「すべて一律」から反する理由は何なのかが重要な論点として浮上してきます。じつはこれが経済学者の思考パターンです。「すべて一律」で実害なしを確認したうえで、そこをベンチマークとして、現実がそこからどのように乖離しているのかを明らかにすることで、インフレが悪さをする理由を探るのです。

では、「すべて一律」から乖離しているのはどこでしょうか。たとえば、固定金利契約の住宅ローンはインフレが起きても金利は上がりません。そのため、先ほど述べたようにインフレが起きると債務者(住宅ローンを借りている人)が得をして、債権者(住宅ローンを貸している人)が損をします。このように、インフレによって債権者から債務者へと所得が移転します。この場合は実害なしとは言えません。

すべての労働者の賃金がインフレとともに引き上げられるというのも非現実的です。実際、2022年春以降のインフレ局面では、春闘で高い賃上げが実現しましたが、その恩恵がすべての労働者に一律に及んでいるかと言えば、決してそうではありません。日々購入する商品の価格上昇に賃金の上昇が追いつかない消費者(労働者)は少なくありません。ここも実害ありです。

これら以外でもさまざまな場面で「すべて一律」からの乖離が起きています。その一つひとつを吟味し、それぞれでどんな実害があるのかをあぶりだすのもひとつの方法かもしれません。しかし、そのやり方ではミクロの個別事例の議論はできても、マクロにたどり着くことはできません。インフレに対して中央銀行や政府はどう対処すべきかといったマクロの議論とつなげるにはもうひと工夫必要なのです。

キャノーラ油の価格のバラツキ

では、「すべて一律」からの乖離として、経済学者が注目するのはどこなのでしょうか。食用油を題材に見ていくことにします。

食用油は２０２２年春以降のインフレ局面で価格上昇が最も激しかった品目のひとつです。食用油と言ってもいろいろな企業の出す、さまざまな商品があります。消費者物価統計を作成する総務省統計局は、食用油について、「キャノーラ（なたね）油、ポリ容器入り（１０００g入り）」と規格を定めています。そして、この規格に合う商品の価格データを全国のさまざまな店舗から毎月５７４個収集しています。これらの価格を集計すれば「食用油」という品目の価格が出来上がります。同様にして他の品目（「カップ麺」や「シャンプー」など全部で約６００の品目がある）についても、さまざまな店舗から収集した価格データを集計して、それぞれの品目の価格を計算します。そして最後に、全部の品目（約６００品目）の価格を集計すると消費者物価が完成します。

収集された価格データのイメージをもってもらうために、図４－１では食用油の価格を都市別に示してあります。２０２４年5月の時点で最も高いのは長崎市で５７４円、逆に、最も安いのは旭川市の３３８円です。それぞれの地域で先ほどの規格に合った商品の価格を収集しているはずですが、それでもこれだけ価格に開きがあります。各地域で搬送コストが異なったり、食用油の使用頻度が異なったりと、さまざまな事情を反映してこうした価格差が現れます。

この価格のバラツキが重要です。バラツキの度合いの尺度として、①ある月の価格を高いほうから順番に並べる、②高いほうから数えて上位25％のところに位置する価格（の対数値）から、低いほうから数えて25％のところに位置する価格（の対数値）を差し引く、という計算を行います。その結果が図4－2の濃い実線で示されています。「すべてが一律」であれば、上位25％に位置する価格と下位25％に位置する価格が等しくなるのでこの指標はゼロになるはずです。しかしこの期間中はそういうことは起きていません。価格のバラツキは時には大きくなり、時には小さくなっていることがわかります。

インフレが進むと価格のバラツキが拡大

２０２１年末から２０２２年夏にかけての時期に注目してください。価格のバラツキが急拡大しています。また、２００８年から２０１０年の時期もバラツキが上昇しています。この二つの時期に共通するのは食用油の価格が上昇したということです。輸入原材料の価格上昇や円安で食用油の価格が上がる、つまり、食用油のインフレです。インフレが起こると価格のバラツキが高まるのです。

２００８年も２０２１年も、食用油のインフレなので価格は上がっています。しかし、すべての地域で食用油の価格が一斉に、そして一律に上がったのであればバラツキは変わらないはずです。しかし実際に起きたことはそうではありませんでした。どこかの地域では早めに値段が上が

図4-1 食用油の地域別価格

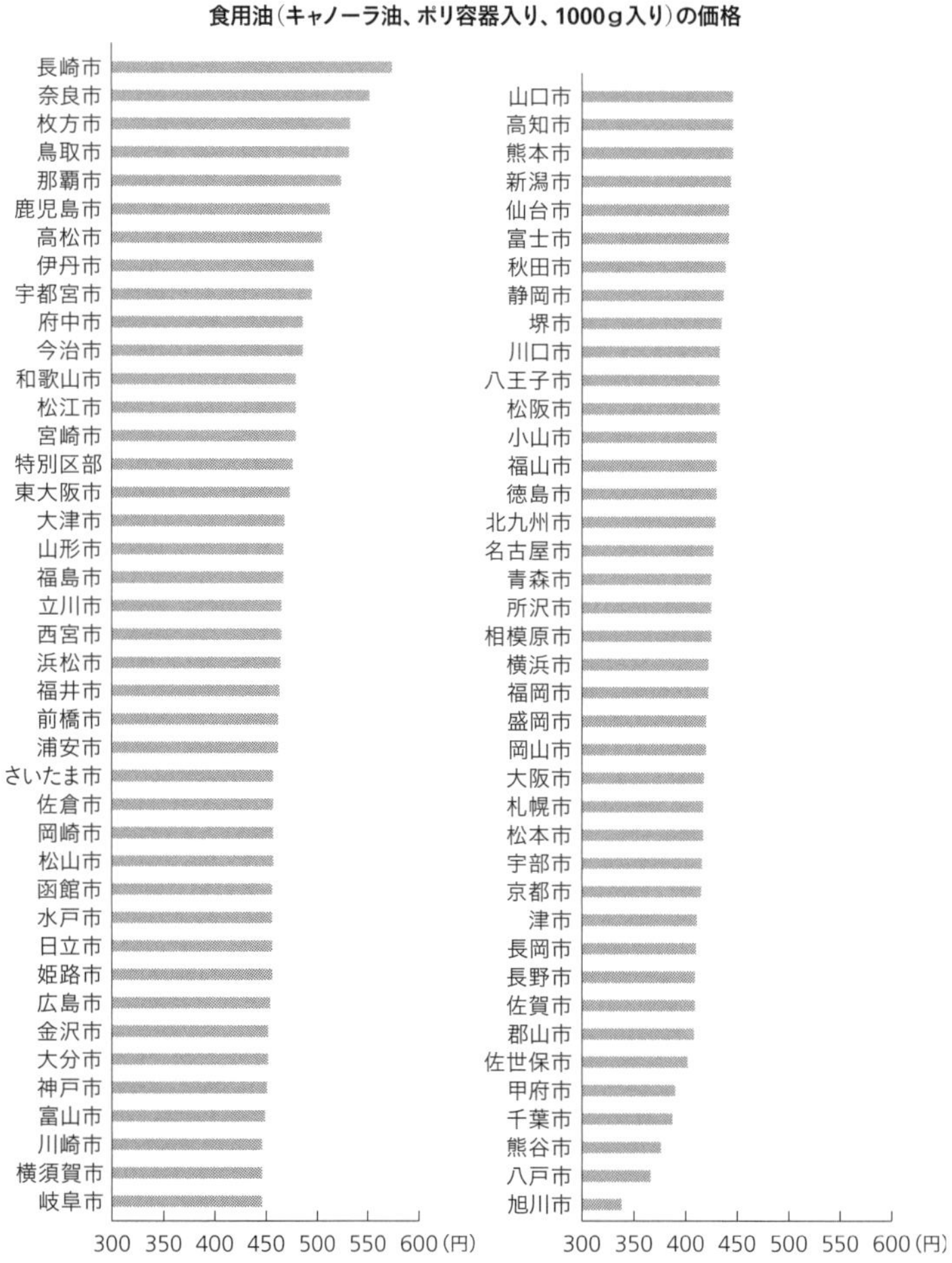

図4-2　食用油の価格のバラツキ

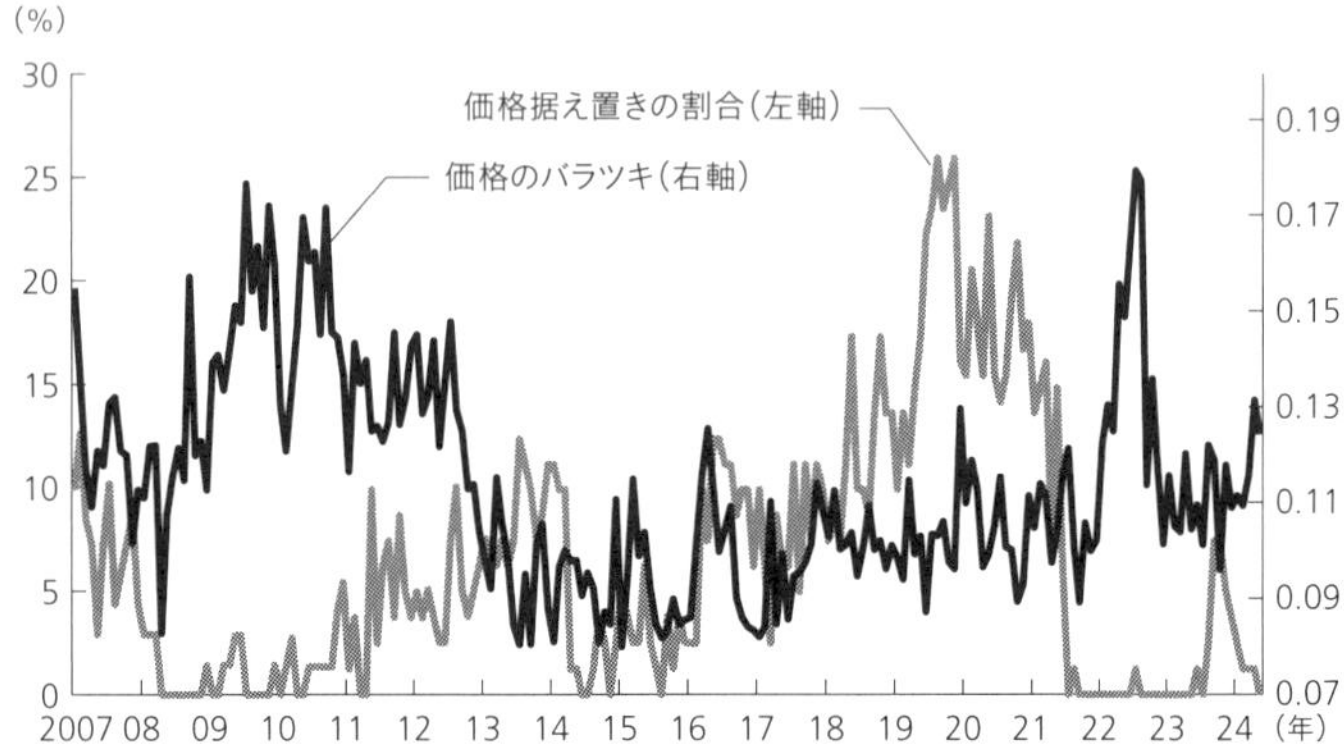

り、別の地域では価格上昇が遅れたというラグがありました。また、値上げの幅も区々《まちまち》でした。その結果、価格のバラツキが拡大したのです。

この図で見ているのは地域間の価格のバラツキですが、同一地域内でも、つまり同一地域内にある異なる店舗でも（たとえば長崎市という地域内にあるさまざまな店舗でも）、バラツキが拡大したと考えられます。地域間でも地域内でも、インフレが進むと価格のバラツキが大きくなるという傾向があるのです。

では、価格のバラツキが大きくなると何がどうなるというのでしょうか。じつはこれがインフレ＝悪の理由と密接に関係しています。それから、もう少し深い疑問として、そもそもインフレが高まると、なぜ価格のバラツキが大きくなるのでしょうか。以下ではこの二つの点を順に見ていきます。

インフレのコストとは何か

価格のバラツキが大きくなると何が困るのでしょう

か。買う人たちの立場に立つと、どの商品をどの店で買うべきかの判断がむずかしくなります。食用油を一番安いところで買いたいと思ってもどこの店が一番安いのかわからないからです。場合によっては、高い商品をつかまされるといった不幸なことも起きてしまいます。その反対に、もしバラツキがとても小さければどこの店も似たような値段なので、どこで買おうかと迷う必要はありません。

消費者のこうした迷いは売るほうにも影響します。売るほうは、できるだけ高い値段で数多く売りたいわけですが、いくらの価格にすればどれだけ売れるかの見当をつけるのがむずかしくなります。値段のつけ方がむずかしくなるのは販売店だけでなくメーカーも同じです。メーカーでは新しい食用油を売り出すときにどういう価格にすればよいか迷うということが起きます。

インフレがなければ価格のバラツキもありません。食用油はどこへ行ってもたとえば４００円です。そうなれば買う側は一切迷いがありません。また、売る側も迷いがありません。しかし、ひとたびインフレが始まると、価格のバラツキが大きくなり、買うほうにとっても売るほうにとっても不確実性が高くなり、その結果、何をどれだけ作り（生産）、何をどれだけ買うか（消費）という経済活動の基本的なところでの意思決定に狂いが生じます。インフレはなぜ悪なのかという最初の質問に戻ると、答えは「価格のバラツキを大きくするから」なのです。

先ほども少し触れたように、インフレは債権者から債務者への所得移転を引き起こすなど、いろいろな経路を通じて私たちの生活に悪い影響を及ぼします。どの経路の影響が大きいのかは一概に言えません。しかし、さまざまな経路の中で現代の経済学者がとくに注目しているのは、食用油の例で示した「インフレ率上昇↓価格のバラツキ拡大↓不確実性増大↓生産や消費の意思決定に狂い」という経路です。インフレ・ターゲティングなど、インフレに対処するためのさまざまな仕掛けは、この考えをベースに設計されています。

価格の硬直性が価格のバラツキをもたらす

価格のバラツキが大きくなるとどんな悪さをするのかがわかったところで、もうひとつの疑問である、そもそもインフレが進むとなぜ価格のバラツキが大きくなるかについて考えてみましょう。価格のバラツキが大きくなる理由としては、値上げのタイミングや上げ幅が区々ということが考えられます。ここまではほとんど自明ですが、なぜそうなのかと突き詰めようとすると、どう考えていいかわからなくなってしまいます。経済学者がそこをきっちり詰め切れているかというと決してそうではないのですが、こう考えたらどうかという考え方はあります。さわりだけご紹介しましょう。

じつは、インフレが起きると価格のバラツキが大きくなるという現象は、ケインズの提唱した価格の硬直性と密接に関係しています。価格の硬直性はケインズ経済学の一丁目一番地の概念です。たとえば為替レートや株価は、秒単位、あるいは秒よりもっと短い時間単位で時々刻々変化します。誰かが買い注文を出して、誰かが売り注文を出して売りと買いがマッチすると、毎秒のように取引が進んでいきます。価格もそれに伴って連続的に変化します。しかし商品の価格は、そんなふうに連続的に変化するものではありません。あるチョコレートの銘柄のある店における価格が1秒ごとに更新されることはまずないでしょう。数カ月に一度といった頻度でしか更新されない。これが価格の硬直性です。

価格の硬直性と価格のバラツキのつながりは、極端なケースを考えればすぐ理解できます。仮に価格の硬直性が皆無とします。食用油という商品の価格は時々刻々変化します。そういう状況のもとで輸入物価の上昇などのインフレ圧力が働いたとします。どこかの店の食用油の価格が他よりも早く上がるということはありえません。なぜなら商品の価格はどの店でも時々刻々更新されているからです。つまり、価格の硬直性が仮にないとすれば、「すべて一律」の原理が成り立つので、価格のバラツキは起こりようがないのです。

理屈を逆にたどると、実際には価格に硬直性があるので、すべての店で時々刻々、食用油の価格が更新されるとはなっておらず、どの店でも数カ月に一度といった頻度でしか価格更新が起きません。そうなると、ある店舗の価格更新と別の店舗の価格更新のタイミングにズレがあり、どちらかの店舗でインフレ圧力への反応が先に現れる、その結果、店舗間で価格にバラツキが生じるということが起きるのです。

このように整理すると、「インフレが悪さをするのは価格のバラツキを拡大させるから」という先ほどの指摘は、「インフレが悪さをするのは価格が硬直的だから」と言い換えることができます。インフレ＝悪の理屈は世の中にたくさんあるのですが、その中でも経済学者が価格のバラツキにもとづく理屈にとくに強い関心を寄せてきたのは、その理屈が価格の硬直性というケインズ経済学の根幹をなす概念と深くつながっているからなのです。

価格はなぜ硬直的なのか：メニューコスト理論

では、価格はなぜ硬直的なのでしょうか。価格の硬直性がケインズ経済学のコアなのですから、この質問は一般的に非常に大事です。インフレ＝悪の理屈という観点に絞っても、ここは大事なポイントになります。

いくつかの仮説がありますが、経済学者のあいだで最も支持を集めているのがグレゴリー・マンキューの提唱した「メニューコスト理論」です。レストランのメニューを書き換えようとするとコストがかかります。たとえば、中華料理店で革製の豪勢なメニューがあったとします。チャーハンの値段を変更するには革のメニューを全部取り替えなくてはいけません。それはコストが嵩みすぎるので、そう頻繁にはチャーハンの値段を変えられません。商品の値段を変えようとするといろいろとコストや手間ひまがかかる。だから値段を変えられない。これを「メニューコスト」という比喩で表現しているわけです。

食用油の例で言えば、需要や供給が変化すると、売り手が最適と考える価格は当然変化していきます。それは秒単位とは言わずとも、日々変化するくらいの頻度にはなっています。たとえばドル建ての輸入原材料の値段が変わったり、円相場が動いたり、賃金が上がったりすれば、食用油の製造コストは変化します。そうすると、売り手が最適だと考える価格はかなりの頻度で動いていきます。ただ、その変化があまり大きくなければ、少しの変化だからまあいいかと売り手は、価格を変えないという判断をするでしょう。ここにメニューコストが登場するわけです。

ただし、お店の人は値札をいつまでもそのままで放置しておくのかというと、そんなことはありません。需給の状態がさらに変化すれば、値札と最適な価格との乖離がもっと大きくなります。そうなると、さすがに売り手も値段を変えなくてもよいと鷹揚に構えていられなくなります。やむなくメニューコストを払って値段を更新することになるのです。

インフレ圧力に敏感な価格と鈍感な価格

2022年春以降の2年間は、メニューコストを払ってでも値札を更新しようと考える売り手が増えた時期でした。輸入物価の上昇に伴って本来つけたい価格（最適価格）が大きく上昇し、その結果、値札と最適価格との乖離が非常に大きくなってしまった。売り手はそれに耐えられなくなって、メニューコストを払って値札を書き換えたのです。

2022年春以降に起きたことをもう少し詳しく言うと、輸入物価上昇というインフレ圧力が加わり、それに敏感な商品は値上げに向かう一方、あまり敏感でない商品は据え置きを維持するということが起き、それが価格のバラツキを生みました。では、敏感な商品、敏感でない商品という違いはどこから来るのでしょうか。これは、最適価格からの乖離が元々どのぐらいだったのかによって決まると考えられています。

インフレ圧力が加わる前の段階で最適価格からの乖離が小さかった場合は、インフレ圧力が加わることによって乖離は多少大きくなるとは言っても、それほどでもない。だから、値札を変更しなくてもいいと売り手は判断します。これに対して、最適価格からの乖離が元々大きかった場合は、そこにインフレ圧力が加わることで乖離はさらに広がるので売り手はそれに耐えられず、メニューコストを払って値札を変更するという決断をします。つまり、インフレ圧力自体はどの店舗・企業も同じだったとしても、最適価格からの乖離が元々どうなっていたかによってインフレ圧力に対する反応が異なり、それが価格のバラツキを生み出すのです。

価格据え置きが減ると価格のバラツキが拡大

整理すると、価格というのは元々硬直的で、据え置きがデフォルトです。インフレ圧力が加わるとそれが崩れるわけですが、その崩れ方がすべての商品で一律というわけではありません。ある商品は値上げに向かい、別の商品は価格据え置きということが起きます。この結果、価格のバラツキが生まれます。

この理屈がどこまであてはまるかを食用油のデータを使って検証してみましょう。先ほどは食用油の価格のバラツキを指標化しました。今度は食用油の価格据え置きの度合いを指標化します。食用油のデータの対象地域は81なので、81個の価格があります。ある月について、81個の価格のそれぞれについて前年の同じ月と比べて変わっているか、据え置きかを調べます。変わっていなければ「更新なし」、変わっていれば「更新あり」とします。そして、「更新なし」が全体の何パーセントを占めるかを計算します。これが食用油の価格据え置き指標です。

図4－2の薄い実線がこのようにして計算した価格据え置き指標です。2021年以降の時期を見ると、据え置きの割合がほぼゼロになっています。これは、ほとんどの地域で前年とは違う価格をつけた、つまり、価格の硬直性が弱まったことを意味しています。インフレ圧力というシ

ョックが加わるなかで、多くの企業が価格の更新に向かったと解釈できます。

このグラフの二つの線をじっと見つめると、あたかも鏡に映し出されたかのように、両者が逆相関しているのがわかります。たとえば、2021年以降の時期であれば、価格のバラツキがぐっと拡大する一方で、据え置きの割合はぐっと落ちており、反対方向に動いています。この逆相関は、インフレ圧力の影響で価格の据え置きが減ると、価格のバラツキが増えるという因果関係を示していると解釈できます。それとは反対の動きとして、価格の据え置きが増えると多くの価格が動いていないという状態に揃うので、バラツキが小さくなることも見て取れます。

よく言われるように、二つの変数があったとしてそのあいだの相関は必ずしも因果を意味しません。ここで見ている「バラツキ」と「据え置き」についても、「据え置き」から「バラツキ」への因果と読むのは少々乱暴で、もう少し丁寧な分析が必要です。また、ここでは食用油の価格しか調べていないので、その点も当然、留保がつきます。しかし、価格のバラツキが価格の硬直性によって生み出されるという理屈が絵空事でないということは、食用油の例である程度実感していただけると思います。

簡単におさらいしておきましょう。本節の最初に、「すべて一律」であれば実害はないことを確認しました。もちろん「すべて一律」は現実的ではありません。しかしそれでもなお、「すべて一律」はベンチマークとして重要です。次に、「すべて一律」はどういう理由で崩れるのかを見てきました。根本的な原因としては価格の硬直性があり、硬直性ゆえに価格更新のタイミングにズレが生じ、「すべて一律」が崩れる。これが経済学者の理解です。そして、「すべて一律」が崩れると、その結果として価格のバラツキが生まれ、これが人びとの消費や生産といった大事な意思決定を邪魔する。これがインフレ=悪の理由です。

インフレがこのようなかたちで悪さをするのであれば、中央銀行はそれに対処しなければなりません。言うまでもなく中央銀行の任務はインフレを止めることです。しかし、インフレ=悪の理由が前記のようなことであるとすると、中央銀行は単にインフレを止めさえすればよいということではなく、究極的には価格のバラツキを消し去らなければいけないはずです。どうすればそんなことが可能になるのでしょうか。次節はこれを考えていきます。

第2節 日銀はなぜゼロ%ではなく、2%のインフレを目指すのか

経済学者の理想は「一律に据え置き」

日銀は、なぜゼロ%ではなく2%のインフレを目指すのですか——多くの人が不思議に思い、私もよく尋ねられる質問です。インフレは悪なのだから、通貨の番人たる日銀はインフレを死滅させる、つまり、ゼロ%を目指すのが本来の仕事ではないのだろうかという疑問です。ひと言では答えられない質問なので、順を追って少しずつ話を進めていくことにします。

「中央銀行の任務は何か」について経済学者がどう考えているか、日頃は表面に出てこない本心をお伝えするところから始めましょう。

前節でインフレ＝悪の理由は価格のバラツキが大きくなるからだと述べました。そうだとすると、このバラツキを消すために中央銀行は何をすべきでしょうか。経済学者の答えはばかばかしいほどに単純、そして意外なものです。価格のバラツキの理由は「すべて一律」の原理が崩れるからです。そうであれば、中央銀行には獅子奮迅で頑張ってもらい、この原理をなんとか復活させてもらおう。これが経済学者の考え方なのです。

そう言われればそれはそうだとなるでしょう。確かにこの原理を復活させることができればイ

ンフレの実害を消せます。しかし「すべて一律」を復活させるなんて荒唐無稽としか思えません。食用油のデータで見たように、価格のバラツキは一瞬たりともゼロであったことはなく、「すべて一律」の原理はつねに崩れていました。容易に想像できるように食用油以外の商品も大同小異です。「すべて一律」の復活は所詮、絵に描いた餅のように思われます。

しかし「すべて一律」はいくら頑張っても手の届かないものなのでしょうか。具体的に考えてみましょう。たとえば輸入物価の上昇といったインフレ圧力が加わったとします。価格の更新が起きますが、そのタイミングは商品によって、また店舗によって区々です。その理由は、価格が時々刻々更新されていない（つまり、価格が硬直的）からです。そうだからといって、中央銀行が売り手に「一斉に価格更新してください」とお願いして回っても、実効性があるとは到底思えません。

では、ほかに方法はないでしょうか。先ほどの対応はインフレ圧力で価格の更新が起きるということを前提に考えていました。頭を切り換えて、インフレ圧力は加わるけれども価格の更新が起きないとします。つまり、すべての商品、すべての店舗で価格が据え置かれるということです。そもそも、前節で説明したようにメニューコストがあると、何か特別なことがないかぎり価格据え置きがデフォルトです。だから、インフレ圧力が加わる前は基本的に価格据え置きです。その状態をインフレ圧力が加わったあとも維持してもらおうというわけです。

今度は「全員、価格を据え置いてください」と中央銀行が売り手にお願いすることになります。これもあまり実効性がなさそうですが、先ほどの「一斉に価格更新してください」よりは脈がありそうです。というのも、中央銀行は金利を引き上げる金融引き締めにより需要を冷やし、企業にとっての製造コストを引き下げることができるからです。

輸入物価の上昇というインフレ圧力でコストはそもそも上がっていたのですが、それとは別にコストを下げる工夫を中央銀行が行うわけです。それが上手にできれば、製造コストは変わらないという状況を創り出せます。そうすれば企業は自ら進んで価格据え置きを選択します。中央銀行が価格据え置きをお願いするのは確かにばかげていますが、企業が価格据え置きを選択したいと思えるような環境を整えるということであれば荒唐無稽ではありません。

この理屈は、上辺だけ見ると中央銀行が金利を上げてインフレを止めるということなので、当たり前と思われるかもしれません。しかし、言いたかったのはそこではありません。お伝えしたかったのは、中央銀行はなぜインフレを止めなければならないのか、それによってどんな良いことが期待できるのかという点です。

２０２２年春以降のインフレをめぐって、どう対処すればよいか、いろいろな意見が交わされてきました。そこで言われてきたことと経済学者の考えが大きく違うとは思っていません。しかし、私の印象では、それらと比べて経済学者の見方はずっとシンプルです。シンプルということは汎用が利くということです。「なぜ２%を目指すのか」という、この節の最初の問いに答えるにはこれくらいシンプルなところから出発する必要があるのです。

図4-3　インフレ圧力に対する商品価格の反応

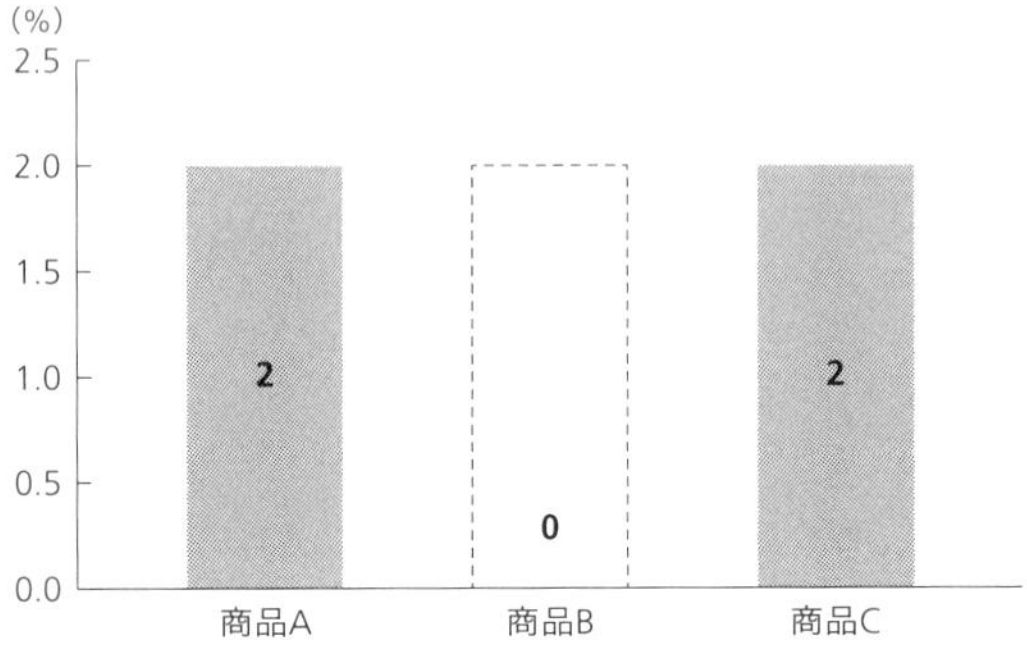

中央銀行は価格のバラツキをいかにして消すのか

話をさらに先に進める準備として、今の話を簡単な例を使って整理しておきましょう。図4－3をご覧ください。3つの商品（A、B、C）があるとします。インフレ圧力が加わったときに、商品Aと商品Cはそれぞれ値段を2％上げます。メニューコスト理論で言えば、AとCは元々最適な価格からの乖離がそれなりに大きかった、そこにインフレ圧力が加わった、その結果、最適価格からの乖離がさらに拡大した、だから価格を更新した、というわけです。一方、商品Bはインフレ圧力が加わっても価格を変えていません。最適価格からの乖離が元々それほど大きくなかったからです。

　商品AとCは価格を更新する一方、商品Bは更新しない。その結果、AとB、あるいは、BとCのあいだで価格のバラツキが生じます。このバラツキを除去するにはどうすればよいでしょうか。先ほど出した答えは、全商品を価格据え置きで揃えればいい、でした。これを実現するために中央銀行がやるべきことは、金融引き締めでインフレ圧力を消し去ることです。そうすれば製造コストの上昇が消えるので、どの企業も、価格を変える必要がない、価格据え置きで構わないと考えるようになります。商品Ａの生産者と商品Ｃの生産者もそう考えるので、２％の値上げがなくなります。これですべての商品が価格据え置きとなり、バラツキも消えます。

味やデザインの違いも価格のバラツキを生む

次に、ひとつ新しい要素を加えます。価格にバラツキが出てくるのは、価格が硬直的で、値上げする商品としない商品が出てくるからだとここまで考えてきました。バラツキの源泉としてこのルートが大事だと経済学者は考えています。しかし、少し考えればわかるように、価格のバラツキはほかの理由でも生じます。たとえば食用油でも、風味が良いとか、健康に良いとか、いろいろな特性があります。そうすると、当然のことながら優れている商品に対しては需要が強く、それを反映して価格も高いということが起きます。そうやって価格のバラツキが生じます。

つまり、価格のバラツキには二つの源泉があります。第一の源泉は価格硬直性です。インフレ圧力が加わったときに価格更新のタイミングがずれることでバラツキが生まれます。第二の源泉は商品が元々もっている特性です。優れた特性をもつ商品は需要が強く価格も高く、そうでない商品とのあいだでバラツキが生まれます。

厄介なのは、価格のバラツキがこの二つの源泉のどちらから来るかによって、どう対処すべきかが異なるということです。価格硬直性に起因するバラツキについては、金融引き締めで消してしまえばよいということは先ほど説明しました。一方、商品特性に起因するバラツキも消せばよいかというと、こちらは消してはいけません。なぜなら、仮にそれぞれの商品の特性の違いを無視して無闇に価格を揃えることを行うと、悪平等が起きてしまうからです。

どういうことかと言うと、たとえば、ある企業が自社の食用油をライバル商品よりも魅力的にするためにいろいろと創意工夫をしたとします。味が良い、健康に良いといった特性をもたせるために知恵を絞るのです。これはイノベーションにほかなりません。企業のイノベーションに向けた努力は経済の活力をもたらす大事なものです。しかし、価格を揃えるとすると、知恵を絞った商品とそうでない商品が同じ価格になってしまうので、頑張りが無駄になってしまいます。知恵を絞って工夫してもその甲斐がないということであれば、企業は商品差別化のためのイノベーションを行うインセンティブを失ってしまいます。だから、商品特性に起因する価格のバラツキは温存しなければいけないのです。

「変化の平均＝ゼロ」が理想型

価格硬直性に由来するバラツキは消したい。他方で、商品の特性由来のバラツキは温存したい。中央銀行に求められているのはそういう芸当なのです。

先ほどの3商品の例を使って、この難題をどう解決するか考えてみましょう。図4－4をご覧ください。先ほどの図ではバラツキの源泉は価格硬直性と考えていました。今度は、それに加えて、商品の特性に由来するバラツキもあると考えています。

図4-4 商品の人気にバラツキがある場合

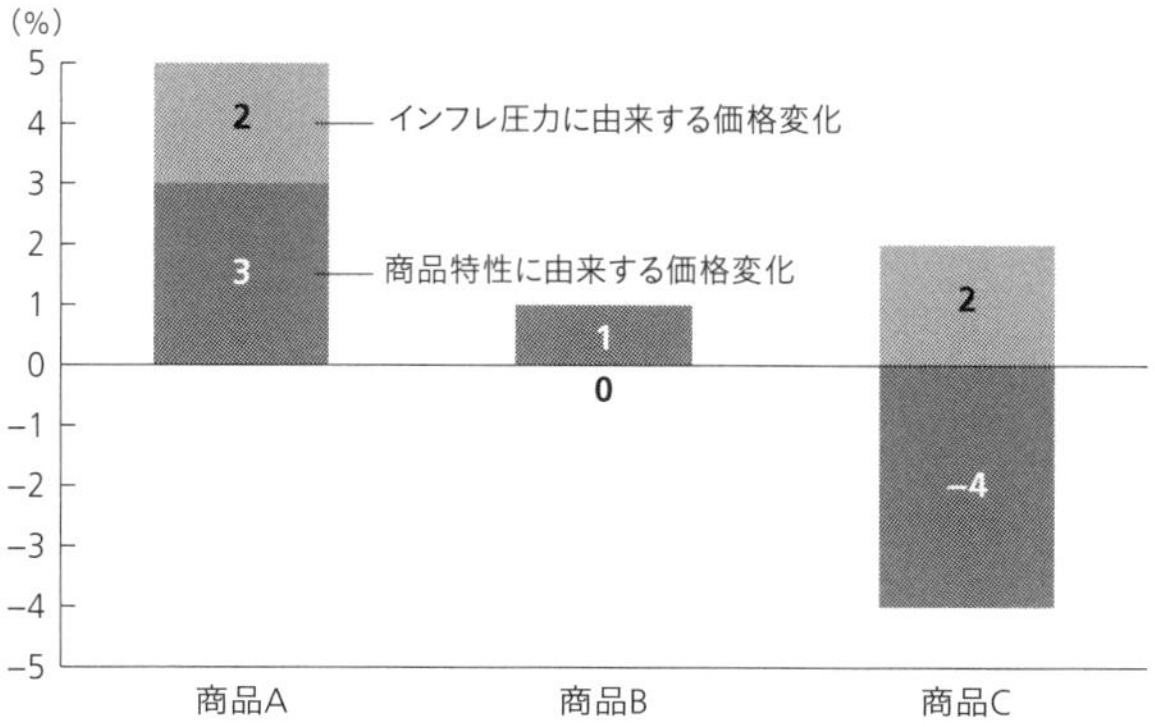

商品Ａは、メーカーのイノベーションの甲斐があって人気が高まり、そして価格も高くなったとします。元々のインフレ圧力による２％の上昇に、人気に由来する３％の上昇が加わって、５％上がるとします。一方、商品Ｂは、人気は多少高まっていますが、Ａほどではないので、人気分として１％上がるとします。元々ゼロ％だったので、人気由来の上昇を加えて１％の上昇です。最後に商品Ｃは、イノベーションを怠ったせいで人気に陰りが出てきて、人気由来の価格変化はマイナス４％です。元々の２％上昇を足してマイナス２％です。全部合わせると、人気の高いＡは価格上昇がＣよりも７％上回るので、このままだと大きなバラツキが生じてしまいます。

さて、ここで中央銀行はどう対処するのがよいでしょうか。まず、価格硬直性に由来するバラツキについては、先ほどと同じく金融引き締めでインフレ圧力を消し去ります。それによって価格のバラツキを小さくする効果が期待できます。たとえばＡとＢの差は４％

でしたが、金融引き締めによって2%に縮めることができます。一方、BとCのように、金融引き締めによって逆に差が大きくなる（3%→5%）場合もあります。これは商品特性に由来するバラツキがなお残っているためです。

では、中央銀行は商品特性に由来するバラツキにどう対処すべきでしょうか。図で言えば、濃い影で示した部分は消せたとして、後に残る薄い影の部分にどう対処するかです。このとき大事なのは人気の差が価格に表れるところは温存するということです。

この例に即して言うと、Aの上昇率は3+X、Bは1+X、Cはマイナス4+Xとして、Xのところに何かの数字（たとえばX=3%）を入れることを考えます。Xがどんな値であったとしても、3商品の人気の相対的な差が価格にきちんと反映されることになるので、人気の差を温存するという目的は達成できています。となると、残る問題はXの値をどうするかです。自然な考え方は、3商品の価格の上昇率の「平均」がゼロになるようにするというものです。つまり、平均値の据え置きです。そうしておけば、価格硬直性に由来するバラツキが不必要に大きくなることを避けられます。なお、この例の場合、X=0とすることにより3商品の価格上昇率の平均をゼロにすることができます。

「良いバラツキ」と「悪いバラツキ」

価格のバラツキの二つの源泉は、「良いバラツキ」と「悪いバラツキ」と言い換えることもできます。価格硬直性に由来するバラツキは「悪いバラツキ」です。金融引き締めによって消し去らなければいけません。一方、商品特性に由来するバラツキは「良いバラツキ」です。経済の活力維持にはこのバラツキの温存が必須です。

第1章で紹介した「蚊柱理論」では、健全な物価安定とは、個々の蚊（ミクロの商品の価格）が自由に飛びまわりつつ、蚊柱（マクロの物価）は一カ所にとどまり続ける状態でした。自由に飛びまわる蚊は「良いバラツキ」に相当します。一方、蚊柱が一カ所にとどまる状態は、「悪いバラツキ」が消せていることに対応します。インフレ圧力が放置されたままだと蚊柱は暴風で流されてしまいます。適切な金融政策によりそれを回避できているのです。

第1章では、慢性デフレ期の蚊柱は動かなかったけれど、同時に個々の蚊も動きを止めた、つまり蚊は死んでいたと説明しました。死んだ蚊は「良いバラツキ」が消失してしまったことに相当します。商品特性に由来するバラツキは、イノベーションとつながっているので温存しなければならないのですが、それができていなかったのです。

個々の蚊の活発な動きは温存しつつ、蚊柱がぐらつかないようにする――こうした職人芸が中央銀行には求められています。慢性デフレ期は残念ながらそれができていなかったというのが私の見立てです。

なぜゼロ%ではなく2%なのか

インフレはどんな悪さをするのか、中央銀行はそれにどう対処すべきかを考えるうちに、ようやく最初の問いに戻ってくることができました。インフレと闘う中央銀行はなぜゼロ%ではなくて2%を目指すのかという問いです。

商品の特性に由来する「良いバラツキ」を温存しつつ、価格硬直性に由来する「悪いバラツキ」を消し去るには、さまざまな商品の価格の平均値の上昇率をゼロにするというのがここまでの結論でした。しかし現実を見ると、日銀も含めどこの国の中央銀行も、インフレ率はゼロではなく2%を目標にしています。目標値の2%に理由などないといった乱暴な意見も聞かれますが、理由はきちんとあります。しかし、その理由に不完全な部分があるのもまた事実です。

理由は大きく二つです。第一の理由は、名目賃金の低下を受け入れるのに労働者が難色を示す、そのために名目賃金が下がりにくいというものです。ケインズが言及したもので、「名目賃金の下方硬直性」と呼ばれています。第二の理由は、名目金利がゼロより下に下がりにくいというものです。「金利のゼロ下限」と呼ばれています。

この二つはどちらも中央銀行に対する「制約」です。どういうことかというと、中央銀行が商品の価格の平均値の上昇率をゼロにしようとしたときに、これらの制約がその実現を阻むのです。そうなると、中央銀行としては平均値の上昇率ゼロという理想に向かって一直線に進めなくなってしまいます。そして、次善の策として、ゼロ%ではなく2%を目指さざるをえなくなる状況が生まれるのです。

Column

名目賃金の下方硬直性

給料が下がるのを嫌がらない人はいないでしょう。しかし、その嫌がり方は「名目」の賃金と「実質」の賃金では違うと考えられています。

２０２２年春以降の日本がそうであったように、インフレが発生し、それに応じて賃金も多少上がった、しかし物価の上昇に追いつかないというのが「実質」の賃金の低下です。これに対して、「名目」の賃金の低下とは、インフレ云々とは関係なく、まさに毎月もらう給料が下がるという現象です。どちらももちろん嫌ですが、人びとが嫌がる度合いは名目賃金の低下のほうが大きいと言われています。賃金の下方硬直性というときに、その前に必ず「名目」とつくのは、このことを指しています。

名目賃金の下落のほうが嫌がる度合いが大きいのはなぜでしょうか。名目と実質のそれぞれが下がる状況を考えると、ある程度腹落ちする理解が得られます。実質賃金下落の典型的なケースはインフレの発生に伴うものです。インフレは誰かにだけ起きるわけではなく、多くの人に平等に起きます。ですから、それに伴う実質賃金の低下も平等に起きます。つまり、実質の賃金が下落する状況というのは、自分だけでなく、誰も彼も下落しているという状況です。

これに対して、名目の賃金が下落する状況は、自分の勤務する会社やその会社が属する産業が不調に陥り、それが原因で賃金を削られるという状況です。あるいは、自分の勤務先の他の人たちと比べて働きぶりが芳しくなく、それが原因で賃金カットを宣告されるということもあるでしょう。いずれにしても、名目賃金の下落は、すべての労働者一律ではありません。ここが実質の下落との大事な違いです。

もう少し詳しく言うと、ある人が企業と雇用契約を結んでいて、その契約が今月更新になるとします。このとき、他企業に勤める人の契約が同じタイミングで更新されることは一般にはありません。また、もしかすると、同じ企業に勤める他の人とも契約更新のタイミングが違うかもしれません。いずれにしても、このように契約更新のタイミングにズレがあると、その人が契約更新を迎えて賃金カットを宣告されたときに、他の人たちは既存の契約の継続中なので、当然、賃金カットは起きていません。つまり、賃金が下がるのは自分だけなのです。

ケインズは、「名目」と「実質」のこの差に注目して、実質賃金の下落は一律なので労働者はさほど嫌がらない、それに対して名目賃金の下落は自分だけなので強く嫌がると考えました。名目賃金が下方硬直になるのはこの仕組みによるというのがケインズの理解です。

では、名目賃金は本当に下方硬直的なのでしょうか。図4－5は、日本のフルタイム労働者の一人ひとりについて賃金の変化率を調べ、それを分布として表したものです。分布のピーク（最頻値）がゼロ％のところにあるのは、ほとんどの人の賃金が前年と変わっていないということを意味します。つまり、名目賃金は硬直的ということです。

図4-5　フルタイム労働者の賃金上昇率の分布

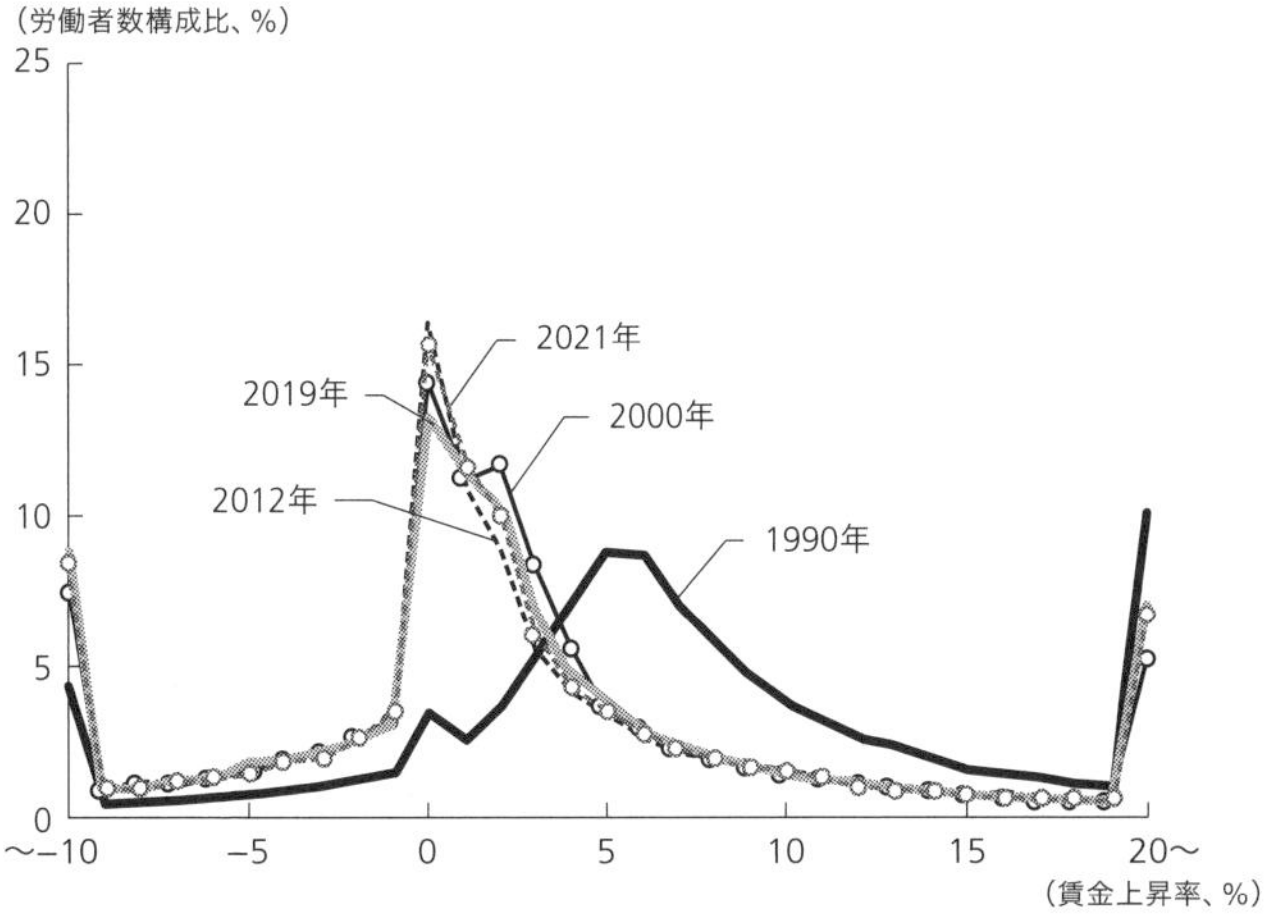

しかし、ここで見たいのは名目賃金が硬直的か否かではなく、「下方に」硬直的か否かです。これを見るために、分布の左側（ゼロ%より下）と右側（ゼロ%より上）の形状の違いに注目しましょう。どの年においても、左側が右側に比べて薄いことが見て取れます。たとえば、横軸のマイナス5%とプラス5%に対応するところを比べると、高さがだいぶ違っていて、5%上がる人はそこそこの数がいる一方で、マイナス5%の人はゼロではないにせよきわめて少数です。分布の右が厚く左が薄いという非対称性は、名目賃金の上昇と比べて低下が起きにくい、つまり名目賃金の下方硬直性の存在を示しています。

図4-6　名目賃金の下方硬直性

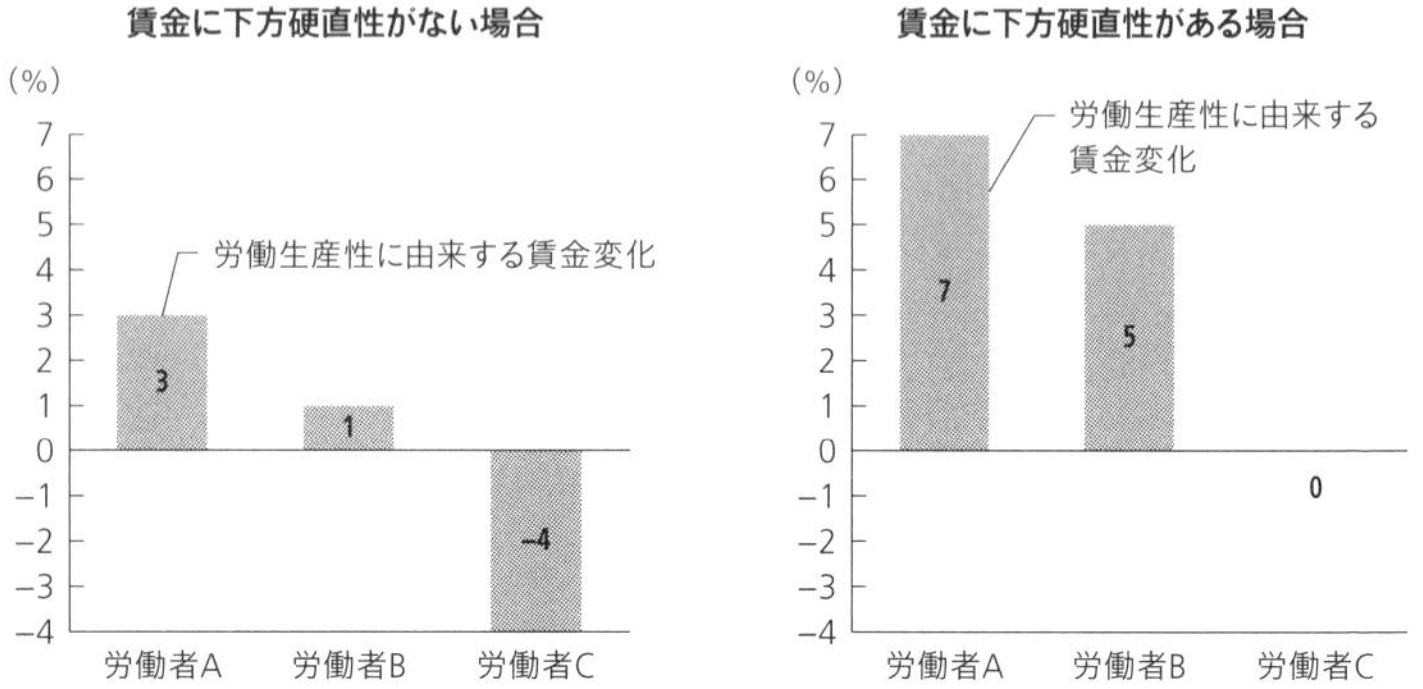

労働生産性上昇率のバラツキ

中央銀行が直面する二つの制約のうち、最初は、名目賃金の下方硬直性が中央銀行の政策にどう影響するかを見ていきましょう。再び三つの商品の例を使います（図4－6の左の図を参照）。この図の基本は先ほどと同じですが、先ほどは三つの商品の価格だったものを、今回は三人の労働者の賃金に置き換えています。賃金は労働サービスに対する対価なので価格の一種です。ですから、商品から労働サービスに置き換えても基本的なことは何ら変わりません。今回は名目賃金の硬直性を扱いたいので、価格ではなく賃金にしているだけのことです。

商品の特性に差があるのと同様に、労働者が提供するサービスにも差があります。最も大事な差は労働生産性です。誰かは誰かよりモノを生産する効率が高いといった差を表現するのが労働生産性です。商品特性の差が価格の上昇率に反映されたのと同様に、労働生産性の伸び率の差が賃金の上昇率に反映されます。

この例では労働者Ａが一番優秀で、三人の中で最も生産性の上昇率が高く、最も低い労働者Ｃと比べると７％高いとします。労働者ＢはＡほどではないものそれなりに優秀で、生産性の上昇率はＣとの対比で５％高いとします。これらの数字は、商品Ａ、Ｂ、Ｃの特性に差があるとした先の例とまったく同じです。

商品特性に由来する価格のバラツキは温存すべきというのが先ほどの大事なメッセージでしたが、これは労働の生産性についてもあてはまります。労働生産性の違いを反映し、Ａの賃金がＣより７％余分に上昇し、Ｂの賃金がＣより５％余分に上昇するのが望ましい姿です。

商品特性の場合は、価格のバラツキの温存が企業のイノベーションのインセンティブにつながっていました。労働サービスの場合は労働者の働くインセンティブにつながっています。つまり、労働者Ａの生産性上昇率が高いのはＡが働く意欲に溢れているということと関係があります。また、Ａは生産性を上げるために退社後も自己研鑽に励んでいるのかもしれません。そうした苦労の結果として生産性の上昇率が高いのですから、当然それに報いるような賃金が払われなければいけません。さもないと、働くインセンティブや自己研鑽のインセンティブが損なわれてしまうからです。労働者が働く意欲を失っていけば経済の活力が衰えてしまいます。

賃金のバラツキを温存しつつインフレを抑えるには、先ほどと同じく三人の賃金の上昇率の平均をゼロにする、つまり賃金の平均値を据え置けばいいわけです。図４－６の左図はちょうどそうなるように作成してあり、賃金上昇率はＡが３％、Ｂは１％、Ｃはマイナス４％です。

トービンの潤滑油効果

ここまでは名目賃金の下方硬直性がない世界の話です。下方硬直性があるとどう変わるでしょうか。この例では労働者Cの生産性上昇率はマイナス4％なので、賃金はそれに見合って4％減っています。これは名目賃金の下方硬直性に抵触しています。労働者Cはマイナス4％の提示を受けると猛烈に反発し、この提示を受け入れてもらえません。

ではどうするかですが、仮に労働者Cの上昇率をゼロ％としたらどうでしょうか（図4－6の右図を参照）。A、B、Cの賃金上昇率が7％、5％、ゼロ％であれば、生産性上昇率の差がきちんと反映されており、なおかつ、誰の賃金の上昇率もマイナスになっていないという意味で下方硬直性の制約も満たされています。良くできた解答のように見えます。

ただし、こうなると賃金の上昇率の平均値はもはやゼロ％ではありません。この例では賃金上昇率の平均値は4％です。つまり、平均的に4％の賃金インフレが起きていることになります。賃金が平均的にこれだけ上昇しているとなると、これらの労働者が生産する商品の価格も平均4％のインフレとなっています。

なぜこうなってしまったかを整理すると、①労働生産性の上昇率の差に由来する賃金上昇率のバラツキは温存したい（そうしないと労働者の働く意欲が損なわれるから）、②どの労働者の賃金上昇率もマイナスにしたくない（そうしないと労働者の納得が得られないから）、という二つの条件を同時に満たそうとしたからです。本当は賃金上昇率のバラツキを温存しつつ賃金上昇率の平均値をゼロ％にしたいところですが、それでは②の条件が満たされません。平均4％の賃金上昇は一見高すぎるように見えますが、実は二つの条件を満たす解の中ではインフレ率が最も低い解なのです。

名目賃金に下方硬直性がある場合は正のインフレを受け入れざるをえないと最初に指摘したのはジェームズ・トービンです。彼は、あたかも車輪に潤滑油を差すように、正のインフレは労働市場を円滑に機能させるのに必要不可欠と主張しました。このときの比喩を踏まえて、「潤滑油効果」と呼ばれています。

注意していただきたいのは、賃金インフレが「4%」という数字は単なる例であり、労働生産性の数字を変えれば違った数字が出てきます。だから「4%」に深い意味はありません。しかしどのような数字を使おうとも、労働生産性の上昇率にバラツキがあるかぎり、賃金上昇率の平均値は必ず正になります。つまり、潤滑油効果とはインフレ率が正になるという意味であり、特定の（正の）インフレ率を正当化するものではありません。

名目金利はゼロ以下には下がらないという制約

中央銀行の直面するもうひとつの制約は、金利がゼロより下がらないという制約です。これも数字の例を使って見ていきましょう。図4－7では、先ほどの労働者A、B、Cを今度はお金の借り手A、B、Cに置き換えています。

生産性の高い労働者と低い労働者がいるのと同様に、借り手にも差があります。借り手Aが信用度の最も低い、つまり、きちんと返済してくれるかどうか怪しい借り手です。怪しい借り手な

図4-7　名目金利のゼロ下限

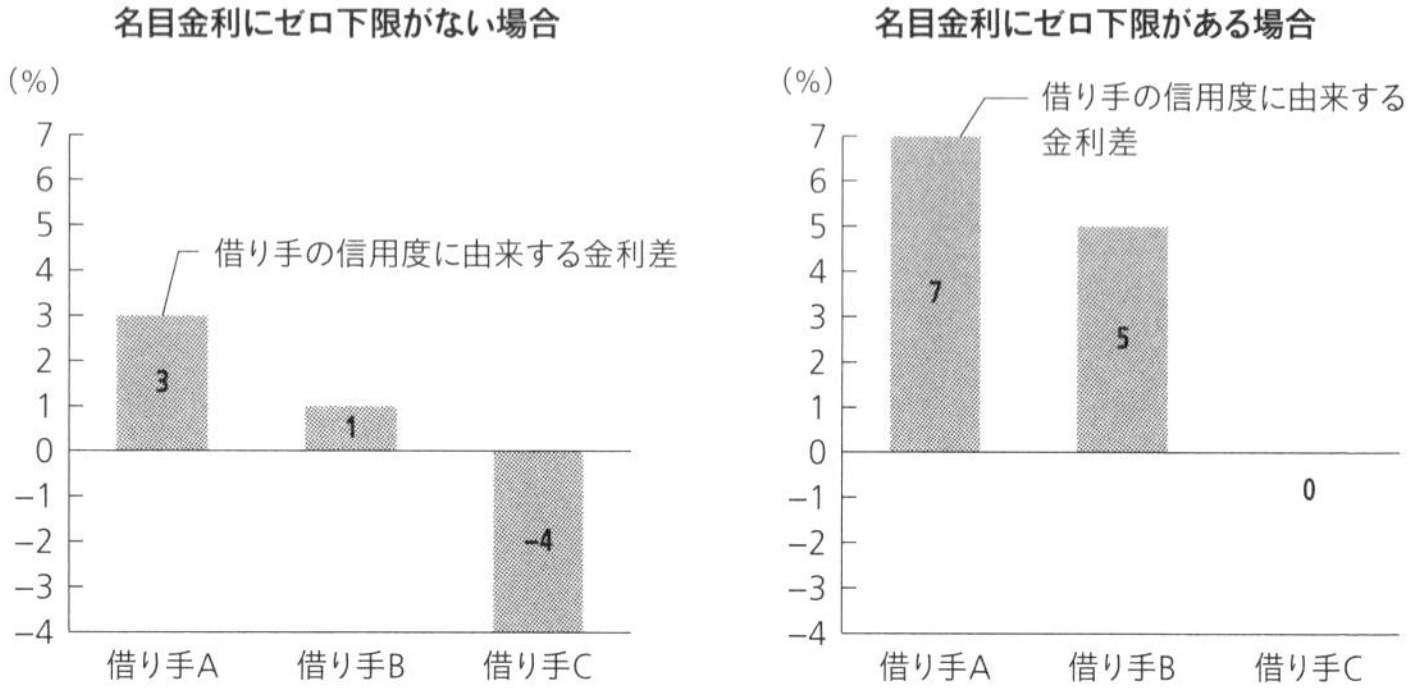

のでその分、金利は高くなります。借り手Ｃは信用度の最も高い借り手で、その分、金利は低くなります。借り手Ｂは両者の中間です。

　Ａは信用度の低い借り手なので、Ｃに比べて７％分だけ余分に金利を払います。Ｂの信用度も低いのですがＡほどではなく、Ｃに比べて５％分余分に金利を払います。図４－７の左図ではＡの借入金利が３％、Ｂの金利が１％、Ｃの金利がマイナス４％としています。信用度の差は金利にきちんと反映されています。また、３％と１％とマイナス４％を平均するとゼロなので、金利の平均値はゼロになっています。自然利子率がゼロ％とすると、金利の平均値＝ゼロ％はインフレ率の平均値＝ゼロ％を意味します。ですから、左図の状況は中央銀行にとって理想的な姿です。ただし、ひとつ難点があります。借り手Ｃの金利がマイナス４％なので、金利はゼロより下がらないという制約に抵触しているのです。

　どうすればいいでしょうか。下方硬直性の場合と同じく次善の策を探ってみましょう。三人の中で最も金利が低いのは借り手Cです。だから、まずCの金利をゼロにすることにします。そうすると、AはCとの信用度の違いを反映して7%の金利、Bは同じくCとの信用度の違いを反映して5%の金利となります。図4－7の右図はこの状況を表しています。左図は金利の平均値がゼロ%でしたが（それに伴ってインフレ率の平均値＝ゼロ%）、今度は金利の平均値がプラス4%なので、これに対応して4%のインフレが発生しています。

整理すると、①各借り手の金利は信用度の違いを反映しなければならない、②どの借り手の金利もマイナスであってはならない、という二つの条件を満たそうとすると、金利の平均値が4%、それに見合ってインフレ率も4%になってしまうということです。これは、賃金の下方硬直性のもとでは正のインフレが不可欠というトービンの理屈と同じです。

つまり、「潤滑油」が必要になる理由は二つです。ひとつは名目賃金の下方硬直性という制約、もうひとつは名目金利のゼロ下限という制約です。

Column

中央銀行の目標インフレ率をめぐる論争

潤滑油効果は、中央銀行が目指すべき目標値はゼロではなく正だということを教えてくれます。しかし、その正の値が2なのか、3なのか、はたまたそれ以上なのかは教えてくれません。それを知るにはもっと詳細な情報が必要です。

必要な情報の第一は、二つの制約をどの程度厳格に守る必要があるかです。数字の例では、どの労働者の名目賃金も下がらない、どの借り手の名目金利もマイナスにならないという制約を厳密に適用しました。しかし実際には、そこまでの厳密性を追求することは不可能ですし、そもそもそこまでやる必要もありません。名目賃金の下がる労働者がある程度いるのはやむをえません。また、信用度の高い借り手の金利が本来の水準より少し高めになるのもやむをえません（実際、図４－５で見たように名目賃金が下がる労働者は一定数います）。しかし、中央銀行の目標値を高くすればするほど、制約を破る度合いが下がるのも事実です。制約を破るのがどの程度であれば社会的に許容されるのか、それには目標値をどこまで引き上げる必要があるのかを知っておかなければなりません。

必要な情報の第二は、価格硬直性に由来するバラツキをどこまで抑える必要があるのかです。中央銀行の目標値を高くすればするほど、二つの制約を破る度合いは下がりますが、他方で価格硬直性に由来するバラツキは大きくなっていきます。このバラツキの増加がどの程度の速度なのかを知る必要があります。

この二つに関する研究はいくつかあるのですがまだ十分とは言えず、そのため、中央銀行の目標値として２％が適切かどうか、コンセンサスに至っていません。ただ、それなりの方向はすでに見えているように思います。

私は、（私を含む）多くの研究者が「インフレ率が５％未満であれば価格硬直性に由来する価格のバラツキはさほど深刻ではない」と考えている点に注目しています。もちろん、10％

以上の高インフレとなればバラツキもかなり大きくなるので、目標値をそこまで引き上げるのは論外です。しかし、インフレ率が5%未満であれば、たとえば2%と4%でバラツキが大きく違うかというと差はそれほどでもありません。その一方で、目標値を2%ではなく4%まで引き上げることで、もっと強い潤滑油効果が期待できます。

つまり、目標値を現行の2%から4%に引き上げた場合、得るものは多く失うものは少ないということです。それならば、そうしない手はありません。実際、ブランシャールなどは目標値を4%程度まで引き上げるべきと提案しています。

要するに、現行の2%を見直すとすれば、それは「引き上げる」という方向での変更になるだろうということです。これは米欧だけでなく日本も同じと私は考えています。その点、やや不可解なのは、日銀の目標値を今後どうすべきかという話が始まると、かなりの確率で目標値の引き上げではなく、引き下げの方向へと議論が向かうことです。慢性デフレからの出口が見えてきたとは言っても、2%のインフレというバーを毎年確実に越えるのは容易でないという状況にあって、バーを下げたいという思いがどこかで働いているのかもしれません。

第3節 慢性デフレはなぜ「悪」なのか

「悪」の本質を探るカギはバラツキ

慢性デフレは30年続いたので、私も含め日本に住むすべての人が、物価も賃金も据え置きの日常に慣れてしまいました。据え置きは即、現状維持なので先々の不安もなく快適です。この安心し切った生活が永遠に続くと信じていた人も多かったのではないでしょうか。しかしその期待を裏切って、2年前の2022年にインフレが始まりました。突然起きたインフレは消費者や企業経営者に強い恐怖を与えました。できることなら、以前の平穏な、すべてが据え置きの社会に戻りたい。そう願う声もしばしば耳にします。インフレは悪であり、それと比べればデフレ（価格据え置き）のほうがずっとマシ、と考える人も少なくないことでしょう。

インフレ＝悪はもちろんそうです。しかし「デフレ（価格据え置き）はマシ」は本当にそうなのでしょうか。私はそうは思いません。デフレ（価格据え置き）もいろいろな悪さをしてきました。ただ、その悪さはインフレのような派手な悪さではなかったので、気づきにくかっただけです。

講演や懇談の場でデフレ（価格据え置き）も悪だという話をするのですが、今回のインフレが起こる前は、所詮、学者の戯言《たわごと》と相手にしてもらえませんでした。しかし、2022年春からイ

第３節
慢性デフレはなぜ「悪」なのか

ンフレが始まると、徐々に雰囲気が変わりました。それは、インフレという新しい現象を体験することで、慢性デフレという過去の経験を相対化できるようになったからです。向こう岸（デフレ）にいたときはそこがどんな場所なのかわからなかったが、こちら岸（インフレ）に移ったあとで改めて向こう岸を眺めると、いろいろとアラが目につくということではないかと思います。

第1節と第2節で強調したのは価格のバラツキの重要性です。本節では、慢性デフレのどこが「悪」なのかを探っていきますが、そこでの焦点はやはりバラツキです。インフレと慢性デフレの両方を、バラツキという同じレンズを通して比べたい。これが狙いです。

まず、価格のバラツキが慢性デフレ期にどう推移していたのか、事実を確かめるところから始めましょう。図4－8は価格のバラツキの推移を示しています。バラツキ指標の作り方は、基本的には食用油の図と同じです。ただし、食用油の図では、食用油というひとつの品目に含まれるさまざまな価格（各都市における価格）のあいだのバラツキを見ていました。しかし、それだと商品全般の動きが見えません。そこで、ここでは品目「内」のバラツキではなく、品目「間」のバラツキを見ています。

具体的には、消費者物価統計に含まれる約６００の品目（「シャンプー」や「カップ麵」といった品目）のそれぞれについて、前年比（前年の同じ月と比べて何パーセント上がったか下がったか）を計算し、その６００品目を前年比の高い順に並べ替えたうえで、上から数えて25％に位置する品目と、下から25％に位置する品目を探し、その二つの品目の前年比の差を計算します。これが本節で用いるバラツキ指標です。この計算を毎月行います。結果は図４－８に示してありま

図4-8　品目間の価格のバラツキ

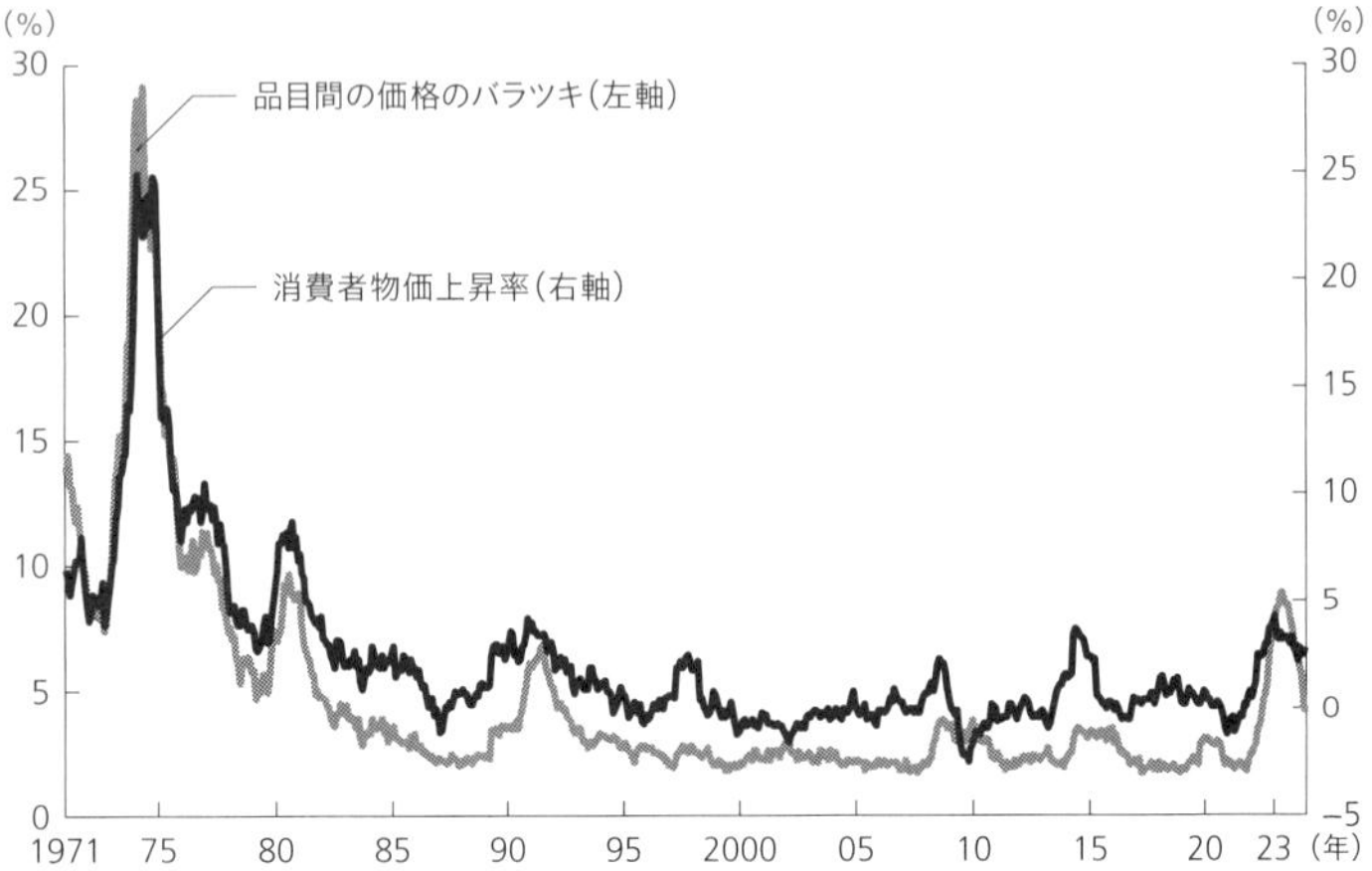

す。

２０２２年春以降のインフレ局面を見ると、品目間のバラツキが急拡大しています。最近のインフレで食用油というひとつの品目「内」のバラツキが大きくなったことはすでに確認しましたが、品目「間」のバラツキも同様に大きくなっています。ただし、バラツキがどんどん拡大するということにはなっておらず、足元は少し落ち着いてきています。

この図で最も目を引くのは１９７０年代の高インフレ期（「狂乱物価」）です。この時期、バラツキは急拡大しました。バラツキの大きさは、今回のインフレ局面の比ではありません。この時期は、価格のバラツキが極端に大きくなり、それが不確実性の増大をもたらし、人びとの活動（生産活動や消費活動など）に甚大な影響を及ぼしたと言えます。

慢性デフレ期の「良いバラツキ」と「悪いバラツキ」

本節で注目したいのは慢性デフレ期のバラツキです。慢性デフレは1995年に始まりました。その頃から今回のインフレが始まる直前まで、バラツキはきわめて低位で安定していました。価格据え置きの割合が一貫して高く、それを反映して価格のバラツキも小さかったのです。

これは何を意味するのでしょうか。今回のインフレ局面や1970年代は、バラツキが大きすぎてそれが問題でした。慢性デフレはその反対にバラツキが小さいので、一見したところ問題ないように思えます。

ここで思い出していただきたいのが、バラツキには悪いバラツキと良いバラツキの二種類があるという話です。今回のインフレ局面や1970年代は、価格硬直性に由来する悪いバラツキが大きくなりました。慢性デフレ期はその心配はありません。つまり、悪いバラツキは抑えられていました。向こう岸（デフレ）での生活を懐かしむ人たちが、不確実性の少なさ、そして消費や生産といった活動のやりやすさを強調するのはもっともなことです。日本は「物価が安定して過ごしやすい国」と言われていましたが、まさにそれです。

一方、商品や労働の特性（商品の人気度、労働者の生産性、借り手の信用度など）の違いに由来する良いバラツキのほうはどうでしょうか。慢性デフレの時期は価格と賃金の据え置きが強かったので、このバラツキも落ちてしまった可能性があります。もちろん図4−8を見ただけではそうかどうかはわかりません。これからいくつかのデータを見ながらそこを確かめていきます。

この段階で強調しておきたいのは、良いバラツキが落ちてしまったかもしれないという認識はとても大事だということです。インフレ期に悪いバラツキが拡大するのは、このような指標を計算せずとも、生活やビジネスを普通に行っていれば容易に感じ取れます。これに対して、慢性デフレ期に良いバラツキがどうなっているのかという視点は、通常の生活からは出てこないものです。とくに、慢性デフレ期はバラツキ自体が落ちていることは誰の目にも明らかなので、「悪いバラツキが減ってよかった」と早とちりしがちです。悪いバラツキが減ったのはもちろん間違いではありませんが、同時に良いバラツキも落ちてしまったかもしれない。そこまでの認識をもつことは容易ではありません。

自戒を込めて言えば、人びとの早とちりに経済学者も加担した可能性があります。経済学者の関心はバラツキをいかに抑えるかです。多くの国が直面する困難は高インフレなので、悪いバラツキの拡大やそれをどうやって抑えるかに議論が集中するのはある意味、当然です。これに対して、慢性デフレのような事例は日本以外にないので、バラツキが「小さすぎる」という状況は研究対象として関心が集まらないのでしょう。海外の人たちは百歩譲ってそれでよいとしても、日本に住む私たちは違います。良いバラツキが過少になっているかもしれないという問題意識をもたなければいけなかったのです。

労働生産性と賃金のズレ

良いバラツキが過少だったかどうか、いくつかのデータで検証してみましょう。最初に注目したいのは賃金と労働生産性の関係です。前節で見たように、労働生産性の高い労働者には高い賃金、生産性の低い労働者には低い賃金というのが大事な原則です。そうした理想的な状況では、労働生産性のバラツキが反映されるかたちで賃金もばらつきます。しかし、慢性デフレの時期にはどの労働者の賃金も据え置かれていたので、生産性に差があるにもかかわらず賃金のバラツキはないとなっていた可能性があります。

これを確かめるために、「法人企業統計」の業種別・規模別データを用いて、①ある業種のある規模のカテゴリー（たとえば繊維工業で資本金1億〜10億円）に属する企業たちの労働生産性が２０１０年から２０２２年のあいだにどれだけ変化したか、②その企業たちの支払った賃金が同期間にどれだけ変化したかを計算したうえで両者を比較しました。図４－９の横軸は生産性の変化を、縦軸は賃金の変化を示しています。図中の×の一つひとつは、ある業種のある規模のカテゴリーを表しています。

労働生産性の変化に応じて賃金も変化するという理想的な状況であれば、すべての×は45度線の上に乗るはずです。しかし実際にはそうなっていません。現実は理想的な状況から隔たっているということです。

丁寧に見ると面白い傾向が浮かび上がってきます。生産性が低下した企業たち（図の左半分）を見ると、×が45度線の「上」に集中しています。つまり、「生産性の悪化した企業は、生産性の悪化にもかかわらず賃金をさほど下げていない」という傾向があります。賃金が生産性との対比で改善した、つまり、賃金が過大評価されたということです。生産性が低下した企業のうち過大評価の企業の割合は84％と大半を占めています。この過大評価は名目賃金の下方硬直性で生じた

図4-9　労働生産性の変化と賃金の変化

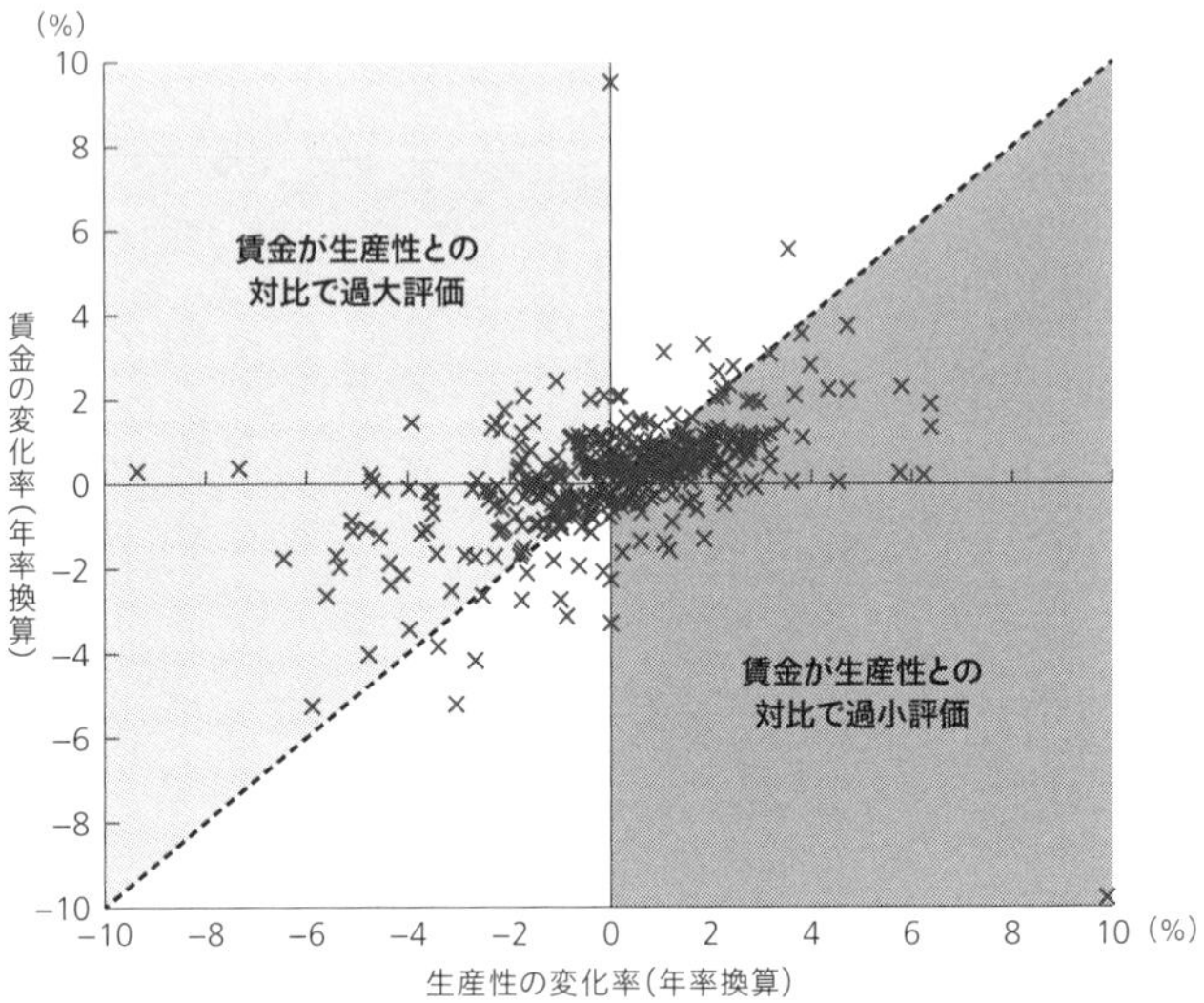

可能性もあります。

一方、生産性が上昇した企業たち（図の右半分）を見ると、×が45度線の「下」に集中しています。つまり、「生産性が改善した企業は、生産性の改善にもかかわらず賃金をさほど上げていない」という傾向があります。賃金が生産性との対比で悪化した、つまり、賃金が過小評価されたということです。生産性が改善した企業のうち過小評価の企業の割合は81％と、これも大半を占めています。

これらの企業に勤務する労働者は、生産性が改善しているので、図4－6の労働者AやBに相当します。生産性の改善した労働者の賃金は、生産性の上昇に応じて上がってしかるべきです。しかし実際には、賃金は生産性の上昇ほどには上がらず、過小評価が生じています。その逆に、図の左半分に位置する企業は生産が悪化しているので労働者Cに相当します。生産性が悪化しているので賃金が下がってしかるべきですが実際にはそうなっておらず、過大評価が起きています。生産性が改善した人は過小に評価され、悪化した人は過大に評価されるということは、要は生産性がどう変わろうとも賃金はおおむね据え置きということを意味しています。

賃金の過大評価と過小評価

賃金の過大評価や過小評価が始まったのはいつでしょうか。図４－10では、過大評価と過小評価の毎年の推計値を示しています。具体的には、「過大評価」は賃金の生産性からの乖離率の90％分位点から中央値を差し引いたもの、「過小評価」は乖離率の中央値から10％分位点を差し引いたものです。

どちらも１９９０年代前半までは安定していたのですが、１９９０年代後半以降、上昇してきました。とくに、過小評価は２０００年から２０１０年のあいだに急角度で上昇しています。これは、ベースアップの停止など春闘に大きな変化が起きた時期と重なっています。労働生産性の改善・悪化を問わず、すべての企業、すべての労働者の賃上げを一律に停止したことによって良いバラツキが過少になったと読むことができます。

図4-10　賃金の労働生産性からの乖離

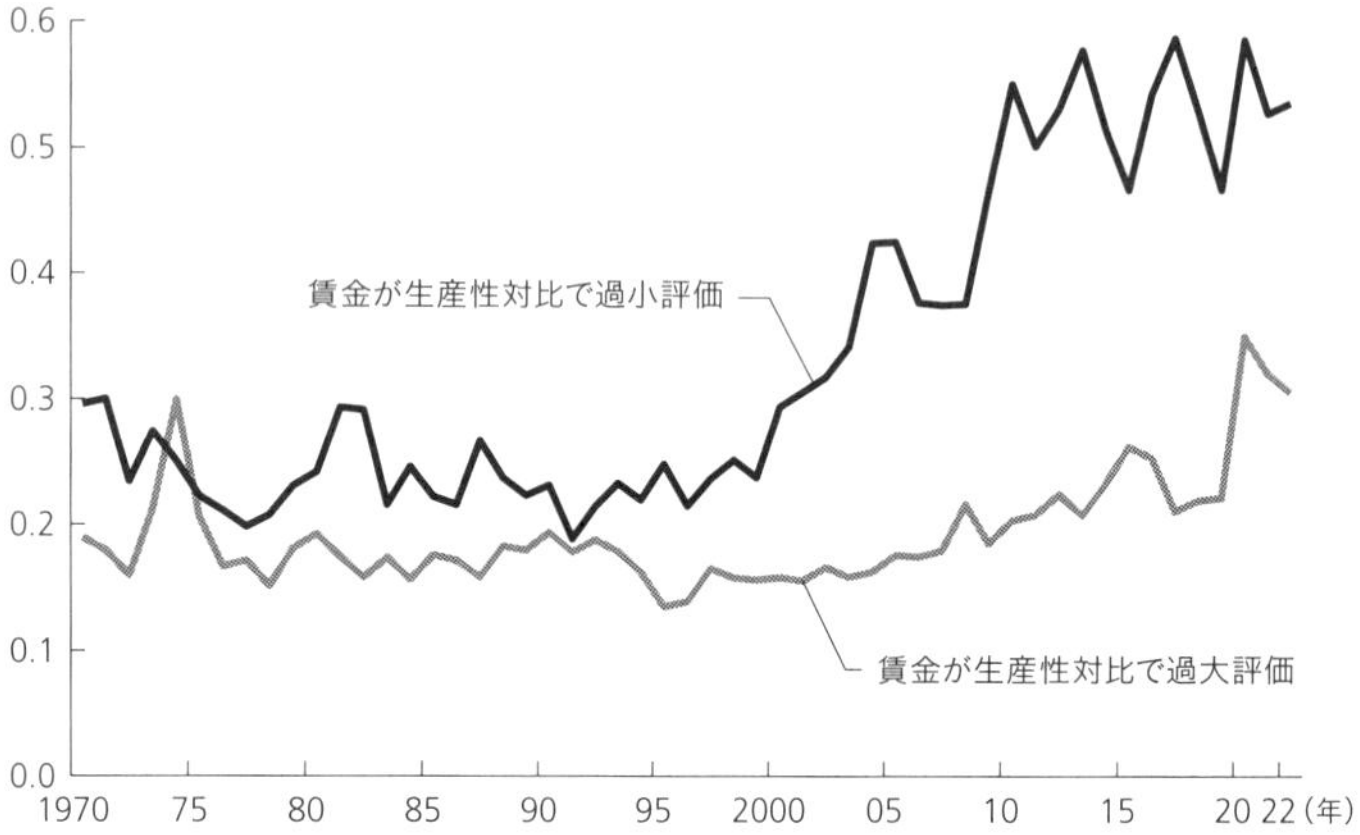

「今年も値段を据え置くぞ！」という元旦の誓い

良いバラツキが過少だったか否かを確かめるもうひとつの方法は海外と比べることです。とくに、先進主要国は日本のような慢性デフレに陥ることはなかったので、良いバラツキが過少ということはまず考えられません。それらの国とバラツキを比較すれば日本の異常さ、そして良いバラツキが過少か否かも見えてくるはずです。

先進主要国との比較の出発点は第1章で紹介した「渡辺チャート」です（図1－6）。簡単におさらいすると、消費者物価統計の品目別まで下りてインフレ率を計算し、その結果を頻度分布で表したのが渡辺チャートでした。注目点は分布のピークがどこかです。アメリカのピークは2・5％で、アメリカ企業にとってデフォルトの値上げ率が2・5％ということです。

これを授業で教えるときは、アメリカの経営者は、元旦の朝起きるや否や誰もが「今年も2・5%値上げするぞ」と誓うと説明します。これが「デフォルト」の意味です。甚だ日本的な説明ですが、日本人および東アジアからの留学生にはニュアンスが伝わります。元旦に値上げの誓いを立てるのはイギリスやカナダなど他国の経営者も同じです。これに対して日本は分布のピークがゼロ%です。つまり、日本の経営者の元旦の誓いは値上げではなく、「今年も値段を据え置くぞ！」です。

日本は潤滑油不足

デフォルトの値上げ率の差異は、価格のバラツキにどう影響するでしょうか。図4－11を使って考えてみましょう。この図の横軸はインフレ率（全企業の値上げ率を平均したもの）、縦軸は価格のバラツキです。

淡い線で示した曲線は、日本のようにデフォルトの値上げ率がゼロ%の場合です。インフレ率＝2%から出発して、インフレ率が4%、5%と高くなると、バラツキも大きくなっていきます。反対に、インフレ率が低くなるとバラツキは小さくなります。

では、インフレ率がゼロを下回るところまで下がる、つまりデフレになるとどうなるでしょうか。デフレはインフレと逆の現象ですが、価格更新の方向の違いはあっても価格を更新するという点では同じです。デフレの率が大きくなると、価格引き下げの方向で更新される商品の割合が増えるので、値下げ商品と価格据え置き商品とのあいだでバラツキが広がります。これは、第1

図4-11　価格のバラツキとインフレ率の関係

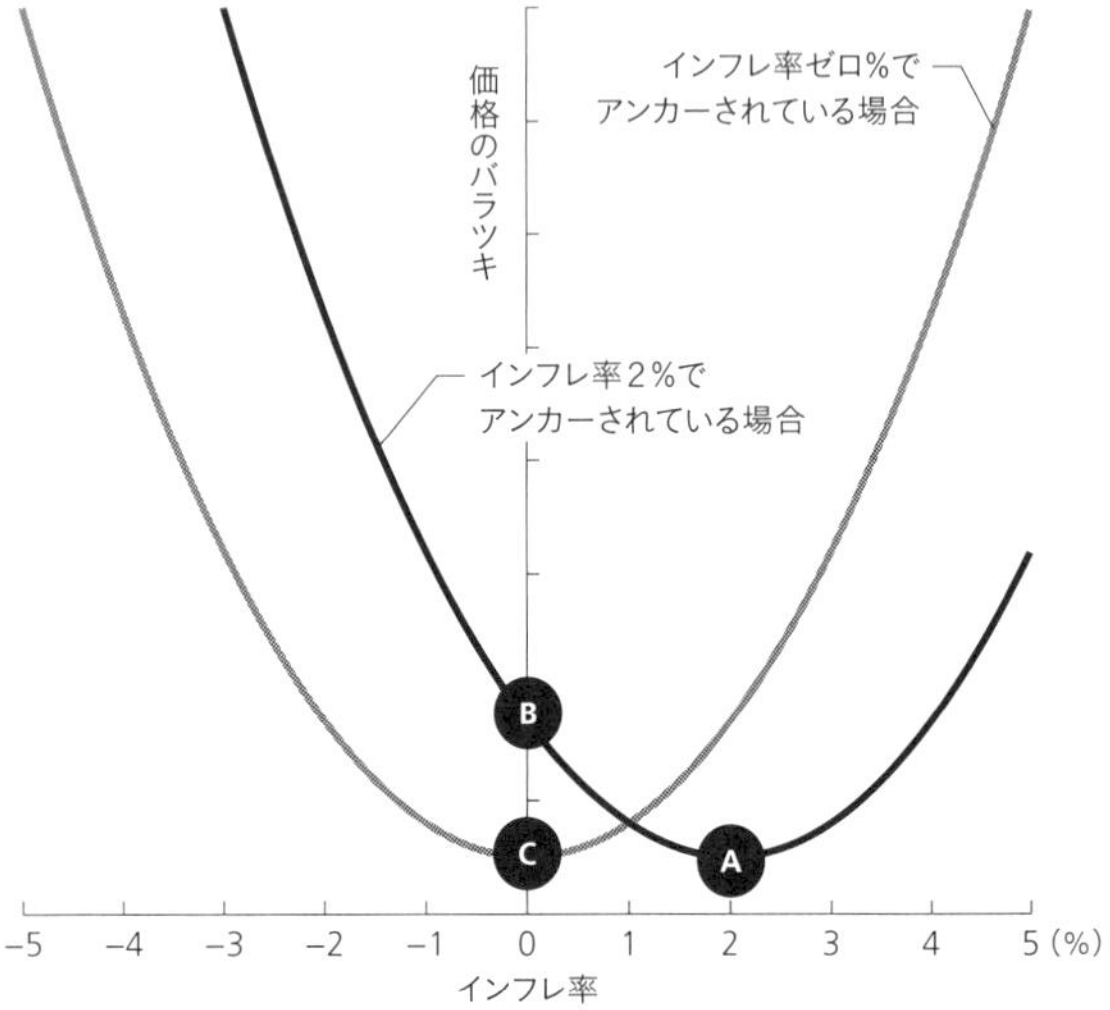

節で見たインフレの場合のちょうど反対です。

　これに対して図の濃い線で示した曲線は、デフォルトの値上げ率が2％の、アメリカのようなケースです。曲線の形状は日本と同じですが、U字形の底の位置が違います。デフォルトの値上げ率がゼロ％の場合は底がゼロ％でしたが、今度は2％になっています。なぜそうなるのかは次のように考えるとわかります。

　デフォルトの値上げ率が2％と言っても、全企業がつねにそうしているわけではありません。一部の企業がそれより余分に値上げして、その結果、値上げ率の全企業平均がたとえば4％になったとしましょう。その場合、大方の企業は2％、一部の企業はそれより高いとなるので、バラツキが大きくなります。図の横軸の

4%に対応するバラツキが大きくなっているのはそのためです。

これと反対に、一部の企業が2%を下回る値上げ率となり、その結果、値上げ率の全企業平均がたとえばマイナス1%になったとします。その場合、大方の企業は2%、一部の企業はそれより低いとなるので、バラツキが大きくなります。このように考えると、結局バラツキが最も小さくなるのは、値上げ率の全企業平均が2%のときです。このときには、大半の企業が2%の値上げをしています。企業固有の事情でそこから上や下に乖離する場合もありますが、そうした企業は少数派です。だからバラツキが最も小さくなるのです。

デフォルト＝ゼロ%とデフォルト＝2%を比べてみましょう。デフォルトの値上げ率が2%の国（濃い線）では、U字の底のA点が最も望ましい状況です。なぜかというと、第一に、バラツキが最小なので消費者・生産者にとって不確実性が抑えられています。第二に、インフレ率（値上げ率の全企業平均）が2%という正の水準なので、第2節で説明した潤滑油効果が完全かどうかはさておき、ある程度利いています。つまり、A点では、悪いバラツキを抑えつつ良いバラツキを温存するという芸当がほぼ達成できています。こうした国でも中央銀行に頑張ってもらってインフレ率をゼロ%まで下げることはもちろん可能です。しかしそれは賢い選択とは言えません。インフレ率をゼロ%まで下げるとバラツキが大きくなってしまうからです（図のB点）。B点では多くの企業が値上げ率2%を維持するなかで一部の企業がそれを下回っており、それによりバラツキが拡大してしまうのです。

こう考えると、アメリカのような国の中央銀行が目指すべき地点はゼロ%インフレのB点では

図4-12　主要国における価格のバラツキとインフレ率の関係

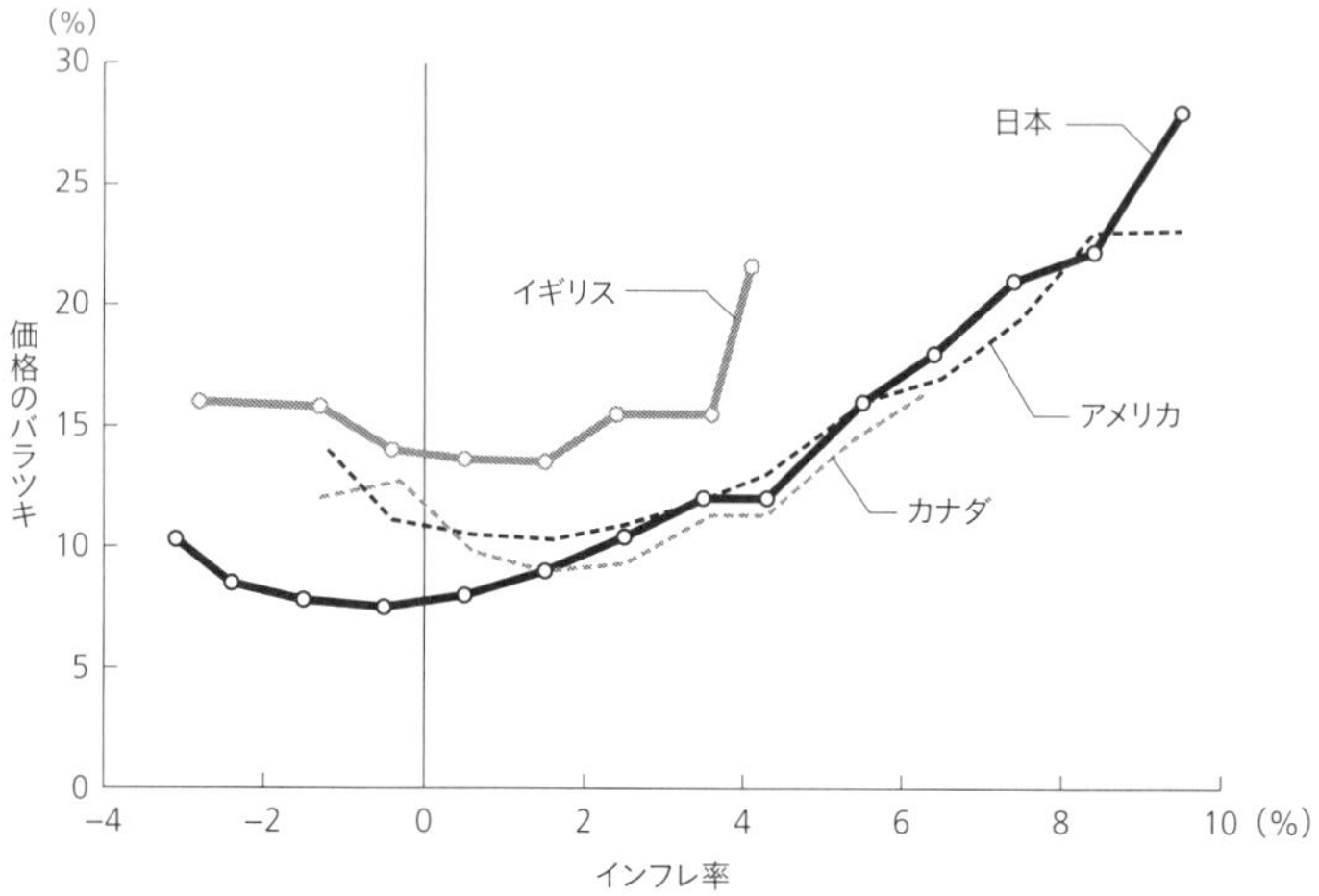

なく、適度の正のインフレのあるA点です。一方、日本は、デフォルトの値上げ率がゼロ%なので、そもそもA点を目指すことすらできません。日本が選べるのはせいぜいC点です。この点ではバラツキが最小化されているので、消費者・生産者にとって不確実性が少ないという点では申し分ありません。しかし、C点ではインフレ率がゼロ%と低すぎるので潤滑油が足りない、そのために、たとえば労働者の賃金と生産性が見合わないといった問題が生じています。

データが示す価格据え置きの弊害

ここまでの分析が現実にあてはまるかどうかをデータで確認しておきましょう。図4−12は、日本を含む4カ国についてバラツキとインフレ率を実際に計算しプロットしたものです。先ほどと同じく、縦軸が価格のバラツキ、横軸がインフレ率です。４カ国のいずれもU字形になっており先ほどの理屈と整合的です。

しかし、U字形の底がどこに位置するかは国ごとに違っています。アメリカ、イギリス、カナダのU字形はよく似ていて、インフレ率が１・５〜１・６％のところが底になっています。これらの国では、企業のデフォルトの値上げ率がその水準だということです。

これに対して、日本の底はほぼゼロ％（正確にはゼロをやや下回るマイナス０・５％）で、これが日本企業のデフォルトの値上げ率です。日本は慢性デフレの時期の大部分をこの底の近辺で過ごしてきました。この底の近辺は、バラツキが小さいという点では悪くありませんでしたが、インフレ率がほぼゼロ％なので、潤滑油は不足していたと考えられます。

第4節

緩やかなインフレと賃上げで日本は活力を取り戻せるのか

ノミナルの変調はリアルの変調をもたらすのか？

2024年2月、米ウォール・ストリート・ジャーナル（WSJ）紙のグレッグ・イップ記者から取材を受けました。当時は株価の4万円到達が間近で大騒ぎでした。同時にデフレからの脱却が見えてきた時期でもあります。株価4万円とデフレ脱却のあいだには因果関係があるのではないか。これが彼の問題意識でした。

私なりに解釈すると、彼の念頭にあったのは次のようなストーリーです。慢性デフレは物価と賃金が据え置かれるという現象です。物価も賃金も経済のノミナルの変数（名目の変数）です。しかし、ノミナルの変数が変調を来しているだけという見方は不適切です。ノミナルの変数の変調が実質GDPや雇用、生産性に代表されるようなリアルの変数（実質の変数）の変調を引き起こした可能性があるからです。仮にそうだとすると、デフレ脱却でノミナルの変調が修復されるのに伴って、リアルの変調も修復されるはずです。株価4万円はリアルの変調が修復に向かうことを株式市場が察知した結果ではないだろうか。これが彼の仮説です。

誤解があるといけないので付け加えると、彼がこの仮説を強く信じていたということでは決してありません。むしろどちらかと言うと懐疑的だったように思います。私はこの仮説の提唱者なので、その私に対して否定的な見解をぶつけて私の反応をうかがうということが、何度かの取材で行われました。そのやりとりを通じて懐疑的なのかなと感じたわけです。

しかし、私にとって興味深かったのは、彼がこの仮説を支持するか否かではなく、この仮説で記事を書くことを考える記者がようやく出てきたということでした。インフレは2022年春から始まっていました。しかし、メディアにせよ、エコノミストにせよ、研究者にせよ、日本でこの仮説を真正面から考える人はほとんどいませんでした。だから、「ようやく」現れたかと感慨深かったのです。

マネーの中立性という考え方

ただ、この仮説が当時真っ当に扱われなかったのにはそれなりの理由がありました。この仮説が経済学の標準的な理解を大きく逸脱しているからです。

標準的な経済学では、ノミナルの変数の変調がリアルの変数に影響を及ぼすことはないと考えます。たとえば、中央銀行がノミナルの変数であるマネーを10％増やすとします。短期的には（数四半期の時間スケールでは）、リアルの変数である実質ＧＤＰや雇用者数が増加します。しかし増加は一時的で、いずれ元の水準に戻ります。結局、長期（数年超の時間スケール）で見ると、マネーの増加はリアルの変数には一切影響しません。長期的な効果が残るのはノミナルの変数である物価と賃金だけです（物価と賃金はそれぞれ10％上昇）。この原則は「マネーの中立性」と呼ばれています。

もう少し補足すると、ケインズ経済学が登場するまでは、マネーは長期どころか短期でもリアルの変数に影響しないと考えられていました。ケインズは「短期」という概念を持ち出して、その時間スケールであればノミナルがリアルに影響しうると主張し、そこが画期的でした。しかしケインズ経済学でも、長期の時間スケールではマネーは中立的と考えます。慢性デフレは30年に及んだので明らかに長期の現象です。物価や賃金の変調がそれだけの長い時間スケールでリアルの変数に影響を及ぼすことはない。これが経済学の常識です。

WSJの記者の仮説は明らかにこの常識に反していました。記者自身も当然そのことを自覚していました。だから懐疑的にならざるをえなかったのだと思います。この記者の取材と前後して国際機関のエコノミストなど何人かの経済学者とこのことを議論する機会がありました。最初は私の説を面白がって聞いてくれるのですが、行きつ戻りつの議論の挙げ句、最後は「でもマネーは中立的だから」という陳腐な主張に戻ってしまいます。マネーの中立性という壁は経済学者にとってそれほどまでに高いということです。

ノミナルの変調がリアルに影響を及ぼす三つの経路

ノミナルの変調がリアルの変調を引き起こすという説には私自身それなりの思い入れがあります。慢性デフレの弊害をめぐって海外の研究者や中央銀行関係者から何度も受けた質問だからです。物価と賃金の変調がリアルに影響を及ぼすのであればおおごとなので、日銀に頑張ってもらってノミナルの変調を修復しなければいけません。しかしリアルに影響しないのであれば、無理をしてまで修復の必要はありません。これは、慢性デフレにどう立ち向かうのか（立ち向かわないのか）を決める最も重要な論点で、だから海外の研究者なども強い関心を寄せたのです。

２０２２年1月に出版した（執筆は２０２１年夏）『物価とは何か』でもこの説に触れています。しかし本の中では「わからない」と書きました。自信がなかったからです。じつは今も、わからないというのが正直なところです。しかし、私が大学の研究室でわからないと頭を抱えているうちに、キャンパスの外では大きな変化が起きました。デフレからインフレへの移行です。そして、その移行に伴って人びとは、こちら岸（インフレ）から向こう岸（デフレ）を眺めるということを始めました。向こう岸にいたときには見えなかった景色が見えてきて、人びとの考え方に大きな変化が起きているように思います。

私の現時点での理解を整理すると、慢性デフレは三つの経路でリアルの変数に影響した可能性があります（図4－13を参照）。第一の経路は「潤滑油効果」です。潤滑油の欠乏が生産性などのリアルの変数に影響を及ぼした可能性があります。

第二の経路は「非価格競争」です。消費者が何をどれだけ買うかを決める際の最も重要な変数は価格です。企業が何をどれだけ生産するかを決める際にも価格は重要な役割を果たします。優れた商品はたくさんの人びとが買いたがるので価格が上がる。企業は価格の高いその商品をたくさん生産する。こうやって何をどれだけ生産し消費するのかが価格を軸として決まります。これが「価格競争」です。

図4-13 慢性デフレがリアル変数に影響を及ぼす経路

慢性デフレ

- 価格と賃金が毎年据え置かれる
- インフレとインフレ予想がともにゼロ%でアンカーされている

↓

「潤滑油」の欠乏で資源配分に歪み

- 商品の価格はその特性(人気度など)を反映してばらつくのが本来の姿。同様に、賃金は労働者の特性(生産性など)を、金利は借り手の特性(信用度など)を反映してばらつくべき。
- しかし、「潤滑油」が欠乏し、本来あるべきバラツキが消えてしまう。
- 生産性の低い企業・産業で働く労働者が生産性の高いところへという、本来あるべき移動が起きず、資源配分が非効率に。商品や資金についても配分が非効率になる。

価格競争から非価格競争に変質

①ステルス値上げ
企業は価格の代わりに商品の容量・重量を操作。企業のイノベーション(新商品開発など)を阻害。資源配分が悪化。

②ステルス賃上げ
労働者は賃金の代わりに労働の密度・時間を操作。労働者のスキル向上や労働生産性の上昇を阻害。

③ステルス利下げ
資金貸借の対象となるプロジェクトの金利はゼロで据え置きのまま、プロジェクトの品質悪化が進行。借り手である政府の財政規律が後退。民間の貸借でも、借り手の質が悪化し、新陳代謝を阻害。

企業は価格支配力(Pricing power)を喪失

- 少しの値上げでも顧客が逃げてしまうのではと企業は恐れるようになり、原価が上昇しても企業は価格に転嫁できない。
- 企業が新商品を開発して市場に投入し、勝負をかけたとしても、せっかく良い商品を作ったとしても、価格を高めに設定できない。だから、経営者は、新商品の開発を最初から諦めてしまう。
- 経営者は、コストカット、つまり、後ろ向きの経営に走る。
- 企業がみな後ろ向きの経営に転じるので、経済の活力を維持できず。

これに対して慢性デフレ下の日本では、価格が動かなかったので価格競争が働かなくなってしまいました。第1章で紹介した「#くいもんみんな小さくなってませんか日本」はその典型です。価格は変えずに容量・重量を変えるので、「非」価格競争です。競争の軸が価格から「非」価格へと移ることで、生産や消費に歪みが生じた可能性があります。

第三の経路は「価格支配力」の喪失です。需要曲線が屈折しコストの上昇を価格に転嫁できなくなると、企業はコストの上昇を人件費の節約など別の方法で吸収しようとします。こうしたコスト削減が行き過ぎると、企業の、そして経済全体の活力が損なわれる可能性が出てきます。

潤滑油不足が資源配分を阻害

ひとつずつ見ていきましょう。最初は潤滑油効果です。労働生産性と賃金の関係を考えてみましょう。生産性の上がった企業や産業では、賃金が上がり、それが魅力となって他企業や他産業に勤めていた労働者を引きつけるというのが本来あるべき姿です。一方、生産性の振るわない企業・産業は労働力を失い、相対的に縮小していきます。こうして、有望な企業・産業で働く労働者の割合が増大し、それがその国の平均的な生産性を上昇させます。

しかし前節で見たように、慢性デフレ期の日本は潤滑油不足で経済が停滞していた可能性があります。生産性の上昇が芳しくない企業・産業は、その他の企業・産業との対比で賃金の上昇率が低くなってしかるべきです。しかし潤滑油が足りないと、その企業・産業では賃金の「下落」が必要となってしまいます。さすがに賃下げを許容する労働組合はない（賃金の下方硬直性）ので、その企業・産業の賃金上昇率が生産性上昇率との対比で過大になります。逆に、生産性の好調な企業・産業の賃金上昇率は過小となります。そのため、不調な企業・産業から好調な企業・産業への労働者の移動が起きず、不調な産業は今までとさほど違わない労働者数で、今までとさほど違わない規模の生産を続けることになります。こうして労働という生産資源の配分が歪み、その結果、国全体の生産性が停滞します。

潤滑油不足は、労働市場だけでなく、資金貸借の市場でも深刻だった可能性があります。資金貸借の市場では、借り手の信用度に応じて金利の水準が決まるというのが原則です。ある企業・産業の信用度が改善すると借入金利が低下し、投資を積極化できます。その逆に、信用度が悪化した企業・産業は、借入金利が上昇して活動の縮小を迫られます。こうして、信用度の低下した企業・産業から信用度の高まった企業・産業へと資金が移動することで、国全体の成長が加速する。これが本来の姿です。

しかし、慢性デフレ期はインフレ率がゼロなので、それに応じて借入金利の平均もゼロとなりました。その状況下では優良な借り手は、ゼロを大きく下回る金利で資金を調達できるというのが理屈です。しかし実際には、金利がゼロを大きく下回ることはありませんでした。その結果、優良な借り手も質の悪い借り手も、資金調達コストがさほど違わないという状況が生じました。そうなると、質の悪い借り手も今までどおりの生産・投資活動ができてしまいます。言葉がきついかもしれませんが、本来は淘汰されるべき企業が生き残ってしまう、「ゾンビ企業」と呼ばれる現象が起きました。

非価格競争

第二の経路は非価格競争です。2023年の初めに経済財政諮問会議に出席する機会があり、慢性デフレの弊害について私見を述べさせていただきました。そのときに話したのが「ステルス」です。表面の価格は変えずに容量や重量を減らすステルス値上げについては第1章で紹介しましたが、私はそれ以外にも二種類の「ステルス」があると考えています。ひとつは「ステルス賃上げ」です。表面の賃金は変えない、しかし労働の質や時間を落とす。それによって実質的に賃金を上げるという意味です。もうひとつは「ステルス利下げ」です。表面の金利は変えない。しかし、資金貸借の対象となるプロジェクトの質を落とす。それによって実質的に金利を下げるということです。この三つは表面の価格、賃金、金利を変えないという意味で、どれも「非」価格競争です。

非価格競争そのものは昔からあって、たとえば、ピザの宅配を営むA社とB社がピザの値段は変えずに、配達時間の短さを競うというようなことは知られていました。しかし、それはあくまで経済取引のごく一部がそうなるという話で、国全体が非価格競争というのは普通はありません。ところが、慢性デフレ期の日本では、国を挙げて非価格競争に移行するということが起きたのです。

その結果どうなったでしょうか。価格というのは、生産者にとっては何をどれだけ生産するかの意思決定をする際の、そして消費者にとっては、何をどれだけ買うかの意思決定をする際の最も重要なシグナルです。これを指す言葉として「価格シグナル」というものがあります。その価格シグナルが慢性デフレ下では機能不全に陥ってしまったのです。

価格競争の国では、価格を見ることで買うか買わないかの判断ができます。これに対して慢性デフレ下では、値札は昔からずっと同じなのでそれを見てもなんの情報も得られません。買うに値するかどうかを判断するには、商品のグラム数などを丁寧に調べる必要があります。これは余分な手間ですし、場合によっては容量や重量の変化に気づかずに誤って買ってしまって、あとで後悔することもあります。

この状況を海外の人にわかってもらうのは至難の業です。もどかしい経験を何度かしたあとで私が考え出した比喩は、旧ソ連の失敗です。旧ソ連の経済がうまくいかなかった理由はいくつかありますが、そのひとつは価格シグナルの機能不全です。旧ソ連にはそもそも価格というものがない、あるいは存在したとしても需給を正確に反映しない代物でした。そのため、どの産業でどの資源がどれだけ必要かがわからなくなり、効率的な資源配分に失敗してしまいました。

一方、日本ではもちろん価格は存在しますが、その価格が据え置かれたままで動かないのですから、シグナルがないも同然です。状況は違えども、価格シグナルが機能不全に陥ったという点では、慢性デフレ期の日本は旧ソ連と同じだったのです。

ステルス賃上げ

慢性デフレの特徴は、価格とともに賃金も据え置きになり、それらを反映して金利がゼロに張り付くということでした。ですから、「ステルス」は商品価格だけでなく労働サービスの対価である賃金でも、そして金利でも起きたのです。

ステルス「賃上げ」とは、表面の賃金は据え置いたままで労働サービスの質を落としたり、量を減らしたりすることです。下世話な言い方をすると、職場で手を抜く、サボるということです。道徳的には褒められたものではありませんが、一定の経済合理性はあります。どういうことかというと、労働サービスという「商品」の生産者である労働者は、その商品の価格（＝賃金）を上げてほしいわけですが、ベアなし春闘を続ける弱腰の労組は当てになりません。労組に頼らず自分だけでできる賃上げはないかと模索した結果、ステルス賃上げにたどり着いたということです。ただし、個々の労働者にとっては一定の合理性があるとしても、一国というスケールで見ると問題山積です。労働者の働く意欲が削がれ、自己研鑽を積んでスキルアップしようという気も失せます。その結果、労働生産性は悪化し、マクロ経済の成長が阻害されてしまいます。

ステルス賃上げも、ステルス値上げと同じく目に見えないので実態がつかみにくいのですが、講演などでステルス賃上げの話をすると、さもありなんといった顔でうなずく人が少なくありません。ステルス賃上げが密かに蔓延した可能性は高いように思います。

ステルス利下げ

金利についても同様の現象が起きていた可能性があります。金利は、借り手の信用度や、借り手がその資金で行うプロジェクトがどの程度有望かに応じて決まるのが原則です。しかし、慢性デフレ期にはほとんどの金利がゼロかその近くにありました。

　政府が国債発行によって国民からお金を借りるという貸借を例にとると、慢性デフレ期の国債金利はゼロ％（または若干のマイナス）でした。資金の使途がなんであってもゼロ金利で借りられるので、政治家と政府はさほど有望でない（優先順位の低い）プロジェクトにも資金をつけるようになりました。たとえば、橋を架けるにしても、金利が高ければ精査のうえ本当に必要な橋だけを造るはずです。ところが、ゼロ金利で借りられるので無駄な橋もこの際造ってしまおうとなります。こうして財政規律が失われていきました。

　ステルス利下げは民間の資金貸借でも起きました。信用度のさして高くない企業は高い金利を要求され、生産を縮小する、あるいは市場からの退出を迫られるというのが本来の姿です。しかし、慢性デフレ下では、そうした企業も低利で資金調達ができてしまうので生き延びます。その結果、産業の新陳代謝が滞ってしまいました。

デフレの怖さを見抜いたグリーンスパンの慧眼

　第三は、企業の価格支配力の喪失を通じた経路です。価格支配力とは、製造コストの上昇を価格に転嫁する能力です。慢性デフレ期には価格支配力が極端に弱まり、これが経済の活力を奪いました。このことを最初に指摘したのは、Ｆｅｄの議長を19年の長きにわたって務め、マエストロと称賛されたアラン・グリーンスパンです。

　日本のようなデフレがアメリカでも起こるのではないかと心配する声が出始めた２０００年ごろ、デフレ転落を回避すべく金融緩和に転じようとした際に、日本のようなデフレになると何が困るのかを米国民に理解してもらうために彼が使ったキーワードが価格支配力でした。

企業が新商品を開発して市場に投入し、勝負をかけようと考えたとします。それには当然、投資が必要です。経営者は、その投資資金を回収するために商品価格を高く設定したいと考えます。ところが、企業が価格支配力を失っていると、せっかく良い商品を開発したとしても、価格を高めに設定できません。投資資金を回収できないのであれば、商品開発をしても損をするだけです。そう考える経営者は、新商品の開発を最初から諦めてしまうのです。

そういう状況で経営者はどんな戦略をとるでしょうか。攻めの経営ができないのであれば守りに徹するしかありません。つまり、行き着く先はコストカット主体、後ろ向きの経営です。ミクロで見れば、後ろ向きの経営はその企業の利益を改善させます。しかし、それはその他の企業の売り上げを犠牲にして初めて成り立つものです。誰もが同時に後ろ向きに転じるとなると、お互いにコストを押し付け合うことになり、誰も救われないという事態になってしまいます。アメリカの企業がみな後ろ向きの経営に転じたとき、アメリカ経済は活力を維持できるのか。グリーンスパンは米国民にそう問いかけたのです。

グリーンスパンの当時の講演録を読んでいて感心させられるのは、デフレは単なる物価下落ではないと見抜いていたことです。グリーンスパンは聴衆に繰り返し語りかけます。物価下落自体はさほどの問題ではない。何が問題かというと、デフレが企業の価格支配力を奪い、それが原因でアメリカ経済の活力が削がれることだ、と。２０００年代初頭の時点でこのことに気づき、金融緩和を強力に進めることでアメリカ経済をデフレの淵から救った慧眼と手腕は、マエストロの称号にふさわしいと言えるでしょう。

今から振り返ると、グリーンスパンが講演していた2000年の時点では日本におけるデフレ（価格と賃金の据え置き）はまだ始まったばかりでした。深刻化するのはその後のことです。ですから、グリーンスパンと同じ知見を日本の政策担当者たちが当時もてていれば、デフレの慢性化を防げた可能性があります。しかし実際には、日本企業の価格支配力が失われつつあることに対する危機感は当時きわめて希薄で、その後も有効な措置が講じられないままに時間が無為に過ぎてしまいました。「企業が後ろ向きの経営に走り経済の活力が失われる」というグリーンスパンの予言は、残念ながら日本では的中してしまったように思います。

Column

慢性デフレのコストを日銀自身はどうみているのか

慢性デフレのコストを日銀自身はどう考えているのでしょうか。2013年から2023年まで総裁を務めた黒田東彦氏は、デフレ脱却を最優先の課題に掲げ異次元緩和を展開しました。異次元緩和は思い切った措置であっただけに副作用も少なくなく、多くの批判がありました。それにもかかわらず黒田総裁が異次元緩和を10年にわたって続けたのは、デフレのコストが甚大との認識があったからです。これはアベノミクスも同じです。ただし、そのコストが何なのかを黒田総裁自身が明確に説明することはなかったように思います。

黒田氏以前の日銀総裁たちはどうだったのでしょうか。黒田氏との対比で言えば、デフレ

表4-1 歴代日銀総裁の講演に登場したワード

	速水総裁 1998～2003年		福井総裁 2003～08年		白川総裁 2008～13年		黒田総裁 2013～23年		植田総裁 2023年～	
1位	金融機関	14.0	物価	20.4	中央銀行	18.4	物価	39.2	物価	44.1
2位	物価	11.2	金融機関	13.6	物価	16.1	金利	19.8	金融政策	24.1
3位	景気	10.9	金融政策	11.6	金融機関	12.5	消費	16.5	中央銀行	22.4
4位	金利	10.8	投資	10.8	金融政策	9.8	金融緩和	13.9	金利	21.5
5位	金融政策	10.5	景気	9.2	金利	9.7	予想	10.5	収益	17.1
6位	投資	9.4	金利	7.9	国債	5.8	投資	9.8	賃金	13.5
7位	中央銀行	8.8	消費	6.9	生産	5.3	デフレ	9.3	投資	12.5
8位	インフレ	7.4	家計	6.8	景気	5.3	金融政策	8.5	消費	9.5
9位	株	5.3	収益	6.7	投資	4.9	消費者	8.3	国債	8.6
10位	国債	4.6	中央銀行	5.1	財政	4.7	賃金	7.8	インフレ	7.2

数字は講演1万文字当たりの登場頻度（回数）を表す

脱却を明確に意識した政策はとられませんでした。そもそも「デフレ」という言葉が使われることさえ稀でした。

表４－１は歴代の総裁が講演で使った言葉をランキング形式で表したものです。黒田総裁が「デフレ」をかなりの頻度で使ったのに対して、前任者たちの言及は少なく、ランキング外です。興味深いことに「予想」への言及も、黒田氏は多かったのに対して前任者たちはありませんでした。黒田総裁以前は、慢性デフレのコストが大きいという認識がなく、慢性デフレの原因である人びとの「予想」の狂いを修復するという発想もなかったことを示唆しています。デフレが放置され慢性化した原因の少なくとも一端は日銀自身にあったように思います。

ただし、慢性デフレが１９９５年に始ま

ったとすると、アベノミクスの始まる2013年までの約20年間、日本の研究者たちはデフレのコストが何かという問いに真正面から取り組むことを避けてきました。そのことを踏まえると、慢性化の責任を日銀だけに押し付けるのはアンフェアです。価格・賃金の据え置き社会にどっぷり浸かり、その心地よさに、なぜこんなことが起きているのか、このままで未来永劫いけるのかという疑問を抱くことさえなかった日本社会全体の責任だと思います。

では、現在の植田総裁は慢性デフレのコストをどう考えているのでしょうか。先ほどの総裁講演の頻出ワードを見ると、「物価」、「賃金」、「インフレ」という言葉の頻度が多いのが目立ちます。一方、黒田総裁が頻繁に使った「デフレ」への言及は少なくなり、圏外です。2022年春以降、インフレが急速に進むなかで政策の焦点がデフレからインフレに移り、物価だけでなく賃金にも関心を払うようになったことがうかがえます。

植田総裁は、慢性デフレのコストについて2023年12月の経団連での講演において、かなり踏み込んだ発言をしています。

「わが国が陥った低インフレ環境の大きな特徴は、賃金・価格設定行動において現状維持のバイアスが強くかかり、多くの品目で価格が据え置かれるようになったことでした。このことは、個々の商品の間の相対価格が変化しにくくなり、市場の価格発見機能が働きにくくなったことを意味します。結果として、資源配分が非効率的となり、経済全体でみた生産性を損なっていた惧れもあります」

ここで「商品の間の相対価格が変化しにくくなり」とあるのは、本書の言葉で言えば、良いバラツキの消失です。慢性デフレ下では、良いバラツキが消失したことで資源配分が歪み、生産性が停滞した可能性があると本節では指摘しましたが、植田総裁の認識はこれと非常に近いように思います。

慢性デフレが資源配分を歪め生産性を停滞させたのであれば、慢性デフレの終焉により日本経済は大きなメリットを享受できるはずです。実際、植田総裁は、慢性デフレ脱却後を見据え次のようなメリットを指摘しています。

「現時点で考えられる一つの仮説は、賃金・物価が『動く』世界では、企業の皆様方もより動きやすくなるのではないか、というものです。例えば、事業計画策定の際、賃金や物価が『動く』ならば、従来よりも柔軟な賃金・価格設定や商品戦略を取りやすくなる面があるのではないでしょうか」

慢性デフレのコストを日銀自身がどうみているかを知るもうひとつのヒントは、日銀が現在進めている「金融政策の多角的レビュー」にあります。これは、過去25年間に行ってきた政策を日銀自身が総点検するという作業です。政策の総点検ですから、政策の目的は何だったのかが当然問われます。そうなれば、慢性デフレのコストはいったい何だったのか、日銀が行ってきた政策でそれを除去できる見込みがあったのか、実際に除去できたのかといった点が重要な論点となります。

本書の執筆時点では最終報告書はまだ公開されていませんが、検討結果のいくつかは日銀のホームページ上ですでに公開されています。その中でも興味深いのは、日銀が行った企業向けアンケートの結果です。このアンケートでは、価格設定と賃金設定のどこに歪みがあったのかを企業自身から聞き出そうとしています。

企業がどう答えたのかももちろん面白いのですが、もっと面白いのは、日銀が準備した質問のリストです。それを見ると、日銀が現時点で何に関心をもっているかが手に取るようにわかります。

たとえば価格設定については、「90年代半ば以降、企業はコストをなかなか価格転嫁できなかったと指摘されることがある。貴社に当てはまるか？」と聞き、価格転嫁できないと回答した企業にはなぜできなかったかを更問いしています。また、賃金設定については、「90年代半ば以降、フルタイムの正規労働者の基本給が伸び悩む状況が続いた。貴社に当てはまるか？」と問い、イエスと回答した企業には賃金が伸び悩んだ理由を尋ねています。さらに、デフレ終焉後を見据えた質問では、「物価と賃金がともに緩やかに上昇する状態」と「物価と賃金がともにほとんど変動しない状態」のどちらが事業活動上好ましいか、それはなぜかと尋ねています。

これらの質問からは、慢性デフレのコストは企業のプライシング（価格設定・賃金設定）

図4-14　事業活動上、望ましいのはどちらですか

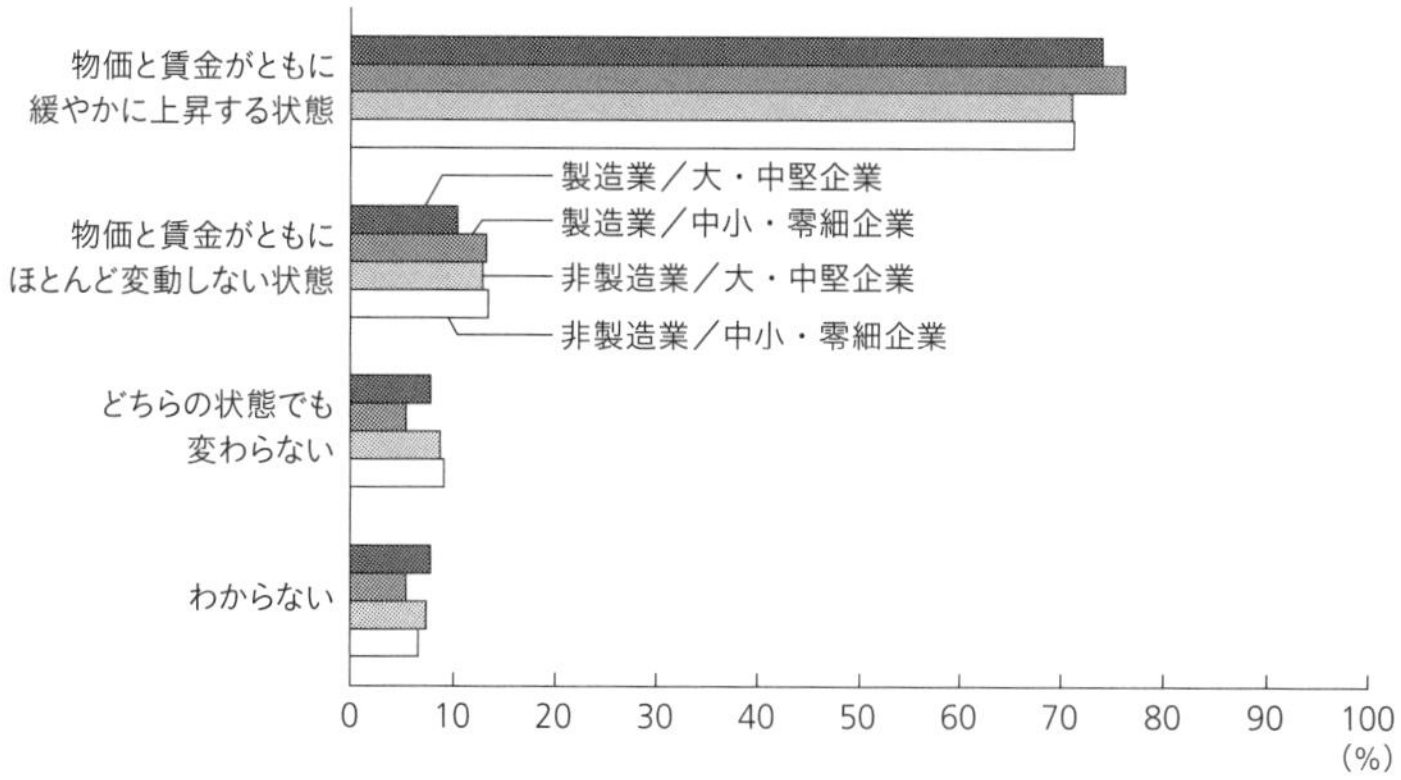

の歪みに起因するとの認識を日銀がもっていること、そしてデフレの出口が見えてきた現時点において、プライシングの正常化が日本企業と日本経済にどのようなメリットをもたらすかに日銀が強い関心を寄せていることがわかります。

これらの問いに対する企業の回答を見ると(図4―14を参照)、「物価と賃金がともに緩やかに上昇する状態」と「物価と賃金がともにほとんど変動しない状態」のどちらが好ましいかとの問いに対して、業種、企業規模を問わず「物価と賃金が緩やかに上昇する状態」が望ましいとの回答が7割超と支配的です。2022年春以降の物価と賃金が上昇する局面を経験したことで、多くの企業は、価格と賃金が据え置かれていた慢性デフレのときよりも現状のほうが望ましいと実感しているのです。

図4-15 物価・賃金が緩やかに上昇するのが望ましいと考える理由

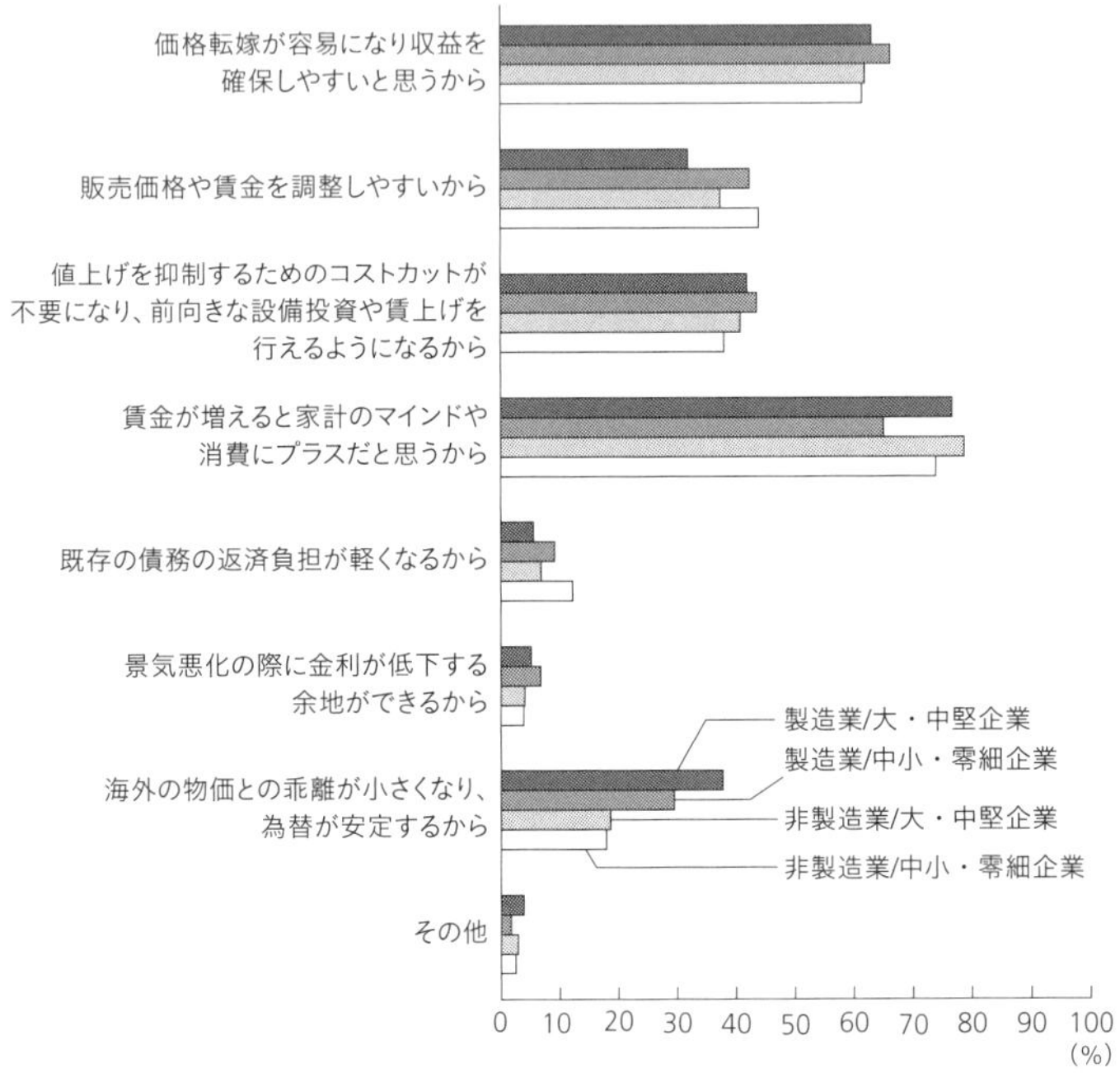

なぜそう思うのかの回答もなかなか興味深いものです（図4－15を参照）。回答者は企業経営者なので、普通に考えると価格転嫁がやりやすいので助かるということかと想像します。確かにその答えも少なくありませんが、一番多かったのは意外にも、「賃金が増えると家計のマインドや消費にプラスだと思うから」でした。企業の多くは価格支配力をすでに取り戻しており、価格設定の歪みの是正はひと区切りついた、残る課題は賃金設定の歪みをどう正すかだという認識を多くの企業がもっていることを示しています。

ただし、アンケートでは少数派ではありますが、「物価と賃金がほとんど変動しない状態」のほうが望ましかったとの意見もあります。その理由は「仕入れコストが上昇しにくいから」、「事業計画を立てやすいから」です。一部の企業経営者には慢性デフレへの郷愁が根強く残っていることがうかがえます。

第5章

異次元緩和の失敗から何を学ぶべきか

Understanding Inflation and Deflation

第1節

マネーの量を増やす政策はなぜ効かなかったのか

「2」ずくめの政策

第二次安倍政権のもとで日銀の新総裁に就いた黒田東彦氏は、就任直後の2013年4月に開催された金融政策の会合で、デフレ脱却のための新施策を打ち出しました。正式名称は「量的・質的金融緩和政策」と言います。この名称よりも「異次元緩和」というニックネームのほうがよく知られているので本書ではそちらを使うことにします。ちなみに海外のメディアは当時、黒田氏が金融市場への刺激策を次々に繰り出す様をバズーカ砲にたとえKuroda Bazookaと呼んでいました。

異次元緩和は、①物価上昇率を「2」%まで引き上げるという目標を掲げ、②それを「2」年で達成する、③そのために、マネーの量（正確にはマネタリーベース）を「2」倍にする、という政策です。偶然なのか意図的に数字合わせをしたのかは知りませんが、「2」が重なっています。記者会見で黒田総裁が「2」の列挙されたフリップを指しながら説明する様子をご記憶の方もいらっしゃるかもしれません。

この政策の根底にあったのは、日銀が大量のマネーを市中に供給すれば物価は上がり、デフレから脱却できるという考え方です。そこまでシンプルに言われると言い過ぎかなという気もしますが、基本線として間違いではなかったと思います。

異次元緩和で想定されていた経路

黒田総裁の頭の中にあったであろうシナリオは以下のようなものです。

日銀が国債を金融機関から買います。その代金を取引相手である金融機関に支払います。代金を払うと言っても、膨大な金額の取引なので現金で渡すわけではありません。支払いは、金融機関が日銀にもっている預金口座に日銀がおカネを振り込むというかたちで行われます。日銀にある預金口座に入っているおカネは「リザーブ」と呼ばれています。

マネーというと多くの方は日銀券を思い浮かべることと思います。もちろん日銀券はマネーの一部ですが、リザーブもマネーの一部です。日銀券は私たち生活者や企業が日銀に対してもっている資産、日銀からすると負債です。これと同様に、リザーブは金融機関が日銀に対してもっている資産で、これも日銀からすると負債です。どちらも日銀にとっては負債であり、だからどちらもマネーなのです。

話を続けると、国債の購入代金が預金口座に振り込まれると、リザーブ、つまりマネーが増えます。こうやってマネーを入手した金融機関は、それをどうやって使おうかと思案します。典型的には、国債や社債など金融資産を買うということを行います。そうすると、金融資産への需要が増えるのでその価格が上がります。金融資産の価格上昇は金融資産の金利（市場金利）の低下をもたらします。こうして市場金利が下がると、金融資産の魅力がその分落ち、金融資産の代わりにマネーをもちたいと考える人が増えます。市場金利が十分に下がると、日銀によるマネーの供給増にちょうど見合うだけのマネーの需要増が新たに生み出され、市場が均衡（需要と供給が一致する状態）を取り戻します。

最初と最後をつなげると、日銀が国債購入を通じてマネーを「供給」すると、市場金利が下がり、それによってマネーに対する「需要」が生成されます。

ここまでの一連の取引に関与したのは日銀と金融機関たちだけです。金融のプロたちが国債や社債などを取引する場なので金融市場と呼ばれています。私たちとは普段、縁のない世界です。しかし日銀のやりたいのはデフレ脱却で、そのためには、私たち生活者がモノやサービスを買うときの価格が上がらなければいけません。金融市場でどんな取引があったとしても、それがモノなどの価格に直接影響することはありません。

金融市場の外側への波及は次のようにして起こるというのが日銀のシナリオでした。市場金利が低下すると、金融機関は、企業が工場や機械を増設する際に組むローンの金利を引き下げてもよいと考えるようになります。あるいは、私たち生活者が住宅を購入する際に組むローンについても同じ理由で金利を下げてもよいと考えます。借り入れる際の金利が下がるのですから、企業は予定していたより多めに借りて積極的な投資を行おうとなります。また、住宅の購入に迷っていた家計もこの際、購入に踏み切ろうとなります。

このようにして、企業の設備投資や家計の住宅投資が増えると総需要（経済全体の需要という意味で「総」がついている）が増えます。総需要が増えれば、人びとの所得も増え、家計がモノなどを買う意欲が旺盛になります。そして最終的に物価が上昇を始めます。

ずいぶんと長い話になりましたが、結局のところ、日銀が国債を買ってリザーブを増やすと物価が上がるのです。日銀の国債購入が大量になればリザーブの増加も大幅になり、そうすれば物価の上昇幅も大きくなり、日銀の目標である２％の物価上昇が達成できる。これが黒田総裁の読みでした。

異次元緩和の行く手を阻んだ二つの綻び

異次元緩和のスタートは２０１３年４月なので今から10年以上前です。黒田総裁は10年間、デフレ脱却に向けて突き進みました。しかし結果としてみると、デフレ脱却を果たすことはできませんでした。もう少し正確に言うと、黒田総裁の任期終盤になって海外からインフレが流入し、それが契機となって消費者物価も上昇に転じました。植田総裁に交代後は物価上昇が持続する一方、賃金も上昇し始めており、デフレ脱却がようやく視野に入ってきました。しかし残念ながら、このデフレ脱却は異次元緩和で達成されたものではありません。その意味で異次元緩和は失敗に終わったというのが私の評価です。

異次元緩和はなぜ失敗したのでしょうか。やるべきことはしっかり実行されました。マネーの量は２倍どころか５倍近くにまで増えました（異次元緩和前の１３５兆円から６５６兆円まで増加）。それにもかかわらず消費者物価上昇率が２％に達することはありませんでした。なぜでしょうか。それは、先ほど説明した、国債購入から物価上昇に至る長い経路に綻びがあったからです。綻びはどこにあったのでしょうか。私は二つの綻びが致命的だったとみています。第一は、「マネーの供給を増やせば市場金利が下がる」という部分です。第二は、「総需要が増えれば物価が上がる」という部分です。この二カ所で経路が断たれてしまったのです。

前者は、経済学の「貨幣需要曲線（または貨幣需要関数）」の議論と密接に関係しています。一方、後者は「総供給曲線」の議論と密接に関係しています。貨幣需要曲線と総供給曲線には、どちらも「曲線」という単語が含まれています。「曲線」とは、変数Aと変数Bがどう関係しているかを示すものです。黒田総裁が経路を想定した際には、それぞれの「曲線」はこんな感じだろうという読みがありました。しかし実際に政策を行ってみたら、「曲線」がその読みと違っていたということです。

事前によく調べておかないからそんな読み違いをするのだと批判するのは簡単ですが、じつは同じような読み違いを経済学者もしていました。つまり、経済学者も「曲線」の実態をよくわかっていなかったということです。

本節では、貨幣需要「曲線」の綻びについて、第3節では総供給「曲線」の綻びについて、それが何だったのか、どうすべきだったのかを見ていくことにします。

線形の貨幣需要関数と非線形の貨幣需要関数

貨幣需要曲線（貨幣需要関数と呼ぶことが多いので以下では「曲線」と同じ意味で「関数」を使

図5-1　貨幣需要関数

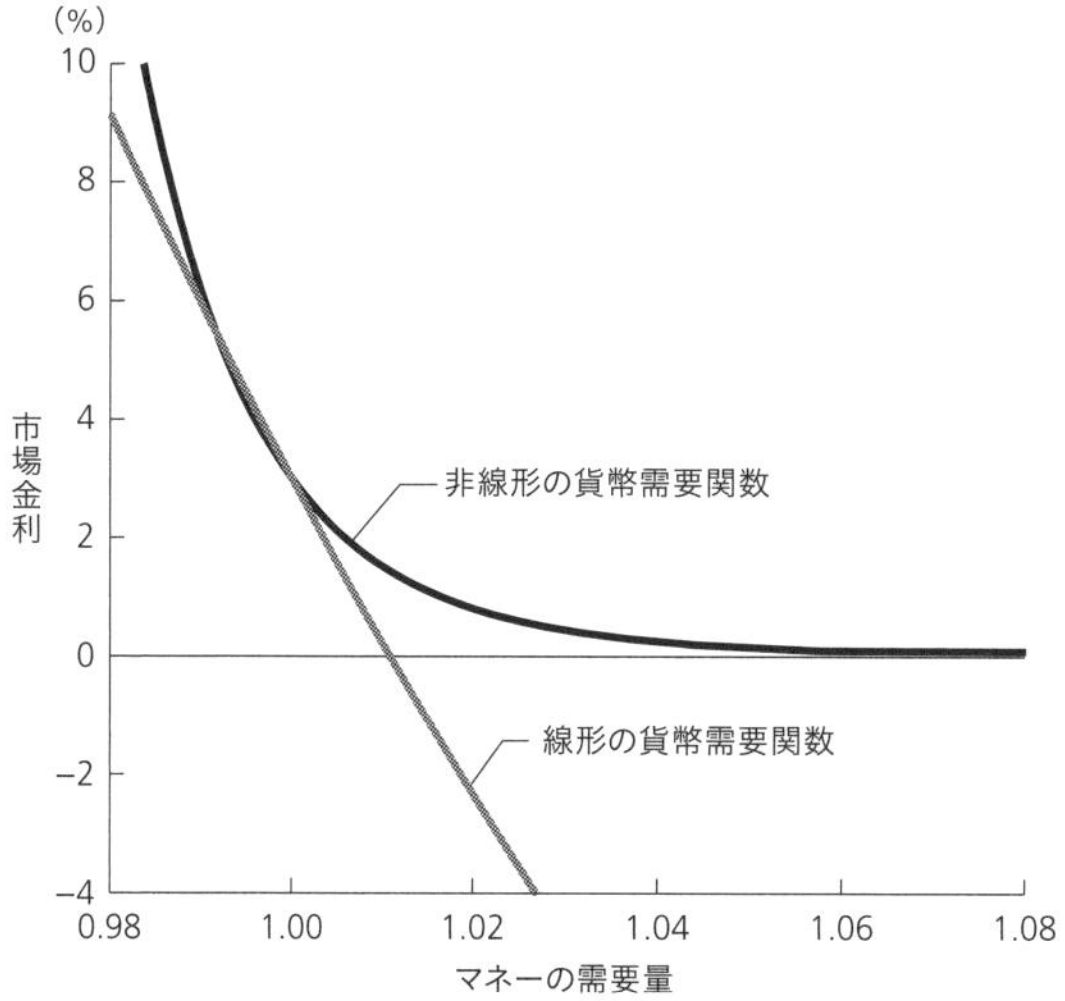

います）とは図5－1のようなものです。縦軸は市場金利の水準、横軸はマネーの需要量です。縦軸の金利が横軸のマネーの需要量を決めるという方向での因果が想定されています。つまり、金利が上がるとマネーの需要が減る、その逆は逆と読みます。先ほどの黒田総裁が想定した経路の途中で、市場金利が下がるとマネーの需要が増えるという話をしましたが、あそこに登場していたのが貨幣需要関数です。

　市場金利が下がるとマネーへの需要が増えるというところは黒田総裁の想定どおりでした。読みが違ったのは需要がどの程度増えるかです。もう少し正確に言うと、貨幣需要関数が図にあるように右下がりなのはいいとして、右方向に向かったときの下がり方がどうなるかです。

図に即して言うと、薄色の線で示したように、真っすぐな線に沿って下がっていくのか（これを「線形」の貨幣需要関数と言います）、それとも、濃い色の線で示したように、カーブを描きながら下がっていくのか（これを「非線形」の貨幣需要関数と言います）、そのどちらなのかです。

線形の貨幣需要関数では、たとえば、金利が最初20％の水準にあり、そこから２％低下したとして、それに伴うマネーの需要量の増加幅と、金利の最初の水準が10％でそこから２％低下した場合のマネーの需要量の増加幅が等しくなります。

しかし、出発点が20％でそこからの２％の低下は１割の低下を意味するのに対して、出発点が10％でそこからの２％の低下は２割の低下を意味します。金利の低下幅は同じ２％でも、それが出発点の水準の１割相当なのかそれとも２割相当なのかによって、需要量の増加幅が異なるということは十分考えられます。

この考えを突き詰めていくと、出発点が20％でそこからの１割の低下である２％の金利低下に伴うマネー需要量の増加と、出発点が10％でそこからの１割の低下である１％の金利低下に伴うマネー需要量の増加は等しくなって当然ということになります。図５－１の濃い色の線はその考え方にもとづく貨幣需要関数です。

線形か非線形かは、金利の低下を割合で見るのかそうでないのかという違いから来るものです。これは重箱の隅をつつく議論に見えるかもしれませんが、決してそんなことはありません。金利と貨幣需要の関係が線形か非線形かで、金融政策の効果が大きく異なるからです。

中央銀行がマネーの供給量を増やした場合にそれが市場金利に与える効果を考えてみましょ

う。線形であれば、中央銀行がマネーの供給量を増やすにつれて、需給をマッチさせる金利の水準は着々と下がっていきます。これに対して非線形の場合は、中央銀行がマネーの供給量を増やすと最初のうちは金利が順調に下がっていきますが、供給量の増加をさらに続けると金利の下がるピッチが徐々に緩やかになり、やがてはほぼゼロになってしまいます。「ほぼゼロ」ということは、マネーの供給量を増やしても金利が下がらないということです。

線形か非線形かを見分ける秘策

このように、貨幣需要関数が線形なのか非線形なのかは、日銀の政策の効果を決める重要な要因でした。ところが、それほど重要なことなのに、線形か非線形かについて内外の経済学者たちは、異次元緩和が実行されるまで、はっきりした答えを持ち合わせていませんでした。

ケインズは非線形の支持者だったようで、流動性の罠に関する彼の議論はそこに依拠しています。しかし線形の支持者も当時、少なくありませんでした。その後、1960年代から1970年代の論文を見ても、非線形論者と線形論者が論争を続けていました。しかし、結局のところ、決着はつきませんでした。その原因は観測データが不足していたからです。

どういうことでしょうか。線形か非線形か見極める方法はとてもシンプルです。観測された金利とマネー量の毎年のデータが直線上にあるのか、それとも非線形の曲線に乗っているのか、どちらなのか見極めればよいのです。

その際の大事なポイントは、手元にどういう観測データをもっているかです。金利が高い時期に観測していた研究者がいたとします。図で言うと、金利が3%以上のレンジで観測していたとします。金利の変動がそのレンジだとすると、それに対応するマネー量は、線形でも非線形でもそれほど違いません。それほど違わないのであれば、データをいくら見つめても線形か非線形かの区別がつくはずがありません。1960年代から1970年代はインフレ率も金利も高い時代だったので、当時観測されたデータでは線形と非線形の区別がむずかしく、精緻な手法で工夫を凝らしても区別がつかなかったのです。

しかし、金利が2%を下回るゾーンに入ると状況が大きく変わります。図でわかるように、このゾーンであれば線形と非線形の開きが大きくなるので、見分けができるようになるのです。金利がこのゾーンに入ったのは、2008年のリーマンショック以降です。日本はそれ以前から低金利でしたが、米欧も不況を抜け出すべく中央銀行が金融緩和に向かったので、金利が低下しました。そうして、日本をはじめとする多くの国でこのゾーンにおける金利とマネー量の観測値が得られるようになり、そこから研究が一気に加速しました。

私と藪友良教授が行った一連の研究では、金利の水準が十分ゼロに近い時期のデータを集中的に使って検証を行った結果、日本でもアメリカでも線形ではなく非線形であることを確認しました。そう考える研究者はその後、着実に増えていると思います。

余談ですが、私たちの論文を学術雑誌に投稿したところ、担当の査読者は高い金利ゾーンのデータをもとに線形と結論した論文を過去に執筆したことがあるらしく、私たちのデータは線形モデルでも十分説明がつくと強く主張して、その方法を延々と解説する文書を送ってきました。地動説と天動説の対立では、観測された星の動きをどちらがうまく説明できるかを競ったと聞きます。研究者がやることは、昔も今も、自然科学も社会科学も、さほど変わらないということのようです。

Column

タンス預金が教えてくれること

線形か非線形かの識別は学者にとってとても重要なことです。しかしそんな緻密な分析に頼らずとも、金利の低い社会で長く過ごしてきた私たちにとって、非線形は自明のことかもしれません。

たとえば、出発点の金利が10%でそこから1%低下した場合、国債や社債などを大量に処分してマネーにスイッチするかと言えば、そこまでのことは普通しないでしょう。金利は下がったとはいえまだ9%と高水準であり、国債・社債などへの投資から得られるリターンは引き続き大きいからです。これに対して、出発点がたとえば1・5%でそこから1%低下したとすると、金利は0・5%です。ここまで低くなると、わずかなリターンを求めてあれこれ投資戦略を考えるのは面倒なので、いっそのこと資産をすべてタンス預金でもとうという人が出てきます。

実際、日銀が公表しているデータによれば、「現預金以外の金融資産を一切もっていない」という人の割合は、1990年代半ばまでは1割に満たなかったのですが、その後急増して、２０１０年以降は3割に達しています。このころはキャッシュを収めるための貸金庫の売れ行きが伸びたという報道もありました。１９９９年のゼロ金利政策の開始以降、市場金利はゼロの近傍でジリジリと下がり続けたわけですが、そうしたなかで「いっそのことタンス預金」という人が増えていった、そしてそれがマネーの需要を飛躍的に増やしたということです。

金利がゼロに近づくにつれて人びとが投資行動を劇的に（＝非線形的に）変化させた。そのことが貨幣需要曲線の非線形性を生み出したのです。

日銀をひとつの企業とみなす

さて、線形か非線形かの論争についてはこれくらいにして、貨幣需要関数の中身をもう少し詳しく見ることにしましょう。

私自身が日銀に勤めていたこともあって、日銀はどんな機関ですかと聞かれることが少なくありません。政府に近い公的な機関として外からはうかがい知れぬ秘密の任務を担っているとイメージする人が多いようです。私がつねに強調するのは、そうではなくて、普通の銀行、普通の企業と大差ないということです。奇をてらって言っているわけではなく、実際のところそうだと思っています。そして、これが一番大事なポイントですが、普通の銀行・企業とみることで日銀の一つひとつの行為がより深く理解できるようになるのです。私は日銀理解の勘所はここだと思っています。

というわけで、日銀をひとつの企業と見立ててみましょう。企業ですから何かを作って売るわけですが、何を作るかというとマネーという商品です。マネーという商品を作っているのはもちろん日銀だけではありません。ＰａｙＰａｙ（ペイペイ）などデジタル通貨やクレジットカード、さらにはビットコインなどの暗号資産もマネーの一種です。さまざまな企業がマネーを生産・販売している。日銀もそのひとつということです。

しかし、日銀の生産・販売するマネーは他のマネーより品質が優れています。もちろん、私の学生たちの世代であれば日銀券とＰａｙＰａｙを比べてＰａｙＰａｙのほうが好きという人が多いので日銀券のほうが本当に高品質かはやや微妙です。しかし、多くの人は少なくともそう信じているし、だからこそ地震などの非常時には日銀券に需要が殺到するのだろうと思います。

日銀メロンは美味か

日銀を企業に見立てるだけでもかなり奇抜ですが、さらに悪ノリして、日銀の生産物はマネーではなくメロンだということにします。この比喩を用いることで日銀の機能がぐっとわかりやすくなります。

日銀の生産するメロンは他の生産者のメロンより高品質で、他のメロンの追随を許さないほど美味です。だからブランド価値があります。ブランド価値のある日銀メロンは価格も他のメロンより高く、プレミアムがついています。

日銀が日銀メロンを増産したとします。何が起きるでしょうか。増産に伴って日銀メロンの希少性が多少下がり、プレミアムも下がります。言い換えると、他のメロンの価格が日銀メロンとの対比で高まります。「他のメロンの価格」は国債や社債など他の金融資産の価格であり、これが上がることは、市場金利が下がることに相当します。つまり、マネーを増発すると市場金利が低下するということです。金融引き締めはその逆です。このように、通常の時期の金融政策は、景気の良し悪しに応じてメロンの生産量を調整することで行われます。

では、日銀がメロンの増産をありえないほどの規模で行ったら何が起こるでしょうか。日銀メロンがいかに美味しいとはいえ、市場に大量に出回ると消費者に飽きられてしまいます。また、希少だからこその有り難みも薄れます。その結果、プレミアムはどんどん小さくなり、最終的にはプレミアムはほとんどなくなってしまいます。つまり、日銀メロンがどこにでもある、ありふれたメロンになってしまうということです。

ここまで事態が進んだうえでもなお、日銀がメロンの追加生産を大規模に続けるとどうなるでしょうか。プレミアムはどんどん下がり続けるでしょうか。そうはなりません。プレミアムはすでにゼロに近いところまで下がっているので、そこから追加的に下がる余地はわずかしか残っていないからです。この状況を、日銀メロンへの人びとの需要が「飽和」したと言います。メロンに限らずどの商品でも、企業が大量に生産・供給すると消費者はもう食べ飽きた、これ以上食べたくないとなります。その状況が「飽和」です。

日銀メロンが飽和し、追加供給してもプレミアムがほとんど下がらないという状況は、黒田総裁がバズーカ砲で大量のマネーを供給しても市場金利がほとんど下がらないという状況に対応しています。これは、図5−1の非線形のラインに沿って右方向に進むことに相当します。右方向に進むにつれてマネーの供給量はどんどん増えますが、市場金利はほとんど下がりません。なぜそうなのかと言うと、マネーに対する人びとの需要が「飽和」してしまったからです。

日銀の発行するマネーは、それを使って支払おうとするとどこの店でも必ず受け取ってくれるといった優れた性質をもっており、だからこそ需要が多く、通常はプレミアムもついています。しかし、いかに優れた性質をもっていようとも、大量に供給され、人びとが大量に保有するようになると、これ以上保有しても便利さが増すわけではないのでもう保有したくない、マネーの代わりに他の金融資産を保有したいと人びとが考えるようになります。つまり、マネーも「飽和」するのです。

黒田総裁が、マネーの飽和まで行かずともそれなりにマネー量を増やせばデフレ脱却を果たせると読んだのか、それとも、マネーに飽和があることに気づかなかったのか。そのどちらなのかはわかりません。しかしいずれにせよ、マネーの飽和という壁にぶち当たり、それが異次元緩和失敗の原因のひとつとなったのです。

第2節 マイナス金利政策はなぜ効かなかったのか

日銀のマイナス金利政策

貨幣需要関数は非線形だから、マネーの供給を増やしても市場金利は下がらないというのがここまでの議論でした。しかし日銀は２０１６年1月に、金利をマイナスまで下げる「マイナス金利政策」を始めました。ここまでの理屈から言えばこれは不可能なはずです。どうしてそんなことが可能になったのでしょうか。

そのカラクリを説明するには少し準備が必要です。まず「マネー」という言葉の定義を復習しておく必要があります。マネーは二つの要素から構成されていると説明しました。ひとつは私たちが日常的に使っている日銀券です。もうひとつは金融機関が日銀にもっている預金口座の残高、本書でリザーブと呼んでいるものです。ちなみに、先ほどの貨幣需要関数の図の横軸にあった「マネー」は日銀券です（正確には、日銀券と、私たちが民間金融機関にもっている預金を合算したもの）。

次に、「金利」という言葉も正確に定義しておく必要があります。ここまでのところでは「金利」は、国債金利、社債金利、金融機関が企業に貸し出すときの金利などを指していました。これらを総称して本書では市場金利と呼んでいます。市場金利に加えて新しい金利をひとつ導入します。それはマネーに対する金利です。マネーといっても、日銀券には金利はつきません。タンスに1万円を寝かしておいたら1年後に1万1000円になっていたなどということはありえません。だから日銀券の金利などという言葉はナンセンスと誰もが思うことでしょう。しかしこれから話すことはそれがそうでもないということなので、ナンセンスと切り捨てたくありません。ここでは、日銀券にも金利がつく潜在的な可能性がある、しかし現時点ではその金利はたまたまゼロ％に設定されていると考えることにします。

日銀券への金利については今の段階では屁理屈みたいな説明しかできませんが、もう一方のリザーブに対する金利は現実のものです。つまり、金融機関が日銀に預金のかたちでおカネを預けると日銀から利子をもらえるのです。この仕組みは2008年から始まりました。リザーブの金利は2016年1月にマイナス金利政策が導入される直前はほぼゼロ％に設定されていました。つまり、こちらはまさにリザーブに金利をつけることは制度上可能であり、2016年1月の直前の時点ではその金利がたまたまゼロ％に設定されていたということです。

ここで強調しておきたいのは、リザーブの金利は市場金利とは別物ということです。国債や社債などの金利はそれぞれの市場における需給で決まるものであり、日銀といえども勝手に手出しできません。それに対してリザーブの金利は日銀自身が金融機関に払うものなので、日銀が上げたいと思えば上げられるし、下げたいと思えば下げられるというように、誰に気兼ねすることなく日銀の意のままに動かすことができます。じつは、マイナス金利政策で行ったことは、このリザーブの金利をマイナスにすることでした。具体的には、リザーブの金利をマイナス0・1％という水準に設定しました。念のため付け加えると、マネーのもうひとつの構成要素である日銀券は金利ゼロのままで変更はありませんでした（あえて言うまでもなく皆さんにとっては自明なことでしょうが）。

日銀メロンでマイナス金利を解釈する

リザーブの金利をマイナスにすると何が起きるでしょうか。リザーブの金利が下がるとリザーブの相対的な魅力が低下するので、金融機関はリザーブの保有を減らし、その分国債など他の金融資産や企業への貸し出しに振り向けようとします。そうすると、国債などの金融資産の価格が上昇し（市場金利は低下）、それによって企業や個人の投資需要が増えます。そのようにして生まれた総需要の増加は物価を押し上げる方向に作用します。日銀の狙いはまさにそこにありました。

この仕組みは、先ほどの日銀メロンの比喩を使うともっと鮮明に理解できます。異次元緩和の初期に日銀が行ったマネー供給量の増加策は、日銀メロンをたくさん生産することにより人びとが日銀メロンに飽きるように仕向け、それによって日銀メロンの魅力を削ごうとしたと整理できます。日銀メロン（つまり、マネー）の魅力が強すぎるがゆえにデフレが起きていた、メロンの魅力を削げばデフレを停止させることができる、という理屈です。

これに対してマイナス金利政策は、メロンの生産量を調整するのではなく日銀メロン自体の品質を劣化させる、たとえば日銀メロンの糖度を落とす、サイズを小さくするといった施策です。

品質が劣化すれば日銀メロンの魅力は削がれます。魅力が削がれれば人びとの過度のメロン好き（＝マネー好き）が改まり、デフレを止めることができます。

このように整理すると、異次元緩和の初期に日銀が行っていたマネーの供給量を増加させる政策とマイナス金利政策は、ともにマネーの魅力を削ごうとしているという点で同じ方向を向いています。その意味で、日銀の政策は理屈としては一貫していたと私は評価しています。

ただし、異次元緩和の初期の政策とマイナス金利政策には大事な違いがありました。それはマネーの魅力を削ぐ方法が正反対だったということです。異次元緩和の初期の政策の焦点はマネーの「供給」にありました。これに対してマイナス金利政策の焦点はマネーの「需要」です。一方は、マネーの供給量をどんどん増やすことを通じて間接的に魅力を削ごうとしたのに対して、もう一方は、日銀自らがマネーを劣化させることで直接的に魅力を削ぎ、マネーに対する金融機関の需要を減退させようとしたのです。

マネーの「供給」を操作する施策と「需要」を操作する施策は、政策が効く経路がまったく違うので、仮に片方が効かなくても、もう片方は効くということがありえます。実際、日銀が2016年1月にマイナス金利政策を導入したのは、マネーの「供給」を操作する施策が行き詰まったからであり、そのタイミングでマネーの「需要」を操作する施策に切り替えたのには一定の必然性があったと思います。

日銀を含む各国の中央銀行は、これまで長いあいだ、マネーの「供給」の操作だけに頼ってきました。緩和と言えばマネーの供給量を増やすというのが定番でした。これに対してマイナス金利政策は、マネーの「需要」の操作により緩和を行おうとしたという点で大きな方針転換です。

マイナス金利政策が中途半端に終わったのはなぜか

マイナス金利政策に踏み切ることで日銀は「パンドラの箱」を開けたと言われることがあります。「パンドラの箱」は、新たな災いの元というネガティブな意味合いで使われる言葉で、マイナス金利政策もそうだったという見方が多いようです。しかし、私の見方は違っています。供給から需要へと方針を転換し、政策の可能性を広げたという意味で、ポジティブな意味合いの強いパンドラの箱だったと考えています。少し大袈裟かもしれませんが、金融政策の技術革新と言ってもよいと思っています。

図を使って私の見方を説明します。図5－2の実線は、先ほどお見せした非線形の貨幣需要関数です。A点から出発して、日銀がマネーの「供給」を大量に増やすと右方向に移動します。到達点がB点です。しかしB点では、マネーの供給量は膨大ですが市場金利の低下はほぼなしです。これがマネーの「供給」を操作する施策の限界でした。

この状況をどうやって打開したかが破線で示されています。破線は、日銀がマネーの金利をマイナス1％まで引き下げた場合の貨幣需要関数です。貨幣需要関数の形状は基本的に同じですが、下にシフトしていることがわかります。この下方シフトによって、仮にマネーの供給量が1・04のままだったとしても、均衡はA点からC点へと移動します。この垂直方向の移動がなぜ起きるかというと、マネーの金利が下がることでマネーの需要が減るにもかかわらず、マネーの供給

図5-2 マイナス金利政策の効果

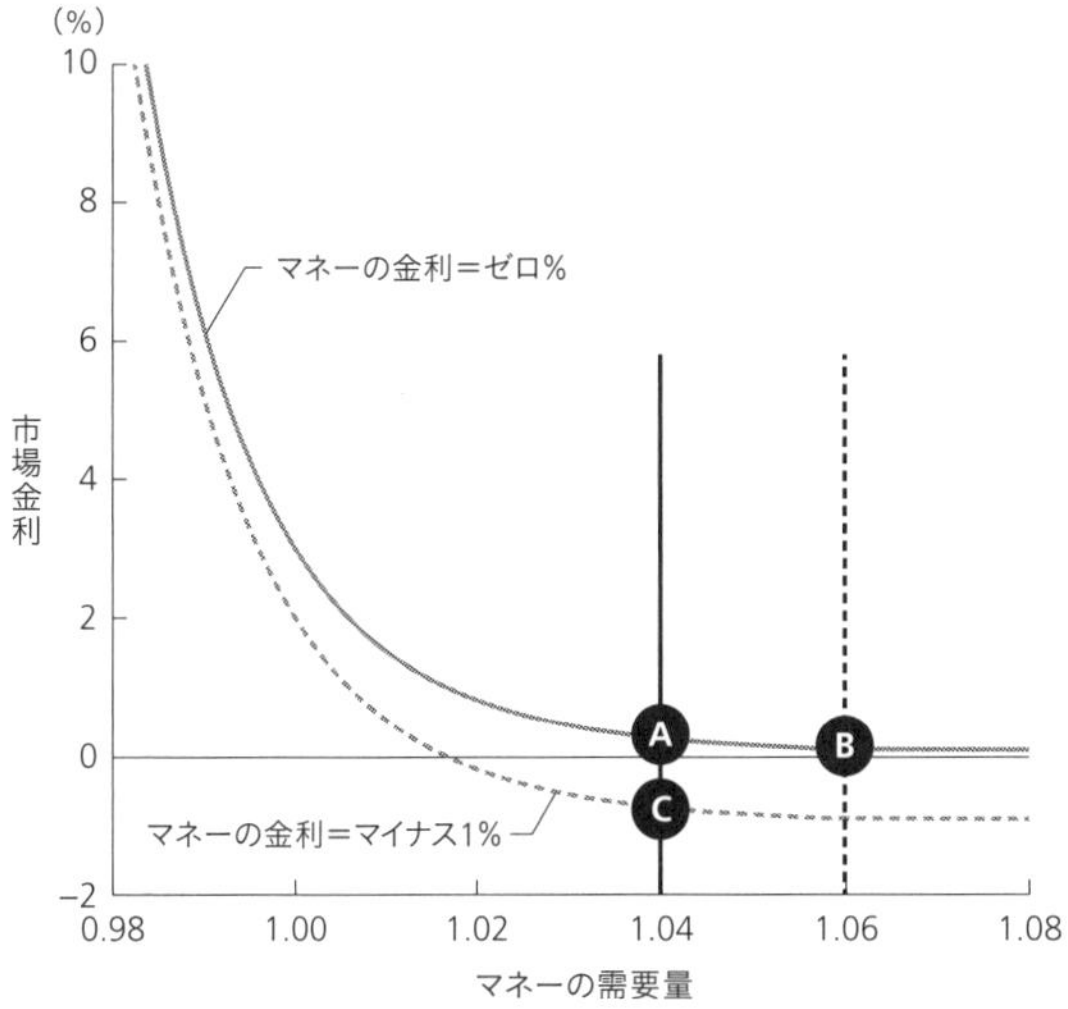

量が不変なので、マネーの超過供給が起き、それを解消するのに市場金利の低下が必要となるからです（市場金利が下がればマネーの需要が増え超過供給が解消される）。

B点とC点を比べれば一目瞭然ですが、C点では市場金利がしっかり低下しています（これに対してB点では市場金利はほとんど下がらず）。この市場金利の低下が総需要を刺激し、物価を押し上げる効果が期待できます。私が良い意味でのパンドラの箱と言っているのはこのことです。

しかし実際のマイナス金利政策は図5－2に示したようにはなりませんでした。ここで大事になるのが、マネーは日銀券とリザーブで構成されているという先ほどの話です。図では、マネーの金利

（マネー全体の金利）がマイナス1％になったとしていますが、日銀が金利をマイナスにしたのはリザーブの金利だけです。だから実際に起きたことは図で示したことと異なるのです。

マイナス金利政策の「だけ」「もし」

リザーブの金利「だけ」をマイナスにする施策は次のような結果をもたらしました。リザーブの金利がマイナスになったことで金融機関は国債や社債などの金融資産へとマネーをシフトさせました。国債や社債などへの需要が高まり、その価格が上がり、市場金利は低下しました。すると、国債や社債などを保有している民間の金融機関の運用金利が下がります。また、金融機関が企業に貸し出す際の金利も市場金利に連動して下がるのでこれも金融機関の運用金利の低下に拍車をかけました。ここまでは日銀の読みどおりだったと思います。

読み違いは金融機関の資金調達サイドで起きました。銀行が資金を調達する際の金利の代表は預金金利です。銀行としては、運用金利が下がるのであれば調達金利も一緒に下がってほしいと考えます。しかし、預金金利はマイナスにはなりませんでした。なぜでしょうか。その責任は日銀にあります。日銀が、マネーのもうひとつの構成要素である日銀券の金利をゼロ％のまま動かさなかったからです。

私たち預金者は日銀券での保有（つまり、タンス預金）がよいか、それとも銀行に預金として預けるかを比較します。仮に日銀がリザーブだけでなく日銀券の金利もマイナスまで下げたとすると、預金者はタンス預金を直ちにやめて銀行に預けるでしょう。そうすると、預金という金融資産に対する需要が過多になり、預金金利に低下圧力がかかります。そうなれば、銀行としては運用金利だけでなく調達金利も下がるので利ザヤはトントンになります。

ところが実際には、日銀は日銀券の金利をゼロに据え置きました。そのため、預金への移動は起こらず、預金金利も下がりませんでした。銀行からすると、運用金利は下がったのに調達金利が下がらず利ザヤが悪化するという、最悪の結末になってしまいました。

黒田総裁はマイナス金利の導入当初、必要とあらば、マイナス金利の深掘り（マイナス幅をさらに大きくすること）も辞さないと発言していました。しかし、銀行収益の悪化が進むなかで、深掘りが銀行収益の悪化を通じて銀行の企業向け貸し出しをむしろ減らしてしまう可能性が指摘されるようになり、深掘りへの道が閉ざされてしまいました。

マネーの価値変化を人びとはなぜ嫌がるのか

マネー全体（リザーブと日銀券の両方）にマイナス金利をつける図5－2の状況が最も望ましかったし、日銀はそうすべきだったと私は考えています。ただ、私の見方がきわめて少数派であることも自覚しています。私の見方に賛同してくださいと説得してみても効果はあまりないでしょうし、何よりそういう強引な勧誘は本書のポリシーに反します。勧誘の意図ではないことを強調しつつ、ここでは、私がなぜ多くの方と違う見方をするのかを簡単に説明してみたいと思います。

マネーは所詮、人間が作ったものなので、完璧な出来ではない。だから、設計当初と事情が変わるとうまく機能しなくなる。これが私の認識です。この点は神様が作ったもの（生物や植物など）とは大きく違うと考えています。

マネーという人工物が壊れた比較的最近の例としては、為替レートの固定制から変動制への移行があります。１９７０年代初めまで円とドルの交換比率は固定されていました。しかし、国際的な経済環境が大きく変化するなかで固定制はうまく機能しなくなり、変動制へと移行しました。

これと同様に、環境が変化するとマネーの金利＝ゼロ％というこれまでの仕組みは維持がむずかしくなります。環境の変化はすでに始まっています。主要各国の市場金利は、かつてはゼロから大きく離れたところで変動していました。この時代は、マネーの金利がゼロであっても、市場金利の変動の邪魔をするという心配はまったくありませんでした。

ところが、市場金利は、20年ほど前から正ではあるがゼロに非常に近いところで推移するというように変わりました。その背景には自然利子率の低下などがあるとされています。

理由が何であれ、市場金利がゼロ近辺で推移するとなると、マネーの金利がゼロという仕組みのままでは市場金利の変動が阻害される可能性が高まってしまいます。市場金利はマネーの金利を下回ることがないという意味でマネーの金利が下限となりますが、その下限に妨げられて、本来は市場金利がもっと大きく下がりたいのに下がれないという状況が出てくるのです。そうなれば、中央銀行の金融緩和の効果が削がれてしまいます。実際、主要国ではそうしたことが起きました。それを回避したければ、マネーの金利をゼロではなく、マイナスまで下げる必要があります。

市場金利の変動のフロア（底）を下げておくためにマネーの金利をマイナスにするというのは理屈としては至極真っ当で、反論の余地はほとんどないと思います。しかし、その理屈を頭で理解することと、タンスに入れておいた1万円が1年後に９０００円に減るという状況を受け入れることとのあいだには、かなりの隔たりがあります。

為替レートの固定制から変動制への移行は、当初懸念されていた大きな混乱もなく進み、今では変動制が当たり前になっています。マネーの金利もこれと同様で、やってみれば意外とすんなりと馴染めるのかもと思います。一方で、1万円はいつまで経っても1万円の価値があるという安心感は私も一個人としてよく理解できます。この安心感がどれほど大事なのか、安心感がなくなったときに人びとのマネーをめぐる行動が大きく変わってしまうのか否か。そこは予測が非常にむずかしいところだと思います。

CBDC：中央銀行デジタル通貨

さて、マネーに金利をつける話の現在と将来を見たところで、過去の話も紹介しましょう。マネーに金利をつけるというアイディアはじつは１００年前からあったのです。いろいろな金融資産に金利がつきます。マネーも一種の金融資産なのでマネーだけ金利がないのは不自然という感覚は昔も今も同じなのかもしれません。

ただし、昔と今とでは、「マネーに金利をつける」と言ったときにどの側面に注目するかが大きく異なっており、そこが非常に面白いところです。「マネーに金利をつける」がどういう効果をもつかはすでに説明しましたが、「マネーに金利をつける」をどうやって実現するかはここまで一切触れてきませんでした。昔と今の大きな違いは、「どうやって実現するか」です。

まず、現代においてどうやって実現するかを考えてみましょう。マネーのうちでリザーブは金融機関が日銀にもっている預金なので、私たちが民間の銀行にもっている預金に金利をつけてもらうのと同じようにやればよいだけです。なんのむずかしさもありません。むずかしいのは日銀券のほうです。日銀券に金利をつけるというのは実際どうやるのでしょうか。

先ほどから何度も、１万円をタンスに入れておくとそれが増えたり減ったりするという言い方をしましたが、そんなオカルトみたいなことは当然起きません。ではどうやって金利をつけるかですが、日銀券をデジタル化すればよいだけです。日銀券が紙ではなく、スマホの中にデジタルで入っている状況を想像してみてください。お店で支払うときはアプリを立ち上げて払います。給料も勤務先と日銀のあいだでデジタル情報をやりとりしてスマホアプリの中に入れてもらいます。日銀券のデジタル化とはそういう意味です。

絵空事のように思われる方もいるかもしれませんが、日銀や主要国の中央銀行は大真面目です。ＣＢＤＣ（Central Bank Digital Currency の略称、中央銀行デジタル通貨）というプロジェクトが各国で進んでおり、カンボジアやバハマなどの新興国ではすでに実用化されています。これができれば、私のスマホアプリに入っている１万円に日銀が利子を足す（マイナス金利であれば１万円から差し引く）ことはきわめて容易です。

マイナス金利の元祖＝ゲゼルマネー

しかし、これはデジタル化が進んだ現代の話です。先ほどマネーに金利をつけるというアイディアは100年前からあったと書きましたが、当時はそんな技術はありませんでした。そのため、マネーに金利をつけるということを議論する場合に、最大の論点はどうやって実現するかでした。

ケインズも一般理論でその議論をしています。ケインズは、マネーの金利がゼロで固定されていると、市場金利の変動が邪魔されると考えました。彼が流動性の罠と名付けた現象です。これを回避するにはマネーに金利をつけ、それをマイナスにする必要があります。そこまで論を進めたうえで、それではどうやってマイナス金利を実現するのかと踏み込んだのです。

ケインズはゲゼルのアイディアを紹介しています。ゲゼルは人名で、事業家でもあり思想家でもあったシルビオ・ゲゼルです。彼は「スタンプ紙幣」というユニークなアイディアの提案者です。

次ページの写真（⑤）はゲゼルの提案を受けて発行された紙幣です。オーストリアのヴェルグルという町で1932年から1933年まで実際に使用されたそうです。左半分に1シリングとありますが、これがこの紙幣の額面です。右半分は印紙（スタンプ）を貼る場所です。毎月所定の場所に印紙を貼るという構造になっています。印紙の貼付は義務になっており、その月の欄に印紙が貼ってないと紙幣として無効です。しかも印紙は有料です。つまり、この紙幣の保有者は毎月、印紙代相当のマイナス金利を徴収されるということです。

紙幣に印紙を貼るというのはそう簡単には思いつかないアイディアです。発案したゲゼルは大

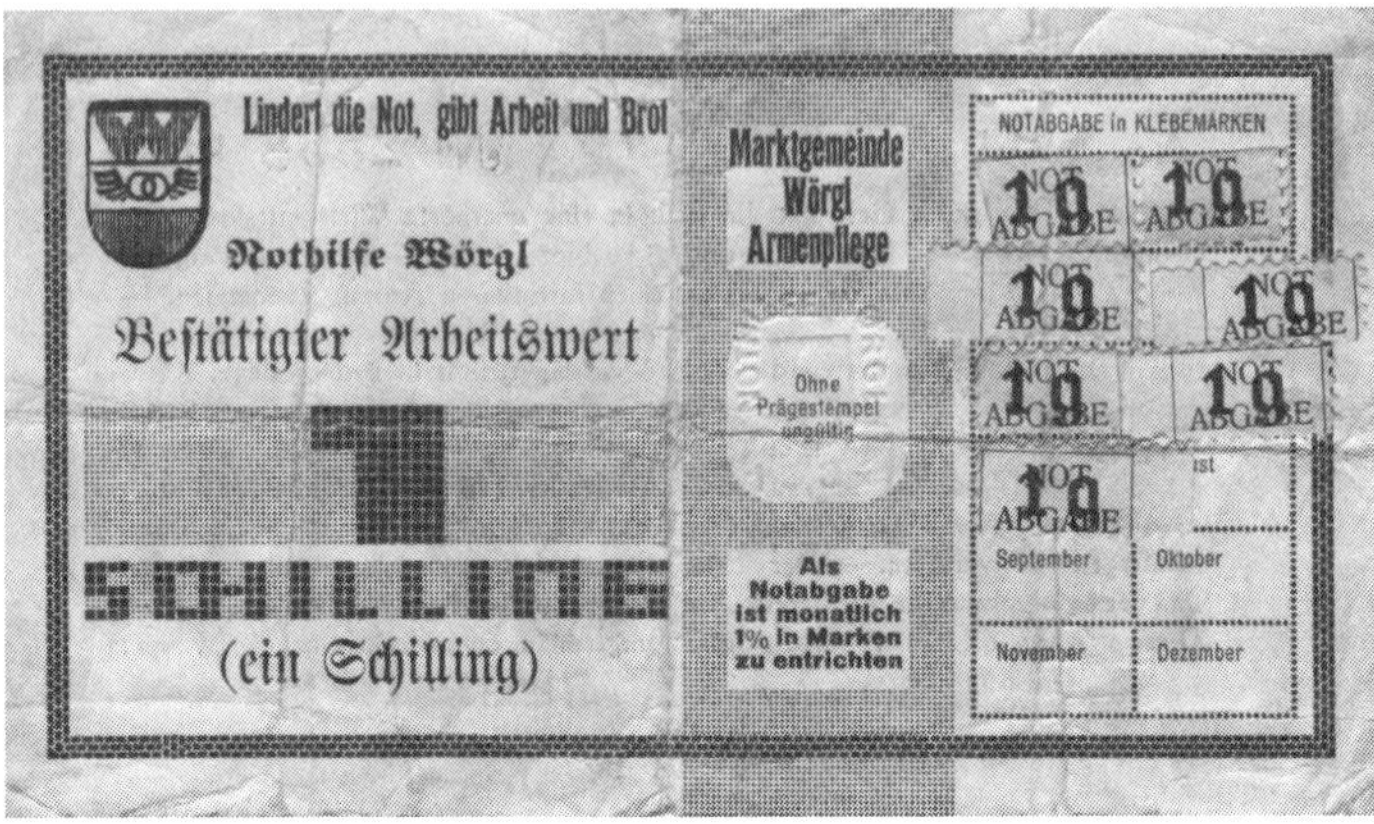

ゲゼルマネー（⑤）

変な知恵者ですし、その意義を認めるケインズもあっぱれです。ただ、現代はデジタルがあるので印紙に頼る必要はもはやなく、スタンプ紙幣も過去の遺物です。

フィッシャーの「自己安定貨幣」

スタンプ紙幣はマネーにマイナス金利をつける方法ですが、その金利は固定されているというのが前提です。ケインズと同時代を生きた経済学者であるアーヴィング・フィッシャーは、もう一歩進めて、マネーの金利を時々刻々変化させる方法を考えました。

彼の提案は金本位制を前提としています。金本位制では、銀行券の価値はその背後にある金の価値で担保されています。通常の金本位制は金と銀行券の交換比率を固定します。フィッシャーはこれを変動させてはどうかと考えました。

インフレが起きているとしましょう。インフレは銀行券の価値が財・サービスのバスケットに対して低下することを意味します。つまり、銀行券の魅力が足りないからインフレが起きているのです。だから、インフレを止めるには銀行券の魅力を高める必要があります。フィッシャーは、銀行券が今までより多くの金と交換できるというように、金との交換比率を調整すればよいと考えました。デフレはこの反対で、銀行券の魅力が強すぎるのが原因です。銀行券の魅力を下げる必要があり、そのためには、銀行券の背後にある金の量を減らすことにより銀行券を劣化させればよいとなります。

このアイディアは「自己安定貨幣（Self-Stabilizing Money）」と呼ばれています。インフレ（財・サービスのバスケットに対してマネーの価値が低下）やデフレ（財・サービスのバスケットに対してマネーの価値が上昇）という現象に対する通常の処方箋は、財・サービスのバスケットの価値を下げたり（インフレの場合）、上げたり（デフレの場合）することです。フィッシャーの発想は、財・サービスの価値ではなくて、マネー自身の価値を調整するところに最大の特徴があります。これが「自己安定」という名称の所以です。

日銀のマイナス金利政策は、中途半端だったために失敗に終わりました。その苦い経験から、もう二度と導入すべきでないという否定的な見方が現時点では大多数のように思います。このままいくとマイナス金利政策は稀代の失敗策としてお蔵入りでしょう。しかし、日銀の取り組みには、ケインズやフィッシャーが１００年前に出した宿題への回答という側面があります。なぜ失敗したのかの検証をきっちり行ったうえで、それを踏まえて、金融政策の新たな技術として政策のツールボックスに格納する道を探るべきだと思います。

第3節 総需要の喚起がインフレ率上昇につながらなかったのはなぜか

異次元緩和の綻び：総供給曲線

異次元緩和の綻びは、①「マネーの供給を増やせば市場金利が下がる」という部分で経路が遮断された、②「総需要が増えれば物価が上がる」という部分で経路が遮断された、この二つでした。二つの綻びのうち前者が「貨幣需要曲線（または貨幣需要関数）」と密接に関係していることはすでに見たとおりです。一方、後者は「総供給曲線」と密接に関係しています。

総供給曲線について簡単におさらいしておくと、ある商品の価格は、その商品に対する需要と供給が一致するところ、つまり需要曲線と供給曲線の交点で決まります。これはひとつの商品の価格についての話ですが、一国の経済全体の物価も基本的にはこれと似た仕組みで決まります。一国全体なので、需要は「総」需要と呼ばれ、供給は「総」供給です。総需要曲線と総供給曲線の交点で一国の物価が決まります。

日銀は、大量のマネー供給を通じて市場金利を引き下げることで総需要を刺激し、それによって物価を押し上げようとしました。貨幣需要曲線が非線形であったために市場金利の低下が不十分だったということはすでに説明したとおりです。しかし仮に市場金利が十分に下がり、それによって総需要が喚起されたとしても、おそらく物価はさほど上がらなかったでしょう。なぜなら総供給曲線に不具合があったからです。その不具合とはどのようなものか、見ていくことにしましょう。

金額の価格と数量への分解を差配するのは誰なのか

総需要は、モノやサービスを「買う」人たち（消費者など）の意思決定の結果として決まるものです。一方、総供給は、モノやサービスを「売る」人たちの意思決定の結果として決まるものです。「売る」人たちとは企業であり、その意思決定とは、どれだけの量を生産し、いくらで売るかです。ここになんらかの不具合が生じているのです。

生産者は、自らの生産物に対する需要が強いとき（好況期）には、生産量を増やす一方、強気の価格（高い価格）を設定します。逆に需要が弱ければ（不況期）、生産量は少なめに、また価格設定も控えめとなります。このように「数量」と「価格」は、総需要の強弱に応じて同じ方向に反応します（たとえば、総需要が強ければ数量も価格も上昇するというように同じ方向）。

しかし、数量と価格の反応の程度もつねに同じかというと決してそんなことはありません。たとえば同額の総需要の増加であっても、ある国のある時期には価格が大きく反応（上昇）し、数量の増加は少ない、その反対に、別の国の別の時期には価格の反応（上昇）が限定的で数量の増加が大きい、ということがありえます。つまり、価格がどれだけ変化するかは総需要だけで決まるものではなく、総供給にも大きく依存するのです。

総需要が増えるとは、買う人たちの支出の「金額」が増えるということです。「金額」は「価格」と「数量」を掛け合わせたものです。一国全体の支出の金額を測る指標が名目ＧＤＰで、これは買う人たちの意思決定の結果として決まります。これに対して、実質ＧＤＰは「数量」を測る指標で、ＧＤＰデフレータは「価格」を測る指標です。この三つの変数のあいだには、「名目ＧＤＰ＝実質ＧＤＰ×ＧＤＰデフレータ」という関係があります。

では、実質ＧＤＰとＧＤＰデフレータはそれぞれどう決まるのでしょうか。これを決めるのが売る人たちの振る舞いです。言い換えると、売る人たちは、名目ＧＤＰを、数量（実質ＧＤＰ）と価格（ＧＤＰデフレータ）にどう分解するかを差配しているのです。

名目ＧＤＰの変化を価格と数量に分解する

具体的な数字で説明しましょう。図５－３は先進主要国について、名目ＧＤＰが１％増加したときに、実質ＧＤＰとＧＤＰデフレータにどう分解されるかを計測した結果を示しています。推計手法の詳細は省略しますが、１９９０年以降のＧＤＰのデータを用いて、それぞれの国における過去の規則性を抽出したものです。

たとえば、アメリカは名目ＧＤＰが１％増加すると、実質ＧＤＰが０・62％の増加、ＧＤＰデフレータが０・38％の上昇となっており、総需要（名目ＧＤＰ）が増える局面では価格（ＧＤＰデフレータ）も大きく上昇する傾向があったことを示しています。価格の上昇はオーストラリアではもっと顕著で、１％の名目ＧＤＰの上昇によってＧＤＰデフレータが０・82％上がっていま

図5-3　名目GDPが1%増加したときの数量と価格の変化

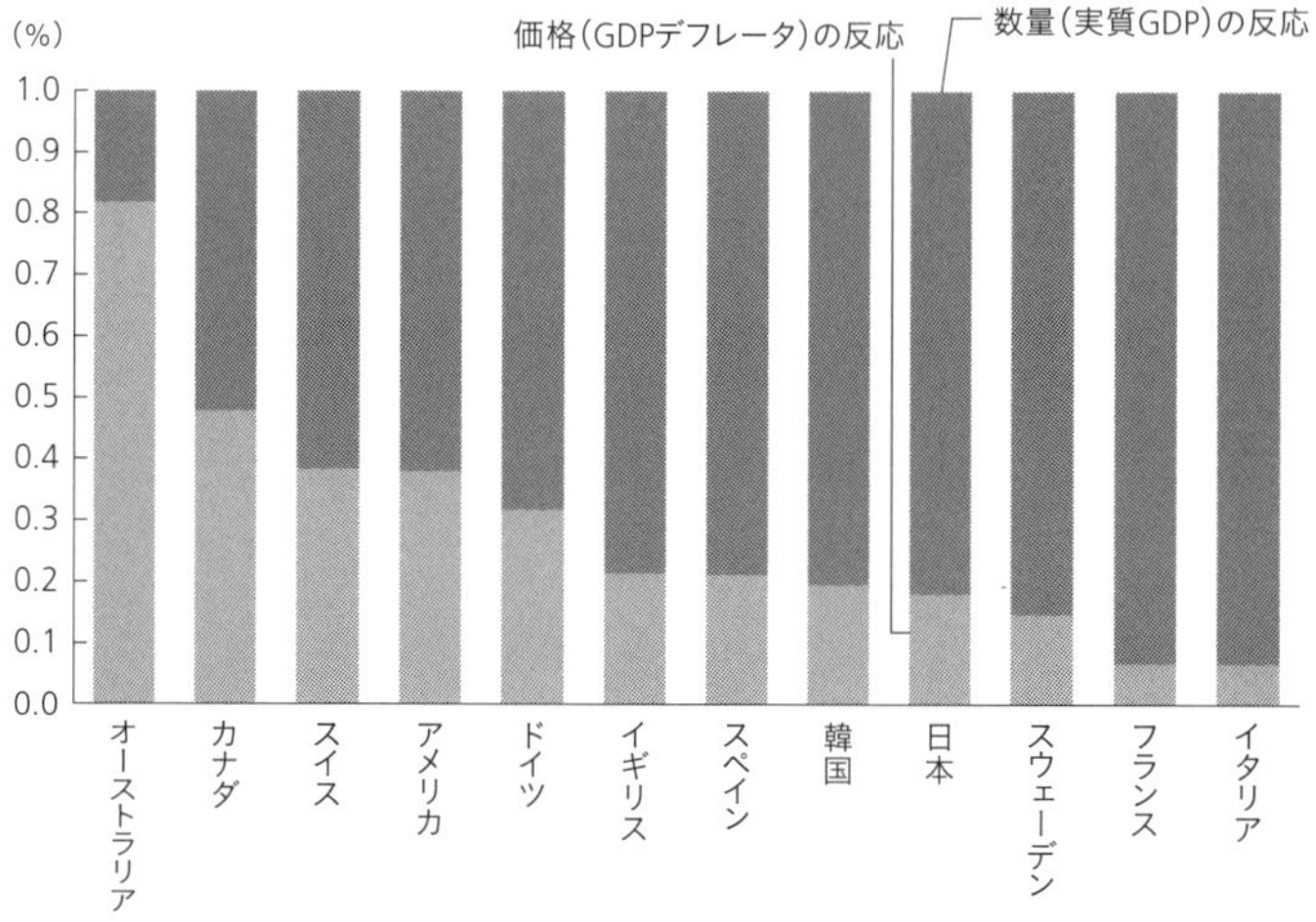

す。

これに対して、日本は名目GDPが1%増加してもGDPデフレータの上昇はわずか0・18%です。他国と比べてGDPデフレータの反応が鈍いことがわかります。イタリアは価格の反応が日本よりもっと鈍く、0・07%しかありません。

日本やイタリアの価格の反応の鈍さは、総供給、つまり、売る人たちの意思決定がアメリカなどとは異なるためです。その違いがあるがゆえに、日本の総需要が仮にアメリカと同じだけ増加したとしても、日本のGDPデフレータはアメリカほどには上がらないのです。日本は、総需要の強弱とは別に、価格が上がりにくい体質をもっていると言ってもよいでしょう。

総供給の異常はどこから来るのか

では、ＧＤＰデフレータの反応が鈍い理由は何なのでしょうか。それは価格の硬直性がアメリカなどに比べて高いからです。価格硬直性の高さの理由はいくつかありますが、屈折需要曲線はそのひとつです。第1章で見たように、日本は需要曲線の屈折度合いがきつかったので、企業は顧客離れを恐れて価格転嫁ができず、価格が硬直的になったのです。つまり、売る人たちが他国との対比で弱気だったと言えます。

総需要の変化が価格と数量にどのように配分されたかを観察するための道具として研究者や中央銀行のあいだで広く使われているのが「フィリップス曲線」です。詳細は省略しますが、じつはフィリップス曲線と総供給曲線は同じもので、どちらも売る人たちの行動を描写しています。

１７５頁のフィリップス曲線をもう一度ご覧ください（図３－５）。１９５３年から１９７９年までの時期はフィリップス曲線がかなり急です。これは、当時の日本経済が、総需要を刺激して失業率を下げようとするとインフレ率が大幅に上昇してしまうという性質をもっていたことを示しています。オーストラリアは価格が上がりやすいと先ほど説明しましたが、それと似た性質を当時の日本はもっていたのです。

ところが１９８０年から１９９９年の時期は傾きがだいぶ緩やかになっています。傾きの低下はその後さらに顕著となり、２０００年から２０１２年までの時期は傾きがほぼゼロとなりました。そして、異次元緩和の時期である２０１３年から２０２１年も傾きはほぼゼロでした。２０００年以降、20年間にわたってフィリップス曲線の傾きはほぼゼロだったということです。

この背景には価格硬直性の高まりが、さらにその背後には需要曲線の屈折の強まりがありました。フィリップス曲線の傾きがゼロに近いと、総需要をいくら増やしても価格はほとんど上がりません。もちろんその場合でも、金額＝価格×数量の式は成り立ちます。ですから、総需要の増加によって金額が増えたときに価格の変化が少ないとすれば、その分余計に数量が増加することになります。実際、異次元緩和の時期は総需要の増加によって金額が増え、それが実質ＧＤＰや雇用者数（失業率）といった数量を顕著に改善させました。しかし、異次元緩和の本丸は数量ではなくあくまで価格なので、数量が増えればそれでよしとはなりませんでした。

異次元緩和の失敗の理由としては、総需要の刺激が不十分だったとの見方が圧倒的に多かったように思います。最近になってようやく、総供給サイドに問題があるとの認識に変わりつつありますが、それでもまだ総需要が原因との見方が根強いように思います。異次元緩和の敗因は、総需要刺激の力不足ではなく、総需要の増加を価格上昇へとつなげる総供給サイドの機能不全であったことを強調しておきたいと思います。

各企業一律のコスト上昇

総供給曲線に問題があったとして、日銀と政府はどうすればよかったのでしょうか。ひとつは企業の価格支配力を高める施策です。これについては第２章ですでに説明したので繰り返しませんが、たとえば下請け企業の価格転嫁を促進する施策がそれに該当します。もうひとつ考えられるのは、すべての企業のコストを「一律」に引き上げ、それを価格に転嫁させるという方法です。

企業がコスト増を価格に転嫁できないのは、自社は転嫁するがライバル企業は転嫁しない、そのために顧客がライバル企業に逃げてしまうという状況になるのを恐れるからです。つまり、企業間で値上げに向けた（健全な）協調ができていない、別な言葉で言えば、ライバルの行動を気にしすぎて過当競争に陥っているのです。その是正には、各企業のコストを「一律」に引き上げ、自社だけでなくライバルたちもそのコスト上昇を価格に転嫁するに違いないと思わせることが肝要です。そうすれば協調的な価格転嫁を実現できます。

具体的な方法としては、各企業で一律に賃上げを行うという号令を政府が出すことが考えられます。その号令で一律の賃上げが起きると、人件費の増加が各社一斉に発生するので、各企業がその分を協調的に価格転嫁できます。

政府が主導するかたちで賃金を一律に引き「下げる」ことは「所得政策」と呼ばれています。たとえば１９７０年代の高インフレの局面では、賃金の伸びを抑制し、それによってインフレを落ち着かせる目的で、アメリカ、イギリスなどにおいて所得政策がとられました。日本では政府主導型の所得政策がとられることはありませんでしたが、１９７４年の春闘で主要企業の賃上げ率が30％を超えたことを踏まえて、日経連が「１９７５年は賃上げ率を15％以下にする」とのガイドラインを示し、結果的に１９７５年の賃上げ率は13％まで低下しました。これは（政府の直接介入ではなく）労使の自発的な協調による所得政策とみることができます。

ルーズベルトの逆所得政策

これと反対に、賃金の一律「上昇」を促す政策は「逆所得政策」と呼ばれています。逆所得政策の事例として有名なのは大恐慌期のアメリカで行われたニューディール政策です。

ルーズベルト大統領は、企業間の過当競争によって価格の下落に歯止めがかからない状況に対処すべく、1933年に全国産業復興法（NIRA）を成立させ、企業を指導する機関として全国復興局（NRA）を設立しました。NIRAの目的は、過当競争と、物価と賃金のスパイラル的な引き下げを止めることであり、そのために、最低賃金の導入（それまでアメリカでは最低賃金という制度は違法とされており存在していませんでした）、労働時間の上限設定（40時間）、企業間の共謀的な価格設定に関するルールを設定し、これらを自発的に採用するよう各企業に呼びかけました。

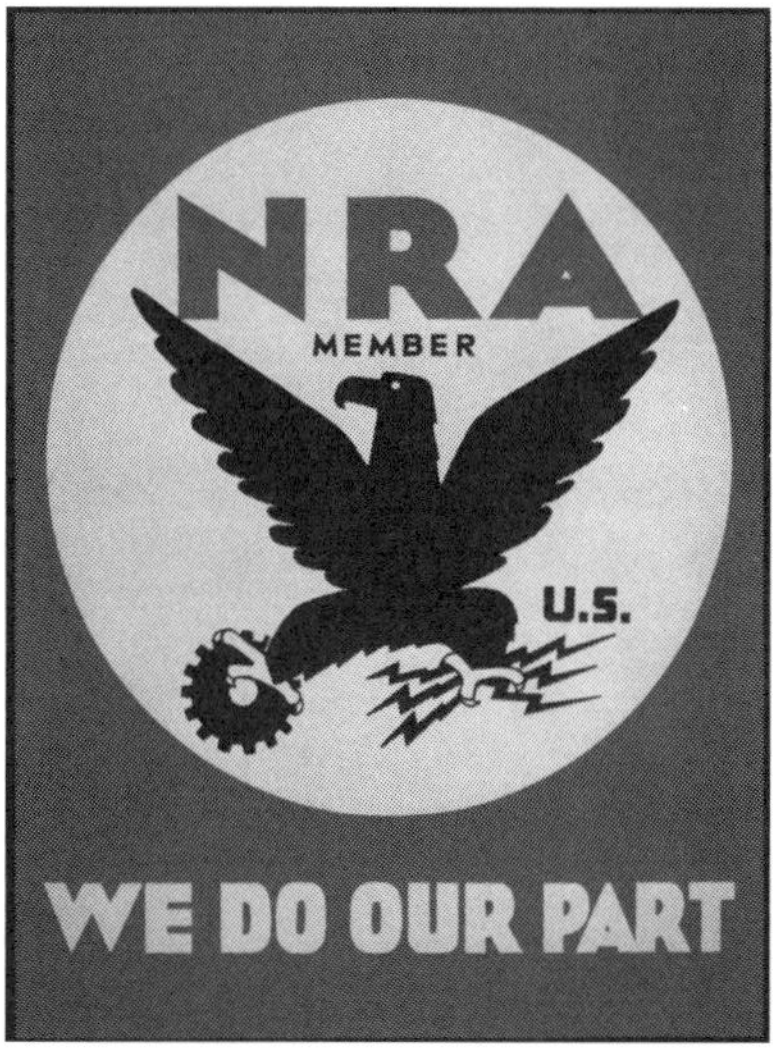

全国産業復興法のロゴ（⑥）

この写真にある「WE DO OUR PART」（私たちは自分たちの責任を果たしています）というのは当時のスローガンで、政府に協力して、最低賃金の導入や賃上げ、労働時間の上限設定などをちゃんと

図5-4　アメリカ大恐慌期のフィリップス曲線

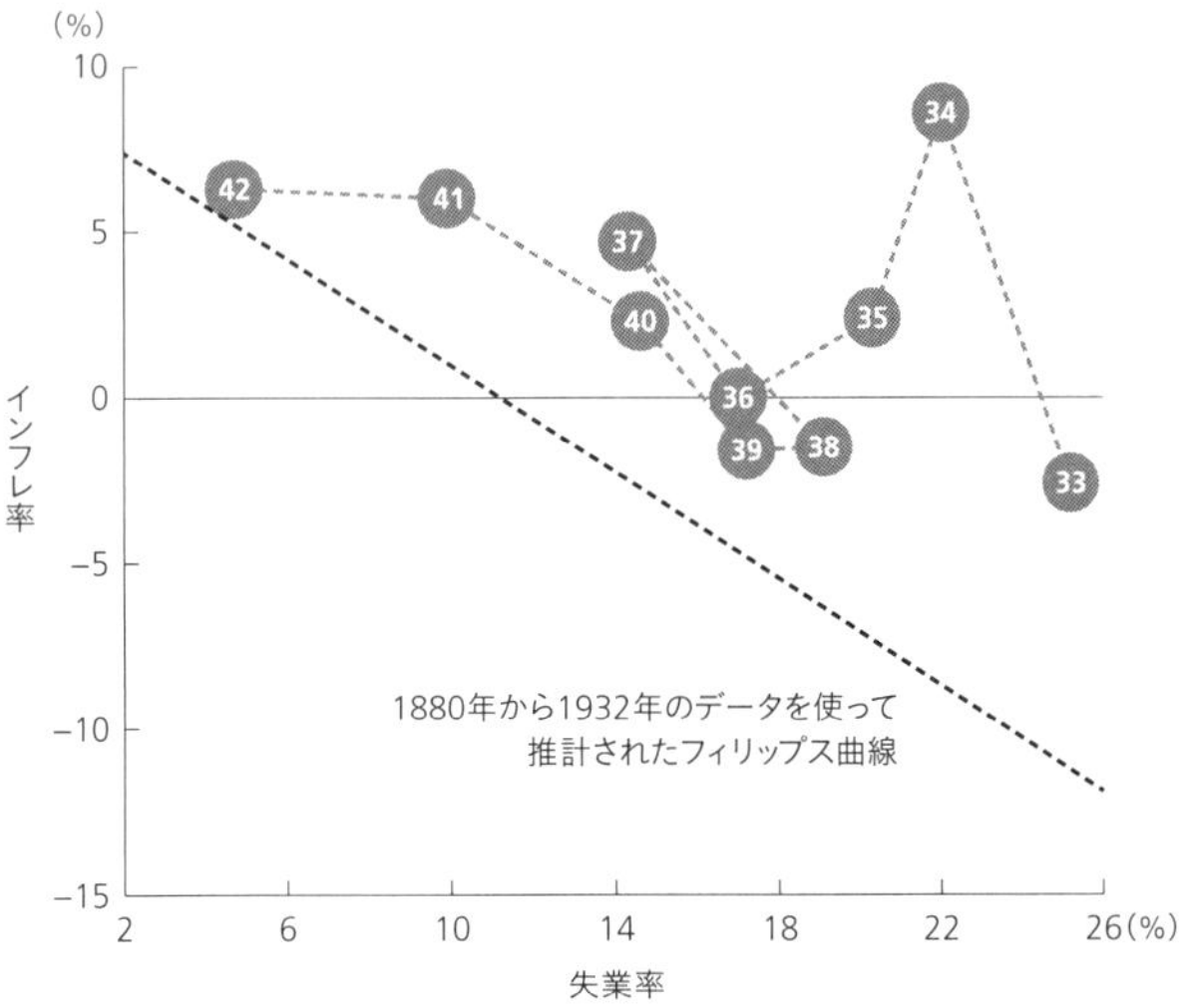

実行した企業は、このロゴの入った看板を店頭に掲げることが許され、プログラムへの参加を顧客に対して積極的にアピールしたそうです。

この施策の効果は当時のフィリップス曲線にはっきり表れています。図５－４は１９３３年から１９４２年の間の失業率とインフレ率をプロットしたものです（丸の中の数字は何年のデータかを表す）。図の破線は大恐慌前（１８８０年から１９３２年）のデータを使って推計したフィリップス曲線を示しています。

注目点は、１９３３年以降のインフレ率が大恐慌前のデータを用いた推計値を上回っているということです。大恐慌前の推計値からの乖離がとくに大きいのは１９３３年と１９３４年です。両年の失業率は20％を超えており、労働市場は深刻な状態に陥っていました。失業率がこれだけ高ければ、10%程度のデフレに陥るというのが大恐慌前の経験則の示唆するところです。しかし実際のインフレ率は、1933年が小幅マイナス、1934年はプラスに転じています。経験則から大きく乖離したのは、逆所得政策の成果と考えられています。

ニューディールというと、大型の公共事業など総需要の喚起が有名です。しかし実際には、総供給サイドでも、最低賃金の導入や共謀的価格設定の奨励といった、企業が価格を上げやすい環境の整備に力が注がれました。こうした逆所得政策は、民間の経済活動に政府が強権的に介入することを意味するので、ミクロ経済学の研究者のあいだでは不評です。確かに劇薬なので、長期間の服用は控えるべきでしょう。しかし、大恐慌期や日本の慢性デフレ期のように、マクロの物価のコントロールがきわめてむずかしい局面では、逆所得政策は有効かつ必要と私は考えています。

第4節

「大量のマネー供給」と「利上げ」はなぜ矛盾しないのか

金融政策の正常化

日銀は2024年3月にマイナス金利政策を含む非伝統的金融政策の終了を決めました。マイナス0・1%だった政策金利は0・1%とわずかではありますがプラスになり、正常化に向けた第一歩です。その後、同年7月には再度の政策金利の引き上げ（利上げ）で0・25%となりました。物価が2%で安定すれば政策金利の引き上げが今後も続くことでしょう。

一方、日銀がたくさんのリザーブを抱え込んでいる状況は変わっていません。2024年7月の会合で国債の購入を減らすことは決まりましたが、日銀の減額計画によれば、2026年3月までの減額は7～8%と微々たるものです。マネーの量（リザーブ）が大きく減る姿は見えていません。つまり、政策金利の引き上げは着々と進む一方、マネーの量のほうは潤沢な供給が当面続きそうだということです。

第2章で紹介した「金利とマネーの量はコインの裏表」という考え方からすると、政策金利の引き上げと同時進行でマネー量を絞り込むことが必要となるはずです。日銀は明らかにそれと違うことをやっていますし、今後もやろうとしています。

しかも、これは日銀に限った話ではありません。アメリカの中央銀行であるＦｅｄ（連邦準備制度）やＥＣＢ（欧州中央銀行）は、パンデミックの最中に積極的な金融緩和を行ったので、マネーの量はきわめて潤沢です。しかし、米欧では激しいインフレが日本に先行して起きたので、それに対応すべく２０２２年春から政策金利の急速な引き上げを行ってきました。これ自体は真っ当な政策対応ですが、注目すべきは、膨張したマネー量を回収してから利上げに向かったのではなく、膨張状態を放置したままで政策金利を引き上げたことです。

大量のマネー供給と利上げは矛盾しないのでしょうか。矛盾しないとすればなぜなのでしょうか。本節で考えたいのはこれです。

マネー量は異次元緩和の前に戻らない

両者が矛盾しないカラクリはこのあと詳しく説明しますが、その前に矛盾しないことがどういう意味をもつかを整理しておきましょう。

金融政策の大事な変数は政策金利とマネー量です。だから金融政策の正常化という言葉を聞いたときに多くの人がイメージするのは、低すぎる政策金利が元の水準に戻り、多すぎるマネーの量が元の水準に戻るということでしょう。政策金利は正にイメージどおりのことが始まっています。一方、マネー量については、異次元緩和が始まる前の水準まで戻るのかというと、そうはなりそうにありません。つまり、マネー量を元の水準まで戻すのをマネー量の正常化と呼ぶとすれば、その意味での正常化は起きていないし、この先も起きそうにないのです。

もう少し正確に言うと、政策金利の正常化は必ずやり遂げなければならないものです。しかしマネー量の正常化はそこまで頑張る必要はありません。なぜなら、政策金利の引き上げと大量のマネー供給は矛盾しないからです。マネー量の正常化はやりたければやってもいいが、意固地になって頑張る理由はどこにもないのです。

これは何を意味するのでしょうか。マネー量の正常化をやらないと言うと、なんとなく気持ちが悪いと感じる人もいるかもしれません。何事もきちんと元に戻しておきたい、そうしないと落ち着かないという感覚はわからないでもありません。しかし、そういう感覚に引っ張られてマネー量を元に戻そうとするのは政策としては間違いです。

マネー量がどうあっても政策金利の正常化が可能ということは、自由になる変数がひとつ増えたということ、そして自由度が増えた分だけ金融政策の選択肢が広がったことを意味します。つまり、「矛盾しない」という状況は、チャンスが増えたということなのです。元に戻さないとどうも落ち着かないというような感覚的な議論をしている場合ではなく、チャンスをどう有効に活用するか、それを真剣に考えるべきなのです。

リザーブは6兆円から561兆円に増加

議論の前提として数字を確認しておきましょう。図5－5は、日銀の貸借対照表（バランスシート）を1999年3月末と比較したものです。バランスシートの左側が日銀の資産で、右側が日銀の負債です。

図5-5 日銀の貸借対照表（バランスシート）

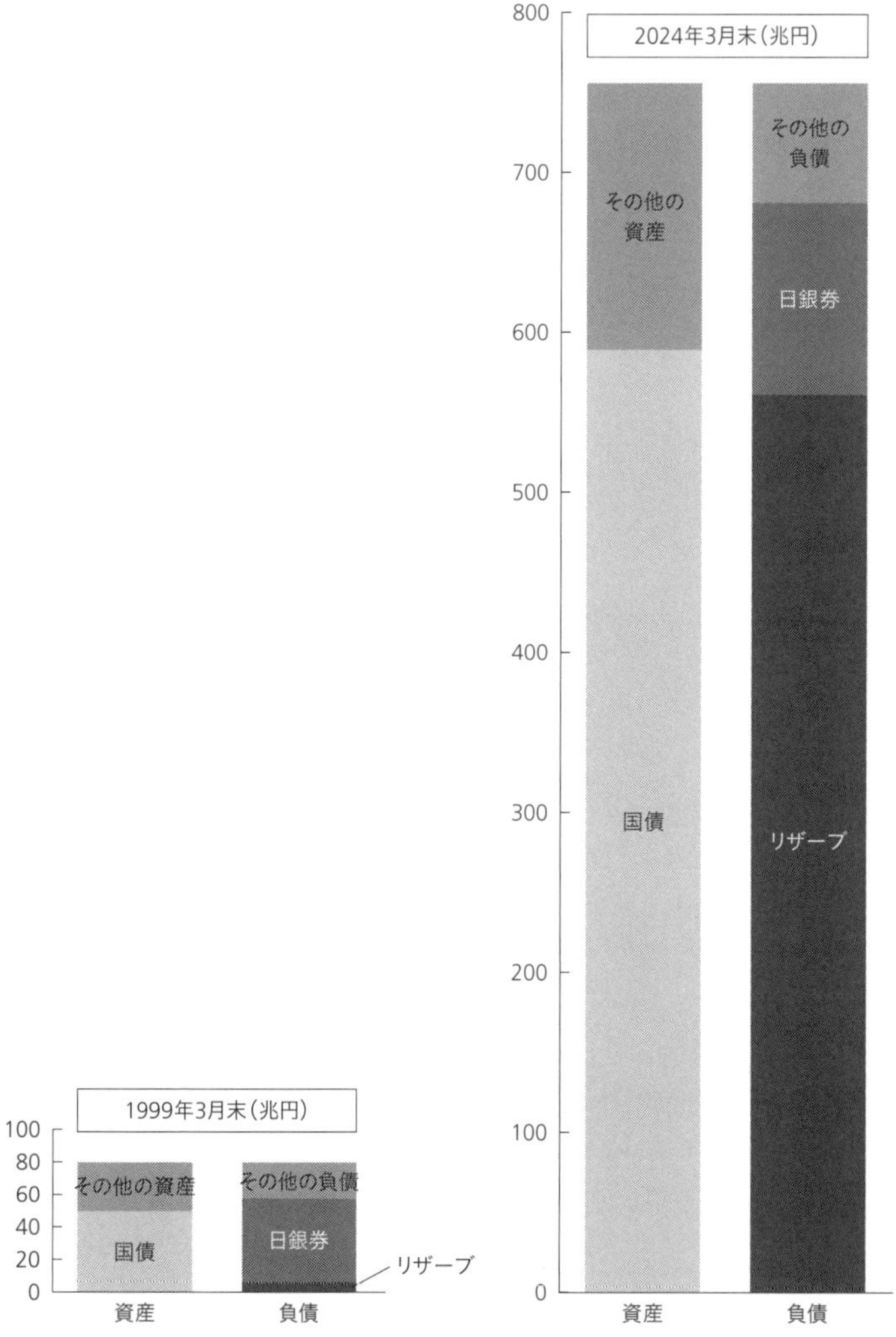

私たちは日銀券を保有していますが、これは私たちにとっては資産、日銀にとっては負債です。また、民間の金融機関は日銀に預金（リザーブ）をもっていますが、これは民間金融機関にとっては資産、日銀から見ると負債です。日銀の負債の大部分は日銀券とリザーブです。一方、日銀は日銀券とリザーブというかたちで集めた資金を運用しています。最大の投資先は国債です。また、株式（正確にはＥＴＦ：上場投資信託）や不動産（正確にはＲＥＩＴ：不動産投資信託）などの実物資産にも投資しています。金融機関への貸し出しもあります。

１９９９年３月末の時点ではバランスシートのサイズは79兆円でした。このうちリザーブは６兆円、日銀券は51兆円でした。日銀がゼロ金利政策を始めたのが同年２月なので、同年３月末は日銀が非伝統的な政策を始める前の状態に近かったと言ってよいでしょう。

これに対して、現在（２０２４年３月末）のバランスシートのサイズは７５６兆円、そのうちリザーブが５６１兆円、日銀券が１２０兆円です。１９９９年と比較すると、日銀券の増え方は２倍強です。経済が拡大すればそこで使われる日銀券の量も当然増えます。経済規模の拡大に照らせば２倍強というのは真っ当な数字です。一方、リザーブは90倍超です。これは自然に増えたとは到底言えないオーダーです。日銀が政策的に膨らませたものです。具体的には、日銀は非伝統的な政策を推し進めるなかで大量の国債を金融機関から購入しました（日銀の国債保有高は50兆から５９０兆に増加）。その購入代金を金融機関に支払った結果、リザーブがここまで膨らんだのです。

仮に、先ほどの「落ち着かないので元に戻したい」という感覚に忠実に政策を行うのであれば、現在561兆円あるリザーブを6兆円まで減額することになります。負債側だけ減らすことはできないので資産側にある国債も同程度の減額となります。ちなみに、日銀の国債減額計画によれば2026年3月までの減額幅は約50兆円です。「元に戻したい」の感覚に忠実にやるにはこれの10倍の規模の減額が必要です。

実感の湧かない大きな数字のオンパレードなので、そんな大規模な減額は非現実的と思われるかもしれません。しかしそれは誤解であって、日銀がやる気になれば可能です。ただ、やる必要のないことまで頑張るのは間違っています。先ほど述べたように、原理的には今後リザーブの量（とその裏側にある日銀の国債保有額）を1円も減らさないとしても、政策金利の正常化は可能だからです。

561兆円を6兆円まで減らそうと思えば減らせるが、減らさなくてもよい。そう聞いた途端、誰もが考えるのは、そのおカネをどう活用しようかだと思います。先ほどチャンスを活かさなければと言ったのはまさにそのことなのです。

大量のリザーブを維持したままで利上げができる理由

さて、いよいよ「利上げと大量のマネー供給がなぜ矛盾しないのか」の謎解きをしましょう。ヒントは第2節で説明したマイナス金利政策にあります。

貨幣需要関数は非線形なので、マネーの量をいくら増やしても市場金利（国債金利や社債金利など）をマイナスにすることはできません。しかし、マネーの金利をマイナスにする（正確には、リザーブだけでなく銀行券も含めたマネー全体の金利をマイナスにする）ことにより、マネーの需要を減らすことができ、それによって市場金利をマイナスまで下げることができます（図5－2を参照）。そこでの肝は、マネーの「供給」ではなく、「需要」を制御するということでした。

これは市場金利をマイナスまで「下げる」ための手法でしたが、同じ手法は市場金利を「上げる」場合も使えます。すなわち、マネーの供給量が仮に不変だったとしても、マネーにつける金利を正のどこかの水準まで引き上げることでマネーの魅力が増し、需要が増えます。その結果、需要と供給の交点で決まる市場金利が上昇します。

今の説明では「マネーの供給は不変」としましたが、マネーの供給が増えても減っても、この議論は成立します。つまり、マネーの供給量を増やしたければ増やせばいいし、減らしたければ減らしてもいい。マネーの供給量がどうあれ、市場金利を中央銀行の望む水準に誘導できるということです。

なぜこんな魔法みたいなことができるのでしょうか。その理由は「マネーの量と金利がコインの裏表」の伝統的な手法と比較するとよく理解できます。伝統的な手法のもとでは、マネーの金利はゼロ％で固定されていました。ここが最も重要な違いです。

マネーの金利がゼロ％で固定されているので、マネーの需要（正確には需要曲線）は動きません。中央銀行が動かせるのはマネーの供給曲線だけです。この状況でマネーの供給曲線を増加方向にシフトさせると、需要曲線との交点が変わり、市場金利が下がります。つまり、①マネーの供給、②交点、③市場金利の3つがすべて連動しています。そのため、「マネーの量と金利がコインの裏表」となったのです。

これに対して新しい手法では、マネーの金利をゼロ％でない水準に設定できます。この新たに手に入れた変数を操作することで、需要曲線を中央銀行の望むようにシフトさせることができます。そして、それによって交点を中央銀行の望むように移動させることができます。交点を自由に動かせるということは、金利とマネー量の「両方」を自在にコントロールできることを意味します。魔法のカラクリはマネーの金利だったのです。

国際金融のトリレンマ

魔法のカラクリの説明はこれで終了です。しかし、これだけで腹落ちしたと膝を打つ人はまずいないでしょう。このカラクリがいったい何を意味するのか、もう少し掘り下げてみましょう。

役に立つのが国際金融の授業で登場する「トリレンマ」という考え方です。二つのことを同時に行うのがむずかしいのが「ジレンマ」、三つのことを同時に達成できないのが「トリレンマ」です。不思議なことに、国際金融の授業でトリレンマの話を始めると、今まで居眠りしていた学生も目を輝かせて聞き始めます。どこにそんな魅力があるのか正直よくわかりませんが、きっとそのロジックに意表を突く部分があるからなのでしょう。

金利とマネー量の両立の話は基本的には「国際金融のトリレンマ」と同じ論理構造です。国際金融のトリレンマとはいったい何かをごく簡単に紹介し、そのあとでそれが金利とマネー量の両立の話とどうつながるのかを説明することにします。

国際金融のトリレンマとは、①国際間の自由な資本移動（資本移動に規制が課されていない）、②為替相場の安定、③独立した（為替変動に縛られない）金融政策運営、という三つを考えたときに、これらを同時に達成するのは不可能という意味です。

たとえば、①の国際資本移動が自由、そのもとで為替相場を完全に安定させる、つまり固定相場を実現しようとすると、中央銀行は為替相場の固定のために日々介入を行わねばなりません。為替市場で円需要が強ければ通常は円高になり、それによって円の需要過多が解消されます。しかし、円需要の強い状況で為替相場を固定させたいということであれば、中央銀行の円売り介入により、為替市場の需要過多を解消する必要があります。

この場合、仮に国内のインフレや景気の事情でおカネの量を絞りたいとしても、円売り介入で円資金が市場に出回ってしまうので、おカネ（円資金）の量を絞ることができません。その意味で、③の独立した金融政策運営は諦めざるをえないのです。このケースでは、①の自由な資本移動と②の為替相場の安定は実現できたが、③は諦めるということになります。

その逆に、自由な国際資本移動のもとで③の金融政策運営の自由を確保しようとすると、今度は為替介入を行うことができず、為替相場の固定ができません。②の為替相場の安定は放棄せざるをえません。つまり、①と③は実現できるが、②は諦めるということです。

金融政策手法のトリレンマ

国際金融のトリレンマの構図をマネーの量と金利の文脈に置き換えてみましょう。図5－6を

図5-6　金融政策手法のトリレンマ

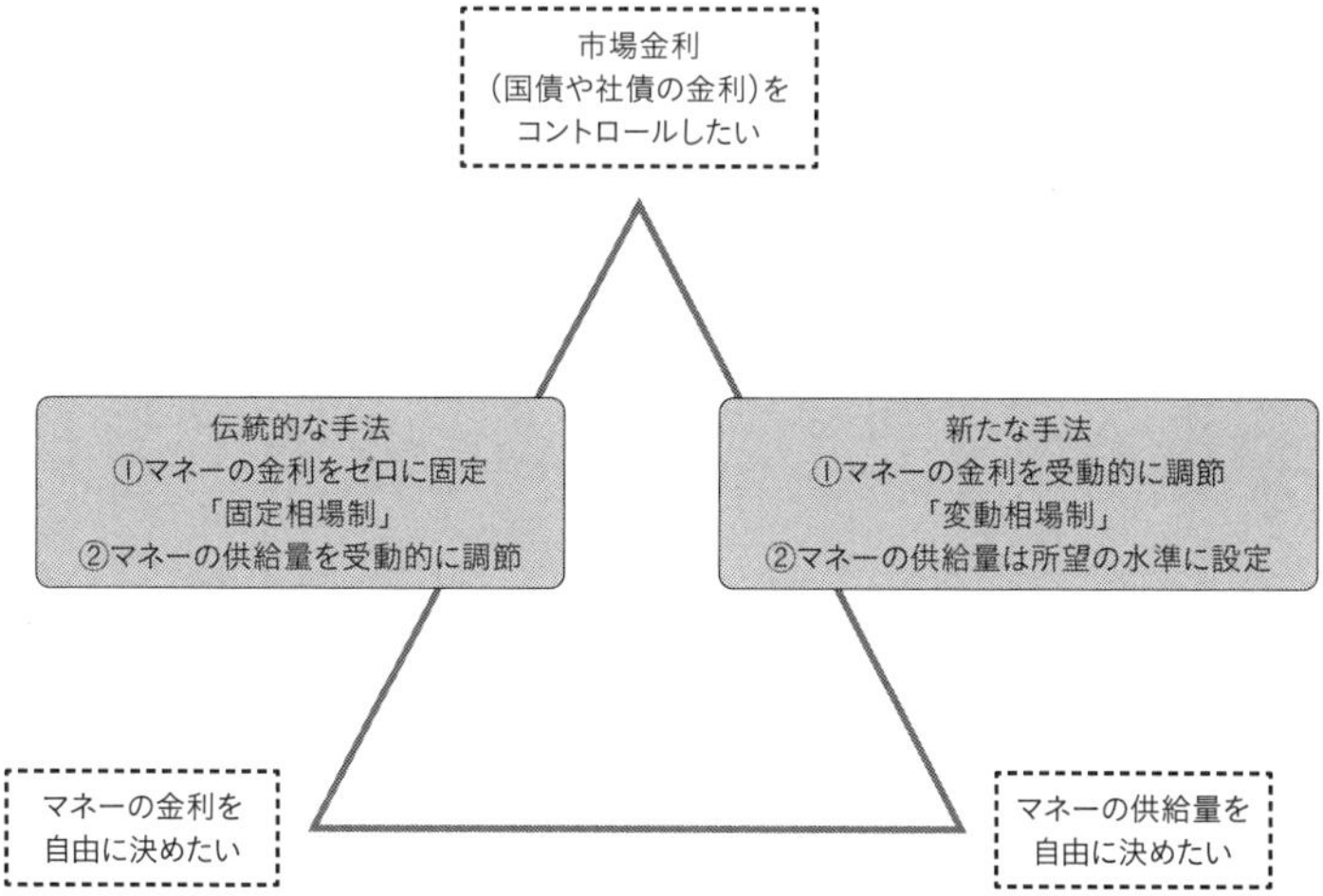

ご覧ください。実現したい三つのターゲットは、①マネー（つまり、リザーブと銀行券）の金利、②マネーの供給量、③市場金利（国債や社債などの金利）となります。この三つをどれも自由に動かすという芸当は不可能であり、せいぜい二つしか達成できません。こういう呼び方をしているのは私だけだと思いますが、ここではこれを「金融政策手法のトリレンマ」と呼ぶことにします。

金融政策の伝統的な手法では、マネーの金利をゼロ％としたうえで、市場金利を自由に動かしたいと考えます。マネーの金利として特定の値（ゼロ％）を選んだうえで、市場金利も景気や物価の動向に応じて上げ下げしたい（つまり、特定の値にしたい）ということなので、マネーの金利と市場金利の両方を意のままにしたいということです。そうなると、マネーの量は受動的に決まってしまいます。つまり、②を自在に動かすのは諦めるということです。

一方、新手法では、景気や物価に応じて市場金利を誘導するというところは伝統的手法と同じですが、それに加えてマネーの量も好きな水準に設定したいと考えます。その二つを手に入れたいのであれば、①のマネーの金利の水準を特定の値（たとえばゼロ％）に設定することは諦めざるをえません。つまり、②と③を意のままにする代わりに①を諦めるということです。

マネーの金利＝ゼロ％は「固定相場制」という解釈

伝統的な手法ではマネーの金利をゼロ％に固定していて、それは当然のことと考えられていました。しかしマネーの金利は必ずしもゼロ％に固定する必要はないとなると、かつてゼロ％に固定していたのはいったい何だったのかと改めて問いたくなります。じつは、マネーの金利をゼロ％に固定するのは「固定相場制」だったのです。

固定相場制は円ドルのような為替レートについて固定することです。今は為替レートの話をしているわけではないのに、固定相場制という言葉が突然登場して戸惑っている方もいらっしゃると思います。なぜ「固定相場制」なのかを説明します。

マネーの金利がゼロということは、今日の1万円と明日の1万円の交換比率が1対1と言い換えることができます。これに対して、マネーに金利がつけば、今日のマネーと明日のマネーの交換比率は1対1でなくなります。マネーにつける金利はプラスにもマイナスにもなりうるので、交換比率も自由に変わります。

マネーの金利がゼロのときは交換比率が1対1で固定されている。しかし、マネーに金利がつくと交換比率が自由に変動する。つまり、前者は固定相場制（みたいなもの）、後者は変動相場制（みたいなもの）なのです。国際金融のトリレンマでは、円とドルというように異なる通貨の交換を考えていました。しかし今は、今日のマネー（たとえば今日の円）と明日のマネー（明日の円）というように、通貨は同じだけれど、「いつ」が異なる通貨を別の通貨とみなして、その交換を考えているところがこの話のミソです。

このように整理すると、伝統的な政策手法は、マネーの金利＝ゼロ％を選択した時点で交換比率の固定を選択したことになるので、そこで自由度がすでにひとつ減っています。もうひとつ意のままにしたい変数として市場金利（国債や社債の金利）を選ぶと、その段階で、自由度を使い切ることになります。だから、マネーの量を決める権利は諦めざるをえません。国際金融のトリレンマも金融政策のトリレンマも、「固定相場制」を選択すると、そこで自由度をひとつ使ってしまうという点で同じなのです。

国際金融のトリレンマでは、国際資本移動の自由は不可欠として、それに加えて固定相場制を選択すると、中央銀行は為替レートを安定させるための介入を余儀なくされます。金融政策のトリレンマの「固定相場制」も事情は同じで、中央銀行は、市場金利の上下に合わせてマネーの量を受身的に調整すること、つまり、「介入」を余儀なくされます。

これに対して新手法では、マネーの金利を自ら決定することを中央銀行は諦めています。これは国際金融のトリレンマで変動相場制を採用し為替レートの決定を市場に委ねるのと同じです。マネーの金利を決定する権利を諦めているので自由度が温存されており、その温存された自由度を使って、市場金利とマネーの量を意のままに動かせるのです。「変動相場制」なので、中央銀行が「介入」を余儀なくされることはありません。

Column

「固定相場制」から「変動相場制」へ

今から50年前、為替レートの制度が固定制から変動制に移行するグローバルな動きが起きました。当時の日本企業と日本政府は、変動制に移行すると円高が一気に進むのではないかと恐れ、猛烈に抵抗しました。人びとのあいだでは、円ドル相場が時々刻々変化することへの恐怖心も強かったと聞きます。「固定」は安心、「変動」は恐怖という、漠とした感覚があったのでしょう。50年後の今も、円ドルの乱高下には多くの注目が集まるので、昔と変わっていません。しかし、だからと言って固定制に戻せば万事安心かというと、決してそうではないことを、多くの人は理解しています。これが50年で私たちが学んだことです。

一方、金融政策手法の「変動制」への移行は、50年前のような大論争もなく淡々と進んでいます。ただ、まったく混乱がないわけでもありません。「変動制」への完全移行には、①リザーブに金利をつける、②日銀券に金利をつける、という二つの改革が必要になります。このうちリザーブに金利をつけるほうはすでに実行済みです。一方、日銀券に金利をつけるほうは残念ながら手つかずです。

前に進まない理由はいろいろありますが、最も大きいのは、「固定」は安心、「変動」は恐怖という50年前と同じ感覚があるからだと私はみています。確かに、自分の財布に入っている1万円が明日はいくらに変化しているかわからないというのは、誰も経験がないのでとても不安です。しかしこれも所詮は慣れの問題で、やってみればなんとかなるものなのかもしれません。

私自身は、リザーブだけでなく日銀券にも金利がつき、「変動制」に完全移行した社会がどんなものか見てみたい気持ちが強いのですが、現状を踏まえると、一足飛びにそこまで行くのはむずかしそうです。当面、金利がつくのはリザーブのみという、変則的な「変動制」が続くだろうと思います。

日銀がこれから解かなければならない二つの難問

さて、SFめいた話はいったん終わりにして、金融政策の正常化を今後どう進めるのがよいかを考えることにします。私は、新手法への移行を踏まえて、新たな発想で政策を展開すべきだと考えています。二つポイントがあります。

第一は、マネーの量をどの水準にするかです。日銀が今後、市場金利を引き上げていくのは間違いないのでそれはそれでよいとして、マネーの量については、新手法のもとではマネーの量はどんな水準でも構わないということでした。これを理屈で整理しようとするとトリレンマのようなややこしい話を持ち出さなければいけませんが、面倒な理屈とは関係なく、「どんな水準でも構わない」は厳然たる事実として存在します。

日銀の立場に立ってみれば、「どんな水準でも構わない」と言われたからといって、では適当にやらせてもらいます、というわけにはいきません。日銀はどこかの水準を選択しなければなりませんし、それには、なぜその水準にするのかという理由付けが必要です。金利とマネー量がコインの裏表の時代には、日銀が所望する金利が決まればマネーの量も自動的に決まったので、どの水準にするかなどと思い悩む必要はありませんでした。つまり、日銀が今直面している悩みはこれまでにないものであり、その悩みを解決するにはこれまでと違う知恵が求められているのです。

リザーブの残高は現在561兆円です。どのような理屈をもってくるにせよ、おそらくこの高水準のままでいいとはならないでしょう。ではゼロ金利の導入前の6兆円まで戻すかというと、そこまでもっていくのはやりすぎだろうというのが、なんとなくの（あまり根拠のない）直感でしょう。となると、リザーブの適切な水準を仮にX兆円とすると、Xは6から561までのどこかということになります。私は、Xは6よりも561に近いと思っています。その理由はすぐに説明しますが、とりあえず今はXが6よりも561に近いという前提で議論を進めさせてください。

ここで第二の課題が浮上します。日銀の負債サイドにあるリザーブが561兆円に近いとすると、資産サイドにはそれと同額の資産がなければなりません。では日銀にどんな資産を保有してもらうのがよいでしょうか。

日銀の伝統的な考え方でいけば、資産サイドにもつべきは国債ということになります。実際、先ほど見た1999年3月末のデータによると、負債が79兆円（そのうちリザーブが6兆円、日銀券が51兆円）だったの対し、資産サイドの国債は50兆円だったので、大半が国債でした。この伝統に従えば、561兆円近くになるリザーブとほぼ同額の国債を日銀が保有することになります。

ここで出てくるのは、そんなにたくさんの国債を日銀に保有させてよいのかという疑問です。日銀は異次元緩和の時期に大量の国債を購入し、それが政治家や政府の財政規律を悪化させたとの指摘があります。こうした指摘を踏まえると、日銀の伝統的な発想に頼るのは危険のように思います。X兆円の資産を何にするのかは、日銀の伝統的な考え方とは異なる新たな視点で考える必要があります。

人びとが望むだけマネーを供給する：フリードマン・ルール

第一の難問から始めましょう。じつは、この問題に対する回答は経済学者の道具箱にすでに入っています。その回答を用意してくれたのはミルトン・フリードマンです。フリードマンのロジックは単純明快です。

マネーというのは私たちの生活を便利にするために発明されたものです。たとえばマネーがなければ物々交換になってしまいます。物々交換での生活を想像すればマネーがいかに便利かすぐ理解できます。つまり、マネーは人びとの生活を支える社会インフラなのです。社会インフラはどんなものであれ、できるだけ充実させたほうがよいに決まっています。しかし、たとえば公園という社会インフラを増やそうとすると当然費用がかかります。ですので、多くの社会インフラは費用と便益の兼ね合いで適切な供給量が決められています。

ところが、マネーという社会インフラは公園とは根本的な違いがあります。それは、整備にかかる費用がタダということです。正確にはマネーを印刷するコストはゼロではないですが、それでもマネーの額面との対比ではゼロ同然です。もし公園をタダで造れるのであれば子供たちがほしがるだけの公園を造ってあげたいと誰もが考えます。フリードマンの発想はまさにそれで、どうせタダなのだから、人びとが欲するだけマネーを供給してあげてはどうかというものです。

フリードマンの提案はこんなふうに解釈することができます。公園の例で言うと、公園に入るたびに課金されているとします。課金があると当然、利用者が減ります。公園に課金するケースは稀ですが、じつはマネーはこれまでは課金されていたのです。どういうことかというと、旧来の仕組みでは、リザーブであれ日銀券であれ、マネーをもっていても金利はつきませんでした。しかし、マネーをもつ代わりに国債や社債をもったり、あるいは誰かにおカネを貸したりすれば利子が手に入ります。だから、マネーをもつということはそうした利子収入を得るチャンスを逃すということでもあります。つまり、マネーをもつと損をしてしまうわけで、これはマネーという社会インフラの利用に対して課金がなされていたとみることができます。

課金されていたのでは、当然「人びとが望むだけ」とはなりません。だからフリードマンは課金をやめようと説きました。どういうことかというと、国債などで運用した場合に得られる利子と同じ水準の利子をマネーにつけることを提案したのです。そうしておけば、マネーをもったからといって損をすることにはなりません。課金なしなので、人びとは望むだけマネーという社会インフラを利用するようになるはずです。これがフリードマンの提案の全貌です。

この考え方はフリードマンが1969年に刊行した『*The Optimum Quantity of Money*（最適な通貨供給量）*and Other Essays*』という書籍で語られています。これを最初に読んだときに単純明快さに感動したのをよく覚えています。しかし、あまりに突飛な話なので、初めて聞いた人は戯言と思うかもしれません。詳細を説明することはできませんが、彼の提案は「フリードマン・ルール」と呼ばれており、経済学者の卵たちが知っておくべきマネーの一丁目一番地とされています。また、そのロジックの美しさがそうさせるのかもしれませんが、彼の理屈をなんとかして崩して一旗揚げたいと考える、腕に自信のある研究者たちが後を絶ちません。そうした多くの攻撃を巧みにかわしながら、半世紀にわたって生き残っている金字塔なのです。

そう聞いてもまだ腑に落ちないとおっしゃる方もいるかもしれません。そんな方のためにもうひと言付け加えると、じつは、フリードマン・ルールは学者がこねまわす理屈ではなく、すでに実用に供されているのです。マネーは日銀券とリザーブから構成されていますが、このうちの日銀券については、「人びとが望むだけ」という原則が適用されているのです。これは日本だけでなく他国でもそうです。

年越しのお札

たとえば、年末になると、お正月を前にしてたくさんの人がATMで日銀券を引き出します。そうすると、金融機関はATMに日銀券を充塡するために彼らが日銀にもっている預金口座から日銀券を引き出します。このようにして、年末には通常の日を大きく上回る日銀券が市中に出回ります。年末年始に、今年はこれだけの現金が越年したという報道を目にしますが、まさにあれです。大事なポイントは、日銀はこの一連のプロセスでマネーを出し渋るといったことを一切していないということです。まさに、「人びとが望むだけ」の日銀券を受動的に供給しているのです。

「人びとが望むだけ」は年末年始に限りません。普段の日でもそうですし、数年といった長期の時間スケールでもこの原則が適用されています。これに対して、同じマネーでもリザーブにはこの原則が適用されてきませんでした。伝統的な手法のもとでは、市場金利を日銀が所望する水準に誘導しようとすると、それと整合的なリザーブの量が決まってしまいます。それより少なかったり多かったりすれば、市場金利の所望の水準を達成できないので、日銀としては過不足なくちょうどの量を供給するしかありませんし、実際にそうしてきました。そこに「人びとが望むだけ」の原則が入り込む余地はまったくありませんでした。

こうした事情があったため、フリードマン・ルールをリザーブに適用することはできないと考えられてきました。つまり、理論的にいかに麗《うるわ》しかろうとも現実には無理と片付けられてきたのです。そうしたなかで伝統的手法から新手法へと切り替わった結果、リザーブの量は好きにしてよいという、またとないチャンスが訪れているのです。

私は、「人びとが望むだけ」という原則に従わない理由は、今となっては何もないと考えています。そう考えるのは私だけではないようで、中央銀行のリザーブのサイズ、そしてバランスシートのサイズについて、フリードマン・ルールに則った提案が内外の研究者や中央銀行関係者から出てきています。先進国の中央銀行の集まりであるＢＩＳ（国際決済銀行）でも検討が始まろうとしています。

Column

日銀が御用聞きを始める？

仮にマネーの量をフリードマン・ルールに則って決めるとして、「人びとが望むだけ」というのはどんな数字になるのでしょうか。抽象的なモデルを作ることは可能です。しかし、実際にどんな数字になるのか、現段階では日銀も含めて誰も答えをもっていないと言ってよいでしょう。

「人びとが望むだけ」というのを文字どおり受け取るとすれば、リザーブの持ち主たち（日銀の預金口座におカネを預けている金融機関）に「いくらほしいですか」と日銀が尋ねるということになります。日銀が御用聞きをするようでいかにも変ですが、よく考えてみると、マネーは日銀の売り物です。日銀も企業体ですから、自分の売り物に対する需要がどれだけあるのかをマーケティングするのは決して変な話ではありません。日銀の御用聞きは意外に

――早く始まるのかもしれません。

フィッシャーの自己安定貨幣がヒント

X兆円のXはとりあえず決まったことにして、話をその先に進めましょう。日銀がX兆円のリザーブをもつということはその分の資産を日銀がもつことと同義です。日銀はどんな資産をもつのがよいでしょうか。これが考えたい問題です。

先ほども触れたように、伝統的な発想でいくと国債への投資というのが無難な線です。Xが6であればそれで問題ないでしょう。しかしXが6ではなく561に近いのだとすると、日銀の国債保有額も多額になります。そうなると異次元緩和で経験した財政規律の問題が出てきます。もう同じ轍は踏みたくありません。国債に投資しておけば安心というこれまでの安直な発想から脱しなければなりません。

それではX兆円の資産はどのような形式で保有するのがよいのでしょうか。私は、アーヴィング・フィッシャーの提唱した「自己安定貨幣」がヒントになると考えています。先ほど触れたようにこれは100年前の提案なので金本位制を前提としています。財・サービスのバスケットとマネーとの交換比率（つまり、物価）が安定するように金の含有量を調整するというのが基本的なアイディアです。

たとえばインフレが起きたとします。これはマネーの魅力が財・サービスの魅力に比べて劣っているということです。だから、金の含有量を増やしてマネーの魅力を高めればインフレは止まります。その逆にデフレはマネーの魅力が高すぎるために起きる現象ですから、金の含有量を減らしてマネーの魅力を落とせばよい、となります。

この発想を現代の管理通貨制にあてはめると、マネーの背後にあるのはかつての金（ゴールド）ではなく中央銀行が保有する資産です。金の含有量を調整するのと同様に、中央銀行のもつ資産の価値を適切に調整することができればインフレやデフレを止めることができます。

自然利子率に連動するリターンをもたらす資産

そんなふうに都合よく価値が調整される資産がこの世にあるのでしょうか。理念的に考えられるのは、自然利子率と同じ水準のリターンをもたらす資産です。自然利子率は、経済がすべての調整を終えて最終的な着地点に到着したときの実質の利子率のことでした。企業経営者が生産用の機械を追加で設置したときにどのくらいのリターンが得られるかといったものです。

ここで経済の生産性が低下するような状況を考えてみましょう。すると自然利子率は低下します。仮に中央銀行の資産が生産性の停滞の影響をまったく受けない資産（たとえば国債）だったとすると、生産性が低下しても中央銀行の保有する資産の価値は変わらないので、それと連動して負債であるマネーの魅力も不変となります。自然利子率が低下しているにもかかわらずマネーの魅力は不変なので、人びとはマネーを多くもとうとします。マネーの需要が増えるのでデフレが起きます。

その反対に、技術革新が相次ぎ、生産性が急速に高まるような局面では自然利子率は高まりますが、そのときでも中央銀行の資産の価値が不変とするとマネーの魅力も不変です。人びとは自然利子率で運用したほうが得なのでマネーの需要が減り、インフレが起きます。

この例は、中央銀行の保有資産のリターンが自然利子率の変動と関係なく決まっていると、インフレやデフレが起きてしまうということを示しています。そうであれば、自然利子率と連動するリターンをもたらす資産を中央銀行に保有させることにより、インフレやデフレを防ぐことができます。

そうしておけば、たとえば生産性が低下し、自然利子率が低下した場合、中央銀行の資産のリターンも下がるし、それに連動して中央銀行の負債であるマネーの魅力も落ちます。自然利子率が低下し、世の中の投資が全般に振るわないなかでマネーの魅力もそれと足並みを揃えて落ちるので、先ほどのようにデフレになることはありません。その逆に生産性が上昇する局面では自然利子率が上昇し、中央銀行の資産のリターンも上昇するので、マネーの魅力が高まります。世の中全般に投資の魅力が増すなかで、マネーの魅力もそれと足並み揃えて上がるのでインフレになることはありません。

日銀の株式保有はタブーなのか

じつは、中央銀行は自然利子率と連動する資産をもつべきという提案は、20年ほど前に岩村充教授との共著書で行ったものです。当時は、現実にそういう動きがあったわけではないので、机上の空論と言われても仕方ないものでした。しかし、その後、日銀を取り巻く環境が大きく変化し、あのときよりはもう少し現実味が増しているように思います。

日銀を取り巻く環境の変化とは、日銀が国債以外に多様な資産を保有するようになったということです。とくに注目すべきは実物資産で、ＥＴＦやＲＥＩＴも含まれています。日銀がこれらの資産を保有するようになった背景には、さまざまな事情があります。ただし、日銀が私たちの提案に乗ったからでないのは確かです。

しかしそれでも、これらの資産を日銀が保有するようになったのは私からすると大事な変化です。というのも、これらの実物資産のリターンは自然利子率と密接に連動しているからです。とくにＥＴＦは株式ですから、先ほど例として説明したような生産性の変化に機敏に反応します。その点で、日銀の保有資産として国債より望ましいと私は考えています。

ただし、日銀による実物資産の保有をめぐるこれまでの議論をたどると、私のように積極的に支持する見方はほとんどなく、多くは否定的です。否定的な主張の根拠は大きく二つあります。

第一は企業統治への懸念です。日銀が株式を保有する目的は企業を統治することではないので、日銀の保有額が他の投資家と比べ大きくなると、株主による企業統治に支障が出る可能性があります。言うまでもなく、企業統治が犠牲になるといった事態は避けなければなりません。もし企業統治に悪影響が出るのであれば適切な手立てを講じる必要があります。

この点で私が注目しているのは、日銀のＥＴＦ保有によって企業統治が緩んだか否かをデータで検証する研究が経済学やファイナンスの研究者によって進められていることです。今後も研究の蓄積を進めることによって、企業統治に悪影響があったのか否か、悪影響があったとすればそれはどのような経路を通じてなのか、それを防ぐにはどのような手立てがありうるのか、といった知見が得られることを期待しています。

否定的な主張の論拠の第二は、中央銀行はそもそも株式のようにボラティリティの大きな資産を保有すべきでないというものです。この背景には、中央銀行の保有資産はマネーの裏側にある資産であり、マネーの価値を安定させるためにも国債のように価格変動の少ない資産にすべきという伝統的な考え方があるように思います。

しかし、この考え方は私の発想と真正面から対立しています。私は、中央銀行にとって最も重要なことは、マネーの魅力が過度に高まったり、過度に低くなったりするのを防ぐことだと考えています。過去30年間の失敗から学ぶべき教訓のひとつは、マネーの魅力が過度に高まった状態を放置しておくと、マネーが買われる一方でモノ・サービスが売られるので、デフレが起きてしまうということです。このことからも明らかなように、マネーの魅力を適度に保つことは物価の安定にとってとても大事です。

マネーの魅力を適度なレベルで安定させる際に、中央銀行の資産の価値の安定が重要というのは確かにそうです。しかし、その安定とは民間の資産と比べての相対的な安定であり、民間の資産の価値がどうあろうともつねに中央銀行の資産の価値が安定しているということではありません。

中央銀行の保有資産の価値を民間との対比で安定させるという話を授業で説明するときに使う

比喩があります。経済学とはあまり関係ない仁徳天皇のエピソードです。仁徳天皇は、夕餉の時刻になっても民の住む家のかまどから煙が立ち上らないことを憂え、3年間の年貢免除を決めると同時に、宮殿の修繕を停止するなど自らも節約に励んだそうです。そのせいで、宮殿はボロボロ、屋根の葺き替えすらできず、穴が開いて星が見えるほどだったと伝わっています。

この「民のかまど」の伝承は為政者の徳を語る際に引用されるものですが、国民の懐が苦しいときに国の懐だけが潤うというのは、「徳」を持ち出すまでもなく、いかにも不自然です。宮殿が立派でないと、天皇や国の威信にかかわる、だからそこにおカネをかけるという理屈はわからないでもありません。しかし、それも時と場合によります。民の懐事情が厳しいときには国も相応の負担をすべきです。マネーも同様で、マネーへの信用という「威信」が大事なのは確かですが、それも時と場合によるのです。

X兆円のXが大きな値となったとき、そのすべてを国債で保有するのは財政規律の観点から望ましくありません。これは異次元緩和から学ぶべき教訓のひとつです。となると国債はXの一部にとどまり、残りは実物資産となります。今こそフィッシャーの「自己安定貨幣」の発想に立ち返る時だと思います。

あとがき

本書の出版に際しては多くの方にお世話になりました。その中でも特別な感謝をお伝えしたい人がいます。

本書の特徴のひとつは、私が長く取り組んできた物価に関する研究と、２０２０年に集中的に進めたパンデミックに関する研究とが融合している点です。そのことは本書のあちこちでご確認いただけると思います。

私は、２０２０年春から年末までのあいだ、ほとんどすべての時間をパンデミックの研究に費やしました。そのせいで物価研究の元々の計画は大きく遅れてしまいました。なぜパンデミックの研究に心移りしてしまったのかと後悔していたときにＦ氏（都合により匿名にさせていただきます）と話す機会があり、そのやりとりを通じて、二つの研究に共通点があることに気づくことができました。その共通点を強く意識することにより、慢性デフレへの視界がずいぶんと開けたと思います。Ｆ氏とのやりとりがなければこうした見方はできなかったでしょう。深く感謝する次第です。

＊　＊　＊

物価研究とパンデミック研究の共通点とは、「降って湧いた難題を人びとの自粛によって解決しようとする」ということです。

パンデミックは明らかにそうです。感染拡大をなんとしても防がなければいけない。これが社会全体で共有された目的でした。その目的の達成に向けて、人びとが自分の行動に自発的に制約をかける、つまり「自粛」が始まりました。外出の自粛、マスク着用、飲食店のアクリル板などです。政府や自治体による推奨もありましたが、基本は人びとの自粛でした。

当時書いた論文（藪友良さんとの共著）のタイトルは「Japan's Voluntary Lockdown（日本の自発的ロックダウン）」としました。諸外国のロックダウン（都市封鎖）は法的拘束力のある措置で、その拘束力により問題解決を図ろうとしたのに対して、日本はロックダウンを人びとの自粛頼みでやり遂げたという意味です。

じつは、慢性デフレはこれと瓜二つの構造です。１９９０年代半ばの時点で日本の賃金はドル建てでみて世界のトップクラスになりました。これでは躍進著しい中国企業と戦えない。だから賃金を抑制しなければならない。これが当時、社会で共有された目的でした。その達成を目指して労働組合による賃上げ要求の「自粛」が始まりました。それに呼応して、企業は値上げを「自粛」するようになりました。

いったん始まった「自粛」は止めるのがむずかしいという点でも両者は酷似しています。パンデミック後の経済再開で日本は米欧に後れをとりました。感染への警戒を社会として解かなかったからです。結局、自粛は、政府が感染症法上の分類を5類に変更するまでダラダラと続きました。

慢性デフレについても同じことが起きました。日本の賃金が中国と比べ高すぎるというのはすでに過去のことです。だから賃上げと値上げの自粛をもっと前に解いてもよかったはずです。しかし、私たちはダラダラと自粛を続けてきました。デフレ脱却を掲げた第二次安倍政権は自粛を解こうとしたのだと思いますが、結局、解けませんでした。「5類移行」のようなうまい措置が慢性デフレには存在しなかったということです。

パンデミック下の自粛はつい先日のことなので、自粛で行動を制約された不快さとともに鮮明にご記憶の方が多いことと思います。その自粛と比較しながら慢性デフレの自粛を考えると、慢性デフレのいろいろな現象がスッと理解できるというのが私の経験です。是非お試しください。

＊　＊　＊

本書のもととなる論文を私と一緒に作成してくれた共同研究者たち、私との議論に辛抱強く付き合ってくれた研究者およびその卵の皆様、私の授業に出席し数多くの質問をしてくれた学生たちにも感謝いたします。また、島本高志、庄司俊章、田中雅樹、西崎健司、原尚子、藤井健太朗、宮田昇暉の各氏には原稿を読んでいただき、多くの有益なコメントを頂戴しました。深く感謝いたします。最後に田口恒雄さんと玉利伸吾さんには本書の企画、執筆、編集のすべての段階において、大変お世話になりました。短期間で効率よく仕上げることができたのはお二人のおかげです。感謝いたします。

２０２４年10月

渡辺 努

図4-5：黒住卓司、杉岡優、伊達大樹、中澤崇「わが国におけるフルタイム労働者の異質性と賃金上昇─ミクロデータによる実証分析」日本銀行ワーキングペーパーシリーズ、No.23-J-6、2023年6月

図4-12：Watanabe, Kota, and Tsutomu Watanabe. "Why Has Japan Failed to Escape Deflation?" *Asian Economic Policy Review* 13(1): 23-41, January 2018.

図4-14：日本銀行「『1990年代半ば以降の企業行動等に関するアンケート調査』の集計結果について─企業からみた過去25年間の経済・物価情勢と金融政策」2024年5月20日

図4-15：日本銀行「『1990年代半ば以降の企業行動等に関するアンケート調査』の集計結果について─企業からみた過去25年間の経済・物価情勢と金融政策」2024年5月20日

図5-4：Romer, Christina D. "Why Did Prices Rise in the 1930s?" *The Journal of Economic History* 59(1): 167-199, 1999.

写真・イラストなど

①ガリガリ君値上げ謝罪CMについて報道するニューヨーク・タイムズ記事：*New York Times*. "Costlier Ice Cream Bar Comes With an Apology to Japanese," May 19, 2016.

②「値上げ許容発言」を撤回する黒田日銀総裁：日本経済新聞社提供。2022年6月8日付日経電子版「黒田日銀総裁、『値上げ許容発言』撤回する」

③フィリップスの経済モデル、MONIAC：LSE Library, IMAGELIBRARY/6.

④エスカレーターのノルム：日本経済新聞社提供。2014年12月13日付日経電子版「エスカレーター、関西なぜ『右立ち』〈謎解きクルーズ〉」

⑤ゲゼルマネー：https://commons.wikimedia.org/wiki/File:Freigeld1.jpg

⑥米国全国産業復興法ロゴ：NRA member, we do our part : U.S. Library of Congress, Prints & Photographs Division, Reproduction Number: LC-DIG-ds-10969 (digital file from original) LC-USZC2-2554 (color film copy slide).

図表などの出典一覧

図表

＊本書に掲載している図表出典は以下のとおり。データ出所を掲載している図表は当該データをもとに著者が作成した。出典記載のない図表は、著者の調査・分析データ、または内外官公庁などの公的な公表データをもとに著者が作成した。

図1-1：International Monetary Fund, World Economic Outlook Databases, October 2023.

図1-2：Bank for International Settlements, Central Bank Policy Rates. https://data.bis.org/topics/CBPOL

図1-4：Imai, Satoshi, and Tsutomu Watanabe. "Product Downsizing and Hidden Price Increases: Evidence from Japan's Deflationary Period." *Asian Economic Policy Review* 9(1): 69-89, 2014.

図1-5：鳥貴族HP https://torikizoku.co.jp/

図1-6：Watanabe, Kota, and Tsutomu Watanabe. "Why Has Japan Failed to Escape from Deflation?" *Asian Economic Policy Review* 13(1): 23-41, January 2018.

図1-9：東京大学渡辺努研究室「5か国の家計を対象としたインフレ予想調査」（2021年8月実施分）

図1-10：東京大学渡辺努研究室「5か国の家計を対象としたインフレ予想調査」（2021年8月実施分）

図2-7：ナウキャスト「日経CPINOW」https://lp.nowcast.co.jp/

図2-8：ナウキャスト「日経CPINOW」https://lp.nowcast.co.jp/

図2-10：東京大学渡辺努研究室「インフレ予想調査」（2014年から2024年実施分）

図2-12：東京大学渡辺努研究室「5か国の家計を対象としたインフレ予想調査」（2024年3月実施分）

図3-1：ナウキャスト「日経CPINOW」https://lp.nowcast.co.jp/

図3-2：Christiano, Lawrence J., Martin Eichenbaum, and Charles L. Evans. "Nominal Rigidities and the Dynamic Effects of a Shock to Monetary Policy." *Journal of Political Economy* 113(1): 1-45, 2005.

図3-4：日本銀行「経済・物価情勢の展望」2024年4月

図3-6：Andrade, Philippe, et al. "Is Post-pandemic Wage Growth Fueling Inflation?" Current Policy Perspectives, Federal Reserve Bank of Boston, January 2024.

図3-8：内田眞一「わが国における過去25年間の物価変動」日本銀行金融研究所主催2024年国際コンファランスにおける基調講演、2024年5月27日

図3-9：青木浩介、高富康介、法眼吉彦「わが国企業の価格マークアップと賃金設定行動」日本銀行ワーキングペーパーシリーズ、No.23-J-4、2023年3月

図3-11：Diamond, Jess, Kota Watanabe, and Tsutomu Watanabe. "The Formation of Consumer Inflation Expectations: New Evidence from Japan's Deflation Experience." *International Economic Review* 61(1): 241-281, 2020.

図3-12：渡辺努「シムズ理論の意義と課題」『月刊資本市場』2017年4月号

図3-13：渡辺努「シムズ理論の意義と課題」『月刊資本市場』2017年4月号

図3-14：Jacobson, Margaret M., Eric M. Leeper, and Bruce Preston. "Recovery of 1933," October 2016.

図3-15：Bianchi, Francesco, Renato Faccini, and Leonardo Melosi. "A Fiscal Theory of Persistent Inflation." *The Quarterly Journal of Economics* 138(4): 2127-2179, 2023.

表3-5：Barro, Robert J., and Francesco Bianchi. "Fiscal Influences on Inflation in OECD Countries, 2020-2022." No. w31838. National Bureau of Economic Research, 2023.

Policy." No. 09-12, 2009.

[28] Watanabe, Tsutomu. "The welfare implications of massive money injection: The Japanese experience from 2013 to 2020." *Asian Economic Policy Review* 16(2): 224-242, 2021.

[29] Watanabe, Tsutomu, and Tomoyoshi Yabu. "How Large is the Demand for Money at the ZLB? Evidence from Japan." CARF Working Paper Series, CARF-F-465, September 2019.

[30] Watanabe, Tsutomu, and Tomoyoshi Yabu. "The demand for money at the zero interest rate bound." *Journal of Applied Econometrics* 38(6): 968-976, 2023.

[31] Woodford, Michael. "Doing without money: controlling inflation in a post-monetary world." *Review of Economic Dynamics* 1(1): 173-219, 1998.

[32] Woodford, Michael. "Monetary policy in the information economy." Proceedings-Economic Policy Symposium-Jackson Hole. Federal Reserve Bank of Kansas City, 2001.

Lectures in Economics, September 1993.

[7] Bruno, M., Di Tella, G., Dornbusch, R., and Fischer, S. (eds.). *Inflation Stabilization: The Experience of Israel, Argentina, Brazil, Bolivia, and Mexico*, MIT Press, 1988.

[8] Cuba-Borda, Pablo, and Sanjay R. Singh. "Understanding persistent ZLB: Theory and assessment." *American Economic Journal: Macroeconomics* 16(3): 389-416, 2024.

[9] da Silva, Luiz A. Pereira, and Benoît Mojon. "Exiting low inflation traps by 'consensus': nominal wages and price stability." Based on the Keynote Speech at the Eighth High-level Policy Dialogue between the Eurosystem and Latin American Central Banks, Cartagena de Indias, Colombia (2019): 28-29.

[10] Dornbusch, R., Sturzenegger, F., and Wolf, H. "Extreme inflation: dynamics and stabilization." *Brookings Papers on Economic Activity* 1990(2): 1-84.

[11] Dornbusch, Rudiger, and Mario Henrique Simonsen. "Inflation stabilization with incomes policy support: A review of the experience in Argentina, Brazil, and Israel." Group of Thirty, 1978.

[12] Fisher, Irving. "A Compensated Dollar." *Quarterly Journal of Economics* 27(2): 213-235, 1913.

[13] Forbes, Kristin, Joseph Gagnon, and Christopher G. Collins. "Low inflation bends the Phillips curve around the world." No. w29323. National Bureau of Economic Research, 2021.

[14] Friedman, Milton. "The optimum quantity of money." in *The Optimum Quantity of Money and Other Essays*, Aldine : Chicago, 1969.

[15] Glover, Andrew. "Aggregate effects of minimum wage regulation at the zero lower bound." *Journal of Monetary Economics* 107: 114-128, 2019.

[16] Goodfriend, Marvin. "Interest on Reserves and Monetary Policy." *Federal Reserve Bank of New York Economic Policy Review* 8(1), May 2002.

[17] Hall, Robert E. "Controlling the price level." *American Journal of Economics and Sociology* 64(1): 93-112, 2005.

[18] Harding, Martín, Jesper Lindé, and Mathias Trabandt. "Understanding post-covid inflation dynamics." *Journal of Monetary Economics* 140 : S101-S118, 2023.

[19] Hicks, John R. "Mr. Keynes and the 'classics': a suggested interpretation." *Econometrica* 5(2): 147-159, 1937.

[20] Kahn, George A. "Monetary policy under a corridor operating framework." *Economic Review-Federal Reserve Bank of Kansas City* : 5, 2010.

[21] Kashyap, Anil K., and Jeremy C. Stein. "The optimal conduct of monetary policy with interest on reserves." *American Economic Journal: Macroeconomics* 4(1): 266-282, 2012.

[22] Keister, Todd, Antoine Martin, and James McAndrews. "Divorcing money from monetary policy." *Economic Policy Review* 14(2), 2008.

[23] Nakamura, Emi. "Discussion of Monetary Policy: Conventional and Unconventional by M. Woodford and S. Schmitt-Grohe." Discussion at Nobel Symposium, May 2018.

[24] Romer, Christina D. "Why did prices rise in the 1930s?" *The Journal of Economic History* 59(1): 167-199, 1999.

[25] Tobin, James, "Comment on Rober Halls' Controlling the Price Level." *American Journal of Economics and Sociology* 64(1): 113-116, 2005.

[26] Vissing-Jorgensen, Annette. "Balance sheet policy above the ELB." Macroeconomic Stabilisation in a Volatile Inflation Environment, 2023.

[27] Walter, John R., and Renee Courtois Haltom. "The Effect of Interest on Reserves on Monetary

[5] 厚生労働省『労働経済の分析 令和5年版』2023年9月
[6] 杉岡優、伊藤雄一郎、開発壮平、高富康介「物価変動のコスト・ベネフィットを巡る議論の潮流」日本銀行リサーチラボ、2024年9月24日
[7] 日本銀行「『1990年代半ば以降の企業行動等に関するアンケート調査』の集計結果について」2024年5月20日
[8] 渡辺努「日銀の歴代総裁は何を語ったのか」『Voice』2023年5月号
[9] Adam, Klaus, Andrey Alexandrov, and Henning Weber. "Inflation distorts relative prices: Theory and evidence." No. 23/2024. Deutsche Bundesbank Discussion Paper, 2024.
[10] Angell, Wayne. "Greenspan's deflation." *Wall Street Journal*, October 29, 2002.
[11] Christiano, Lawrence J., Martin Eichenbaum, and Charles L. Evans. "Nominal rigidities and the dynamic effects of a shock to monetary policy." *Journal of Political Economy* 113(1): 1-45, 2005.
[12] Elsby, Michael W.L., and Gary Solon. "How prevalent is downward rigidity in nominal wages? International evidence from payroll records and pay slips." *Journal of Economic Perspectives* 33(3): 185-201, 2019.
[13] Greenspan, Alan, Testimony before the Committee on Banking, Housing, and Urban Affairs, U.S. Senate, February 23, 1999.
[14] Greenspan, Alan, Testimony before the Joint Economic Committee, U.S. Congress, June 14, 1999.
[15] Greenspan, Alan, Testimony before the Committee on the Budget, U.S. Senate, January 24, 2002.
[16] Ip, Greg. "Japan Is Back. Is Inflation the Reason?" *Wall Street Journal*, February 29, 2024.
[17] Nakamura, Emi, et al. "The elusive costs of inflation: Price dispersion during the US great inflation." *The Quarterly Journal of Economics* 133(4): 1933-1980, 2018.
[18] Pallotti, Filippo, et al. "Who bears the costs of inflation? euro area households and the 2021-2022 shock." No. w31896. National Bureau of Economic Research, 2023.
[19] Sheremirov, Viacheslav. "Price dispersion and inflation: New facts and theoretical implications." *Journal of Monetary Economics* 114 : 59-70, 2020.
[20] Tobin, James. "Inflation and Unemployment." *American Economic Review* 62(1): 1-18, 1972.
[21] Velde, François R. "Chronicle of a deflation unforetold." *Journal of Political Economy* 117(4): 591-634, 2009.
[22] Woodford, Michael, *Interest and Prices*, Princeton University Press, 2003.

第 5 章　異次元緩和の失敗から何を学ぶべきか

[1] 高須賀義博「調整インフレを見直せ—『福祉』実現の決め手に」『週刊エコノミスト』1972年9月19日
[2] 渡辺努「日銀は銀行券の『固定相場』制の放棄も視野に入れるべき—インフレ実現が見通せない以上、タブー視されている政策実行も検討の俎上に」『週刊金融財政事情』2018年1月8日
[3] Afonso, G., La Spada, G., Mertens, T., & Williams, J. C. "The optimal supply of central bank reserves under uncertainty." No. 1077. Staff Report , 2023.
[4] Ascari, Guido, and Jacopo Bonchi. "(Dis) solving the zero lower bound equilibrium through income policy." *Journal of Money, Credit and Banking* 54(2-3): 519-535, 2022.
[5] Borio, Claudio E.V. "Getting up from the floor." Bank for International Settlements, Monetary and Economic Department, 2023.
[6] Bruno, Michael. *Crisis, Stabilization, and Economic Reform: Therapy by Consensus*, Clarendon

2011.
[38] Shapiro, Adam Hale. "How much do supply and demand drive inflation?" FRBSF Economic Letter 15 : 1-6, 2022.
[39] Sims, Christopher A. "The role of models and probabilities in the monetary policy process." *Brookings Papers on Economic Activity* 2002(2): 1-40, 2002.
[40] Sims, Christopher A. "Inflation expectations, uncertainty and monetary policy." No. 275. BIS Working Papers, March 2009.
[41] Sims, Christopher A. "Inflation expectations, uncertainty, the Phillips curve, and monetary policy," in Jeff Fuhrer, Yolanda K. Kodrzycki, Jane Sneddon Little, and Giovanni P. Olivei, eds., *Understanding Inflation and the Implications for Monetary Policy : A Phillips Curve Retrospective*, MIT Press, 2009.
[42] Sims, Christopher A. "Rational inattention and monetary economics." in Benjamin M. Friedman and Michael Woodford, eds., *Handbook of Monetary Economics*, Vol. 3, Elsevier, 2010.
[43] Sims, Christopher A. "Fiscal policy, monetary policy and central bank independence." Kansas City Fed Jackson Hole Conference. 2016.
[44] Sunakawa, Takeki. "Fiscal Inflation in Japan: The Role of Unfunded Fiscal Shocks." Presentation slides at SWET, August 10, 2024.
[45] Taylor, John B. "Rational expectations and the invisible handshake." in James Tobin, ed., *Macroeconomics, Prices and Quantities*, Basil Blackwell : Oxford, 1983.
[46] Taylor, John B. "Low inflation, pass-through, and the pricing power of firms." *European Economic Review* 44(7): 1389-1408, 2000.
[47] Tversky, Amos, and Daniel Kahneman. "Availability: A heuristic for judging frequency and probability." *Cognitive Psychology* 5(2): 207-232, 1973.
[48] Watanabe, Tsutomu, Tomoyoshi Yabu. "Japan's voluntary lockdown: Further evidence based on age-specific mobile location data." *Japanese Economic Review* 72(3), 333-370, July 2021.
[49] Watanabe, Tsutomu, Tomoyoshi Yabu. "Japan's voluntary lockdown." *PLoS ONE* 16(6): e0252468, June 10, 2021.
[50] Yellen, Janet L. "Implications of behavioral economics for monetary policy." Speech for the Federal Reserve Bank of Boston Conference, September 2007.
[51] Young, H. Peyton. "Social Norms." in Steven N. Durlauf and Lawrence E. Blume, eds., *The New Palgrave Dictionary of Economics*, Second Edition, London: Macmillan, 2008.
[52] Young, H. Peyton. "The evolution of social norms." *Annual Review of Economics* 7(1): 359-387, 2015.

第４章　インフレやデフレはなぜ「悪」なのか

[1] 伊藤元重「新陳代謝を阻んだ下方硬直性」『日経ヴェリタス』2024年2月25日号
[2] 植田和男「賃金と物価：過去・現在・そして将来」日本経済団体連合会審議員会における講演、2023年12月25日
[3] 黒住卓司、杉岡優、伊達大樹、中澤崇「わが国におけるフルタイム労働者の異質性と賃金上昇―ミクロデータによる実証分析」日本銀行ワーキングペーパーシリーズ、No.23-J-6、2023年6月
[4] 経済財政諮問会議「令和5年第1回経済財政諮問会議議事要旨」2023年1月16日、https://www5.cao.go.jp/keizai-shimon/kaigi/minutes/2023/0116/gijiyoushi.pdf

[16] Christiano, Lawrence J., and Christopher J. Gust. "The expectations trap hypothesis." *Economic Perspectives* 24: 21-39, 2000.

[17] Cochrane, John H. *The Fiscal Theory of the Price Level*. Princeton University Press, 2023.

[18] Coibion, Olivier, Yuriy Gorodnichenko, and Rupal Kamdar. "The formation of expectations, inflation, and the Phillips curve." *Journal of Economic Literature* 56(4): 1447-1491, 2018.

[19] Diamond, Jess, Kota Watanabe, and Tsutomu Watanabe. "The formation of consumer inflation expectations: New evidence from Japan's deflation experience." *International Economic Review* 61(1): 241-281, 2020.

[20] Furukawa, Kakuho, Yoshihiko Hogen, Kazuki Otaka, and Nao Sudo. "On the Zero-Inflation Norm of Japanese Firms." Presentation at 2024 BOJ-IMES Conference on "Price Dynamics and Monetary Policy Challenges," May 27-28, 2024.

[21] Goolsbee, Austan, and Chad Syverson. "Fear, lockdown, and diversion: Comparing drivers of pandemic economic decline 2020." *Journal of Public Economics* 193 : 104311, 2021.

[22] Jacobson, Margaret M., Eric M. Leeper, and Bruce Preston. "Recovery of 1933." No. w25629. National Bureau of Economic Research, 2019.

[23] Kahneman, Daniel, Jack L. Knetsch, and Richard Thaler. "Fairness as a constraint on profit seeking: Entitlements in the market." *American Economic Review* 76(4): 728-741, 1986.

[24] Krugman, Paul. "It's baaack: Japan's slump and the return of the liquidity trap." Brookings Papers on Economic Activity 1998(2), 1998.

[25] Krugman, Paul. "Inflation targets reconsidered." ECB Forum on Central Banking, Conference Proceedings. Frankfurt am Main: European Central Bank, 2014.

[26] Malmendier, Ulrike, and Stefan Nagel. "Learning from inflation experiences." *Quarterly Journal of Economics* 131(1): 53-87, 2016.

[27] Mankiw, N. Gregory. "Small menu costs and large business cycles: A macroeconomic model of monopoly." *Quarterly Journal of Economics* 100(2): 529-538, 1985.

[28] Mankiw, N. Gregory, Ricardo Reis, and Justin Wolfers. "Disagreement about inflation expectations." *NBER Macroeconomics Annual* 18: 209-248, 2003.

[29] Maxwell, Sarah. "The social norms of discrete consumer exchange: classification and quantification." *American Journal of Economics and Sociology* 58(4): 999-1018, 1999.

[30] Muth, John F. "Rational expectations and the theory of price movements." *Econometrica* 29(3): 315-335, 1961.

[31] Nakamura, Emi, and Jón Steinsson. "Price setting in forward-looking customer markets." *Journal of Monetary Economics* 58(3): 220-233, 2011.

[32] Okun, Arthur M. "The invisible handshake and the inflationary process." *Challenge* 22(6): 5-12, 1980.

[33] Okun, Arthur M. *Prices and Quantities: A Macroeconomic Analysis*. The Brookings Institution, 1981.

[34] Phelps, Edmund S. "Phillips curves, expectations of inflation and optimal unemployment over time." *Economica* 34: 254-281, 1967.

[35] Rotemberg, Julio J. "Customer anger at price increases, changes in the frequency of price adjustment and monetary policy." *Journal of Monetary Economics* 52(4): 829-852, 2005.

[36] Rotemberg, Julio J. "Behavioral aspects of price setting, and their policy implications." No. w13754. National Bureau of Economic Research, 2008.

[37] Rotemberg, Julio J. "Fair pricing." *Journal of the European Economic Association* 9(5): 952-981,

the National Academy of Sciences, 117(34): 20468-20473, 2020.

[25] Smith, Noah. Interview: Emi Nakamura, macroeconomist. February 21, 2022.

[26] Taylor, John B. "Discretion versus policy rules in practice." Carnegie-Rochester Conference Series on Public Policy 39: 195-214, 1993.

[27] Taylor, John B. "A historical analysis of monetary policy rules." in John B. Taylor, ed., *Monetary Policy Rules*, University of Chicago Press, 1999.

[28] Watanabe, Tsutomu. "The responses of consumption and prices in Japan to the COVID-19 crisis and the Tohoku earthquake." *VoxEU*. CEPR, April 2020.

[29] Wei, Shang-Jin, and Tao Wang. "The inflationary consequences of deglobalization." *Project Syndicate*, July 13, 2022.

第 3 章　デフレはなぜ慢性化したのか

[1] 青木浩介、高富康介、法眼吉彦「わが国企業の価格マークアップと賃金設定行動」日本銀行ワーキングペーパーシリーズ、2023年3月

[2] 内田眞一「わが国における過去25年間の物価変動」日本銀行金融研究所主催2024年国際コンファランスにおける基調講演、2024年5月27日

[3] 水野貴之、渡辺努「ネットオークション価格はアンフェアか？」『フィナンシャル・レビュー』106号、21-36頁、2011年3月

[4] 渡辺努、岩村充『新しい物価理論―物価水準の財政理論と金融政策の役割』岩波書店、2004年

[5] 渡辺努「スマホ位置情報で捉える行動変容のカギ」渡辺努・辻中仁士編著『入門オルタナティブデータ―経済の今を読み解く』日本評論社、2022年2月18日

[6] 渡辺努、清水千弘編『日本の物価・資産価格―価格ダイナミクスの解明』東京大学出版会、2023年6月28日

[7] Acemoglu, Daron, and Matthew O. Jackson. "History, expectations, and leadership in the evolution of social norms." *Review of Economic Studies* 82(2): 423-456, 2015.

[8] Andrade, Philippe, Falk Bräuning, José L. Fillat, and Gustavo Joaquim. "Is Post-pandemic Wage Growth Fueling Inflation?" Current Policy Perspectives, Federal Reserve Bank of Boston, January 16, 2024.

[9] Barlevy, Gadi, and Luojia Hu. "Unit Labor Costs and Inflation in the Non-Housing Service Sector." Chicago Fed Letter 477, 2023.

[10] Barro, Robert J., and Francesco Bianchi. "Fiscal Influences on Inflation in OECD Countries, 2020-2022." No. w31838. National Bureau of Economic Research, 2023.

[11] Benhabib, Jess, Stephanie Schmitt-Grohé, and Martin Uribe. "The perils of Taylor rules." *Journal of Economic Theory* 96(1-2): 40-69, 2001.

[12] Benhabib, Jess, Stephanie Schmitt-Grohé, and Martin Uribe. "Avoiding liquidity traps." *Journal of Political Economy* 110(3): 535-563, 2002.

[13] Bianchi, Francesco, Renato Faccini, and Leonardo Melosi. "A fiscal theory of persistent inflation." *The Quarterly Journal of Economics* 138(4): 2127-2179, 2023.

[14] Burdekin, Richard C.K., and Paul Burkett. "Money, credit, and wages in hyperinflation: post - World War I Germany." *Economic Inquiry* 30(3): 479-495, 1992.

[15] Chari, V. V., Lawrence J. Christiano, and Martin Eichenbaum. "Expectation traps and discretion." *Journal of Economic Theory* 81(2): 462-492, 1998.

[3] 荻野登「春闘を中心とした賃金交渉の経緯―転換点にあたって労使はどう動いたのか」JILPT緊急レポート、2023年3月
[4] 川口大司・原ひろみ「人手不足と賃金停滞の並存は経済理論で説明できる」玄田有史編『人手不足なのになぜ賃金が上がらないのか』慶應義塾大学出版会、2017年
[5] 黒田東彦「『2%』への招待状」日本経済団体連合会審議員会における講演、2014年12月25日
[6] 経済財政諮問会議「令和5年第4回経済財政諮問会議議事要旨」2023年4月18日、https://www5.cao.go.jp/keizai-shimon/kaigi/minutes/2023/0418/gijiyoushi.pdf
[7] 神保政史、新沼かつら、安河内賢弘、渡辺努「好循環の兆しを、確かな流れにするために―2024春季生活闘争は『正念場』」『季刊RENGO』2023年冬号、2023年12月20日
[8] 中藤玲『安いニッポン―「価格」が示す停滞』日本経済新聞出版、2021年3月
[9] 日本経営者団体連盟『新時代の「日本的経営」―挑戦すべき方向とその具体策』1995年5月
[10] 早川英男「賃上げを阻む『97年労使密約』」『文藝春秋』2023年1月
[11] 渡辺努、渡辺広太「物価指数推定装置、物価指数推定プログラム及び方法」、特許第6395307号（P6395307）、出願日2014年11月14日、公知日2016年5月26日、登録日2018年9月7日、出願人：国立大学法人東京大学、発明者：渡辺努、渡辺広太
[12] 渡辺努『世界インフレの謎』講談社、2022年10月20日
[13] 渡辺努「賃金と物価の好循環への道筋」『UAゼンセンコンパス』2024年冬号、2024年1月1日
[14] Alvarez, Jorge, et al. "Wage-price spirals: What is the historical evidence?" International Monetary Fund, 2022.
[15] Bomfim, Antulio N., and Glenn D. Rudebusch. "Opportunistic and deliberate disinflation under imperfect credibility." *Journal of Money, Credit and Banking* : 707-721, 2000.
[16] Carstens, Agustín. "The return of inflation." Speech by Agustín Carstens, General Manager, Bank for International Settlements, April 5, 2022.
[17] Carstens, Agustín. "A story of tailwinds and headwind supply and macroeconomic stabilization." Speech by Agustín Carstens, General Manager, Bank for International Settlements. Jackson Hole Economic Symposium, August 26, 2022.
[18] Groen, Jan J.J., and Menno Middeldorp. "Creating a history of U.S. inflation expectations." *Liberty Street Economics*. Federal Reserve Bank of New York, August 2013.
[19] Hoshi, Takeo, and Anil K. Kashyap. "The great disconnect: the decoupling of wage and price inflation in Japan." No. w27332. National Bureau of Economic Research, 2020.
[20] Ito, Takatoshi. "Why is Japan so cheap?" *Project Syndicate*. March 3, 2022,
[21] Nelson, Edward. "How did it happen?: The Great Inflation of the 1970s and lessons for today." Finance and Economics Discussion Series 2022-037, May 2022.
[22] Phillips, Alban W. "The relation between unemployment and the rate of change of money wage rates in the United Kingdom, 1861-1957." *Economica* 25(100): 283-299, 1958.
[23] Rogoff, Kenneth. "A coronavirus recession could be supply-side with a 1970s flavor." *Project Syndicate*, March 3, 2020.
[24] Sheridan, A., Andersen, A. L., Hansen, E. T., and Johannesen, N. "Social distancing laws cause only small losses of economic activity during the COVID-19 pandemic in Scandinavia." *Proceedings of*

[15] Furman, Jason. "America's wage-price persistence must be stopped." *Project Syndicate*, August 2, 2022.

[16] Gali, Jordi. "Discussion of Wage-Price Spirals." Brookings Papers on Economic Activity, Fall 2023: 368-381.

[17] Imai, Satoshi, and Tsutomu Watanabe. "Product downsizing and hidden price increases: Evidence from Japan's deflationary period." *Asian Economic Policy Review* 9(1): 69-89, 2014.

[18] Lorenzoni, Guido, and Iván Werning. "Wage-Price Spirals." Brookings Papers on Economic Activity, Fall 2023: 317-367.

[19] Lorenzoni, Guido, and Iván Werning. "Inflation is conflict." No. w31099. National Bureau of Economic Research, 2023.

[20] Mizuno, Takayuki, Makoto Nirei, and Tsutomu Watanabe. "Closely competing firms and price adjustment: Some findings from an online marketplace." *Scandinavian Journal of Economics* 112(4): 673-696, 2010.

[21] Negishi, Takashi. *Microeconomic foundations of Keynesian macroeconomics*. North- Holland Publishing Company, 1979.

[22] Rowthorn, Robert. "The Conflict Theory of Inflation Revisited." *Review of Political Economy* : 1-12, 2024.

[23] Rowthorn, Robert E. "Conflict, inflation and money." *Cambridge Journal of Economics* 1: 215-239, 1977.

[24] Stigler, George J. "The literature of economics: the case of the kinked oligopoly demand curve." *Economic Inquiry* 16(2): 185, 1978.

[25] Stiglitz, Joseph E. "Equilibrium in product markets with imperfect information." *American Economic Review* 69(2): 339-345, 1979.

[26] Sweezy, Paul M. "Demand under conditions of oligopoly." *Journal of Political Economy* 47(4): 568-573, 1939.

[27] Tobin, James. "Diagnosing inflation: a taxonomy." *Development in an inflationary world* : 19-30, 1981.

[28] Ueda, Kozo, Kota Watanabe, and Tsutomu Watanabe. "Product Turnover and the Cost-of-Living Index: Quality versus Fashion Effects." *American Economic Journal: Macroeconomics* 11(2): 310-347, 2019.

[29] van der Ploeg, Frederick, and Tim Willems. "Battle of the markups: conflict inflation and the aspirational channel of monetary policy transmission." Centre for Economic Policy Research, 2023.

[30] Watanabe, Kota, and Tsutomu Watanabe. "Price rigidity at near-zero inflation rates: Evidence from Japan." CARF Working Paper Series, CARF-F-408, March 2017.

[31] Watanabe, Kota, and Tsutomu Watanabe. "Why has Japan failed to escape from deflation?" *Asian Economic Policy Review* 13(1): 23-41, 2018.

第 2 章　なぜ今デフレが終わり、インフレが始まったのか

[1] 浅井茂利「賃上げの参考書」一般社団法人成果配分調査会、2024年4月23日. https://note.com/seikahaibun/

[2] NHK「クローズアップ現代」取材班『ルポ海外出稼ぎ―「安いニッポン」から「稼げる国」を目指す若者たち』大和書房、2024年3月

参考文献

まえがき

[1] 渡辺努「コロナショックで物価は上がるか下がるか」『週刊東洋経済』2020年5月2日号

[2] Barro, Robert J., José F. Ursúa, and Joanna Weng. "The coronavirus and the great influenza pandemic: Lessons from the 'Spanish flu' for the coronavirus's potential effects on mortality and economic activity." No. w26866. National Bureau of Economic Research, April 2020.

[3] Jordà, Òscar, Sanjay R. Singh, and Alan M. Taylor. "Longer-run economic consequences of pandemics." *Review of Economics and Statistics* 104(1): 166-175, 2022.

[4] Velde, Francois R. "What happened to the US economy during the 1918 influenza pandemic? A view through high-frequency data." *The Journal of Economic History* 82(1): 284-326, 2022.

第 1 章　デフレとは何だったのか

[1] 黒田東彦「金融政策の考え方―『物価安定の目標』の持続的・安定的な実現に向けて」きさらぎ会における講演、2022年6月6日

[2] 東京大学渡辺努研究室「5か国の家計を対象としたインフレ予想調査」(2022年5月実施分)、2022年5月30日

[3] 根岸隆『ケインズ経済学のミクロ理論』日本経済新聞出版、1980年

[4] 渡辺努『物価とは何か』講談社、2022年1月13日

[5] 渡辺努「英国と日本の賃金・物価スパイラル」『公研』2022年9月号

[6] Aguiar, Mark, and Erik Hurst. "Life-cycle prices and production." *American Economic Review* 97(5): 1533-1559, 2007.

[7] Aoki, Kosuke, Hibiki Ichiue, and Tatsushi Okuda. "Consumers' Price Beliefs, Central Bank Communication, and Inflation Dynamics." Bank of Japan Working Paper Series No. 19-E-14, September 2019.

[8] Bernanke, Ben, and Olivier Blanchard. "What caused the US pandemic-era inflation?" Peterson Institute for International Economics Working Paper 23-4, 2023.

[9] Bernanke, Ben, and Olivier Blanchard. "An analysis of pandemic-era inflation in 11 economies." Peterson Institute for International Economics Working Paper 24-11, 2024.

[10] Blanchard, Olivier J. "The wage price spiral." *The Quarterly Journal of Economics* 101(3): 543-565, 1986.

[11] Blanchard, Olivier J. "Why I worry about inflation, interest rates, and unemployment." *Realtime Economics*, PIIE, March 14, 2022.

[12] Blanchard, Olivier J. Tweets on December 31, 2022. https://x.com/ojblanchard1/status/1608967176232525824?s=20&t=iBULYrau3zfh

[13] Boissay, F., De Fiore, F., Igan, D., Tejada, A. P., and Rees, D. "Are major advanced economies on the verge of a wage-price spiral?" *BIS Bulletin* No. 53. Bank for International Settlements. May 2022.

[14] Dupraz, Stéphane. "A Kinked - Demand Theory of Price Rigidity." *Journal of Money, Credit and Banking* 56(2-3): 325-363, 2024.

渡辺　努（わたなべ・つとむ）

東京大学大学院経済学研究科教授、株式会社ナウキャスト創業者・技術顧問。１９５９年生まれ。東京大学経済学部卒業。日本銀行勤務、一橋大学経済研究所教授などを経て、現職。ハーバード大学Ｐｈ．Ｄ．。専門はマクロ経済学（特に物価と金融政策）。

著書に『物価とは何か』（講談社選書メチエ）、『世界インフレの謎』（講談社現代新書）、『日本の物価・資産価格―価格ダイナミクスの解明』（共編、東京大学出版会）、『新しい物価理論―物価水準の財政理論と金融政策の役割』（共著、岩波書店）、『入門オルタナティブデータ―経済の今を読み解く』（共編著、日本評論社）、*Property Price Index: Theory and Practice*（Springer）、*The Economics of Interfirm Networks*（Springer）などがある。

物価を考える

デフレの謎、インフレの謎

2024年11月22日　1版1刷

著者　渡辺　努　
発行者　中川　ヒロミ
発行　株式会社日経BP
　　　日本経済新聞出版
発売　株式会社日経BPマーケティング
　　　〒105-8308　東京都港区虎ノ門4-3-12
装幀　新井大輔
DTP　マーリンクレイン
印刷・製本　中央精版印刷株式会社

ISBN 978-4-296-12090-1

本書籍に関するお問い合わせ、ご連絡は左記にて承ります。
https://nkbp.jp/booksQA